Primeiras linhas de
Direito Processual Civil

Volume 4 – Execução

0465

Conselho Editorial
André Luís Callegari
Carlos Alberto Molinaro
César Landa Arroyo
Daniel Francisco Mitidiero
Darci Guimarães Ribeiro
Draiton Gonzaga de Souza
Elaine Harzheim Macedo
Eugênio Facchini Neto
Gabrielle Bezerra Sales Sarlet
Giovani Agostini Saavedra
Ingo Wolfgang Sarlet
José Antonio Montilla Martos
Jose Luiz Bolzan de Morais
José Maria Porras Ramirez
José Maria Rosa Tesheiner
Leandro Paulsen
Lenio Luiz Streck
Miguel Àngel Presno Linera
Paulo Antônio Caliendo Velloso da Silveira
Paulo Mota Pinto

Dados Internacionais de Catalogação na Publicação (CIP)

P953   Primeiras linhas de direito processual civil : volume 4 : execução / Felipe Camilo Dall'Alba, Augusto Tanger Jardim, coordenadores ; Artur Thompsen Carpes ... [et al.]. – Porto Alegre : Livraria do Advogado, 2018.
312 p. ; 23 cm.
Inclui bibliografia.
ISBN 978-85-9590-035-6

1. Direito processual civil - Brasil. I. Dall'Alba, Felipe Camilo. II. Jardim, Augusto Tanger. III. Carpes, Artur Thompsen.

CDU 347.91/.95(81)
CDD 347.8105

Índice para catálogo sistemático:
1. Direito processual civil : Brasil   347.91/.95(81)

(Bibliotecária responsável: Sabrina Leal Araujo – CRB 10/1507)

Felipe Camilo Dall'Alba
Augusto Tanger Jardim
Coordenadores

Primeiras linhas de Direito Processual Civil

Volume 4 – Execução

Artur Thompsen Carpes
Augusto Tanger Jardim
Dárcio Franco Lima Júnior
Eduardo Scarparo
Ernesto José Toniolo
Felipe Camilo Dall'Alba
Fernando Rubin
Gisele Mazzoni Welsch
Guilherme Beux Nassif Azem
Guilherme Botelho
Guilherme Tanger Jardim
Jaqueline Mielke Silva
João Paulo Kulczynski Forster
José Tadeu Neves Xavier
Juliana Leite Ribeiro do Vale
Luis Alberto Reichelt
Miguel do Nascimento Costa
Rafael Sirangelo de Abreu
Valternei Melo
Wesley Rocha

livraria
DO ADVOGADO
editora

Porto Alegre, 2018

© dos Autores, 2018

(Edição finalizada em fevereiro/2018)

Capa, projeto gráfico e diagramação
Livraria do Advogado Editora

Revisão
Rosane Marques Borba

Direitos desta edição reservados por
Livraria do Advogado Editora Ltda.
Rua Riachuelo, 1300
90010-273 Porto Alegre RS
Fone: 0800-51-7522
editora@livrariadoadvogado.com.br
www.doadvogado.com.br

Impresso no Brasil / Printed in Brazil

Os autores

Artur Thompsen Carpes
Doutor e mestre em Direito pela Universidade Federal do Rio Grande do Sul (UFRGS). Professor de cursos de pós-graduação da Pontifícia Universidade Católica do Rio Grande do Sul (PUCRS) e da Universidade do Rio dos Sinos (UNISINOS). Advogado.

Augusto Tanger Jardim (coord.)
Mestre em Direito pela Pontifícia Universidade Católica do Rio Grande Sul (PUCRS) e Doutorando em Direito pela Universidade Federal do Rio Grande do Sul (UFRGS). Professor do Centro Universitário Ritter dos Reis e da Faculdade de Direito da Fundação Escola Superior do Ministério Público (FMP). Advogado.

Dárcio Franco Lima Júnior
Mestre em Direito pela Universidade Federal do Rio Grande do Sul (UFRGS). Professor da Faculdade Dom Bosco de Porto Alegre e de Cursos de Pós-graduação. Advogado.

Eduardo Scarparo
Doutor em Direito pela Universidade Federal do Rio Grande do Sul (UFRGS). Professor da Universidade Federal do Rio Grande do Sul (UFRGS). Advogado.

Ernesto José Toniolo
Doutor em Direito pela Universidade Federal do Rio Grande do Sul (UFRGS). Professor da Universidade Federal do Rio Grande do Sul (UFRGS). Advogado.

Felipe Camilo Dall'Alba (coord.)
Mestre em Direito pela Universidade Federal do Rio Grande do Sul (UFRGS). Professor de cursos de pós-graduação. Procurador Federal/AGU.

Fernando Rubin
Mestre em Direito pela Universidade Federal do Rio Grand e do Sul (UFRGS) e doutorando em Direito pela Pontifícia Universidade Católica do Rio Grande do Sul (PUCRS). Professor do Centro Universitário Ritter dos Reis (UNIRITTER). Advogado.

Gisele Mazzoni Welsch
Mestre e Doutora em Teoria da Jurisdição e Processo pela PUC-RS. Coordenadora do Núcleo de Prática Jurídica e professora do Centro Universitário Metodista IPA e de cursos de pós graduação "lato sensu" em Processo Civil. Advogada.

Guilherme Beux Nassif Azem
Mestre em Direito pela Pontifícia Universidade Católica do Rio Grand e do Sul (PUCRS). Professor de cursos de pós-graduação. Procurador Federal/AGU.

Guilherme Botelho
Mestre e doutor pela PUCRS. Professor nos cursos de graduação da PUCRS e da Universidade Feevale. Advogado em Porto Alegre/RS.

Guilherme Tanger Jardim
Mestre em Direito pela Pontifícia Universidade Católica do Rio Grande do Sul (PUCRS). Doutor em Direito pela Università degli studi di Roma Tre. Professor da Faculdade de Direito da Fundação Escola Superior do Ministério Público (FMP). Advogado.

Jaqueline Mielke Silva
Doutora e mestre pela Universidade do Vale dos Sinos (UNISINOS). Professora de graduação e de pós-graduação. Advogada.

João Paulo Kulczynski Forster
Mestre e Doutor em Direito pela Universidade Federal do Rio Grande do Sul (UFRGS). Professor do Centro Universitário Ritter dos Reis (UNIRITTER). Advogado.

José Tadeu Neves Xavier
Doutor e Mestre em Direito pela Universidade Federal do Rio Grande do Sul – UFRGS. Professor do Curso de Graduação e do Mestrado em Direito da Faculdade Fundação Escola Superior do Ministério Público - FMP, do Curso de Direito da Faculdade Meridional – IMED e da Escola da Magistratura do Trabalho do Rio Grande do Sul – FEMARGS. Advogado da União.

Juliana Leite Ribeiro do Vale
Mestre pela Universidade Federal do Rio Grande do Sul (UFRGS). Professor do Centro Universitário Ritter dos Reis (UNIRITTER). Advogada.

Luís Alberto Reichelt
Mestre e Doutor em Direito pela Universidade Federal do Rio Grande do Sul (UFRGS). Professor de graduação, especialização, mestrado e doutorado em Direito da Pontifícia Universidade Católica do Rio Grande do Sul (PUCRS). Procurador da Fazenda Nacional.

Miguel do Nascimento Costa
Mestre e Doutorando pela Universidade do Vale dos Sinos (UNISINOS). Pró-Reitor de Graduação e Professor da Universidade La Salle (UNILASSALE). Advogado.

Rafael Sirangelo de Abreu
Mestre e Doutorando em Direito pela Universidade Federal do Rio Grande do Sul (UFRGS). Professor da FAPA/Laureate. Advogado e consultor.

Valternei Melo
Mestre em Direito pela Pontifícia Universidade Católica do Rio Grande Sul (PUCRS) e Doutorando em Direito pela Universidade Federal do Rio Grande do Sul (UFRGS). Professor do Centro Universitário FADERGS. Advogado.

Wesley Rocha
Especialista pela Universidade de Brasília (UnB). Professor em cursos de atualização. Conselheiro do Conselho Administrativo de Recursos Fiscais – CARF.

Sumário

1. Noções gerais da tutela executiva 11
1.1. Fundamentos da execução... 11
1.1.1. Definição e finalidade 11
Artur Thompsen Carpes
1.1.2. Princípios da execução... 14
1.1.2.1. Princípio do resultado... 14
1.1.2.2. Princípio da disponibilidade 17
1.1.2.3. Princípio da menor onerosidade.. 18
Augusto Tanger Jardim
1.1.2.4. Princípio da responsabilidade patrimonial 21
Guilherme Tanger Jardim
1.1.2.5. Princípio da ampla defesa e do contraditório na execução 36
Artur Thompsen Carpes
1.2. Pressupostos da execução... 39
1.2.1. Título executivo 39
1.2.1.1. A natureza do título executivo... 39
1.2.1.2. Espécies de título executivo... 45
1.2.1.2.1. Títulos judiciais.. 48
1.2.1.3. Requisitos do título executivo.. 52
1.2.2. Inadimplemento.. 54
Eduardo Scarparo
1.3. Técnicas executivas... 57
Valternei Melo
1.3.1. Execução indireta 68
1.3.1.1. Considerações introdutórias.. 68
1.3.1.2. A oportunidade perdida: manutenção da distinção entre decisões que condenam ao pagamento de quantia e decisões que ordenam fazer ou não fazer ou determinam entrega de um bem................................... 69
1.3.1.3. A grande transformação rumo à generalização do uso das técnicas executivas indiretas: art. 139, IV.. 72
1.3.1.4. Técnicas executivas indiretas no direito comparado........................... 73
1.3.1.5. Técnica executiva indireta e mecânica dos incentivos........................ 75
1.3.1.6. Modalidades de técnicas executivas indiretas...................................... 76
1.3.1.6.1. Técnicas executivas coercitivas de natureza patrimonial: multas........... 76
1.3.1.6.2. Técnicas executivas coercitivas de natureza não-pecuniária: suspensão temporária de direitos... 81
1.3.1.6.3. Técnicas executivas indutivas de natureza premial: descontos............. 85
Rafael Sirangelo de Abreu

1.3.2. Execução direta/sub-rogatória 86
1.3.2.1. Da adjudicação 86
1.3.2.2. Da alienação 89
1.3.2.2.1. Da alienação por iniciativa particular.................................91
1.3.2.2.2. Da alienação em leilão judicial eletrônico ou presencial 93
José Tadeu Neves Xavier, Jaqueline Mielke Silva
1.3.2.2.3. Desconto 112
1.3.2.2.4. Apropriação de frutos e rendimentos 113
1.3.2.2.5. Transformação (realização por terceiro).........................115
1.3.2.2.6. Desapossamento (busca e apreensão e imissão de posse)..................116
Miguel do Nascimento Costa

2. Procedimentos executivos...119
2.1. Baseados em título judicial..119
2.1.1. Procedimentos comuns...119
2.1.1.1. Cumprimento das obrigações de fazer e não fazer..........................119
2.1.1.1.1. Requerimento...120
2.1.1.1.2. Meio de defesa..123
2.1.1.1.3. Fase expropriatória /Procedimento de realização da obrigação..........125
2.1.1.1.4. Fase final do procedimento (encerramento).......................127
João Paulo Kulczynski Forster
2.1.1.2. Cumprimento das obrigações de entrega de coisa certa e incerta 127
2.1.1.2.1. Requerimento...127
2.1.1.2.2. Meio de defesa..132
2.1.1.2.3. Fase expropriatória..133
2.1.1.2.4. Fase final do procedimento...133
Guilherme Botelho
2.1.1.3. Cumprimento da sentença que estabelece obrigação de pagar quantia certa contra devedor solvente.......................133
2.1.1.3.1. Do requerimento do exequente......................................133
Dárcio Franco Lima Júnior
2.1.1.3.2. Das defesas do executado...146
Fernando Rubin
2.1.1.3.3. Da penhora..158
2.1.1.3.3.1. Natureza jurídica da penhora.....................................158
2.1.1.3.3.2. Conceito de penhora 159
2.1.1.3.3.3. Conservação dos bens penhorados............................159
2.1.1.3.3.4. Da ordem de nomeação de bens à penhora...............160
2.1.1.3.3.5. Da execução de crédito com garantia hipotecária, pignoratícia ou anticrética..168
2.1.1.3.3.6. Da intimação do cônjuge no caso de penhora de bens imóveis..........169
2.1.1.3.3.7. Da penhora de bens indivisíveis pertencentes a cônjuges/coproprietários..170
2.1.1.3.3.8. Penhora de bens imóveis e averbação da penhora....................171
2.1.1.3.3.9. Penhora de bens imóveis localizados em comarca diversa da execução e da penhora de veículos automotores.................172
2.1.1.3.3.10. Perfectibilização da penhora 172
2.1.1.3.3.11. Intimação da penhora..172
2.1.1.3.3.12. Da substituição dos bens penhorados formulada tanto pelo credor quanto pelo devedor.................................173
2.1.1.3.3.13. Do depósito dos bens penhorados............................174

2.1.1.3.3.14. Da substituição dos bens penhorados apenas pelo devedor..............176
2.1.1.3.4. Da avaliação dos bens penhorados...177
2.1.1.3.4.1. Considerações iniciais..177
2.1.1.3.4.2. Avaliação que depende de conhecimento técnico especializado..........178
2.1.1.3.4.3. Indicação de assistente técnico e formulação de quesitos 179
2.1.1.3.4.4. Do laudo de avaliação 179
2.1.1.3.4.5. Imóvel suscetível de cômoda divisão..180
2.1.1.3.4.6. Repetição da avaliação..180
2.1.1.3.4.7. Dispensa de avaliação..183
2.1.1.3.4.8. Da redução e da ampliação da penhora...................................183
2.1.1.3.5. Da atividade de expropriação de bens.......................................184
2.1.1.3.5.1. Considerações iniciais 184
2.1.1.3.5.2. Da adjudicação 184
2.1.1.3.5.3. Da alienação...187
2.1.1.3.5.4. Segue: da alienação por iniciativa particular................................188
2.1.1.3.5.5. Da alienação em leilão judicial eletrônico ou presencial....................191
2.1.1.3.6. Da satisfação do crédito..211
2.1.1.3.6.1. Entrega do dinheiro ao credor único.....................................211
2.1.1.3.6.2. Concurso de credores...212
Jaqueline Mielke Silva, José Tadeu Neves Xavier
2.1.1.3.7. Fase final do procedimento...213
2.1.1.3.7.1. Suspensão do processo no cumprimento da sentença..................213
2.1.1.3.7.2. Extinção do processo no cumprimento da sentença.........................215
Luis Alberto Reichelt
2.1.2. Procedimentos especiais..217
2.1.2.1. Cumprimento das obrigações de prestar alimentos 217
2.1.2.1.1. Via da coerção pessoal..218
2.1.2.1.1.1. Requerimento...218
2.1.2.1.1.2. Meios de defesa..220
2.1.2.1.1.3. Fase final do procedimento..221
2.1.2.1.2. Via da constrição patrimonial...222
2.1.2.1.2.1. Requerimento...223
2.1.2.1.2.2. Meio de defesa...224
2.1.2.1.2.3. Fase final do procedimento..226
Juliana Leite Ribeiro do Vale
2.1.2.2. Cumprimento das obrigações contra a Fazenda Pública 226
2.1.2.2.1. Requerimento...227
2.1.2.2.2. Meio de defesa...235
2.1.2.2.3. Fase expropriatória/procedimento de realização da obrigação..........238
2.1.2.2.4. Fase final do procedimento 242
Felipe Camilo Dall'Alba, Guilherme Beux Nassif Azem
2.1.2.3. Do cumprimento provisório da sentença que reconhece a exigibilidade de obrigação de pagar quantia certa 243
Gisele Mazzoni Welsch
2.2. Baseados em título extrajudicial..252
2.2.1. Procedimentos comuns..252
2.2.1.1. Execução das obrigações de fazer e não fazer................................252
2.2.1.1.1. Requerimento...252
2.2.1.1.2. Meio de defesa...254
2.2.1.1.3. Fase expropriatória /Procedimento de realização da obrigação 255

2.2.1.1.4. Fase final do procedimento (encerramento)..................................257
    João Paulo Kulczynski Forster
2.2.1.2. Execução das obrigações de entregar coisa certa e incerta 257
2.2.1.2.1. Requerimento...257
2.2.1.2.2. Meio de defesa..259
2.2.1.2.3. Fase expropriatória – procedimento de realização da obrigação.........261
2.2.1.2.4. Fase final do procedimento...261
    Guilherme Botelho
2.2.1.3. Execução das obrigações de pagar quantia certa contra devedor solvente 262
2.2.1.3.1. Do requerimento do exequente 262
    Dárcio Franco Lima Júnior
2.2.1.3.2. Das defesas do executado 266
    Fernando Rubin
2.2.1.3.3. Da penhora, avaliação, expropriação e fase final do procedimento: considerações levando em conta as peculiaridades do rito 275
    Luis Alberto Reichelt
2.2.2. Procedimentos especiais..277
2.2.2.1. Execução de alimentos 277
2.2.2.1.1. Via da coerção pessoal..277
2.2.2.1.1.1. Requerimento..277
2.2.2.1.1.2. Meio de defesa...278
2.2.2.1.1.3. Fase final do procedimento...279
2.2.2.1.2. Via da constrição patrimonial..280
2.2.2.1.2.1. Requerimento 280
2.2.2.1.2.2. Meio de defesa...281
2.2.2.1.2.3. Fase final do procedimento...282
    Juliana Leite Ribeiro do Vale
2.2.2.2. Execução contra a Fazenda Pública 282
2.2.2.2.1. Requerimento 283
2.2.2.2.2. Meio de defesa..284
2.2.2.2.3. Fase expropriatória – procedimento de realização da obrigação.........286
2.2.2.2.4. Fase final do procedimento...286
    Felipe Camilo Dall'Alba, Guilherme Beux Nassif Azem
2.2.2.3. Execução fiscal 286
2.2.2.3.1. Requerimento..288
2.2.2.3.2. Meio de defesa..294
2.2.2.3.2.1. Embargos à execução fiscal..294
2.2.2.3.3. Fase expropriatória – procedimento de realização da obrigação.........297
2.2.2.3.4. Fase final do procedimento (encerramento)...................................301
    Ernesto José Toniolo, Wesley Rocha

Bibliografia..307

1. Noções gerais da tutela executiva

1.1. FUNDAMENTOS DA EXECUÇÃO

1.1.1. Definição e finalidade

Artur Thompsen Carpes

O processo tem por principal finalidade a promoção da tutela dos direitos materiais.[1] Isso significa que: i) no caso *ameaça* de violação a direito material, o processo serve de instrumento para evitar que referida *ameaça* resulte no *ilícito*; ii) que, no caso de já ter ocorrido aludida violação, o processo serve de instrumento para fazê-la *cessar*, inclusive no que diz respeito aos seus respectivos efeitos; e iii) que, no caso de já ter ocorrido a violação, o processo serve de ferramenta para reconduzir os envolvidos na crise ao contexto fático-jurídico mais próximo possível do existente anteriormente ao ilícito ter ocorrido.

É evidente que as situações jurídicas de direito material – pautas de comportamento que regem a vida em sociedade – não precisam do processo para serem observadas.[2] No mais das vezes, as obrigações são espontaneamente cumpridas; os sinais de trânsito são observados, os tributos são pagos, etc. Há hipóteses, todavia, que tais normas que caracterizam o plano do direito material não são cumpridas. Nesses casos, o processo serve como *meio indispensável* para promover a tutela – por outras palavras, "realizar", "proteger" – o direito material.

O nosso sistema jurídico veda a autotutela, ou seja, proíbe a tutela do direito mediante o emprego da força. Desse modo, como não se pode realizar os direitos na base da "lei do mais forte", o processo judicial surge como ferramenta indispensável para a tutela dos direitos (materiais). Qualquer situação jurídica de direito material cuja realização esteja ameaçada ou já fragilizada pode ser submetida ao exame

---

[1] Sobre o tema, ver MARINONI, Luiz Guilherme; ARENHART, Sérgio Cruz; MITIDIERO, Daniel. *Curso de Processo Civil*. v. 1. 3. ed. São Paulo: Revista dos Tribunais, 2017, *passim*.

[2] ALVARO DE OLIVEIRA, Carlos Alberto. *Teoria e prática da tutela jurisdicional*. Rio de Janeiro: Forense, 2008, p. 10.

do poder jurisdicional, o qual é exercido por juiz ou tribunal, ou seja, por representante do Estado (art. 5º, XXXV, da CRFB). Os juízes e os tribunais são, portanto, órgãos *jurisdicionais*, os quais exercem a *jurisdição*, e cuja função é, quando solicitados, a de *reconhecer*, *proteger* e promover a *realização* dos direitos materiais.[3] Vale dizer: a de promover a *tutela* dos direitos.[4]

Se uma pessoa vende determinado bem para outra, e o pagamento não ocorre pelo seu parceiro contratual, resta caracterizada a violação de um direito. O credor pode exercer a sua pretensão de cobrança sem precisar do processo: pode telefonar, enviar *e-mail*, notificação, etc. Se o devedor cumpre a sua obrigação, o direito material foi espontaneamente realizado. Se o devedor permanece inadimplente, entretanto, não resta alternativa para o credor senão pedir ao órgão encarregado da jurisdição (o juiz ou o tribunal) a implementação das medidas necessárias para a realização forçada do seu direito de crédito. Se a escolha do credor for essa, ao protocolar a sua petição inicial ele dará início ao exercício da sua *ação processual*, a qual desatará o desempenho do *poder jurisdicional* pelo Estado-Juiz e oportunizará o exercício da *defesa processual* pelo devedor.

No plano do direito processual, o juiz (e eventualmente o tribunal) prestará *tutela jurisdicional* a ambas as partes. Trata-se das respostas que tal órgão encarregado da jurisdição dá aos requerimentos formulados pelas partes ao longo do desenvolvimento do processo.[5] Apenas ao autor, no entanto, pode ser prestada a *tutela jurisdicional do direito*, na medida em que é apenas ele que afirma ser titular de um direito material violado ou ameaçado de violação. No caso de o juiz *reconhecer* que o direito alegado pelo autor efetivamente existe, ele estará prestando *tutela jurisdicional ao direito (material)* que o autor alega ter. Ao réu, de sua vez, será prestada apenas *tutela jurisdicional*, na medida em que, no exercício de sua defesa, não formula *pedido* de tutela de direito material do qual se afirme titular. A defesa, vale lembrar, constitui o direito de negar a tutela do direito material pretendida pelo autor.[6]

A prestação da tutela jurisdicional envolve atividade de *conhecimento* (cognição) e de *execução* (realização). Para que o órgão judicial possa *reconhecer*, isto é, *declarar* o direito material afirmado pelo autor

---

[3] SILVA, Ovídio Baptista da. *Curso de processo civil*. v. 11. 5. ed. São Paulo: Revista dos Tribunais, 2000, p. 14.

[4] MARINONI, Luiz Guilherme. *Técnica processual e tutela dos direitos*. São Paulo: Revista dos Tribunais, 2004, *passim*.

[5] Idem, p. 146.

[6] MARINONI, Luiz Guilherme; ARENHART, Sérgio Cruz; MITIDIERO, Daniel. *Curso de Processo Civil*. v. 1. 3. ed. São Paulo: Revista dos Tribunais, 2017, p. 354.

em sua petição inicial, é indispensável certa dose de *cognição*, ou seja, é preciso que o juiz constate a veracidade das alegações fáticas alegadas pelo autor. Em sua petição inicial, o autor alega fatos que, em cotejo com o sistema jurídico, outorgam fundamento ao seu direito. Tais alegações fáticas são os *fatos constitutivos do direito do autor*. O objeto do processo ainda pode conter alegações fáticas do réu que visem a impedir a eficácia, modificar ou ainda extinguir o direito do autor, as quais também se submetem ao mesmo exame probatório. Além dos fatos, a tutela jurisdicional pressupõe atividade de interpretação e aplicação do direito. Isso porque o juiz lida com normas decorrentes da interpretação que faz dos textos normativos e as aplica ao caso concreto, o que envolve atividade de natureza igualmente *cognitiva*.

A atividade jurisdicional pressupõe, portanto, *atividade de conhecimento*, a qual demanda não apenas o exame fundado na verdade dos enunciados fáticos, mas também atividade de interpretação e aplicação do direito.

Além da atividade de conhecimento, a tutela jurisdicional pode envolver atividade *executiva*, que é aquela cujo escopo é a *realização prática* do direito material. A sua finalidade é *efetivar* a tutela do direito material, ou seja, tornar a *realização* ou a *proteção* do direito material *efetiva* na prática. Se a tutela jurisdicional executiva visa a *realizar* o direito material, seu pressuposto é a existência de juízo a respeito da sua respectiva *probabilidade*. Tal juízo não precisa ser fundado em *cognição exauriente*,[7] ou seja, aprofundada a respeito dos fatos, a exemplo do que ocorre com as sentenças. Ademais, não precisa ser *definitivo*. Desde que se inseriu a técnica da antecipação de tutela no direito brasileiro, a tutela jurisdicional executiva pode ter por pressuposto juízo de *probabilidade* do direito material fundado em *cognição sumária*. O que minimamente se exige, desse modo, é juízo a respeito da probabilidade do direito material para que seja possível outorgar executividade à tutela jurisdicional.

Em suma: enquanto a tutela jurisdicional de conhecimento preocupa-se com a declaração ou com o reconhecimento do direito material, a tutela jurisdicional executiva preocupa-se com a sua realização prática.

Se o juiz reconhece o direito de crédito alegado em ação de cobrança por sentença, isso significa que declarou o autor credor e o réu devedor de determinada quantia. O requerimento do credor para que o réu cumpra a sentença mediante o pagamento da quantia já cons-

---

[7] Sobre o tema da cognição, ver WATANABE, Kazuo. *Da cognição no processo civil*. 3. ed. São Paulo: Perfil, 2005.

titui ato inserido no procedimento executivo. Tal requerimento visa à prestação de tutela jurisdicional executiva, na medida em que tem por finalidade a efetivação (realização prática) da tutela do direito de crédito. A intimação do devedor para o cumprimento voluntário da sentença caracteriza, do mesmo modo, autêntico exemplo de tutela jurisdicional de natureza executiva, porque possui semelhante finalidade. Tais exemplos revelam que no âmbito da tutela executiva não prepondera a preocupação a respeito da existência do direito, mas a sua realização prática. Toma-se por pressuposto que o direito *existe*, ainda que seja meramente provável. Por outras palavras: a preocupação no âmbito da tutela jurisdicional executiva está em tornar *efetiva* a tutela jurisdicional do direito material.

A tutela jurisdicional executiva baseia-se em decisão judicial não autossuficiente para tutela do direito material (art. 515, CPC).[8] Pode basear-se também em determinado documento cuja existência gera presunção de existência do direito material, a exemplo daqueles elencados no art. 784, CPC. Tais atos constituem *títulos executivos*, os quais possibilitam o início do desenvolvimento da atividade executiva. Denomina-se *"título executivo judicial"* o documento que viabiliza a execução fundada em decisão judicial, ou seja, o *"cumprimento da sentença"*. Chama-se de *"título executivo extrajudicial"* o documento que viabiliza o ajuizamento de *"ação de execução"* fundada em documento ao qual o legislador atribui *eficácia executiva*, a exemplo da letra de câmbio, a nota promissória, a duplicata, a debênture e o cheque (art. 784, I, CPC); da escritura pública ou outro documento público assinado pelo devedor (art. 784, II, CPC); ou do documento particular assinado pelo devedor e por 2 (duas) testemunhas (art. 784, III, CPC), entre outros.

1.1.2. Princípios da execução

1.1.2.1. Princípio do resultado

Augusto Tanger Jardim

O princípio do resultado é, dentre os princípios específicos do processo de execução, aquele que representa de forma mais clara a maneira como o processo de execução se orienta e deve ser compreendido.

---

[8] As decisões judiciais suficientes, ou seja, bastantes em si para efetivar a tutela do direito da parte, como as sentenças declaratórias e constitutivas, logicamente não dão ensejo à promoção da tutela jurisdicional executiva.

Nos processos que têm a função cognitiva por atividade preponderante (na leitura do CPC, o procedimento comum), a atividade jurisdicional busca o equilíbrio entre os interesses das partes para a promoção de uma tutela justa às pretensões formuladas. Na tutela executiva, no entanto, há a primazia do interesse do exequente frente ao executado. Segundo Marinoni-Arenhart-Mitidiero: "Ainda que se respeite, obviamente, os direitos do devedor, a atividade executiva se volta, exclusivamente, a satisfazer um interesse já tido como existente do credor. Por isso, não há 'paridade de armas' entre as partes, nem elas estão em situação de igualdade que lhes permita as mesmas oportunidades ou o mesmo espaço de participação no processo".[9]

A racionalidade desse aparente desequilíbrio encontra fundamentação na circunstância de que, quando diante de tutela executiva, o autor (exequente) não busca o *reconhecimento* de um direito afirmado frente ao réu (executado), mas a *realização* de um direito previamente reconhecido (no título executivo). Assim, as técnicas processuais do processo em que se busca tutela executiva devem estar orientadas à eficiente[10] satisfação do direito de quem pede. Nas palavras de Araken

---

[9] MARINONI, Luiz Guilherme; ARENHART, Sérgio Cruz; MITIDIERO, Daniel. *Novo curso de processo civil*. v. 2, 2. ed. São Paulo: Revista dos Tribunais, 2016, p. 784.

[10] A ideia de eficiência esperada pela atuação executiva pode ser bem compreendida se levado em consideração o instituto da penhora inútil. Estabelece o art. 836 do CPC/2015 que: "Não se levará a efeito a penhora quando ficar evidente que o produto da execução dos bens encontrados será totalmente absorvido pelo pagamento das custas da execução". Assim, verifica-se que determinados meios executivos podem deixar de ser concretizados se não se mostrarem, no caso concreto, para a obtenção do propósito do processo. No entanto, havendo conflito aparente entre as ideias de eficiência e de resultado esperado pela execução, deve preponderar o segundo princípio. Neste sentido, já se pronunciou o Superior Tribunal de Justiça nos seguintes termos: "A execução é realizada, invariavelmente, no interesse do credor. Desse modo, o princípio da economicidade ou a alegação de iliquidez do bem penhorado não pode superar o princípio da maior utilidade da execução para o credor. (...) Frustradas as diligências para localização de outros bens em nome da devedora (BACEN JUD), obedecida a ordem legal de nomeação de bens à penhora e manifestando a exequente o propósito de penhorar 'a prensa hidráulica' da executada, não cabe ao magistrado indeferir a constrição, ainda que sob o fundamento de que a potencial iliquidez do bem pudesse conduzir à inutilidade da penhora, pois a execução é realizada no interesse do credor (art. 612 do CPC)". (BRASIL, Superior Tribunal de Justiça, REsp 1592547/PR, Rel. Ministro Humberto Martins, Segunda Turma, julgado em 04/08/2016, DJe 17/08/2016). No mesmo sentido, é consolidado o entendimento da primeira turma do STJ: "1. Após infrutíferas tentativas de localizar outros bens, manifestando o exequente o propósito de penhorar veículos antigos do executado, não cabe ao magistrado indeferir a constrição, ainda que sob o fundamento de que a potencial iliquidez dos automóveis pudesse conduzir à inutilidade da penhora, pois a execução é realizada no interesse do credor" (BRASIL, Superior Tribunal de Justiça, REsp 1523794/RS, Rel. Ministro Sérgio Kukina, Primeira Turma, julgado em 19/05/2015, DJe 01/06/2015); "A execução se opera em prol do exequente e visa a recolocar o credor no estágio de satisfatividade que se encontrava antes do inadimplemento. Em consequência, realiza-se a execução em prol dos interesses do credor (arts. 612 e 646, do CPC). Por conseguinte, o princípio da economicidade não pode superar o da maior utilidade da execução para o credor, propiciando que a execução se realize por meios ineficientes à solução do crédito exequendo" (BRASIL, Superior Tribunal de Justiça, AgRg no Ag 1364949/SP, Rel. Ministro Arnaldo Esteves Lima, Primeira Turma, julgado em 01/12/2011, DJe 12/12/2011).

de Assis: "Uma execução é bem-sucedida, de fato, quanto entrega rigorosamente ao exequente o bem da vida, objeto da prestação inadimplida, e seus consectários, ou obtém o direito reconhecido no título executivo (execução in natura). Este há de ser o objetivo fundamental de toda e qualquer reforma da função jurisdicional executiva, favorecendo a realização dos créditos e dos direitos em geral".[11]

Em razão disso, o resultado esperado pela tutela executiva justa é a satisfação do direito do exequente em detrimento do executado.

Contudo, essa primazia do interesse do exequente encontra limitações.

Em primeiro lugar, o próprio dispositivo que serve de guia normativo para o princípio do resultado (art. 797 do CPC) restringe a sua aplicação à execução promovida contra devedor solvente, na medida em que afasta a sua aplicação nas execuções, em que tem lugar o concurso universal de credores.

Em segundo lugar, como reflexo do postulado da proporcionalidade, o princípio do resultado é, aparentemente, limitado pelo princípio da menor onerosidade (que será desenvolvido adiante). Diz-se aparentemente limitado, pois, em verdade, se trata da adoção de meio menos oneroso ao executado, tendo como pressuposto que tanto um meio quanto outro atinja o resultado esperado pelo exequente.

Frise-se que não pode existir confusão quanto ao resultado na perspectiva do direito reconhecido do título e o resulta na perspectiva dos interesses do exequente externos ao título. Em outras palavras, se o interesse do exequente transcender os diretos materializados no título (como, por exemplo, o interesse em adjudicar um determinado bem do patrimônio do executado como forma de cumprimento de uma obrigação de pagar quantia certa, não afasta o direito de o executado requerer uma substituição do bem penhorado ou mesmo realizar o pagamento do valor devido), não pode fazer valer de modo a suplantar os limites impostos pelo título executivo.

Em terceiro lugar, o princípio do resultado encontra limite na proteção legislativa outorgada à parcela do acervo patrimonial do executado. Isso porque a materialização do princípio da dignidade da pessoa humana põe a salvo os bens essenciais para a preservação das condições de subsistência e manutenção da dignidade do credor. O tema em pareço será enfrentado quando do exame da impenhorabilidade dos bens enquanto restrição o princípio da responsabilidade patrimonial.

---

[11] ASSIS, Araken de. *Manual da execução*. 18. ed. São Paulo: Revista dos Tribunais, 2016, p. 146.

Por fim, em quarto lugar, o resultado esperado pela tutela executiva encontra limites práticos à sua concretização na medida em que, mesmo o ordenamento jurídico dotando o exequente (e o juiz em perspectiva colaborativa) de todos os meios para satisfação da obrigação em execução, a ausência de patrimônio impede, em grande medida, a obtenção desse propósito. Enrico Tullio Liebman[12] já asseverava que, embora a execução seja sempre possível (enquanto técnica processual), ela encontra limites na *consistência econômica* do executado, pois havendo bens do executado, a satisfação do credor será obtida pela *desapropriação* destes, mas, não havendo bens ou em sendo eles insuficientes, "êste meio executivo deixará de atingir sua finalidade irremediavelmente, denunciando situação de absoluta impotência da organização jurídica da sociedade".

Mesmo quando se cogita de técnicas coercitivas de execução, a resistência do executado quanto ao cumprimento da obrigação materializada no título conduz, invariavelmente, a conversão da tutela específica (quando já seja estipulada a obrigação de pagar quantia certa) em tutela ressarcitória pelo equivalente e a adoção de técnicas expropriatórias.

1.1.2.2. Princípio da disponibilidade

O princípio da disponibilidade da execução orienta que, na medida em que a execução é feita no interesse do exequente (princípio do resultado), ele tem o direito de desistir de toda a execução ou de apenas alguma medida executiva (art. 775 do CPC/2015).

Essa disponibilidade específica do processo de execução possui alcance distinto da disponibilidade que afeta as partes no processo de conhecimento, pois nele "o interesse das partes litigantes é concorrente e não só do demandante, eis que a sentença de improcedência faz coisa julgada a favor do demandado".[13] Isso porque, enquanto no processo de conhecimento o autor não poderá desistir da ação, após apresentada a contestação, sem o consentimento do réu (art. 485, § 4º, do CPC/2015); no processo de execução, de regra, o exequente possui ampla liberdade para exercer o direito de desistência.[14]

---

[12] LIEBMAN, Enrico Tullio. *Processo de execução*. 3. ed., São Paulo: Saraiva, 1968, p. 33.

[13] ZAVASCKI, Teori Albino. *Processo de execução*: parte geral. 3. ed., São Paulo: Revista dos Tribunais, 2004, p. 97.

[14] Tratando do tema da desistência à luz da execução, Araken de Assis afirmar que: "A anuência ou a resistência do executado mostram-se irrelevantes", pois "fica subentendido na desistência da execução que, aproveitando a atividade unicamente ao exequente, o negócio jurídico dispositivo beneficiará o executado. Logo, a regra descansa no caráter individualista da execução. E abrangendo, por igual, qualquer ato executivo individualmente considerado, inexiste dúvida

Algumas advertências, no entanto, devem ser feitas.

Quando o executado tiver apresentado defesa (impugnação ou embargos à execução), a desistência da execução somente produzirá efeito quanto a estes atos quando versarem apenas sobre questões processuais, ou, versando sobre o mérito da execução o impugnante ou embargado concordarem com a extinção do processo em que apresentada a defesa (art. 775, parágrafo único, do CPC/2015). Além disso, para que a desistência da ação seja válida é necessária a sua homologação consoante impõem os arts. 200, parágrafo único, e 485, VIII, ambos do CPC.

Por fim, importante referir que a desistência da execução de algum de seus atos por parte do exequente não importa na renúncia ao direito materializado no título (hipótese de julgamento do processo com resolução do mérito, a teor do que dispõe o art. 487, III, *c*, do CPC/2015), ou ao direito de produzir o ato. Significa dizer que o exequente poderá, em ato posterior, ajuizar novamente a execução do título (observado o respectivo prazo prescricional) ou requerer que o ato desistido venha a ser praticado.

1.1.2.3. Princípio da menor onerosidade

Um dos princípios que apresenta pior compreensão na atividade forense executiva é o da menor onerosidade dos meios. Comumente, o aludido princípio é associado, de forma simplista, com a possibilidade de que a execução seja feita do meio menos gravoso (menos oneroso) ao executado, em especial quando formulado pedido de substituição de bem penhorado (art. 847 do CPC/2015). Entretanto, somente se cogita da aplicação desse princípio quando o meio menos gravoso ao executado atenda aos interesses do exequente. Isso se deve à circunstância de a execução ser regida, também, pelo princípio do resultado.[15]

Tal afirmação é facilmente comprovada a partir da leitura do art. 805 do CPC/2015. No *caput* do mencionado dispositivo legal está

---

quanto ao amplo e irrestrito poder de disposição do exequente" (ASSIS, Araken de. *Manual da execução*. Op. cit., p. 148).

[15] Neste sentido, a 4ª turma do STJ vem se manifestando como se observa do seguinte julgado: "O exame sistemático da função executiva demonstra nitidamente a prevalência do interesse individual do credor e sua inequívoca vantagem na relação processual executiva, visto que a atuação do Estado-Juiz é voltada a sub-rogar a vontade do devedor. 5. Com efeito, fora a hipótese do controle do gravame excessivo ao executado, quando a execução pode realizar-se por mais de um meio executivo, o impulso oficial na demanda executória socorre ao interesse do credor – a quem compete deduzir a pretensão a executar, realizando-se as atividades processuais em seu proveito ou interesse". (BRASIL, Superior Tribunal de Justiça, REsp 1426205/SP, Rel. Ministro Luis Felipe Salomão, Quarta Turma, julgado em 23/05/2017, DJe 01/08/2017).

disciplinado que "quando por vários meios o exequente puder promover a execução, o juiz mandará que se faça pelo modo menos gravoso para o executado". Fica evidente que a menor onerosidade dos meios somente produzirá efeito quando o exequente *puder promover a execução por vários meios*. Ou seja, a pura simples existência de diversos meios, por si só não autoriza a aplicação do princípio, sendo necessário que o exequente possa promover (atingir o resultado) com a adoção de qualquer um dos meios existentes. Além disso, o parágrafo único do mencionado artigo impõe como ônus ao executado que pretende se valer do princípio em análise a indicação de outros meios que, ao mesmo tempo, sejam "meios mais eficazes e menos onerosos, sob pena de manutenção dos atos executivos já determinados".

Desse modo, para que seja possível interpretar o caso a partir desse princípio, é necessário que se façam presentes simultaneamente três circunstâncias: que exista mais de um meio possível para atender à execução (pluralidade de meios); que os meios atinjam o resultado com a mesma eficiência (idoneidade do meio) e que a adoção de um dos meios cause menor prejuízo ao executado (proporcionalidade do meio). Diante desse cenário, o princípio da disponibilidade é relativizado no caso concreto, fazendo com que o interesse imediato do exequente (em ter um determinado bem penhorado, por exemplo) seja superado pelo interesse do executado (em ver penhorado um bem que lhe cause menor prejuízo penhorado).

Em análise ampla, o princípio da menor onerosidade dos meios materializa e densifica o postulado normativo aplicativo ("deveres estruturantes da aplicação de outras normas")[16] específico da proporcionalidade no processo de execução. Isso porque a proporcionalidade se aplica para resolver situações entre um meio e um fim a ser promovido pela adoção de três exames: "o da adequação (o meio promove o fim?), o da necessidade (dentre os meios disponíveis e igualmente adequados para promover o fim, não há outro meio menos restritivo do(s) direito(s) fundamentais afetados?) e o da proporcionalidade em sentido estrito (as vantagens trazidas pela promoção do fim correspondem às desvantagens provocadas pela adoção do meio?)".[17] No entanto, necessário ser dito que a proporcionalidade em sentido deve ser interpretada ("temperada") levando em consideração o princípio do resultado que governa a execução. De acordo com Marinoni-Arenhart-Mitidiero, "a efetivação de interesses no processo deve manter

---

[16] ÁVILA, Humberto. *Teoria dos princípios*: da definição à aplicação dos princípios jurídicos (2003). 16. ed. São Paulo: Malheiros, 2015, p. 177.
[17] Idem, p. 205.

um equilíbrio entre o interesse do exequente – que merece ser satisfeito da forma mais expedita e efetiva possível – e a esfera do executado – que não pode ter o processo desvirtuado contra si, de modo a transformá-lo em simples mecanismo de vingança pelo não cumprimento da prestação".[18]

O Superior Tribunal de Justiça já apreciou, em sede de recurso repetitivo, o tema da menor onerosidade em contraposição ao princípio do resultado de forma aplicada. Em 2009, a Primeira Seção do STJ, em julgamento de recurso repetitivo, concluiu pela possibilidade de a Fazenda Pública recusar a substituição do bem penhorado por precatório, mesmo que o art. 11 da Lei 6.830/1980 indique os títulos da dívida pública em ordem privilegiada.[19] No caso, o interesse do executado (menor onerosidade) foi afastado em razão da incompatibilidade do melhor interesse do exequente (resultado). Em 2016, a Corte Especial do Superior Tribunal de Justiça[20] foi chama a se pronunciar, também sob a dinâmica de recurso repetitivo, sobre a substituição de penhora sobre numerário constante de suas agências ou sobre o produto do capital investido em suas noticiadas aplicações financeiras por cota de fundo de investimento, sob o fundamento que a penhora sobre os bens indicados (cotas) trariam menor onerosidade ao executado sem prejuízo ao resultado esperado pelo exequente. A Corte entendeu, no entanto, que: "Em se reconhecendo a legitimidade da recusa da nomeação do valor mobiliário sob comento (com esteio nas particularidades do caso concreto), cabe à instituição financeira, de reconhecida e incontroversa capacidade financeira, proceder à garantia do juízo, que poderá recair sobre numerário constante de suas agências ou sobre o produto do capital investido em suas noticiadas aplicações financeiras, ainda que para isso tenha que efetivar o correlato resgate ou deixar de lucrar a rentabilidade esperada, circunstâncias que não dizem respeito ao exequente, cujos interesses norteiam o desenvolvimento do processo executivo, tampouco evidenciam, por si, onerosidade excessiva ao devedor. Providência, é certo, que não toca a intangibilidade dos depósitos mantidos no Banco Central, tampouco a impenhorabilidade das reservas bancárias". Por essa razão, "A recusa da nomeação à penhora de cotas de fundo de investimento, reputada legítima a partir das particularidades de cada caso concreto, não

---

[18] MARINONI, Luiz Guilherme; ARENHART, Sérgio Cruz; MITIDIERO, Daniel. *Novo curso de processo civil*. v. 2, op. cit., p. 786.
[19] BRASIL, Superior Tribunal de Justiça, REsp 1090898/SP, Rel. Ministro Castro Meira, Primeira Seção, julgado em 12/08/2009, DJE 31/08/2009. Tema 120.
[20] BRASIL, Superior Tribunal de Justiça , REsp 1388638/SP, Rel. Ministro Marco Aurélio Bellizze, Corte Especial, julgado em 03/08/2016, DJe 06/09/2016. Tema 913.

encerra, em si, excessiva onerosidade ao devedor, violação do recolhimento dos depósitos compulsórios e voluntários do Banco Central do Brasil ou afronta à impenhorabilidade das reservas obrigatórias".

1.1.2.4. Princípio da responsabilidade patrimonial

Guilherme Tanger Jardim

O mundo da justiça é, assim, um mundo de ideias; mas é também um mundo de homens[21] que creem ser livres, mas que, na realidade, estão encerrados numa intrincada rede de normas de conduta, que, desde o nascimento até a morte, dirigem suas ações nessa ou naquela direção.[22] Como já escreveu Giuseppe Franchi, *"la regola è però il principio della comunità, è di per sè una speranza di vita collettiva solidale"* (A norma é o princípio da comunidade, é por si só uma esperança de vida coletiva solidária).[23]

A responsabilidade patrimonial do devedor na execução civil forçada é tema que extravasa as normas de direito processual civil, não podendo ser alvo de análise sem uma devida conjugação entre Constituição, direito material e processo. Assim, portanto, deve ser compreendida, como ponto de partida, a relação do princípio com a obrigação civil.

Pode-se definir obrigação civil como a relação jurídica, de caráter transitório, estabelecida entre devedor e credor e cujo objeto consiste numa prestação pessoal econômica, positiva ou negativa, devida pelo primeiro ao segundo, garantindo-lhe o adimplemento através do seu patrimônio.[24]

Desta forma, é perceptível que, pelo prisma do sujeito passivo, a obrigação civil é composta de duas partículas: (a) o débito e (b) a responsabilidade do devedor (e a sujeição de seu patrimônio) pelo inadimplemento.[25]

---

[21] HESPANHA, António. *Justiça e litigiosidade*: história e prospectiva. Lisboa: Fundação Calouste Gulbenkian, 1993, p. 411.

[22] BOBBIO, Norberto. *Teoria General Del Derecho*. 2. ed. Bogotá: Temis, 2002, p. 03.

[23] FRANCHI, Giuseppe. *Giurisdizione Italiana e Cosa Giudicata*. Pádova: CEDAM, 1967, p. 06.

[24] MONTEIRO, Washington de Barros. *Curso de direito civil: direito das obrigações*. 1ª parte. São Paulo: Saraiva, 2003, p. 8.

[25] Flávio Tartuce aponta, com propriedade e trazendo notas do direito germânico, que o débito (*Schuld*) é o dever legal de cumprir com a obrigação, o dever existente por parte do devedor. Havendo o adimplemento da obrigação surgirá apenas esse conceito. Mas, por outro lado, se a obrigação não é cumprida, surgirá a responsabilidade, o *Haftung*. (TARTUCE, Flávio. *Direito Civil: Direito das Obrigações e Responsabilidade Civil*. 6. ed. São Paulo: Método, 2011, p. 42)

O dever de pagar (seja quantia, coisa ou conduta), portanto, caso desatendido pelo devedor, sujeitará o patrimônio[26] deste a afetação estatal destinada à satisfação (ainda que de modo forçado) do credor, e não o seu corpo ou sua liberdade. Tal mecânica encontra amparo no artigo 5º, LXVII, da Constituição Federal de 1988, o qual estatui que: "não haverá prisão civil por dívida, salvo a do responsável pelo inadimplemento voluntário e inescusável de obrigação alimentícia e a do depositário infiel".[27]

Da leitura (descompassada com os atuais precedentes, súmulas e decisões dos Tribunais no âmbito do território nacional) poder-se-ia, até, imaginar que duas seriam as exceções à responsabilidade patrimonial do devedor no Direito brasileiro: o débito injustificado de obrigação alimentar e a figura do infiel depositário. Porém, destas hipóteses apenas uma se confirma hodiernamente.

Com efeito, na Sessão Plenária de 16 de dezembro de 2009, o Supremo Tribunal Federal aprovou a Súmula vinculante nº 25, que reconheceu como "... ilícita a prisão civil de depositário infiel, qualquer que seja a modalidade de depósito".[28] Tal enunciado vinculante aca-

---

[26] O instituto da responsabilidade patrimonial do devedor tem raízes no Direito Romano e é fruto de uma longa e complexa evolução. No início desse percurso evolutivo, ainda não era possível falar-se na responsabilidade patrimonial do devedor como hoje a compreendemos, uma vez que na origem do direito romano havia apenas uma forma de responsabilidade do devedor: a pessoal. O fundamento histórico-normativo da execução forçada sobre a pessoa do devedor inadimplente já era conhecido desde a Lei das XII Tábuas (V sec. a. C.), que atribuíam ao credor, em favor do qual fosse emitida uma decisão condenatória, o direito e utilizar a *legis actio per manus iniectionem*. Esta ação permitia que o credor pudesse levar o devedor, que não tivesse cumprido decisão do pretor, ao cárcere por sessenta dias e levá-lo ao mercado para permitir que qualquer pessoa pagasse o débito e o resgatasse. Em caso de insucesso, o credor podia vendê-lo como escravo ou, até mesmo, matá-lo. No caso de pluralidade de credores, as XII Tábuas estabeleciam que o corpo do devedor pudesse ser cortado em pedaços e dividido entre eles. Uma mitigação do procedimento executivo romano ocorreu com a lex Poetelia, datada de 326 a. C., que estabeleceu a proibição da escravização, da venda e da morte do devedor. (VALLONE. Giuseppe. *Esecucione forzata e responsabilità patrimoniale del debitore*. Tesi di dottorato. Dottorato di ricerca in Diritto Comparato. Università degli studi di Palermo. 2014, p. 04/05). Frisa-se, porém, que a Grécia também conheceu a prisão como meio de reter os devedores até que pagassem as suas dívidas. Ficava assim o devedor à mercê do credor, como seu escravo, a fim de garantir seu crédito. Essa prática, inicialmente privada, foi posteriormente adotada como pública, mas ainda como medida coercitiva para forçar o devedor a pagar a sua dívida. (BITENCOURT, Cezar Roberto. *Tratado de Direito Penal*. São Paulo: Saraiva, 2004, p.461)

[27] A vedação da prisão por dívidas, que remonta às nossas antigas Ordenações do reino português, foi indiscutivelmente outro fator decisivo para o entendimento de que, no domínio das relações privadas, o inadimplemento das obrigações jamais poderia determinar a imposição de qualquer tipo de coerção pessoal contra o devedor que se recusasse a cumprir a obrigação. (SILVA, Ovídio Baptista da. *Curso de processo civil*: execução obrigacional, execução real e ações mandamentais. v. 2. 5. ed. São Paulo: Revista dos Tribunais, 2002, p. 344).

[28] Cita-se o respectivo precedente representativo: "Se não existem maiores controvérsias sobre a legitimidade constitucional da prisão civil do devedor de alimentos, assim não ocorre em relação à prisão do depositário infiel. As legislações mais avançadas em matérias de direitos humanos proíbem expressamente qualquer tipo de prisão civil decorrente do descumprimento de obriga-

bou por influenciar o Superior Tribunal de Justiça na edição do verbete 419: "Descabe a prisão civil do depositário judicial infiel." (Súmula 419, Corte Especial, julgado em 03/03/2010, DJe 11/03/2010).[29]

Assim, tem-se que no Direito nacional há apenas uma única hipótese de responsabilidade pessoal do devedor inadimplente, qual seja, aquela relacionada ao débito alimentar.[30]

ções contratuais, excepcionando apenas o caso do alimentante inadimplente. O art. 7º (nº 7) da Convenção Americana sobre Direitos Humanos 'Pacto de San José da Costa Rica', de 1969, dispõe desta forma: 'Ninguém deve ser detido por dívidas. Este princípio não limita os mandados de autoridade judiciária competente expedidos em virtude de inadimplemento da obrigação alimentar.' Com a adesão do Brasil a essa convenção, assim como ao Pacto Internacional dos Direitos Civis e Políticos, sem qualquer reserva, ambos no ano de 1992, iniciou-se um amplo debate sobre a possibilidade de revogação, por tais diplomas internacionais, da parte final do inciso LXVII do art. 5º da Constituição brasileira de 1988, especificamente, da expressão 'depositário infiel', e, por consequência, de toda a legislação infraconstitucional que nele possui fundamento direto ou indireto. (...) Portanto, diante do inequívoco caráter especial dos tratados internacionais que cuidam da proteção dos direitos humanos, não é difícil entender que a sua internalização no ordenamento jurídico, por meio do procedimento de ratificação previsto na Constituição, tem o condão de paralisar a eficácia jurídica de toda e qualquer disciplina normativa infraconstitucional com ela conflitante. Nesse sentido, é possível concluir que, diante da supremacia da Constituição sobre os atos normativos internacionais, a previsão constitucional da prisão civil do depositário infiel (...) deixou de ter aplicabilidade diante do efeito paralisante desses tratados em relação à legislação infraconstitucional que disciplina a matéria (...). Tendo em vista o caráter supralegal desses diplomas normativos internacionais, a legislação infraconstitucional posterior que com eles seja conflitante também tem sua eficácia paralisada. (...) Enfim, desde a adesão do Brasil, no ano de 1992, ao Pacto Internacional dos Direitos Civis e Políticos (art. 11) e à Convenção Americana sobre Direitos Humanos 'Pacto de San José da Costa Rica (art. 7º, 7), não há base legal par aplicação da parte final do art. 5º, inciso LXVII, da Constituição, ou seja, para a prisão civil do depositário infiel." (BRASIL, Supremo Tribunal Federal, RE Nº 466343, Relator Min. Cezar Peluso, Tribunal Pleno, julgado em 03/12/2008, Repercussão Geral).

[29] Cita-se respectivo precedente originário: "O Plenário do Supremo Tribunal Federal, em sessão datada de 3/12/2008, ao concluir o julgamento dos Recursos Extraordinários 349.703 e 466.343, firmou o entendimento de que o art. 5º, LXVI, da Constituição Federal não é autoaplicável e de que deve prevalecer o Pacto de San José da Costa Rica sobre a legislação ordinária que regula a matéria, haja vista que o mencionado tratado integra o ordenamento como disposição supra legal. Desta forma, foi estendida a proibição da prisão civil por dívida à hipótese de infidelidade de depósito de bens, tanto a decorrente de determinação judicial quanto a oriunda de contrato. Saliento que o Supremo Tribunal, ao finalizar o julgamento do habeas corpus 87.585, na mesma oportunidade, determinou a revogação do seu verbete sumular n. 619: 'A prisão do depositário judicial pode ser decretada no próprio processo em que se constituiu o encargo, independentemente da propositura da ação de depósito'. Neste sentido, o STJ tem se posicionado que os tratados e convenções internacionais sobre direitos humanos, aos quais o Brasil aderiu, gozam de status de norma supra legal, entendimento que tem reflexo imediato nas discussões relativas à impossibilidade de prisão civil de depositário infiel. Registre-se, por fim, que o § 2º do art. 4º da Lei 8.866/94, que fundamenta a pretensão do INSS na ação de depósito, teve sua eficácia suspensa pelo STF em sede de medida cautelar na ADI 1055/DF. Portanto, diante desse entendimento, para o qual é indiferente a natureza do depósito, se regular ou irregular, a prisão civil do paciente, determinada em virtude do não repasse ao INSS de valores de contribuições previdenciárias devidas, não tem aparo no ordenamento jurídico brasileiro." (BRASIL, Superior Tribunal de Justiça, HC 130.443/PI, Rel. Ministra Eliana Calmon, Segunda Turma, julgado em 04/06/2009, DJe 23/06/2009).

[30] Quanto à natureza da medida, por não envolver crime, a prisão do alimentante não corresponde a uma pena, mas sim, um meio de coerção do Estado para que o inadimplente cumpra a obrigação. Realiza-se no âmbito estritamente do Direito Privado e se consuma em razão de uma

Em que pese a obrigação alimentar possua diversas fontes,[31] o Superior Tribunal de Justiça tem entendimento de que apenas os alimentos devidos em decorrência das relações regidas pelo Direito de Família autorizam a segregação do devedor.[32] Todavia, com o advento do novo Código de Processo Civil, já aparecem julgados dos Tribunais Estaduais propondo uma reconstrução da abrangência dessa medida de coerção pessoal, permitindo-se a prisão, também, do devedor de alimentos devidos em razão da prática de ato ilícito, sob os argumentos de que: "... a) o CPC/2015 não faz diferença pela origem da obrigação alimentar, se derivados do direito de família (legítimos) ou decorrentes do ato ilícito (indenizativos), tratando de forma genérica o procedimento do 'cumprimento da sentença que reconheça a exigibilidade de obrigação de prestar alimentos' no Capítulo IV do Título II, Livro I da Parte Especial do código, porque os alimentos são valores que se destinam a fazer frente às necessidades cotidianas da vida, e o que é decisivo para sua fixação é a necessidade do alimentando; b) a CF/88, em seu artigo 5º, LXVII, também não faz diferenciação entre as fontes da obrigação alimentar, utilizando a expressão 'prestação alimentícia', que compreende ambas; c) não há qualquer vedação à prisão civil do devedor de alimentos indenizatórios no Pacto de San José da Costa Rica; d) a classificação jurídico-doutrinária dos alimentos não pode restringir direito fundamental; e) o novo CPC, no art. 139, IV, prevê expressamente que ao juiz cabe a direção do processo, incumbindo-lhe 'determinar todas as medidas indutivas, coercitivas, mandamentais ou sub-rogatórias necessárias para assegurar o cumprimento da ordem judicial', não excluindo a possibilidade de decretação da prisão civil por inadimplemento de obrigação alimentícia, independentemente da origem, desde que respeitado o rito e exigências dos arts. 528 a 533 do CPC/2015; f) deve ser aplicado o princípio da proporcionalidade; g) não é razoável tratamento diferenciado ao credor de alimentos indenizatórios, tolhendo-lhe um meio executório (coerção pessoal) que via de regra se mostra efetivo...".[33]

---

dívida não paga, ou seja, de um dever ou de uma obrigação descumprida e fundada em norma jurídica de natureza civil. (AZEVEDO, Álvaro Villaça. *Prisão civil por dívida*. 2. ed. rev. atual. e ampl. São Paulo: Revista dos Tribunais, 2000, p. 53). Revela-se tal prisão, pois, como técnica indutiva por coerção.

[31] *V.g.*, o artigo 1.694 do CCB/02, o artigo 948, II, do CCB/02, o artigo 1.920 do CCB/02, etc.

[32] "Segundo a pacífica jurisprudência do Superior Tribunal de Justiça, é ilegal a prisão civil decretada por descumprimento de obrigação alimentar em caso de pensão devida em razão de ato ilícito." (BRASIL, Superior Tribunal de Justiça, HC 182.228/SP, Rel. Ministro João Otávio de Noronha, Quarta Turma, julgado em 01/03/2011, DJe 11/03/2011).

[33] RIO GRANDE DO SUL, Tribunal de Justiça do RS, Agravo de Instrumento nº 70073368573, Décima Primeira Câmara Cível, Relator: Antônio Maria Rodrigues de Freitas Iserhard, Julgado em 27/09/2017.

Outro ponto importante, diz com a natureza da responsabilidade patrimonial do devedor, se processual ou material. Sob o tema, há grande dissenso doutrinário.

Parte da doutrina[34] situa a responsabilidade patrimonial na órbita direito material, uma vez que ela integraria o direito subjetivo do credor. Outra porção da doutrina[35] entende que a responsabilidade patrimonial está estabelecida na esfera do direito processual, pois ela só é levada a efeito por meio do exercício da ação e da respectiva prestação jurisdicional.

Este debate gera reflexo direto na aplicação da lei no tempo. Caso reconhecida a natureza material do instituto, as normas de responsabilidade patrimonial a serem aplicadas ao devedor serão as vigentes ao tempo da celebração do negócio jurídico do qual o débito se originou. Por outro lado, sendo instituto de direito processual, as normas de responsabilidade patrimonial aplicáveis serão aquelas vigentes ao tempo da execução e sem prejuízo da utilização de outras que venham a ser criadas no seu curso. Entendemos, como Daniel Amorim Assumpção Neves, que: "A responsabilidade patrimonial é indiscutivelmente instituto de direito processual, dizendo respeito à possibilidade de sujeição do patrimônio à satisfação do direito substancial do credor".[36]

Partindo-se da premissa de que a responsabilidade pelo inadimplemento (salvo a do devedor de alimentos) é patrimonial, percebe-se que o sistema normativo brasileiro estatui regra e exceções.

A regra é a de que seja o patrimônio do próprio devedor que deva responder pelo inadimplemento (responsabilidade primária). Veja-se o artigo 391 do Código Civil brasileiro de 2002 que diz: "Pelo inadimplemento das obrigações respondem todos os bens do devedor".[37]Tal dispositivo encontra correspondência no artigo 789 do CPC/2015: "O devedor responde com todos os seus bens presentes e futuros para o cumprimento de suas obrigações, salvo as restrições estabelecidas em lei". A regra geral, portanto, é a da responsabilidade incidindo sobre os bens que integram o patrimônio do executado no momento da instauração da execução (bens presentes) e os que venham a ser adquiri-

---

[34] V.g., PEREIRA, Caio Maio da Silva. *Instituições de direito civil*. vol. II. 20. ed. Forense: Rio de Janeiro, 2002, p. 27; MONTEIRO, Washington de Barros. *Curso de direito civil*: direito das obrigações. 1ª parte. Op. cit., p. 27.

[35] V.g., DINAMARCO, Cândido Rangel. Op. cit., p. 249- 250; THEODORO JÚNIOR, Humberto. *Curso de direito processual civil*. vol. II. 20. ed. Forense: Rio de Janeiro: 1997, p. 105; GRECO FILHO, Vicente. *Direito processual civil brasileiro*. vol. III. 11. ed. Saraiva: São Paulo, 1997. p. 38.

[36] NEVES, Daniel Amorim Assumpção. Responsabilidade patrimonial secundária. In. *Reforma do CPC 2*: Lei 11.382/2006 e 11.341/2006. Revista dos Tribunais: São Paulo, 2007, p. 124.

[37] De modo similar, estabelece o artigo 2.740 do Código Civil Italiano que: *Il debitore risponde dell'adempimento delle obbligazioni con tutti i suoi beni presenti e futuri*.

dos no curso dela (bens futuros). Assim, o patrimônio do executado responderá pela dívida seja ele contemporâneo (patrimônio presente), seja adquirido em momento posterior à constituição da obrigação. De tal sorte, mesmo se no momento da formação da obrigação[38] o obrigado (devedor) não possuísse patrimônio, os bens adquiridos posteriormente poderão ser atingidos pelo cumprimento forçado da obrigação.

Quanto aos bens passados, ou seja, aqueles que integravam o patrimônio do executado, mas dali foram retirados antes de iniciada a execução civil, ficam eles, em linha de principio, excluídos da responsabilidade.

Percebe-se, nos casos de responsabilidade primária, que tanto o débito (*schuld*), quanto a responsabilidade patrimonial (*haftung*), estão a cargo do devedor. Modo diverso ocorrerá quando se tratar de responsabilidade secundária. Nesta hipótese, um terceiro não devedor responderá com seu patrimônio pelo inadimplemento da obrigação. É verdadeiro caso de responsabilidade (*haftung*) sem débito (*schuld*).

As hipóteses excepcionais de responsabilidade patrimonial secundária[39] estão estampadas nos incisos do artigo 790 do CPC/2015.[40]

Se não restam dúvidas acerca da responsabilidade dos bens do devedor (presentes e futuros, salvo os reconhecidos em lei como impenhoráveis) quanto ao cumprimento de suas obrigações, resta ainda compreender quem (e não quais bens) pode ser obrigado a responder juntamente com o executado com os seus bens. Em outras palavras, em quais hipóteses, além dos bens do executado, responderão, também, os bens de outros sujeitos frente uma determinada obrigação. É o que a doutrina costuma chamar de responsabilidade patrimonial secundária.[41]

---

[38] Em sentido diverso, entendendo que os bens presentes de que trata a lei são aqueles existentes quando do momento da execução e não no momento da formação da obrigação, ver ZAVASCKI, Teori Albino. *Processo de execução*: parte geral. Op. cit., p. 191. Parece inadequada essa conclusão na medida em que a responsabilidade sobre os bens já existe, como se pode aferir da possibilidade de reconhecimento de fraude contra credores e à execução em fade da violação da aludida responsabilidade.

[39] Em que pese alguns autores entendam que, em sua maioria, tratam-se de hipóteses de responsabilidade primária, *v.g.*, HARTMANN, Rodolfo Kronemberg. *A Execução Civil*. 2. ed. Niterói: Impetus, 2011, p.27.

[40] Art. 790. São sujeitos à execução os bens: I – do sucessor a título singular, tratando-se de execução fundada em direito real ou obrigação reipersecutória; II – do sócio, nos termos da lei; III – do devedor, ainda que em poder de terceiros; IV – do cônjuge ou companheiro, nos casos em que seus bens próprios ou de sua meação respondem pela dívida; V – alienados ou gravados com ônus real em fraude à execução; VI – cuja alienação ou gravação com ônus real tenha sido anulada em razão do reconhecimento, em ação autônoma, de fraude contra credores; VII – do responsável, nos casos de desconsideração da personalidade jurídica.

[41] ZAVASCKI, Teori Albino. *Processo de execução*. Op. cit., p. 193-195.

Neste ponto, o art. 790 do CPC indica que "são sujeitos à execução os bens: I – do sucessor a título singular, tratando-se de execução fundada em direito real ou obrigação reipersecutória; II – do sócio, nos termos da lei;[42] III – do devedor, ainda que em poder de terceiros; IV – do cônjuge ou companheiro, nos casos em que seus bens próprios ou de sua meação respondem pela dívida; V – alienados ou gravados com ônus real em fraude à execução; VI – cuja alienação ou gravação com ônus real tenha sido anulada em razão do reconhecimento, em ação autônoma, de fraude contra credores; VII – do responsável, nos casos de desconsideração da personalidade jurídica".

Segundo o CPC,[43] ainda podem ter os bens responsabilizados para o cumprimento de obrigação o fiador (nos termos do art. 794 do CPC) e o espólio pelas dívidas do falecido até a partilha dos bens (art. 796).

Assim, o patrimônio do devedor representa para o credor a garantia de poder conseguir, em caso de inadimplemento, satisfação coativa pelos meios executivos.[44] Lamentavelmente, porém, não são incomuns, em emprego hábil do processo de frustração da lei,[45] as tentativas de o executado alienar ou gravar seus bens ônus reais de sorte a evitar que o credor, em execução civil forçada, neles satisfaça seu crédito.

Toda alienação de bens do devedor é, pois, potencialmente um prejuízo para o credor, que corre o perigo de não poder realizar execução frutífera por falta de objeto. Não obstante isso, a lei reconhece ao devedor plena liberdade de contratar.[46] A ordem jurídica não inibe as atividades econômicas de quem assume obrigações. Logo, o devedor conserva a livre disponibilidade de seus bens, incumbindo a seus credores respeitar-lhes os atos negociais, embora seus resultados sejam nocivos e até provoquem-lhe a insolvência. Acontece, às vezes,

---

[42] Sobre a responsabilidade dos bens particulares do sócio, o art. 795 do CPC estabelece que: "Os bens particulares dos sócios não respondem pelas dívidas da sociedade, senão nos casos previstos em lei. § 1º O sócio réu, quando responsável pelo pagamento da dívida da sociedade, tem o direito de exigir que primeiro sejam excutidos os bens da sociedade. § 2º Incumbe ao sócio que alegar o benefício do § 1º nomear quantos bens da sociedade situados na mesma comarca, livres e desembargados, bastem para pagar o débito. § 3º O sócio que pagar a dívida poderá executar a sociedade nos autos do mesmo processo.§ 4º Para a desconsideração da personalidade jurídica é obrigatória a observância do incidente previsto neste Código".

[43] Na legislação esparsa e na jurisprudência, existem outros vínculos de responsabilização secundários. À titulo de exemplo, pode ser menciona a responsabilidade da empresa filial frente as obrigações da empresa matriz reconhecida pelo Superior Tribunal de Justiça no julgamento do REsp 1355812/RS. (BRASIL, Superior Tribunal de Justiça, REsp 1355812/RS, Rel. Ministro Mauro Campbell Marques, Primeira Seção, julgado em 22/05/2013, DJe 31/05/2013).

[44] LIEBMAN, Enrico Tulio. *Processo de execução*: com notas de atualização do Prof. Joaquim Munhoz de Mello. 5. ed. São Paulo: Saraiva, 1986, p. 105.

[45] LIMA, Alvino. *A fraude no direito civil*. São Paulo: Saraiva, 1965, p. 2.

[46] LIEBMAN, Enrico Tulio. *Processo de execução*. 1986. Op. cit., p. 105.

de os atos de disposição do obrigado em vez de retratarem alterações normais, revelarem o propósito de frustrar a realização do direito alheio.[47] Daí, surge a figura da "fraude", que se revela a própria negação do direito, contrapondo-se todas as regras jurídicas, mesmo as mais necessárias – *fraus omnia corrumpit*.[48]

No ordenamento jurídico brasileiro, há a previsão de duas espécies de fraude:[49] a fraude contra credores e a fraude à execução. A primeira (fraude contra credores) é matéria disciplinada pelo direito privado, pois o interesse é visceralmente entre credor, de um lado, e devedor (alienante) e terceiro (adquirente) do outro. Já a segunda (fraude à execução) é matéria regulada pelo direito público, ou seja, o processual, porque, invocada a prestação jurisdicional, o Estado passou a ter interesse em que, havendo condenação, a execução se efetive, em nome de seu próprio prestígio e de sua própria autoridade.[50]

A fraude contra credores, que encontra regramento nos artigos 158 a 165 do Código Civil de 2002, pode ser definida como a diminuição patrimonial do devedor que o conduz à insolvência (ou a agrava) em prejuízo dos seus credores.[51] O seu passivo torna-se maior do que seu ativo, não dispondo de bens para responder pela obrigação.[52]

Na fraude contra credores, não há vício de consentimento. É ato consciente, que corresponde à vontade interior do agente. É vício social, decorrente da desconformidade entre a declaração de vontade e a ordem jurídica, que repudia atuações fraudulentas[53] e que implica a anulação do negócio fraudulento.

---

[47] ASSIS, Araken. *Manual da execução*. Op. cit., 2016, p. 380.

[48] DIAS, Ronaldo Brêtras de Carvalho. *Fraude no processo civil*. 3. ed. Belo Horizonte: Del Rey, 2001, p. 21.

[49] Sublinhando-se que, em qualquer uma delas, a vontade do devedor é elemento indispensável a sua caracterização. Tanto assim que "Na hipótese de arrematação ou adjudicação judicial a vontade do devedor é irrelevante, o que obsta a caracterização da fraude" (BRASIL, Superior Tribunal de Justiça, REsp 538.656/SP, Rel. Ministro Luiz Fux, Primeira Turma, julgado em 16/10/2003, DJ 03/11/2003).

[50] LIMA, Alcides de Mendonça. *Comentários ao Código de Processo Civil*. Vol. VI, tomo II. Rio de Janeiro: Forense, 1974, p. 494-495.

[51] Como regra, credores que já o sejam (anterioridade) na data do negócio fraudulento. O Superior Tribunal de Justiça, contudo, admite excepcionalmente o reconhecimento de fraude a futuros credores: "É possível a relativização da anterioridade do crédito, requisito para o reconhecimento da fraude contra credores, quando configurada a fraude predeterminada em detrimento de futuros credores" (BRASIL, Superior Tribunal de Justiça, REsp 1324308/PR, Rel. Ministro João Otávio de Noronha, Terceira Turma, julgado em 18/02/2016, DJe 26/02/2016)

[52] DIDIER JR., Fredie; CUNHA, Leonardo Carneiro da; BRAGA, Paula Sarno; OLIVEIRA, Rafael Alexandria de. *Curso de direito processual civil*: execução. 7. ed. rev., ampl. e atual. Salvador: JusPodivm, 2017, p.382.

[53] PEREIRA, Caio Mário da Silva. *Instituições de Direito Civil*. v. I, cit., p. 536-538; LIMA, Alcides de Mendonça. *Comentários ao Código de Processo Civil*, v. VI, op. cit., p. 462 e 463.

Tal fraude pode derivar de negócios gratuitos[54] ou onerosos[55] entre o devedor e terceiros e reclama o preenchimento de dois requisitos: o *consilium fraudis* e o *eventus danmi*.[56] O primeiro, de ordem subjetiva, pode ser definido como o conserto, o ajuste, a combinação fraudulenta entre o devedor e terceiros, redundando em prejuízo dos credores.[57] Já o segundo, de ordem objetiva, é o estado de insolvência criado ou agravado pelo ato fraudulento.[58]

Para o reconhecimento da fraude contra credores, é mister a propositura – no prazo decadencial de 4 anos[59] – de demanda judicial, não podendo a fraude ser reconhecida no bojo da execução ou como defesa em eventuais embargos de terceiro.[60] Chamada de "ação pauliana",[61] trata-se de processo de conhecimento de rito comum, proposto pelo credor em face do devedor e do terceiro (em litisconsórcio necessário unitário) com quem ele celebrou o negócio fraudulento.[62] O ônus da prova da fraude incumbe ao credor (autor), salvo eventual inversão operada à luz do artigo 373, § 1º, do CPC/2015.

De outro turno, a fraude à execução compõe as faixas de estrangulamento existentes entre a ordem processual e a substancial,[63] na medida em que acarreta danos aos credores e atenta contra o próprio desenvolvimento da atividade jurisdicional, frustrando a sua atua-

---

[54] CCB/02 – Art. Art. 158. Os negócios de transmissão gratuita de bens ou remissão de dívida, se os praticar o devedor já insolvente, ou por eles reduzido à insolvência, ainda quando o ignore, poderão ser anulados pelos credores quirografários, como lesivos dos seus direitos. § 1º Igual direito assiste aos credores cuja garantia se tornar insuficiente. § 2º Só os credores que já o eram ao tempo daqueles atos podem pleitear a anulação deles.

[55] Art. 159. Serão igualmente anuláveis os contratos onerosos do devedor insolvente, quando a insolvência for notória, ou houver motivo para ser conhecida do outro contratante.

[56] LIEBMAN, Enrico Tulio. *Processo de execução*. 1986. Op. cit., p. 105.

[57] RIZZARDO, Arnaldo. *Contratos*. 7. ed. Rio de Janeiro: Forense, 2008, p. 259.

[58] DINAMARCO, Cândido Rangel. *Instituições de direito processual civil*, v. IV, 3. ed. São Paulo: Malheiros, 2009, p. 424.

[59] "Art. 178. É de quatro anos o prazo de decadência para pleitear-se a anulação do negócio jurídico, contado: ... II – no caso de erro, dolo, fraude contra credores, estado de perigo ou lesão, do dia em que se realizou o negócio jurídico; ...". frisa-se que a propositura de outras demandas em face do devedor que não a pauliana não tem o efeito de evitar a ocorrência de decadência (BRASIL, Superior Tribunal de Justiça, REsp 1354639/RJ, Rel. Ministro Paulo de Tarso Sanseverino, Terceira Turma, julgado em 12/11/2013, DJe 13/02/2014).

[60] Súmula 195 do STJ: em embargos de terceiro não se anula ato jurídico, por fraude contra credores.

[61] BRASIL, Superior Tribunal de Justiça, AgRg no REsp 539.604/SP, Rel. Ministra Eliana Calmon, Segunda Turma, julgado em 20/06/2006, DJ 29/06/2006, p. 172.

[62] A ação pauliana tem natureza pessoal, razão pela qual é desnecessário citar o cônjuge do devedor doador e do donatário. (BRASIL, Superior Tribunal de Justiça, REsp 1324308/PR, Rel. Ministro João Otávio de Noronha, Terceira Turma, julgado em 18/02/2016, DJe 26/02/2016).

[63] DINAMARCO, Cândido Rangel. *Instituições de direito processual civil*. v. I, 8. ed. São Paulo: Malheiros, 2016, p. 110.

ção.⁶⁴ Por isso, ainda mais eficaz se torna a reação da ordem jurídica contra o ato fraudulento,⁶⁵ que deverá ser reconhecido como ineficaz contra o credor.⁶⁶

Dado a essa gravidade da fraude à execução,⁶⁷ não há necessidade de ação autônoma nem de qualquer outra providência mais formal para que se decrete a ineficácia de ato havido em fraude de execução. Basta ao credor noticiar na execução, por petição simples, que houve fraude de execução, comprovando-a, para que o juiz possa decretar a ineficácia do ato fraudulento.⁶⁸ O Código de Processo Civil de 2015, contudo, passou a exigir que, antes de declarar a fraude à execução, o juiz intime o terceiro adquirente para, querendo, opor embargos de terceiro, no prazo de quinze dias (art. 792, § 4º).

Também na fraude à execução reclama-se a preexistência de uma dívida e a alienação ou oneração de bens do devedor de sorte a reluzi-lo à insolvência ou agravar este estado. Entretanto, modo diverso do que ocorre na fraude contra credores (onde a má-fé do terceiro deve, como regra, ser demonstrada pelo credor), o Código de Processo Civil de 2015 prevê algumas situações das quais e possa presumir a má-fé do terceiro beneficiado com o negócio praticado em fraude à execução. O artigo 792 do CPC/2015, além de estabelecer os marcos temporais divisórios entre fraude contra credores e fraude à execução, em seus incisos I, II e III, prevê situações para as quais se possa presumir a má-fé do terceiro. São elas: (a) quando sobre o bem pender ação fundada em direito real ou com pretensão reipersecutória, desde que a pendência do processo tenha sido averbada no respectivo registro público, se houver; (b) quando tiver sido averbada, no registro do bem, a pendência do processo de execução, na forma do art. 828;⁶⁹

---

⁶⁴ BRASIL, Superior Tribunal de Justiça, EREsp 259.890/SP, Rel. Ministro José Delgado, Corte Especial, julgado em 02/06/2004, DJ 13/09/2004, p. 162.

⁶⁵ LIEBMAN, Enrico Tullio. Processo de Execução. Op. cit., p. 85.

⁶⁶ CPC/2015 – Artigo 792, § 1º. A alienação em fraude à execução é ineficaz em relação ao exequente. No mesmo sentido: "Na Fraude de execução, o ato não é nulo, inválido, mas sim ineficaz em relação ao credor. ..." (STJ – REsp. 3771/GO).

⁶⁷ Que, inclusive, encontra-se tipifica como crime no artigo 179 do Código Penal (art. 179 – Fraudar execução, alienando, desviando, destruindo ou danificando bens, ou simulando dívidas: Pena – detenção, de seis meses a dois anos, ou multa. Parágrafo único – Somente se procede mediante queixa).

⁶⁸ NERY JUNIOR, Nelson; NERY, Rosa Maria de Andrade. *Código de Processo Civil Comentado e legislação extravagante.* 9. ed. São Paulo: Revista dos Tribunais, 2006, p. 849.

⁶⁹ Art. 828. O exequente poderá obter certidão de que a execução foi admitida pelo juiz, com identificação das partes e do valor da causa, para fins de averbação no registro de imóveis, de veículos ou de outros bens sujeitos a penhora, arresto ou indisponibilidade. § 1º No prazo de 10 (dez) dias de sua concretização, o exequente deverá comunicar ao juízo as averbações efetivadas. § 2º Formalizada penhora sobre bens suficientes para cobrir o valor da dívida, o exequente providenciará, no prazo de 10 (dez) dias, o cancelamento das averbações relativas àqueles não penho-

e (c) quando tiver sido averbado, no registro do bem, hipoteca judiciária ou outro ato de constrição judicial originário do processo onde foi arguida a fraude. Note-se que, nas três hipóteses, há a necessidade de ato do credor no sentido de publicisar a existência da ação ou da constrição operada sobre o bem que se pretende executar, para que se tenha a presunção absoluta[70] da má-fé do terceiro.

Quando o credor não praticar os atos acima referidos, o marco divisório entre a fraude contra credores e a fraude à execução passa a ser aquele previsto no inciso IV do artigo 792 (quando, ao tempo da alienação ou da oneração, tramitava contra o devedor ação capaz de reduzi-lo à insolvência) o qual reclama a figura da litispendência,[71] caracterizada pela citação[72] do devedor no processo de execução de título extrajudicial ou no processo de conhecimento que vise à criação do título executivo judicial. Nessa hipótese, tocará ao credor a prova da má-fé do terceiro.[73]

De forma sintética, pode-se dizer que para que a dissipação/oneração patrimonial do devedor ocorra em fraude à execução, é necessária a presença concomitante dos seguintes elementos: a) que o processo (de execução ou de conhecimento) já tenha sido aforado; b) que o adquirente saiba da existência da ação, ou por já constar no cartório imobiliário ou outro órgão registral algum registro dando conta de sua existência (presunção *juris et de jure* contra o adquirente), ou porque o exequente, por outros meios, provou que do aforamento da ação o adquirente tinha ciência; c) que a alienação ou a oneração dos

---

rados. § 3º O juiz determinará o cancelamento das averbações, de ofício ou a requerimento, caso o exequente não o faça no prazo. § 4º Presume-se em fraude à execução a alienação ou a oneração de bens efetuada após a averbação. § 5º O exequente que promover averbação manifestamente indevida ou não cancelar as averbações nos termos do § 2º indenizará a parte contrária, processando-se o incidente em autos apartados.

[70] Nesse sentido: NETTO, Nelson Rodrigues. A fraude à execução e o novo art. 615-A do CPC. In: BRUSHI, Gilberto Gomes; SHIMURA, Sérgio. (Coord.). *Execução Civil e cumprimento da sentença.* vol. 2. São Paulo: Método, 2007, p. 449-458.

[71] A insolvência não basta para que se componha a figura da fraude à execução. Outro pressuposto é o de existir litispendência. (MIRANDA, Francisco C. Pontes de. *Comentários ao Código de Processo Civil.* tomo IX., 2. ed. Rio de Janeiro: Forense, 2001, p. 344).

[72] "O entendimento desta Corte é no sentido de que, ocorrida a citação válida do devedor, posterior alienação ou oneração do bem por este, consubstancia-se em fraude à execução. ..." (BRASIL, Superior Tribunal de Justiça, REsp 719.969/RS, Rel. Ministro Felix Fischer, Quinta Turma, julgado em 02/08/2005, DJ 26/09/2005, p. 450). Admitindo, excepcionalmente, a possibilidade de reconhecimento de fraude à execução antes mesmo da prática do ato citatório do devedor, o Superior Tribunal de Justiça apontou que: "Para configuração da fraude à execução, não se exige a citação do alienante quando demonstrado que, ciente da execução, intencionalmente evitou a sua realização" (BRASIL, Superior Tribunal de Justiça, REsp 226.413/SP, Rel. Ministro Eduardo Ribeiro, Terceira Turma, julgado em 08/06/2000, DJ 28/08/2000, p. 79).

[73] Súmula 375 do STJ: O reconhecimento da fraude à execução depende do registro da penhora do bem alienado ou da prova de má-fé do terceiro adquirente.

bens seja capaz de reduzir o devedor à insolvência, militando em favor do exequente a presunção *juris tantum*.[74]

Ainda, no caso de aquisição de bem não sujeito a registro, o terceiro adquirente tem o ônus de provar que adotou as cautelas necessárias para a aquisição, mediante a exibição das certidões pertinentes, obtidas no domicílio do vendedor e no local onde se encontra o bem (art. 792, § 2º).[75]

Por fim, nos casos de desconsideração da personalidade jurídica, a fraude à execução verifica-se a partir da citação da parte cuja personalidade se pretende desconsiderar (art. 792, § 3º).[76]

Outro ponto importante acerca da responsabilidade patrimonial diz respeito aos limites impostos pelo ordenamento jurídico à sua concretização.

O artigo 789 do CPC/2015, ao estabelecer que o devedor responda com todos os seus bens presentes e futuros pelo inadimplemento, em sua parte final, deixa claro que haverá situações em que determinada fatia de patrimônio do devedor não possa sofrer os atos executivos.

Os limites à responsabilidade patrimonial podem derivar de convenção (na forma do artigo 190 do CPC/2015)[77] ou de disposição legal.

No artigo 832 do CPC/2015, o legislador estatuiu que "Não estão sujeitos à execução os bens que a lei considera impenhoráveis ou inalienáveis". Já o artigo 833 do CPC/2015 dispõe que são impenhorá-

---

[74] BRASIL, Superior Tribunal de Justiça, REsp 235.201/SP, Rel. Ministro Cesar Asfor Rocha, Quarta Turma, julgado em 25/06/2002, DJ 11/11/2002, p. 220.

[75] "... a prova de desconhecimento quanto à existência de ação capaz de reduzir o devedor à insolvência ou de constrição sobre o imóvel se faz mediante apresentação de pesquisas realizadas nos distribuidores, por ocasião da celebração da compra e venda, abrangendo as comarcas de localização do bem e de residência do alienante nos últimos 05 anos" (BRASIL, Superior Tribunal de Justiça, REsp 956.943/PR, Rel. Ministra Nancy Andrighi, Rel. p/ Acórdão Ministro João Otávio De Noronha, Corte Especial, julgado em 20/08/2014, DJe 01/12/2014).

[76] "... o momento a partir do qual se considerará em fraude de execução a alienação ou oneração de bens pelo sócio (ou pela sociedade, no caso de desconsideração inversa) não é propriamente o momento da instauração do incidente (que é, como visto anteriormente, o momento em que proferida a decisão que o admite), mas o momento da citação do responsável. A partir daí, qualquer ato de alienação ou oneração de seus bens será tida como fraude à execução se estiverem presentes os requisitos estabelecidos pelo art. 792 do CPC. ..." (CÂMARA, Alexandre Freitas. Do incidente de desconsideração da personalidade jurídica. In: NERY JR., Nelson; NERY, Rosa Maria de Andrade. *Comentários ao Código de Processo Civil*. São Paulo: Revista dos Tribunais, 2015, p. 464).

[77] Art. 190. Versando o processo sobre direitos que admitam autocomposição, é lícito às partes plenamente capazes estipular mudanças no procedimento para ajustá-lo às especificidades da causa e convencionar sobre os seus ônus, poderes, faculdades e deveres processuais, antes ou durante o processo.

veis (desde que o débito não seja relativo ao próprio bem ou contraído para sua aquisição):[78] os bens inalienáveis e os declarados, por ato voluntário, não sujeitos à execução;[79] os móveis, os pertences e as utilidades domésticas que guarnecem a residência do executado, salvo os de elevado valor ou os que ultrapassem as necessidades comuns correspondentes a um médio padrão de vida;[80] os vestuários, bem como os pertences de uso pessoal do executado, salvo se de elevado valor; os vencimentos, os subsídios, os soldos, os salários, as remunerações, os proventos de aposentadoria, as pensões, os pecúlios e os montepios, bem como as quantias recebidas por liberalidade de terceiro e destinadas ao sustento do devedor e de sua família, os ganhos de trabalhador autônomo e os honorários de profissional liberal;[81] os livros, as máquinas, as ferramentas, os utensílios, os instrumentos ou outros bens móveis necessários ou úteis ao exercício da profissão do executado;[82] o seguro de vida; os materiais necessários para obras em andamento, salvo se essas forem penhoradas; a pequena propriedade rural, assim definida em lei, desde que trabalhada pela família; os recursos públicos recebidos por instituições privadas para aplicação compulsória em educação, saúde ou assistência social; a quantia depositada em caderneta de poupança, até o limite de 40 (quarenta) salários-mínimos;[83] os recursos públicos do fundo partidário recebidos por partido político, nos termos da lei; e os créditos oriundos de alienação de unidades imobiliárias, sob regime de incorporação imobiliária, vinculados à execução da obra.

---

[78] Art. 833. (...) § 1º A impenhorabilidade não é oponível à execução de dívida relativa ao próprio bem, inclusive àquela contraída para sua aquisição.

[79] É de se referir que essa hipótese de impenhorabilidade é a única do artigo 833 que não admite renúncia, pois trata de bens fora do comércio (BRASIL, Superior Tribunal de Justiça, REsp 351.932/SP, Rel. Ministra Nancy Andrighi, Rel. p/Acórdão Ministro Castro Filho, Terceira Turma, julgado em 14/10/2003, DJ 09/12/2003, p. 278).

[80] Entram nessas hipóteses, de modo exemplificativo, o forno elétrico, o freezer, o aparelho de ar-condicionado, o forno de micro-ondas (BRASIL, Superior Tribunal de Justiça, REsp 488.820/SP, Rel. Ministra Denise Arruda, Primeira Turma, julgado em 08/11/2005, DJ 28/11/2005, p. 190) e o microcomputador e a respectiva impressora (BRASIL, Superior Tribunal de Justiça, REsp 198.370/MG, Rel. Ministro Waldemar Zveiter, Terceira Turma, julgado em 16/11/2000, DJ 05/02/2001, p. 99).

[81] O disposto neste inciso não se aplica à hipótese de penhora para pagamento de prestação alimentícia, independentemente de sua origem, bem como às importâncias excedentes a 50 (cinquenta) salários-mínimos mensais. (art. 833, §2º, do CPC/2015).

[82] É de grande valia a observação de que essa impenhorabilidade visa a proteger os equipamentos pessoais do profissional (pessoa física) e não se estende aos maquinários de empresas (pessoas jurídicas). Tanto assim que Súmula 451 do STJ estatui que "É legítima a penhora da sede do estabelecimento comercial". Contudo, é possível, em alguns casos, a extensão dessa impenhorabilidade às microempresas e às empresas de pequeno porte (BRASIL, Superior Tribunal de Justiça, REsp 755.977/RS, Rel. Ministro Luiz Fux, Primeira Turma, julg. 06/03/2007, DJ 02/04/2007, p. 237).

[83] Exceto para o pagamento de alimentos. (art. 833, §2º, do CPC/2015).

É de lembrar-se que, via de regra, caso o devedor indique à penhora bens constantes do mencionado catálogo, estará abrindo mão da sua respectiva impenhorabilidade.[84]

O artigo 1º da Lei nº 8.009/90 estipula que o imóvel residencial próprio do casal, ou da entidade familiar, é impenhorável e não responderá por qualquer tipo de dívida civil, comercial, fiscal, previdenciária ou de outra natureza, contraída pelos cônjuges ou pelos pais ou filhos que sejam seus proprietários e nele residam.

Primeiramente, essa impenhorabilidade deve-se estender também para o imóvel pertencente a pessoas solteiras, separadas e viúvas.[85]

Em segundo lugar, a impenhorabilidade de que trata a Lei nº 8.009/90 não leva em conta o valor do bem nem o valor da dívida. Ainda que o imóvel residencial tenha valor muito superior ao do débito em execução e o produto obtido com a sua expropriação seja suficiente para que o devedor adquira nova morada, não será passível de penhora se for indivisível, pois essa indivisibilidade contamina a totalidade do bem.[86] De igual sorte não poderá ser penhorada a residência do executado, ainda que em construção,[87] ou que esteja locada a terceiros, desde que a renda obtida com a locação seja revertida para a subsistência ou a moradia da sua família.[88]

Não bastasse isso, tal impenhorabilidade subsiste mesmo tendo o executado indicado o bem à penhora[89] ou a tenha renunciado por cláusula contratual.[90]

Contudo, essa impenhorabilidade não protege o box estacionamento, identificado como unidade autônoma em relação à residência do devedor,[91] e, ainda que possa ser alegada a qualquer tempo, não estando sujeita à preclusão,[92] não poderá ser alegada depois de perfectibilizada a arrematação.[93]

---

[84] BRASIL, Superior Tribunal de Justiça, AgRg nos EDcl no REsp 787.707/RS, Rel. Ministro Hélio Quaglia Barbosa, Quarta Turma, julgado em 14/11/2006, DJ 04/12/2006, p. 330.

[85] Súmula 364 do STJ.

[86] BRASIL, Superior Tribunal de Justiça, REsp 507.618/SP, Rel. Ministra Nancy Andrighi, Terceira Turma, julgado em 07/12/2004, DJ 22/05/2006, p. 192.

[87] BRASIL, Superior Tribunal de Justiça, REsp 507.048/MG, Rel. Ministra Nancy Andrighi, Terceira Turma, julgado em 06/06/2003, DJ 30/06/2003, p. 249.

[88] Súmula 486 do STJ.

[89] BRASIL, Superior Tribunal de Justiça, REsp 759.745/SP, Rel. Ministro Jorge Scartezzini, Quarta Turma, julgado em 16/08/2005, DJ 12/09/2005, p. 346.

[90] BRASIL, Superior Tribunal de Justiça, AgRg no Ag 711.179/SP, Rel. Ministro Humberto Gomes de Barros, Terceira Turma, julgado em 04/05/2006, DJ 29/05/2006, p. 235.

[91] Súmula 449 do STJ.

[92] BRASIL, Superior Tribunal de Justiça, AgRg no REsp 292.907/RS, Rel. Ministro Humberto Gomes de Barros, Terceira Turma, julgado em 18/08/2005, DJ 12/09/2005, p. 314.

Para o executado que possui dois ou mais imóveis utilizados como residência, a impenhorabilidade recairá sobre o de menor valor, salvo se outro tiver sido registrado, para esse fim, no Registro de Imóveis e na forma do artigo 70 do Código Civil, segundo determina o parágrafo único do artigo 5º da Lei nº 8.009/90.

Quando a residência familiar constituir-se em imóvel rural, a impenhorabilidade restringir-se-á à sede de moradia, com os respectivos bens móveis, e, nos casos do artigo 5º, inciso XXVI, da Constituição Federal de 1988, à área limitada como pequena propriedade rural (art. 4º, § 2º, da Lei nº 8.009/90), ainda que constituída por frações com matrículas distintas, com tamanho inferior ao módulo rural.[94]

De outra parte, o art. 3º da Lei nº 8.009/90 estatui que não se beneficiarão da impenhorabilidade os devedores em execuções movidas: pelo titular do crédito decorrente do financiamento destinado à construção ou à aquisição do imóvel, no limite dos créditos e acréscimos constituídos em função do respectivo contrato; pelo credor da pensão alimentícia, resguardados os direitos, sobre o bem, do seu coproprietário que, com o devedor, integre união estável ou conjugal, observadas as hipóteses em que ambos responderão pela dívida; para cobrança de impostos, predial ou territorial, taxas e contribuições devidas em função do imóvel familiar – *v.g. as contribuições de condomínio*[95]); para execução de hipoteca sobre o imóvel oferecido como garantia real pelo casal ou pela entidade familiar; por ter sido adquirido com produto de crime ou para execução de sentença penal condenatória a ressarcimento, indenização ou perdimento de bens; por obrigação decorrente de fiança concedida em contrato de locação.[96]

Não se beneficiarão, ainda, aqueles que, sabendo-se insolventes, adquirem de má-fé imóvel mais valioso para transferir a residência familiar, desfazendo-se ou não da moradia antiga (art. 4º, *caput*, da Lei nº 8.009/90), podendo o juiz, na respectiva ação do credor, transferir a impenhorabilidade para a moradia familiar anterior, ou anular-lhe a venda, liberando a mais valiosa para execução ou concurso, conforme a hipótese (art. 4º, § 1º, da Lei nº 8.009/90).

Ao fim, vale a referência de que não se levará a efeito a penhora quando ficar evidente que o produto da execução dos bens encontra-

---

[93] BRASIL, Superior Tribunal de Justiça, REsp 468.176/PB, Rel. Ministro Aldir Passarinho Junior, Quarta Turma, julgado em 20/06/2006, DJ 14/08/2006, p. 282.
[94] BRASIL, Superior Tribunal de Justiça, REsp 819.322/RS, Rel. Ministro Humberto Gomes de Barros, Terceira Turma, julgado em 16/11/2006, DJ 18/12/2006, p. 391.
[95] BRASIL, Superior Tribunal de Justiça, REsp 160.693/SP, Rel. Ministro Ari Pargendler, Terceira Turma, julgado em 24/05/2001, DJ 25/06/2001, p. 168.
[96] Súmula 549 do STJ.

dos será totalmente absorvido pelo pagamento das custas da execução (art. 836, CPC/2015), fenômeno conhecido como "penhora inútil". Evidente, contudo, que se o devedor possuir vários bens de baixo valor, mas cujo somatório possa satisfazer, ainda que em parte, o crédito do exequente, esses bens serão penhorados.

1.1.2.5. Princípio da ampla defesa e do contraditório na execução

Artur Thompsen Carpes

Os princípios da ampla defesa e do contraditório têm ampla aplicação no bojo da tutela executiva.

Nada obstante a execução seja informada por atividade preponderantemente voltada à realização prática de direito já reconhecida por decisão judicial (título judicial) ou documento (título extrajudicial), tanto o direito fundamental à ampla defesa quanto o direito fundamental ao contraditório possuem evidente aplicação na fase de cumprimento da sentença e no processo de execução.

O processo atualmente é sincrético, isto é, convive ao longo de todo o seu desenvolvimento com atividades vocacionadas tanto para o conhecimento (do direito material alegado pela parte-autora) quanto para a execução (ou seja, para a sua realização prática). Isso é evidente se pensamos no cumprimento de uma decisão liminar, proferida em sede de antecipação de tutela: realiza-se (ou seja, executa-se) o direito da parte tido por provável em decisão judicial em termos práticos mesmo no início do processo, ou seja, na sua fase de conhecimento. Algo semelhante, porém ao inverso, ocorre na instrução da impugnação ao cumprimento da sentença, que se caracteriza como atividade de cognição situada no bojo fase executiva do processo. Vale dizer: a absoluta dicotomia existente entre cognição e execução – uma das marcas caracterizadoras do CPC/73 – não mais existe no processo civil brasileiro.

Na versão original do Código Buzaid[97] eram necessários dois processos para efetivar a tutela jurisdicional do direito: um processo cuja finalidade era obter uma declaração judicial de que o direito material era existente, o qual era chamado de "processo de conhecimento"; e outro, cuja finalidade era tão somente promover a realização prática

---

[97] A denominação do CPC/73 como "Código Buzaid" é corrente na doutrina do direito processual civil e consiste referência ao autor do projeto que resultou no Código, Alfredo Buzaid, que, além de Ministro da Justiça, era Professor Catedrático de Direito Processual Civil na Faculdade de Direito da Universidade de São Paulo.

daquele direito, denominado "processo de execução". Assim, após a obtenção do título judicial, ou seja, a sentença condenatória na qual o juiz declarava o direito e exortava o devedor ao pagamento, cabia à parte autora – agora "credora" –, diante da resistência da ré ("devedora") propor uma nova ação, denominada "ação de execução", a fim de obter a realização forçada do seu direito de crédito. Em síntese, exigiam-se dois processos: um para declarar o direito e outro para realizá-lo de modo forçado.[98]

Tal panorama foi lentamente modificando-se a partir das sucessivas reformas legislativas pelas quais passou o Código Buzaid. Primeiro, em 1994, ocorreu a eliminação da necessidade de novo processo para o cumprimento das sentenças que reconheciam obrigação de fazer ou não fazer (Lei nº 8.952/94, que introduziu nova redação ao art. 461, CPC/73). Depois, eliminou-se a necessidade de novo processo para o cumprimento das sentenças que reconheciam obrigação de entregar coisa (Lei nº 10.444/2002, que introduziu o art. 461-A, CPC/73). Por fim, também estabeleceu-se que o cumprimento das sentenças que reconheciam a obrigação de pagar quantia deve dar-se também no mesmo processo (Lei nº 11.232/2005, que introduziu o art. 475-J, CPC/73). O CPC/15 consagrou a alteração de paradigma: o processo civil brasileiro hoje é sincrético, vale dizer, comporta tanto atividades de conhecimento, cuja finalidade é examinar os fundamentos fático-jurídicos da situação de direito material alegada pelo autor, quanto atividades de execução, cuja finalidade é realizar em termos práticos o direito material que se apresente provável ou já reconhecido em juízo.

Há, porém, algumas peculiaridades que decorrem da redução da atividade de conhecimento na atividade executiva. Embora seja inexistente dicotomia absoluta entre conhecimento e execução, é inegável que a cognição é sentida com menor intensidade na prestação da tutela jurisdicional executiva. Disso decorre a percepção quanto a certas peculiaridades na aplicação dos princípios da ampla defesa e do contraditório na execução.

O princípio da ampla defesa (art. 5º, LV, CRFB) diz respeito à extensão e profundidade da cognição do órgão judicial sobre os temas debatidos no processo.[99] O conhecimento do juiz deve ser, como regra, pleno e exauriente, ou seja, deve ser o mais extenso e profundo

---
[98] Para um percurso histórico a respeito da dicotomia cognição-execução, ver SICA, Heitor. *Cognição do juiz na execução civil*. São Paulo: Revista dos Tribunais, 2017, p. 29-89.
[99] ALVARO DE OLIVEIRA, Carlos Alberto; MITIDIERO, Daniel. *Curso de processo civil*. Vol. 1. São Paulo: Atlas, 2010, p. 44.

possível, de modo que as partes possam alegar toda a matéria disponível para o exercício de suas posições jurídicas. No âmbito da tutela executiva, no entanto, são determinados certos cortes na cognição realizada pelo juiz. Exemplo disso é o rol taxativo de matérias que podem ser arguidas em sede de impugnação ao cumprimento da sentença (art. 525, § 1º, CPC), o que caracteriza restrição à cognição judicial sobre temas alheios à previsão legal. O cumprimento provisório de decisões interlocutórias também confirma o predito, na medida em que autoriza a prestação da tutela jurisdicional executiva fundada em juízo de cognição sumária. Tais cortes na cognição caracterizam restrições ao princípio da ampla defesa e são justificados pela preponderância da atividade executiva e pela aplicação de outros princípios processuais, entre os quais o da efetividade.

O princípio do contraditório (art. 5º, LV, CRFB; arts. 9º e 10, CPC) diz respeito à participação dos sujeitos processuais e caracteriza não apenas o direito de obter informação sobre o curso do procedimento (sentido passivo ou fraco), mas também influenciar na prestação da tutela jurisdicional (sentido ativo ou forte). No âmbito da tutela executiva, observa-se que o legislador outorga ao juiz o poder de examinar de ofício certas questões, isto é, sem a necessidade de prévia oitiva das partes, o que revela certa flexibilização quanto à aplicação da regra do contraditório prévio (arts. 9º e 10, CPC). Exemplo disso é observado no arresto executivo (art. 830, CPC), o qual pode ser realizado até mesmo sem decisão judicial, desde que o executado não seja encontrado. O poder de escolha pelo juiz da técnica executiva mais idônea à promoção da tutela do direito nas hipóteses de prestação de fazer, não fazer e entrega de coisa (art. 536, CPC) ou mesmo na prestação pecuniária (art. 139, IV, CPC), também confirma o predito.

Em síntese: ressalvadas as particulares situações previstas pelo legislador, nas quais certas restrições são justificadas pela consideração da preponderância na realização dos direitos e pela atuação de outros princípios – em especial, o da efetividade – , a ampla defesa e o contraditório terão plena aplicação no bojo da tutela executiva.[100] Vale dizer: fora das hipóteses em que o legislador expressamente prevê restrições à ampla defesa e ao contraditório, o órgão judicial deve respeitar tais princípios, de modo a observá-los normalmente.

---

[100] MARINONI, Luiz Guilherme; ARENHART, Sérgio Cruz; MITIDIERO, Daniel. *Curso de Processo Civil*. Volume 1. Op. cit., 2017, p. 788-790.

1.2. PRESSUPOSTOS DA EXECUÇÃO

Eduardo Scarparo

1.2.1. Título executivo

O título executivo é o instituto processual mais importante para instauração e desenvolvimento da execução civil. Assim porque é mediante ele que fica autorizada a execução, com a definição do objeto e limites da jurisdição executiva.[101] Dizer no que consiste o título executivo, no entanto, não é tarefa simplória, sendo o tema alvo de históricas divergências.

No título executivo devem estar representadas prestações a serem cumpridas. Com a iniciativa do exequente – afirmando o inadimplemento – e portando o título executivo a juízo, têm-se os elementos suficientes para a promoção de cumprimento de sentença ou processo autônomo de execução, conforme o caso. Nesse tópico, buscar-se-á definir no que consiste o título executivo, quais são os títulos previstos na legislação processual e quais seus requisitos.

1.2.1.1. A natureza do título executivo

Na década de 1930 foi travado um célebre debate acadêmico acerca da natureza do título executivo. Sem dúvida, o título consiste em elemento indispensável e autorizador da execução civil; contudo, a divergência instaurou-se sobre a justificação para viabilizar essa atuação jurisdicional. As diferentes posições buscavam explicitar o motivo jurídico pelo qual o título teria a eficácia de permitir a via executiva. Francesco Carnelutti atestava se tratar de um documento que faria prova legal de um crédito;[102] Liebman propunha que o título seria um ato da jurisdição que autorizaria a via executiva.

Para a primeira corrente, o título executivo seria a prova legal integral do direito do credor, comprovando-se a condenação e o crédito. Por conta disso, o título operaria como prova da obrigação de direito material representada. Nessa linha de raciocínio há a referência do título como um documento – a prova da obrigação – distanciando-se do ato de decidir ou do ato negocial que lhe daria origem. O título se-

---

[101] "No título e somente nele se encontra agora a indicação do resultado a que deve tender a execução e, portanto a sua legitimidade, seu objeto e seus limites". LIEBMAN, Enrico Tullio. *Processo de Execução*. 2. ed. São Paulo: Saraiva, 1963, p. 16.
[102] CARNELUTTI, Francesco. *Processo di esecuzione*. Vol. 1. CEDAM: Padova, 1932, p. 220-226 e CARNELUTTI, Francesco. *Studi di Diritto Processuale*. Vol. 4. CEDAM: Padova, 1939, p. 116.

ria como um "bilhete de ingresso" para viabilizar a via executiva. A respeito, veja-se esta passagem de Carnelutti: "se alguém dissesse ao oficial judiciário ser credor de outro e requeresse fossem-lhe penhorados os móveis, se ouviria a resposta: onde está o pedaço de papel?".[103] O juiz responderia da mesma forma que o faria o fiscal que pergunta onde está o tíquete que lhe garante acesso à execução.

"O credor não teria necessidade de provar seu direito substancial, porque o título, por si só, forneceria a certeza irretorquível da existência daquele direito. Ou, então, como assinala outra corrente, ele representaria, simplesmente, a prova da existência do direito do credor ou forneceria um motivo para se presumir sua existência. Representaria, em suma, ou a certeza jurídica da existência do direito de crédito, ou forneceria a prova do direito do credor".[104]

Na linha referida, o que daria suporte para os atos executivos, com finalidade de penhorar e expropriar bens para efetuar o pagamento ao credor, seria a obrigação material, cuja prova legal – representada pelo título executivo – viabilizaria o processamento da execução. Em outros termos, tem-se o direito material diretamente como suporte da execução, por meio do documento de prova absoluta: o título executivo.[105]

Nessa concepção há uma prevalência do aspecto formal do título. Para os fins processuais o título é um documento – uma cártula – que comprova um direito material pleno de eficácia executiva. No particular, a teoria é plenamente coerente com a eficácia executiva dos títulos de crédito.[106] A característica da cartularidade lhes marca presença significativamente.[107] Afinal, se o título de crédito (cambial) é o "documento necessário para o exercício do direito literal e autônomo

---

[103] CARNELUTTI, Francesco. *Diritto e Processo*. Napoli: Morano, 1958, p. 300, em tradução livre do autor, consta no original *"se um tale raccontasse all'ufficiale giudiziario d'esser creditore di un tal'altro e gli chiedesse di pignorarne i mobili, si sentirebbe rispondere: dov'è il pezzo di carta?"*.

[104] COSTA E SILVA, Antônio Carlos. *Tratado do processo de execução*. Vol. 1. Porto Alegre: AIDE, 1986, p. 66.

[105] Em sentido preponderantemente similar: COMOGLIO, Luigi Paolo. *Lezione sul processo civile*. 2. ed. Bologna: Il Mulino, 1998, p. 880.

[106] "O objetivo econômico primordialmente atendido pela criação dos títulos de crédito era facilitar a circulação de riquezas. Assim, o título permitia a criação de uma relação jurídica autônoma, que se incorporava ao documento e sua titularidade tanto ativa quanto passiva poderiam ser transferidas por meio da cártula, cuja cobrança não pode ser neutralizada por defesas atinentes à relação jurídica de direito material originária, de modo a proteger terceiros de boa-fé. Essas características dos títulos de crédito exerceram influência, primeiro, na concepção dos títulos executivos extrajudiciais e, depois de todos os títulos executivos, em face do tratamento unificado que lhes foi conferido". SICA, Heitor. *Cognição do juiz na execução civil*. Op. cit, n. 3.8.

[107] Conforme Liebman aponta: "O fato é que o motivo desta construção artificial é o esforço para fazê-la abranger os títulos extrajudiciais". LIEBMAN, Enrico Tullio. *Processo de Execução*. Op. cit., 1963, p. 17.

nele mencionado",[108] é coerente situar a própria cártula, o papel em si, ou seja, o documento, como cerne também do conceito de título executivo.

Quando, no entanto, imagina-se uma sentença judicial, não se pode centrar a noção de título executivo na cartularidade, já que tal tornaria impossível o manejo executivo por meio de mera cópia da sentença, dado que estaria na materialidade do documento o tal tíquete para a execução. Seguramente nada aconselha se reedite a cognição sobre o direito material na execução, o que torna evidente a impertinência de se efetuar o pleno reexame da relação de crédito nessa etapa. Para cumprir com esse papel, a teoria de Carnelutti propôs a existência de uma prova simples e segura, atribuindo-se ao título a noção de prova legal que seria necessária e suficiente para autorizar a via executiva.

A teoria contraposta, capitaneada por Liebman, rebate esse entendimento com a constatação de que a prova de uma obrigação não pode ter eficácia maior que o fato provado. No caso, ter uma obrigação comprovada não permite a abertura da via executiva, pois o direito material não permite essa eficácia que somente poderia ser conferida pela via processual. Ademais, o juiz na execução não poderá efetuar o reexame de provas sobre o direito material, sendo distante de sua finalidade a formação de qualquer convencimento acerca da existência ou titularidade do crédito. Cumprir-lhe-ia tão somente dar satisfação ao constante no título, que carregaria a eficácia processual necessária para exigir a atuação da atividade jurisdicional. Sequer seria necessário efetuar prova de qualquer direito, pois não caberia ao juízo executivo valorar novamente os fatos. Nessa linha, o conceito de título executivo como uma prova seria insuficiente para explicar todas as suas projeções.

A partir dessa percepção, erigiu-se a tese de que o título é, na verdade, um ato jurídico que constitui a eficácia executiva, sendo fonte imediata e autônoma da execução.[109] Não seria, portanto, o direito material que emprestaria eficácia executiva ao título, mas o próprio ato estatal que, ao julgar determinada demanda, autorizaria a via executiva.[110] Trata-se de uma construção processual. O título não seria, assim,

---

[108] VIVANTE, Cesare. *Trattato di diritto commerciale*, v. 3. 5. ed. Milão: Francesco Vallardi, 1935, p. 123.

[109] LIEBMAN, Enrico Tullio. *Embargos de Executado*. Campinas: ME, 2000 e LIEBMAN, Enrico Tullio. *Processo de Execução*. Op. cit., 1963.

[110] Explicitamente em reforço dessa concepção na doutrina brasileira: "O título executivo não prova a real existência do direito alegado nem tampouco cria direitos. Ao contrário, o conteúdo descritivo do título é privado de qualquer significado no campo do direito substancial". LUCON,

o documento, mas um ato que autorizaria a execução por portar uma sanção aplicada quando da prolação da sentença.

"O juiz formulou a regra sancionadora em consequência de ter constatado e declarado existente o direito do credor; essa é a justificação substancial, a causa jurídica dessa regra. A lei, porém, abstrai agora de sua causa e lhe reconhece eficácia própria, desligando-a, isolando-a de seu fundamento. Por conseguinte, o título não é prova do crédito, porque desta prova não há necessidade. O crédito é motivo indireto e remoto da execução, mas o fundamento direto, a base imediata desta é o título e só ele".[111]

Trata-se, nesse cenário, de ato expressivo da vontade estatal para que se exerça atividade executiva de dado conteúdo e medida, em favor de uma pessoa e contra outra. Aborda-se com maior acuidade o conteúdo do título e não a sua forma de exteriorização, como ocorria na perspectiva anterior. O título é, nessa linha, fonte imediata, direta e autônoma da regra sancionadora e dos efeitos jurídicos dela decorrentes.[112] Nesse sentido, "o título executivo, como pressuposto fundamental de qualquer execução (*nulla executio sine titulo*) que é, torna adequada a via jurisdicional da execução forçada. Por essa razão, constitui somente um fenômeno processual e não tem caráter constitutivo da execução".[113] Embora formalmente possa ser reconhecido o título como um efetivo documento, isso não significa que ele serviria como prova do crédito, pois a posse do título significa, por si só, o fato constitutivo da ação executiva.[114] Nessa esteira, igualmente, posiciona-se Salvatore Satta, para o qual o título é um documento de seu ato constitutivo.[115] Não se trataria, portanto, de uma prova sobre o crédito.

A tese de Liebman encontra bom alcance quando se tem em mente a execução fundada em título judicial, pois se teria propósitos justificados para admitir que se deu um ato do Estado, por meio da jurisdição, a autorizar a via executiva. No entanto, quando é pensada

---

Paulo Henrique dos Santos. Títulos executivos e multa de 10%. In: SANTOS, Ernane Fidélis dos; WAMBIER, Luiz Rodrigues; NERY JR, Nelson; WAMBIER, Teresa Arruda Alvim. *Execução Civil*. São Paulo: Revista dos Tribunais, 2007, p. 987.

[111] LIEBMAN, Enrico Tullio. *Processo de Execução*. Op. cit., 1963, p. 17-18.

[112] Existe na doutrina a referência de que o título executivo operaria como condições da ação executiva, de modo a desvinculá-lo da efetiva existência do crédito, o que remeteria à necessária abstração do título. A respeito, ver: MANDRIOLI, Crisanto. *Corso di Diritto Processuale Civile*. Vol. III. 12. ed. Torino: Giappichelli, 1993, p. 22-27. LUCON, Paulo Henrique dos Santos. Títulos executivos e multa de 10%. Op. cit., p. 988.

[113] LUCON, Paulo Henrique dos Santos. *Títulos executivos e multa de 10%*. Op. cit., p. 988.

[114] ALLORIO, Enrico. *Problemi di Diritto*. Vol. II. Milano: Giuffrè, 1957, p. 273.

[115] SATTA, Salvatore. *L'esecuzione forzata*. 4. ed. Torino: UTET, 1962, p. 29-30.

a questão a partir de títulos executivos extrajudiciais, o ato de império estatal passa a uma condição de direta incidência legal, uma vez que se tem título executivo sem qualquer prévia decisão jurisdicional.[116]

O ponto central na celeuma é saber se a eficácia constitutiva advém do crédito ou de um ato processual autônomo. Aos adeptos da primeira teoria, seria o direito material que repercutiria a eficácia executiva; ao passo que, para os demais, ter-se-ia uma desvinculação entre a causa mais remota (o crédito) e a causa mais próxima (a sentença) da eficácia executiva.

Encontram-se na doutrina contemporânea, outrossim, posições mistas sobre a natureza do título, como se vê, a título exemplificativo, Salvatore Pugliatti, ao afirmar que em percepção formal se teria um documento que comprova a ação em favor de um determinado sujeito; ao passo que substancialmente se trataria de uma fonte imediata e autônoma da ação executiva.[117] Em cenário nacional, também em caráter eclético se pode situar a tese de Pontes de Miranda[118] e, de igual forma, de Leonardo Greco, quando conceitua formal e substancialmente o título executivo.[119]

Heitor Sica, em tese recente, estabelece que os problemas decorrentes das teorias contrapostas residem na unificação do conceito de título executivo, que acaba por abarcar situações jurídicas bastante divergentes. Conforme o autor, "o único elemento comum que pode ser extraído desses fenômenos tão heterogêneos é a ideia [...] de que os títulos executivos nada mais seriam que *fattispecies* processuais, assim entendidas como elementos do suporte fático que constituem causas de efeitos jurídicos".[120] Por isso, defende que a lei processual estabelece um suporte fático para permitir eficácia executiva, a se dar mediante uma cognição sumária do juiz sobre o direito material e processual,

---

[116] Conforme a crítica em: CARNELUTTI, Francesco. Titolo executivo e scienza del processo. *Rivista di Diritto Processuale Civile*, v. 11, n. 1, p. 154-159, 1934, em MAZZARELLA, Ferdinando. *Contributo allo studio del titolo esecutivo*. Milano: Giuffrè, 1965, p. 48 e, também, em REIS, José Alberto dos. *Processo de Execução*. Coimbra Editora: Coimbra, 1985, p. 111.

[117] PUGLIATTI, Salvatore. *Esecuzione forzata e diritto sostanziale*. Milano: Giuffrè, 1935, p. 135-136.

[118] "Título é documento; mas título executivo é título a que se permite, com ele, propor-se ação de execução. Aí, há algo acima da eficácia probatória, há a eficácia executiva". MIRANDA, Pontes de. *Comentários ao Código de Processo Civil*. Tomo IX. Rio de Janeiro: Forense, 1976, p. 205.

[119] "O título tem requisitos substanciais e formais. Aqueles são os que dizem respeito ao conteúdo legalmente previsto e à atestação da certeza, liquidez e exigibilidade do crédito. Os últimos são requisitos extrínsecos relativos ao modo de exteriorização. As provas somente se revelam no processo através de alguma forma, sem a qual não poderiam produzir efeitos válidos, nem chegar ao conhecimento dos demais sujeitos. O título não é apenas forma legal, mas também conteúdo legal, apto a atestar o nascimento do crédito". GRECO, Leonardo. *O Processo de Execução*. Vol. 2. Rio de Janeiro: Renovar, 2001, p. 118.

[120] SICA, Heitor. *Cognição do juiz na execução civil*. Op. cit., n. 3.7.

no início das atividades executivas, para a qual o título serviria como prova.

Ao que nos parece, a eficácia executiva do título tem vínculos diretos com o modo como se concebe a tutela jurisdicional – remetendo às relações entre direito material e processo. Condiz sobre como são relacionadas a ação processual e a pretensão material.[121] O encaminhamento da polêmica exige uma compreensão sobre a teoria da ação e, a partir daí, admitir ou negar a eficácia direta da pretensão material por meio de atos processuais ou reduzir-lhes espaço de ingerência em favor da tese de exclusiva processualidade da tutela jurisdicional. No que condiz com a natureza do título executivo, acenando como uma prova da pretensão material tem-se um direcionamento para a tese de Carnelutti; deduzindo a eficácia ao âmbito exclusivamente processual, assenta-se em favor da construção de Liebman.

Os vínculos efetivos entre direito material e processo, assim como aqueles entre conhecimento e execução, são reconhecidos como imprescindíveis à operação e à compreensão do funcionamento processual. Atualmente, essas separações que marcaram a construção do direito processual e seu reconhecimento como disciplina autônoma se mostram sabidamente artificiais. A tutela jurisdicional – inclusive a executiva – não pode ser conceituada como ato plenamente autônomo e desconectado da pretensão material, nem se pode dizer que a tutela executiva dispensa qualquer exame probatório. Afinal, a tutela jurisdicional não é fruto de pura abstração da ação processual. Tampouco há hodiernamente qualquer dificuldade de se reconhecer que o juiz promove atos cognitivos no âmbito da execução.

Porém, admitir-se que na execução há cognição não é o mesmo que significar o próprio título executivo como uma prova de uma pretensão. Ao que nos parece, o título executivo não é a prova da tutela jurisdicional decorrente de fase de cognição (títulos judiciais) e nem prova convencional (títulos extrajudiciais). Ele representa a eficácia executiva que se atribui a um ato judicial ou extrajudicial. O título é a representação de uma eficácia executiva para a realização processual de uma provável pretensão material.

Não se pode esquecer, contudo, que a própria pretensão material é afetada pelo processo. Afinal, quando se requer algo em juízo, as formas de satisfazer o exigido são limitadas e condicionadas pelos limites da ação processual, de modo que o processo também é agente

---

[121] A respeito, merece atenção a coletânea de artigos sobre a temática, comportando posição largamente divergentes e contemporâneas: MACHADO, Fábio Cardoso; AMARAL, Guilherme Rizzo. *Polêmica sobre a ação*. Porto Alegre: Livraria do Advogado, 2006.

definidor das eficácias concretizáveis do direito material. Por exemplo, o direito processual impede que o credor tome à força o valor devido pelo devedor. Para haver o crédito deverá diligenciar em atos processuais como a penhora, a avaliação e a expropriação em um rito executivo processualmente definido. Pode-se perfeitamente admitir a ingerência de uma probabilidade de pretensão material no título; contudo, é indispensável também ter em conta que essa pretensão material é conformada pelas disposições contingentes do processo e, por isso, é também afetada pelo desenvolvimento da ação processual.

O conteúdo da tutela jurisdicional não é pura ação processual e nem exclusiva pretensão material. O título é a representação de ato judicial ou extrajudicial que externa a exigibilidade de provável direito material tendo em conta a significação que lhe dá o expediente processual executivo. Tem-se, aí, a interação das eficácias que decorrem do direito subjetivo nele reconhecido (as pretensões materiais) mas sob a régua do direito processual. Sabendo-se que a pretensão material não é efetivamente igual quando realizada por meio da ação processual, pode-se entender que o título executivo sinaliza não apenas a existência de uma obrigação, mas também condicionantes que o direito processual estabelece ao cumprimento das pretensões decorrentes dele. Por exemplo, o direito de crédito não estabelece como se dá a ação para sua realização na seara processual. Quem faz isso é o direito processual e isso é significativo sobre os modos de sua exigibilidade em juízo.

Nesse cenário é que se aproximam processo e direito material, tendo o título executivo um papel de definidor dessas eficácias para a prestação da tutela executiva. O título executivo é ato judicial ou extrajudicial que explicita eficácias processualmente exigíveis de uma provável pretensão material a serem satisfeitas a partir da execução civil.

1.2.1.2. Espécies de título executivo

Os títulos judiciais são aqueles indicados no art. 515 do CPC/2015. O critério dessa classificação parte da respectiva formação perante prévia atuação jurisdicional. Exemplo é a decisão judicial que condena o réu ao pagamento, de modo que a formação desse título se dá mediante um processo e a partir da tutela jurisdicional. Importante ter em conta que também extrajudicialmente podem ser formados títulos executivos, conforme listagem do art. 784 do CPC/2015, como se dá, exemplificativamente, com os títulos de crédito.

"O título executivo, à luz do ordenamento processual brasileiro, representa um conceito bastante amplo, que abrange hipóteses completamente heterogêneas, podendo ser definido de uma maneira abrangente apenas como uma *fattispecie* com base na qual o Estado-Juiz está autorizado a dar início à realização de atividades executivas".[122]

Para a caracterização do título executivo, "o que importa é a catalogação legal, feita pelo Código de Processo Civil ou por lei extravagante. A lei – de natureza federal – é que concede foros de título executivo".[123] Por isso, eles são *numerus clausus*, tendo previsão no Código de Processo Civil e na legislação extravagante.[124] Isso quer dizer que os particulares não podem criar extrajudicialmente documentos que impliquem executividade, exceto se dita característica já pode ser deduzida das formas previstas no art. 784; nem pode o juiz reconhecer executividade a atos judiciais que não se mostrem conforme o art. 515, pois a atribuição de eficácia executiva a determinadas situações e documentos é matéria sob reserva legal. No particular, não é aplicável a previsão de negócio jurídico processual (art. 190 do CPC/2015), para criação de novos títulos executivos.[125]

Alguns sistemas jurídicos reconhecem a exequibilidade de títulos extrajudiciais apenas após uma confirmação judicial, a se dar em cognição explicitamente sumária. Trata-se de processos mistos entre conhecimento e execução, exigindo-se a ratificação do documento por

---

[122] SICA, Heitor. *Cognição do juiz na execução civil*. Op. cit.

[123] SHIMURA, Sérgio. *Título executivo*. São Paulo: Saraiva, 1997, p. 255-256.

[124] "Interpretar extensivamente o rol dos títulos executivos é violar a esfera de direitos do executado (e de terceiros). Não é natureza da obrigação que qualifica um título como executivo ou não, mas sua inclusão no rol estabelecido pelo legislador em *numerus clausus*, que não deixa margem a interpretações ampliativas ou integrativas por analogia. Os títulos executivos estão sujeitos à regra da tipicidade, sendo excepcional executar sem antes conhecer". LUCON, Paulo Henrique dos Santos. Títulos executivos e multa de 10%. Op. cit., p. 987. Em igual sentido: "É a lei que imprime ao título a eficácia executiva da qual promana o direito conferido ao favorecido de provocar a dinamização do órgão da jurisdição executiva. Portanto é a lei que confere ao título a qualidade de portador da sanção, de onde se origina para o credor o poder processual de dispor dos órgãos jurisdicionais para satisfação do seu conteúdo e uma responsabilidade contra ao devedor em face da execução". COSTA E SILVA, Antônio Carlos. *Tratado do processo de execução*. Vol. 1. Op. cit., p. 57.

[125] "Extirpou o direito pátrio a cláusula executiva (*pactum executivum; formula esecutiva; Vollstreckungsklausel*) do título. Em síntese, a declaração das partes, seja para circunscrever determinado negócio documentado à execução, seja para eliminá-lo da tutela executiva, é ineficaz perante o catálogo do art. 784 do NCPC. Tal manifestação de vontade não institui e não exclui a ação porventura cabível. Previsto o documento num dos tipos arrolados no art. 784, autoriza-se o ajuizamento da pretensão a executar; escapando ao catálogo legal, o documento se afigura imprestável para basear a demanda executória. Identifica-se, portanto, o princípio da tipicidade do título executivo: a eficácia executiva do negócio ou do ato jurídico dependerá, exclusivamente, da lei em sentido formal". (ASSIS, Araken. *Manual da Execução*. 19. ed. São Paulo: Revista dos Tribunais, 2017, n. 29).

uma sentença condenatória.[126] Como referido, seguindo-se a tese de Heitor Sica, independentemente de título judicial ou extrajudicial, ter-se-ia a cognição sobre o crédito, na fase executiva, mediante o exame do título pelo juiz da execução.[127] Efetivamente, há o exame sobre a pretensão material, mas com a ressalva de que o título a ressignifica processualmente, como supra justificado.

No Brasil, a lei atual não faz qualquer ressalva relativamente à eficácia executiva dos diferentes títulos. Por conta disso, hegemonicamente se afirma que a eficácia executiva é igual independentemente da modalidade de título, sendo que a variabilidade entre as espécies se dá pela carga de cognição que é permitida em etapa (impugnação ao cumprimento) ou processo eventual (embargos à execução) da execução. Em outros termos, seja com título judicial ou extrajudicial, teria o processo os mesmos meios sub-rogatórios e coercitivos para fazer realizado o direito material. Essa constatação, já historicamente assentada no direito brasileiro, está na base de uma recente discussão em torno da possibilidade de aplicação da noção de atipicidade das técnicas executivas (art. 139, IV, do CPC/2015) para dar conta de cumprimento de decisões judiciais também aos títulos executivos extrajudiciais.[128]

No caso, se for reconhecida idêntica eficácia executiva, não haverá maiores dificuldades em aplicar meios atípicos executivos também às obrigações representadas por título extrajudicial. Por outro lado, admitindo que a redação do art. 139, IV, restringiu a atipicidade dos meios executivos aos títulos judiciais, impor-se-ia a aceitação de diferentes eficácias executivas em função da origem do título, em desacordo com os ditames de plena viabilidade de satisfação da execução. Por isso, não se deve restringir o uso de meios atípicos por conta da espécie de título executivo, de modo que os meios de execução devem conter a mesma efetividade. Afinal, nada justifica o não cumprimento da obrigação, independentemente se de origem judicial ou extrajudicial, a salvo a atribuição de efeito suspensivo e nas hipóteses previstas quando da superveniência de embargos à execução ou impugnação.

---

[126] "É o que ocorre, por exemplo, na Alemanha com o processo documental ou cambiário; na França com as injunções de pagar, de fazer, de entregar e de restituir; e no Uruguai com o processo executivo de estrutura monitória". GRECO, Leonardo. *O Processo de Execução*. Vol. 2. Op. cit., , p. 125.

[127] SICA, Heitor. *Cognição do juiz na execução civil.* Op. cit.

[128] A respeito o Enunciado n. 12. do Fórum Permanente de Processualistas Civis. "12. (arts. 139, IV, 523, 536 e 771) A aplicação das medidas atípicas sub-rogatórias e coercitivas é cabível em qualquer obrigação no cumprimento de sentença ou execução de título executivo extrajudicial. Essas medidas, contudo, serão aplicadas de forma subsidiária às medidas tipificadas, com observação do contraditório, ainda que diferido, e por meio de decisão à luz do art. 489, § 1º, I e II. (Grupo: Execução)".

1.2.1.2.1. Títulos judiciais

Os títulos executivos judiciais dão ensejo à via executiva por meio de cumprimento de sentença, consoante procedimento previsto nos artigos 513 e seguintes, do CPC/2015. Tem nisso importante característica, dado que as defesas possíveis de manejo pelo executado são bastante limitadas e operam, em regra, em sede de impugnação ao cumprimento de sentença (CPC/2015, art. 525, § 1º). Nos títulos executivos judiciais, a respectiva formação foi precedida por uma etapa de conhecimento, na qual se decidiu em caráter definitivo acerca da lide, culminando na consolidação de uma decisão ordenando pagamento, fazer, não fazer ou entrega de coisas por um sujeito para outro.

A lista dos títulos executivos judiciais inicia com a decisão judicial que reconhece exigibilidade de obrigações (CPC/2015, art. 515, I).[129] Não há restrição quanto ao tipo de obrigação reconhecida. Pouco importa se é obrigação de crédito, de entrega de coisa ou para um fazer ou omitir-se, sendo todas aptas a formação do título. A lei, no particular, não limitou o conceito de título executivo à sentença, dando conta também das decisões interlocutórias.[130] Essa consideração não permite, entretanto, concluir que todas as decisões tomadas no processo são títulos executivos. Serão somente aquelas que forem condizentes com o ato de atestar definitiva (CPC/2015, art. 356) ou provisoriamente (CPC/2015, art. 300) o reconhecimento – ainda que provável – de uma pretensão. Assumir o caráter de título às interlocutórias é absolutamente pertinente e de acordo com as diretivas executivas da lei processual.

As partes podem no curso do processo (CPC/2015, art. 515, II) ou antecipadamente à sua instituição (CPC/2015, art. 515, III) resolver o litígio por meio de modos autocompositivos. Observe-se aqui que

---

[129] "A exequibilidade das sentenças declaratórias tem fundamento no princípio da efetividade jurisdicional, que supera o formalismo excessivo em impor a propositura de uma nova demanda, desta feita condenatória, ao sujeito que tem a seu favor uma sentença declaratória de exigibilidade da obrigação. A rigor, a técnica processual exigiria a condenação para que o caminho da execução fosse aberto ao interessado. No entanto, a demanda condenatória subsequente seria um verdadeiro exercício de inutilidade, pois a coisa julgada impediria qualquer verdadeiro debate, servindo apenas como um custoso e desnecessário degrau formal para prestação efetiva da tutela. Além disso, isso penaliza sobremaneira eventual erro técnico no pedido de tutela". MACEDO, Lucas Buril de. As eficácias das decisões judiciais e o cumprimento de sentença no CPC/2015. In: MACEDO, Lucas Buril de et al. *Execução*. v. 5. Salvador: JusPodivm, 2015, p. 356.

[130] "O texto sequer exige que se trate de sentença. Nos termos do preceito, qualquer decisão que imponha prestação constitui título executivo, o que está em harmonia com o contido no art. 519 do CPC, que sujeita também ao regime de cumprimento de sentença a efetivação das decisões que oferecem tutela provisória". MARINONI, Luiz Guilherme; ARENHART, Sérgio Cruz; MITIDIERO, Daniel. *Novo Curso de Processo Civil*. Vol. 2. 2. ed. São Paulo: Revista dos Tribunais, 2016, p. 842.

a lei não faz qualquer distinção entre a eficácia executiva a depender se o acordo se deu no curso de um processo, por intervenção do juiz (CPC/2015, art. 319) ou de mediador ou de conciliador (CPC/2015, art. 334, § 11). Também é irrelevante estabelecer se o processo iniciou litigioso ou se o litígio foi resolvido privadamente antes da distribuição da petição inicial (CPC/2015, art. 725, VIII). Fato é que o ato do juiz que homologa acordo é passível de formar título executivo judicial.[131-132]

Com alusão ao procedimento de inventário (CPC/2015, art. 610 e seguintes), a lei estabelece como título executivo o formal de partilha e a certidão de partilha, mas limita a eficácia executiva ao inventariante, herdeiros e sucessores. Isso se dá porque a partilha pode significar também a transferência de obrigações entre esses sujeitos. Imagine-se que em resolução de um inventário, constou em formal que determinado bem ficaria ao sucessor A e o sucessor B deveria ser compensado em quantia em dinheiro a ser saldada pelo primeiro. O não adimplemento da obrigação no prazo poderá ser exigido em cumprimento de sentença, fundado no art. 515, IV, do CPC/2015. Por outro lado, a hipótese legal não admite a formação de título executivo judicial em face de terceiros – imagine-se que são usucapientes de coisa constante nessa partilha referida –, pois esses não são partícipes do contraditório no processo de inventário.[133] Os terceiros não estarão sujeitos a cumprimento de sentença para entrega do bem.

Igualmente afigura-se como título executivo judicial o crédito do auxiliar da justiça, relativamente às custas judiciais e os emolumentos ou honorários que restarem afixados judicialmente em processo em curso (CPC/2015, art. 515, V). Na lei processual anterior esses eram qualificados como títulos extrajudiciais (CPC/1973, art. 586, VI), o que se mostrava bastante inconsistente diante da notável fixação judicial das quantias devidas. Agora, na nova legislação, são descritos como judiciais os créditos, respeitando a origem da constituição do título.

---

[131] De outra sorte, convém dar nota que por força do princípio dispositivo em sentido material, não cabe ao juiz avaliar sobre a conveniência do acordo celebrado entre as partes, mas tão somente atestar a validade das manifestações de vontade e do respectivo objeto.

[132] "A autocomposição judicial é aquela celebrada por sujeitos que já se apresentam como partes de um processo civil pendente, ao passo que a autocomposição extrajudicial seria aquela firmada por litigantes que ainda não deduziram qualquer demanda perante o Estado-juiz, sendo ambas homologáveis judicialmente e aptas, portanto, à constituição de um título executivo judicial conforme os incisos II e III do art. 515". SICA, Heitor. *Cognição do juiz na execução civil*. Op. cit., n. 2.3.

[133] "Em caso de partilha extrajudicial (Lei n. 11.441/2007), o documento que fixa os direitos e deveres sucessórios será uma escritura pública, lavrada pelo tabelião. Embora se equipare ao formal e à certidão de partilha, a escritura pública, neste caso, é considerada um título executivo extrajudicial (art. 784, II, CPC)". SANTOS, Welder Queiroz dos. Art. 515. In: STRECK, Lenio Luiz; NUNES, Dierle; CUNHA, Leonardo Carneiro da. *Comentários ao Código de Processo Civil*. São Paulo: Saraiva, 2016, p. 744.

A sentença penal condenatória faz título executivo no cível. Ela estabelece, sem espaço à dúvida, a ocorrência do ilícito e sua autoria, sendo um dos efeitos da condenação penal "tornar certa a obrigação de indenizar o dano causado pelo crime" (CP/1940, art. 91, I). No caso, a partir da vigência da Lei n. 11.719/2008, compete ao juiz penal fixar "valor mínimo para reparação dos danos causados pela infração considerando os prejuízos sofridos pelo ofendido" (CPP/1941, art. 387, IV). Se não fixada a indenização na sentença penal, deve a parte lesada buscar liquidação cível do respectivo montante (CPC/2015, art. 509), permitindo-se somente a partir daí o respectivo cumprimento de sentença para a satisfação dos danos decorrentes do crime.

A sentença arbitral (CPC/2015, art. 515, VII) constitui caso à parte pois, embora os títulos executivos judiciais tenham, em sua maior parte, efetiva origem judicial, a lei não observou com rigor esse critério ao incluí-la nessa listagem. Certo é que a arbitragem é forma de prestação da jurisdição e tem condão de exaurir o mérito, sem que o juiz estatal possa ou deva questionar a respectiva solução. É correto, portanto, se dê o tratamento da sentença arbitral tal qual o da decisão judicial para fins de processamento executivo, especialmente para os fins de restrição das matérias de impugnabilidade por parte do executado. Contudo é necessário um largo esforço interpretativo, com bons tons de criatividade, para assumir que a sentença arbitral tem formação "judicial". Não há estatalidade na arbitragem, mesmo que se reconheça nela função jurisdicional. Pode-se supor que o legislador arrolou-a como título executivo judicial por equiparação para os fins das melhores consequências, ainda que notadamente distante de qualquer origem judiciária.

Por fim, a sentença estrangeira homologada (CPC/2015, art. 515, VIII) e a decisão interlocutória estrangeira após a concessão do *exequatur* pelo Superior Tribunal de Justiça (CPC/2015, art. 515, IX) são igualmente títulos executivos judiciais. No caso, o respectivo cumprimento de sentença fica a cabo da Justiça Federal (CF/1988, art. 109, X), merecendo igual tratamento comparativamente às decisões proferidas pela jurisdição brasileira.

Os títulos executivos extrajudiciais autorizam imediatamente a execução, antes mesmo de que se tenha instaurado uma etapa cognitiva com finalidade de atestar a existência da pretensão neles representada. Permite-se que a execução seja integral, ainda que não declarado o direito obrigacional em via jurisdicional prévia.[134] O conhecimento

---

[134] O CPC/2015 repisou a eficácia imediata dos títulos extrajudiciais, como já ocorria no CPC/1973 em dissonância com o havido no direito a ele anterior, no CPC/1939. A respeito, quando da vi-

sobre a higidez do crédito fica relegado à iniciativa do executado, mediante o manejo de oportunos embargos à execução.

A determinação dos títulos executivos extrajudiciais independentemente da origem do crédito tem relação com necessidades de comércio, como ocorre nos títulos de crédito (CPC/2015, art. 784, I), ou a partir do preenchimento de requisitos formais constitutivos, como a escritura pública ou documento público assinado pelo devedor (CPC/2015, art. 784, II), o contrato particular assinado pelo devedor e pelo menos duas testemunhas (CPC/2015, art. 784, III) ou as transações referenciadas por órgãos jurídicos públicos e privados (CPC/2015, art. 784, IV).

Igualmente, créditos com origem determinada também têm taxativamente prevista a atribuição de eficácia executiva, como se dá em contratos garantidos por caução ou direitos reais (CPC/2015, art. 784, V), o contrato de seguro de vida (CPC/2015, art. 784, VI), o crédito que decorre de foro e laudêmio (CPC/2015, art. 784, VII), aquele originado em aluguel (CPC/2015, art. 784, VIII), contribuições de condomínio (CPC/2015, art. 784, X) e de caráter tributário (CPC/2015, art. 784, IX e XI). Evidentemente, a origem do crédito tão somente não é suficiente, pois também deve ser acompanhada de formalidades indicadas pontualmente pela lei, nos incisos referidos, além da necessidade de preenchimento dos requisitos de certeza, liquidez e exigibilidade. De outra sorte, ressalva-se também a presença de títulos executivos previstos em legislação extravagante, como ocorre com o contrato de honorários de advogado (Lei n. 8.906/1994, art. 24), as cédulas de crédito bancárias (MP 2.160-25/2001), cédulas de crédito rural (Lei n. 8.929/1994), entre outros exemplos.

Ainda, mesmo que não prevista eficácia executiva a determinado crédito e formalização no direito brasileiro, ainda assim é possível garantir-lhe força executiva independentemente de qualquer homologação da jurisdição nacional. Assim se dá caso o referido título tenha se formado no exterior, sob ordenamento que lhe garanta essa eficácia, em obediência aos ditames de direito internacional privado; conquanto que seja o Brasil eleito como lugar de cumprimento da obrigação (CPC/2015, art. 784, §§ 2º e 3º).

gência do CPC/1973, manifestou-se Pontes de Miranda: "No Código de 1973, a respeito das ações executivas de títulos extrajudiciais, deu-se à ação a executividade com o mesmo rito processual, no que muito se distinguiu do direito anterior o direito agora vigente". MIRANDA, Pontes de. *Comentários ao Código de Processo Civil*. Vol. IX, 1976, op. cit., p. 257. Atualmente, o CPC/2015, no entanto, determina ritos diversos às duas modalidades de títulos executivos. Se aos judiciais compete o cumprimento de sentença, aos extrajudiciais resta a instauração de processo autônomo de execução, consoante arts. 771 e seguintes do CPC/2015.

1.2.1.3. Requisitos do título executivo

O art. 783 do CPC/2015 determina que para haver eficácia executiva no título é suposta a existência de uma obrigação certa, líquida e exigível. Esses atributos remetem à pretensão representada e são necessários para o exercício da ação executiva. Igualmente se faz necessário sejam identificados os sujeitos da relação obrigacional nele representada. O próprio título executivo deve dar conta desses elementos para fins de dispensar o exame aprofundado da pretensão material veiculada na execução. Com o título, deve ser possível saber quem deve, o que deve, como deve e quando deve ser adimplida a obrigação.

A certeza consiste na exigência de que a obrigação esteja representada documentalmente e individualizada. Não condiz com a incontestabilidade da obrigação, mas que do título executivo seja possível extrair que existe a obrigação do executado em face do exequente de lhe prestar uma quantia, um fazer ou não fazer ou a entrega de um bem.[135] Por isso, inicialmente, a certeza deve ser aferida em face do título. Basta ter em conta que pode haver obrigação sem título, como em uma ação de cobrança de um empréstimo não pago, mas ao qual não foi ainda sentenciada. Exigir certeza não condiz com a impossibilidade de discutir a existência da obrigação representada, nem com a inviabilidade de novos julgamentos sobre o direito obrigacional,[136] mas tão somente com a representação plena pelo título de uma obrigação.[137]

Além disso, conveniente notar que o simples atestado de que existe uma obrigação não viabiliza, per se, a via executiva, pois deve também o título ser explícito quanto aos seus limites e objetos, ou seja, deve ser líquido. A decisão transitada em julgado que simplesmente

---

[135] "A certeza do crédito é a ausência de dúvida quanto à sua existência, tal como está no título executivo extrajudicial, posto que, nos embargos do devedor possa esse alegar causa impeditiva, modificativa ou extintiva da obrigação, se superveniente à sentença. A incerteza não existia. Para ser certo o crédito é preciso: que o sistema jurídico que incide, espacial e intertemporalmente, tenha como crível tal crédito; que tal crédito possa ter o objeto que se diz ter (coisa certa, coisa incerta, ato ou abstração do devedor); que, no caso, se diz que há escolha, ou pelo devedor, ou pelo credor, que tal declaração de vontade possa ser estipulada; se há termo ou condição que o sistema jurídico o admita; que possa haver, no caso ou na espécie, alternatividade; que se houve transferência, seja de acordo com o sistema jurídico". MIRANDA, Pontes de. *Comentários ao Código de Processo Civil*. Tomo IX, 1976, op. cit., p. 378.

[136] O título executivo judicial pode, por exemplo, ser objeto de ação rescisória (CPC/2015, art. 966); o título extrajudicial ser combatido por embargos à execução (CPC/2015, art. 914) ou ainda ditos títulos podem ser impugnados por outras vias em qualquer dos casos, sem que isso destitua o requisito da certeza.

[137] "Nada obstante, a certeza quanto à existência do crédito nunca se revela absoluta, porquanto passível de oposição vitoriosa, ou porque inexistente ou inválida, originariamente (título extrajudicial), ou porque desapareceu supervenientemente (título judicial)". ASSIS, Araken. *Manual da Execução*, 2017, op. cit., n. 26.1.

manda pagar, mas que não especifica qual valor deve ser pago não é apta à execução. Embora seja certa, não é líquida. Nesse caso é necessário instaurar previamente a respectiva liquidação conforme os artigos 509 a 512 do CPC/2015.[138]

Liquidez significa que o título executivo deve ter objeto determinado e especificado em seus limites (*quantum*). Não exige, todavia, a literalidade na indicação do *quantum* devido. Conforme Araken de Assis "a liquidez significa a simples determinabilidade do valor (*quantum debeatur*) mediante cálculos aritméticos".[139] Quer dizer, na esteira do que explicita o parágrafo único do art. 786 da legislação processual, que a mera necessidade de feitura de cálculos não torna ilíquido o título. Se, por exemplo, o contrato prevê um empréstimo inadimplido, usualmente deverá a quantia ser acrescida dos juros de mora, bem como da correção monetária. Não se trata, portanto, da necessidade de indicação nominal do valor no documento, mas da viabilidade de, se apresentados os cálculos conforme instruções do próprio título ou decorrentes de disposição cogente de lei, alcance-se o montante a ser levado a execução.

Por fim, o título somente poderá portar eficácia executiva se o direito subjetivo nele representado disser respeito com pretensão atual. A exigibilidade da obrigação significa que seu cumprimento pode ser desde logo determinado pelo juízo. Por exemplo, se um contrato de empréstimo prevê que o vencimento do débito somente daqui a alguns dias, é necessário reconhecer que embora o contrato preencha formalmente as exigências para ser título executivo (CPC/2015, art. 784, III), represente obrigação certa (há crédito), líquida (o valor devido), ele não porta obrigação exigível, dado que para tanto será necessário o vencimento da obrigação para viabilizar a via executiva judicial. Não representa, nesse caso, pretensão material exercitável.

Em sede de título judicial, a lei determina (CPC/2015, art. 514) que o cumprimento da sentença deverá ser acompanhado de prova da exigibilidade da obrigação, mediante demonstração de ocorrência do termo ou da realização de condição. Tenha-se por exemplo uma decisão judicial que resolveu contrato de compra e venda, determinando que o vendedor restituísse a quantia recebida e que o comprador devolvesse o bem indevidamente amealhado. Pois para exigir a devolu-

---

[138] O documento formado extrajudicialmente não poderá ser liquidado, pois não se afigura como título executivo, sendo necessário que o titular de obrigação nele representada busque a via do conhecimento para reconhecimento de sua pretensão e limites. "O título extrajudicial não pode ser ilíquido, pois a falta de liquidez compromete a própria certeza da existência do crédito". GRECO, Leonardo. *O Processo de Execução*. Vol. 2. Op. cit., p. 123.
[139] ASSIS, Araken. *Manual da Execução*. 2017, op. cit., n. 26.2.

ção do bem, deverá o exequente demonstrar a restituição da quantia, pois do contrário será inexigível a obrigação, na esteira de regra material prevista no art. 476 do CCB/2002. Situação absolutamente similar se dá em títulos extrajudiciais, consoante previsão do art. 787 do CPC/2015, que determina a necessidade de prova de cumprimento da prestação para haver a contraprestação pelo credor.

1.2.2. Inadimplemento

Com a formação do título executivo estabelece-se o objeto da execução.[140] Isso significa que, no que condiz com os títulos judiciais, após a etapa de conhecimento, quando fixado um grau de certeza suficiente para legitimar a execução, abre-se espaço para a via executiva. Nos títulos extrajudiciais, a lei conferiu a determinados documentos tal grau de confiabilidade. Embora seja esperado que o devedor cumpra a respectiva obrigação espontaneamente, por muitas vezes há o inadimplemento, sendo necessária a via executiva para haver a satisfação do crédito. Consoante dispõe o art. 786 do CPC/2015, a ausência da satisfação da obrigação consubstanciada em título executivo autoriza a instauração da execução. Igualmente, regulamenta o art. 788 do CPC/2015 a inviabilidade de prosseguimento da execução com o respectivo cumprimento, na forma prevista no título.

No caso, ao anexar ao requerimento de cumprimento da sentença o título executivo, o exequente afirmará o inadimplemento, sendo essa mera afirmação suficiente para a instauração da via executiva. A ação processual é exercida mediante a alegação do exequente de que há inadimplemento. Claro que pode o exequente estar mentindo, por já ter recebido o crédito após a decisão, no entanto não compete ao portador de um título executivo demonstrar que o inadimplemento é atual: basta afirmá-lo.[141] A efetiva ocorrência do inadimplemento não remete

---

[140] "O processo de execução é construído na suposição de não haver matéria litigiosa a discutir e decidir, e com a definida intenção da lei de evitar que sejam suscitadas questões, que só retardariam a complicariam o andamento do processo. Para conseguir êste resultado é que a lei recorreu à figura do título executório, cuja eficácia abstrata permite promover e percorrer a execução sem depender de demonstração da existência do direito. O título adquire eficácia autônoma e independente da relação jurídica que constitui a sua causa – o direito do credor – isto é, a lei abstrai dessa causa para dar fôrça e valor somente à sanção incorporada no título, dando caminho livre à ação que dêle se origina". LIEBMAN, Enrico Tullio. *Processo de Execução*. 1963. Op. cit., p. 145.

[141] "A averiguação do inadimplemento respeita ao mérito. Realmente, o adimplemento é causa de extinção da obrigação e motivo de improcedência da demanda. Porém, o pormenor de que o conhecimento da inexistência do inadimplemento constitui matéria de oposição do executado (art. 525, § 1.º, III, segunda parte; art. 917, I, segunda parte) afigura-se de somenos importância e apenas contingente, não descendo ao fundo da questão, nem está claro por que o juiz não possa, à vista das alegações da petição inicial ou do requerimento, rejeitar execução, quando não verificado o termo (art. 798, I, c).". ASSIS, Araken. *Manual da Execução*. 2017, op. cit., n. 22.

a um exame da ação processual executiva, mas da própria existência de uma pretensão material a executar, o que remeteria a procedência ou improcedência do pedido de tutela jurisdicional executiva.

No direito romano, era necessário novo contraditório antes de efetivamente autorizados os atos executivos (*actio judicati*). Assim, após o êxito na causa, para poder promover a execução, deveria o exequente exercer nova ação e demonstrar que o inadimplemento era ainda persistente, para somente após serem autorizadas as vias executivas. O cenário modificou-se no direito medieval com a atribuição à sentença da ideia de execução aparelhada (*executio parata*), que significava a exequibilidade independentemente de nova indagação sobre a atualidade do direito. A construção se reflete na compreensão contemporânea executiva brasileira, dado que basta a mera apresentação do título para se ter aparelhada a execução, ou seja, sem que prévia cientificação acerca da atualidade do crédito seja efetuada.[142]

"Quando a lei inscreve o inadimplemento do devedor como o pressuposto para realizar qualquer execução, não está a afirmar que esse requisito seja uma exigência para que a ação (processual) executória tenha início, ou seja, não o coloca como premissa necessária para que o procedimento da ação executória tenha curso".[143]

A esse respeito, Salvatore Pugliatti, na esteira das compreensões de Liebman sobre o título executivo, indica que a autonomia do título executivo significa a permissão da atividade executória independentemente da efetiva existência do direito de crédito; mesmo que se reconheça a impossibilidade de se destituir todos os vínculos do título com o crédito.[144] A autonomia do título é elemento constitutivo da respectiva teoria, projetando significação na abstração da causa. Na esteira da tese de Liebman, não se permite a perquirição aprofundada sobre a vinculatividade causal entre a execução e o direito material reconhecido anteriormente na fase de conhecimento, ficando relegada essa análise em vias restritivas. Se o crédito não mais era atual, seja por já ter prescrito, seja por já ter recebido o exequente em via extrajudicial, competirá ao executado essa demonstração, a partir da instauração das vias de defesa especificadas (em regra a impugnação ao cumprimento de sentença ou os embargos à execução).[145]

---

[142] LIEBMAN, Enrico Tullio. *Processo de Execução*. 1963, op. cit., p. 16.
[143] SILVA, Ovídio Baptista da. *Curso de Processo Civil*. v. 2. 4. ed. São Paulo: Revista dos Tribunais, 2000, p. 31.
[144] PUGLIATI, Salvatore. *Esecuzione forzata e diritto sostanziale*. Op. cit., p. 136.
[145] "O devedor dispõe de um modo, apenas, de alegação de suas razões: a propositura de uma ação expressamente facultada a ele para pleitear do juiz a anulação do título. E isso demonstra,

Ocorre que a autonomia não necessariamente deve ser reconhecida no título, como se a pretensão material lhe fosse totalmente estranha. O que se deve admitir é a abstração da ação executiva processual, que efetivamente independe da existência real do crédito. Para seu exercício, é suficiente a mera afirmação da pretensão pelo exequente. Contudo, para que seja procedente a pretensão material executada é indispensável a respectiva existência. As regras que traduzem a efetiva existência do inadimplemento estão reguladas no direito material e condizem com um exame da pretensão material buscada na via executiva e reconhecida como provável pelo título executivo. Como requisito para o exercício da ação processual executiva, basta a asserção do exequente acerca da sua ocorrência; contudo para a procedência do pedido mediato executivo, impõe-se o exame concreto do direito material.

---

por outra face, não ser absoluta a autonomia". LIEBMAN, Enrico Tullio. *Embargos de Executado*. Op. cit., p. 174.

1.3. TÉCNICAS EXECUTIVAS

Valternei Melo

O novo Código de Processo Civil reforçou, segundo o entendimento que vem sendo manifestado por parte da doutrina,[146] a ideia de que existe uma verdadeira *cláusula geral de atipicidade das técnicas processuais*. Da análise de tal afirmação se depreende que teria sido dado um importante passo adiante no que diz respeito à estruturação do processo enquanto conjunto de ferramentas voltadas à efetividade[147] do direito à tutela jurisdicional adequada e justa.

A mencionada "cláusula" – que na verdade seria o resultado da conjugação de mais de um enunciado normativo, quais sejam, os artigos 139, inciso IV, 297 e 536, § 1°, do Código de Processo Civil –, porém, não deixa de suscitar questionamentos e preocupações, notadamente porque, dependendo do uso que lhe seja dado – admitindo-se que ela efetivamente exista no sistema jurídico-processual brasileiro –, ela pode servir não apenas como um mecanismo de consagração de um processo mais idôneo frente à promessa constitucional de efetividade e celeridade, mas, também, como um instrumento de arbítrio[148] e violação aos próprios direitos e garantias constitucionais.

A questão se liga, sem dúvida, a diversos temas fundamentais do processo civil, dentre os quais, por exemplo, o do formalismo processual.

---

[146] Nesse sentido: DIDIER JUNIOR, Fredie; CUNHA, Leonardo Carneiro da; BRAGA, Paula Sarno; OLIVEIRA, Rafael Alexandria de. *Curso de direito processual civil – execução*. 7. ed., Salvador: Juspodivm, 2017, v. 5, p. 99 e ss.

[147] Cabe aqui trazer à colação a valiosa advertência de José Roberto dos Santos Bedaque: "Processo efetivo é aquele que, observado o equilíbrio entre os valores segurança e celeridade, proporciona às partes o resultado desejado pelo direito material. Pretende-se aprimorar o instrumento estatal destinado a fornecer a tutela jurisdicional. Mas constitui perigosa ilusão pensar que simplesmente conferir-lhe celeridade é suficiente para alcançar a tão almejada efetividade. Não se nega a necessidade de reduzir a demora, mas não se pode fazê-lo em detrimento do mínimo de segurança, valor também essencial ao justo". BEDADQUE, José Roberto dos Santos. *Efetividade do processo e técnica processual*. São Paulo: Malheiros, 2006, p.49.

[148] A propósito, Michele Taruffo, ao tratar do tema relacionado à criação judicial do direito, também revela sua preocupação quanto ao exercício arbitrário do poder, afirmando que "il rischio che la decisione discrezionale e 'creativa' si traduca in una scelta soggettiva ed arbitraria non è soltanto una eventualità teorica, ma è una possibilità quotidianamente presente nella prassi giudiziaria. Questa possibilità à resa probabile da molti fattori alcuni dei quali – emersi negli ultimi anni – meritano di essere qui segnalati, in quanto possono influenzare l'orientamento culturale dei giudici nel senso di una più sostanziale 'soggettivizzazione' delle loro scelte, allontanando o eliminando del tutto i limiti e i criteri che dovrebbero guidare le loro valutazioni discrezionali". TARUFFO, Michele. Legalità e giustificazione della creazione giudiziaria del diritto. *Rivista trimestrale di diritto e procedura civile*. Milano, 2001, p. 11-31.

Ao tratar deste tema, Alois Troller refere que, por maiores que sejam as críticas e as dúvidas a respeito do papel da *forma* no âmbito do processo, ela sempre existirá, uma vez que o processo "deve ser rigorosamente regulado enquanto vigilante de fronteiras entre esferas jurídicas privadas desconhecidas (ou pelo menos duvidosas), em relação às quais desempenha a sua tarefa de regulação".[149]

Tal preocupação vem particularmente evidenciada também nas reflexões desenvolvidas por Carlos Alberto Alvaro de Oliveira, em obra na qual o tema do formalismo foi tratado de maneira inédita na doutrina brasileira, quando afirma que a questão não guarda relação apenas com a busca de ordem no âmbito do processo, mas também com a tentativa de disciplina do exercício do poder por parte do juiz, funcionando, assim, como uma espécie de garantia de liberdade frente ao risco de arbítrio daqueles que titularizam o poder do Estado.[150]

Há, como se vê das preocupações ora relatadas, uma íntima relação entre forma (enquanto predisposição da técnica processual) e garantia de liberdade frente ao exercício do poder no âmbito do Estado liberal. Tal relação foi objeto de particular atenção dos juristas do século XVII em razão da luta em favor da superação do antigo regime, que, como se sabe, se caracterizava pelo exercício judicial do poder sem maiores controles.[151] Aliás, pode-se dizer que o primeiro constitucionalismo é fruto desta tentativa de controlar o poder do Estado e submetê-lo a regras voltadas a assegurar os direitos dos indivíduos.[152]

---

[149] TROLLER, Alois (1906-1987). *Dos fundamentos do formalismo processual civil* (1945) (trad. Carlos Alberto Alvaro de Oliveira). Porto Alegre: Sergio Antonio Fabris Editor, 2009, p. 17.

[150] OLIVEIRA, Carlos Alberto Alvaro de (1942-2013). *Do formalismo no processo civil* (1997). 4. ed. São Paulo: Revista dos Tribunais, 2010, P. 29.

[151] MARINONI, Luiz Guilherme. *Técnica processual e tutela dos direitos*. 4. ed. São Paulo: Revista dos Tribunais, 2013, p. 33.

[152] Vale destacar, a propósito, a lição de Maurizio Fioravanti: *"Constitutionalism is a stream of thought which, since its very origins, has pursued concrete political aims consisting essentially in the limitation of public powers and the development of spheres of autonomy guaranteed by law. Its rise belongs wholly to the modern era, although its strategies include problems that can be traced back to earlier periods and which rest on issues addressed in ancient and medieval times. More precisely, constitutionalism arose and gained credence during the formation of the modern European State. If we consider the modern European State as a complex historical figure, then two aspects have to be taken into account: on one side, the State as an embodiment of the principle of sovereignty and as the sphere in which the concentration of public power is concretely implemented in a territorial area, and on the other, the sphere in which constitutionalism comes into play, namely the sphere of plurality, limits, guarantees and also participation. Accordingly, constitutionalism can be said to have come into being together with the modern State itself, with the aim of controlling, limiting and submitting to rules those public powers that had begun to occupy a central position in the various lands from the fourteenth century onwards. In other words, what characterizes European constitutional history is the fact that the concentration of public powers in a given territorial area, the power to call men to arms, levy taxes and administer justice has since its very beginning been accompanied by the need to fix rules and limits, some of which have been set down in written form. In many cases the rules and limits have also been established through the tool of representative assemblies,*

A questão é realmente significativa. As relações entre tipicidade e garantias é evidenciada inclusive a partir da doutrina mais recente. Em obra amplamente conhecida, Flávio Luiz Yarshell afirma que a ideia de "tipo" possui uma nítida caracterização funcional, sendo que, nesta perspectiva, ele possui duas finalidades, quais sejam, a de permitir a ordenação do sistema e a de estabelecer uma espécie de restrição, uma vez que o "modelo" permite a compreensão dos limites de atuação.[153]

O tema da tipicidade-atipicidade das técnicas processuais guarda, como se vê, íntima relação com tais questões. A preocupação adquire atualidade na medida em que, como já mencionado, parcela da doutrina vem sustentando a existência de uma cláusula geral de atipicidade das técnicas executivas, que teria sido reforçada a partir do novo Código de Processo Civil.

Ao longo da história, uma preocupação tem rondado a mente de todos aqueles que lidam com as questões relacionadas ao direito e ao exercício do poder: como estabelecer mecanismos de controle contra o abuso e o arbítrio? Tal preocupação, que não é, nova, frise-se, tem suscitado as mais diversas respostas e instilado a criação dos mais diversos mecanismos que a capacidade criativa do homem pode conceber. Um deles, contudo, se mostra de especial importância para o presente estudo: a vinculação à tipicidade como forma de contenção do poder.

Como bem apontado pela doutrina, a grande preocupação ao tempo da formação do Estado liberal era a de conter, tanto quanto possível, o poder do juiz, tendo em vista o risco de uso arbitrário do poder.[154]

Dentre as diversas manifestações da utilização da forma (e, consequentemente, da *tipicidade processual*) como mecanismo de contenção do poder estatal (e em especial do judicial), está, sem dúvida alguma, o da tipicidade das técnicas executivas. Com efeito, parcela da doutrina afirma, com curiosa segurança, que o sistema brasileiro ainda consagra o princípio da tipicidade dos meios executórios.[155] Para tanto, sustenta que não poderia ser diferente diante do caráter garantista que a Constituição Federal de 1988 possui, notadamente ao impor a observância do devido processo legal.[156]

Parliaments, or Landtage, or Cortes, or similar bodies". FIORAVANTI, Maurizio. Constitutionalism. In: RILEY, Patrick. *A treatise of legal philosophy and general jurisprudence*. New York: Springer, 2009, v. 10, p. 262.

[153] YARSHELL, Luiz Flávio. *Tutela jurisdicional*. 2. ed. São Paulo: DPJ, 2006, p. 45.

[154] MARINONI, Luiz Guilherme; ARENHART, Sergio Cruz; MITIDIERO, Daniel. *Novo curso de processo civil*. v. 2, São Paulo: Revista dos Tribunais, 2015, p. 691.

[155] ASSIS, Araken de. *Manual da execução*. Op. cit., 2016, p. 186.

[156] Idem, ibidem.

A ideia subjacente à preocupação com as garantias guarda estreita vinculação às ideias de segurança e previsibilidade que o sistema deve proporcionar à sociedade. Não por outra razão já se disse, em sede doutrinária, que permitir às partes ou ao juiz que empregue o procedimento mais adequado às necessidades do caso concreto seria correr o risco de se pagar um alto preço em prol de um duvidoso benefício.[157]

A busca por segurança e previsibilidade – dos quais a rigidez procedimental é um dos reflexos – é uma das marcas que ainda caracterizam o direito atual, em que pese se possa dizer ter havido a superação, ao menos no plano político, do modelo de Estado liberal.[158]

Visto de uma perspectiva histórica, não há como deixar de reconhecer, porém, que o século XX um período de mudanças sociais, políticas, econômicas e científicas[159] muito peculiares. Dentre as inúmeras mudanças ocorridas, uma das mais importantes foi a percepção, por parte dos filósofos e cientistas das mais diversas áreas do conhecimento humano, de que a realidade se caracteriza por ser profundamente complexa,[160] característica essa que, por várias razões, não pode ser negligenciada.

Também no âmbito do processo civil – que constitui um dos aspectos relacionados ao presente estudo –, os juristas puderam constatar a ocorrência de inúmeras mudanças ocorridas ao longo do século XX, as quais passaram não apenas pelo desenvolvimento da ideia de instrumentalidade,[161] mas, também, pela crescente tomada de consciência de que é preciso, mais do que nunca, imbuí-lo dos valores consagrados no sistema jurídico e, em particular, pelas normas constitucionais. O processo civil deixou de ser mero apêndice de outras normas para, junto com elas, tornar-se importante instrumento de realização dos objetivos políticos, sociais e econômicos cristalizados na ordem normativa vigente.

No empuxo deste movimento, os doutrinadores aperceberam-se da necessidade de criação de técnicas processuais capazes de permitir

---

[157] CALMON DE PASSOS, José Joaquim. *Comentários ao código de processo civil*. 3. ed. Rio de Janeiro: Forense, 1977, v. 3, p. 8.

[158] SILVA, Ovídio Araújo Baptista da (1929-2009). *Processo e ideologia – o paradigma racionalista*. Rio de Janeiro: Forense, 2004, p. 143.

[159] "O século XX foi a era mais extraordinária da história da humanidade, combinando catástrofes humanas de dimensões inéditas, conquistas materiais substanciais e um aumento sem precedentes da nossa capacidade de transformar e talvez destruir o planeta – e até de penetrar do espaço exterior". (HOBSBAWM, Eric. *Globalização, democracia e terrorismo*. São Paulo: Companhia das letras, 2007, p. 9.

[160] MORIN, Edgar. *Introdução ao pensamento complexo*. Porto Alegre: Sulina. 2007.

[161] Ver, a propósito: DINAMARCO, Cândido Rangel. *A instrumentalidade do processo*. 10. ed. São Paulo: Malheiros. 2002.

que a prestação jurisdicional seja a mais eficaz possível, tanto do ponto de vista quantitativo, quanto, e principalmente, qualitativo. Tais necessidades,[162] na medida em que geraram objetivos a serem alcançados, também mostraram as deficiências da concepção doutrinária dominante até então, pautada por valores sociais, e mesmo individuais, que, paulatinamente, mostraram-se ultrapassadas.

Em outras palavras, a evolução do processo civil se deu no sentido da busca por uma maior efetividade.[163] Cândido Rangel Dinamarco, a propósito, referiu, ao tratar de algumas alterações normativas ocorridas nas últimas décadas, que "as reformas do Código de Processo Civil tiveram como objetivo central a aceleração da tutela jurisdicional e, como postura metodológica predominante, a disposição a liberar-se de poderosos dogmas plantados na cultura processualística ocidental ao longo dos séculos".[164]

Foi com esse propósito que a empresa reformista ganhou força em nossa legislação: a busca da superação de um modelo de processo

---

[162] A propósito da crise de efetividade das normas processuais, Michele Taruffo refere que *"no menos variadas y complejas son las manifestaciones de la crisis de funcionalidad de la ley procesal. Sobre todo, está muy generalizada (quizás con la única excepción de Alemania) la crisis de efectividad de la tutela jurisdiccional, que deriva esencialmente de los retrasos cada vez más largos de la justicia, frente a la creciente necesidad de soluciones rápidas y eficaces de las controversias. El dicho justice delayed is justice denied, es cada vez más aplicable a muchos ordenamientos: los períodos largos, y a veces absurdos, de la justicia representan en gran medida el principal factor de crisis del sistema procesal. La efectividad del proceso está en crisis también en aquellos países, como Gran Bretaña, que tradicionalmente eran señalados como modelos de rapidez y funcionalidad. Esto conlleva varias consecuencias relevantes. De un lado, se hacen cada vez más numerosas las áreas en las cuales, de hecho, no se administra realmente una justicia aceptable. Así, la elección más racional para el titular de un derecho consiste en no hacer valer este derecho en juicio, porque el tiempo (y, por tanto, también los costes) necesarios para obtener una sentencia definitiva serían excesivos. Por lo tanto, se produce una sustancial elusión de la necesidad de tutela procesal y se vuelven ineficaces las garantías de acceso a los tribunales que están recogidas en numerosas Constituciones contemporáneas. Pero la situación no es mejor para quien no se rinde desde el principio y va a juicio: varios años para obtener una sentencia en primera instancia, más otros años para el juicio de apelación, más otros años todavía para el juicio de casación y eventualmente algún año más para el juicio de reenvío, representan una experiencia desastrosa y costosa, en la cual, quien resulta realmente beneficiado es el deudor incumplidor que se lucra de las disfunciones de la justicia. Un aspecto muy importante de esta situación es que los inconvenientes y las disfunciones del sistema procesal no tienen –como es obvio– las mismas consecuencias para todos. Por un lado, como se ha señalado, hay sujetos o categorías de sujetos que disfrutan de formas de tutela privilegiadas frente a otros. Por otro lado, el inconveniente representado por los retrasos y los costes del proceso funciona de un modo muy diverso según el tipo de sujetos: el sujeto social y económicamente «débil» sufre en mayor medida las disfunciones del sistema, y será inducido más fácilmente o bien a no tutelar sus derechos o a abandonar un proceso demasiado largo e ineficiente. No así el sujeto social y económicamente «fuerte» (como las «partes habituales» del proceso civil: aseguradoras, organizaciones de ventas, grandes fabricantes, bancos, etc.) que tienen la posibilidad de hacer valer sus derechos sin problemas (incluso con operaciones de «política judicial» previstas expresamente), o de resistir el juicio hasta el final si son deudores (sobre todo si el acreedor es «débil»). Surgen, pues, numerosas situaciones de desigualdad sustancial, y por tanto de evidente injusticia, en el uso de los instrumentos procesales de tutela de los derechos".* TARUFFO, Michele. Racionalidad y crisis de la ley procesal. *Doxa*, n. 22, p. 311-320, 1999.

[163] ANDRADE, Valentino Aparecido de. *Litigância de má-fé*. São Paulo: Dialética, 2004, p. 7.

[164] DINAMARCO, Cândido Rangel. *Nova era do processo civil*. São Paulo: Malheiros, 2003, p. 11.

civil inefetivo e incapaz de atender as demandas sociais (um dos nefastos efeitos do processo de reforma foi que o Código de Processo Civil de 1973, nesse sentido, deixou de ser considerado um corpo coeso de normas, tantas e tamanhas foram as modificações havidas). O novo Código de Processo Civil, em vigor desde março de 2015, bem revela a busca por melhorias, na medida em que consagra uma série disposições que refletem os reclamos da doutrina, notadamente no que diz respeito à instituição de um sistema processual mais flexível e menos apegado ao formalismo das técnicas processuais.

A emergência de sucessivos novos direitos fundamentais (direitos de segunda, terceira, quarta e, quiçá, quinta dimensão) passou a exigir do Estado e, por via de consequência, do processo, uma resposta mais consentânea para com as legítimas expectativas sociais, as quais, alimentadas pelas promessas constitucionais, ganharam progressiva força ao longo do século XX.

A propósito dessa questão, e como bem anotado pela doutrina, não é difícil perceber que um sistema caracterizado pela presença de um direito fundamental à tutela jurisdicional efetiva deixa à mostra a insuficiência de um sistema processual marcado pela tipicidade das técnicas processuais executivas, na medida em que a ausência de meios adequados à satisfação integral do direito de uma das partes atinge fatalmente o direito à tutela jurisdicional devida assegurada pela Constituição Federal.[165]

Embora não se possa negar que a tipicidade das técnicas processuais possua um valor inegável, notadamente como garantia contra o arbítrio, não se pode deixar de considerar que a constrição judicial às técnicas eventualmente dispostas no sistema processual pode significar, na prática, a denegação da tutela jurisdicional sempre que se verificar uma inadequação entre as peculiaridades do direito material envolvido e a técnica processual instituída pelo sistema.[166]

Como já mencionado, a doutrina vem afirmando, mais recentemente, que o direito processual brasileiro consagrou uma verdadeira cláusula geral de atipicidade das técnicas processuais. Embora não se discorde de tal entendimento, é preciso entender o significado de tal forma de compreensão do modo como as técnicas processuais se estruturam e, principalmente, quais são as suas implicações.

Tais necessidades decorrem da constatação, de mais a mais trivial, de que as cláusulas gerais encerram uma metodologia própria de

---

[165] GUERRA, Marcelo Lima. *Execução indireta*. São Paulo: Revista dos Tribunais, 1999, p. 57.
[166] Idem, p. 58.

aplicação, diversa daquela à qual tradicionalmente se está habituado, ou seja, a metodologia subsuntiva, usualmente utilizada na aplicação dos textos legais.

A metodologia de aplicação de uma cláusula geral, com efeito, difere daquela normalmente utilizada na aplicação de outras modalidades de enunciados normativos. Isso se deve ao fato de ela conter elementos que necessitam de uma espécie de "complementação" de sentido ou conteúdo quando de sua aplicação no caso concreto.

Nesse sentido, e conforme leciona Judith Martins-Costa, algumas espécies de estruturas normativas passaram a conter, a partir da segunda metade do século XX, algumas características que até então eram comuns no âmbito dos negócios privados,[167] de modo que, paralelamente às disposições gerais e abstratas, voltadas às generalidade das situações sociais, foram sendo implementadas e utilizadas técnicas legislativas mais abertas, cujos termos passaram a ser indicativos de "valores, princípios, diretrizes sociais, programas e resultados considerados desejáveis para o bem comum e a utilidade social, bem como empregaram-se terminologias científicas, econômicas, sociais, compatíveis com os problemas da idade contemporânea".[168]

Dito de outro modo, passaram a ser "formuladas nos códigos civis e nas leis especiais, disposições normativas que fogem àquele padrão enucleado na definição, a mais perfeita possível, de certos pressupostos e na correlata indicação pontual e pormenorizada de suas consequências".[169]

É por conta disso que se pode dizer que as cláusulas gerais constituem verdadeiras *normas abertas*,[170] na medida em que o texto em

---

[167] MARTINS-COSTA, Judith. *A boa-fé no direito privado – critérios para a sua aplicação*. São Paulo: Marcial Pons, 2015, p. 119.

[168] Idem, ibidem.

[169] Idem, ibidem.

[170] A propósito do tema da vagueza no direito, Timothy Endicott refere que "*In fact, law is necessarily very vague. So if vagueness is a problem for legal theory, it is a serious problem. The problem has to do with the ideal of the rule of law and with the very idea of law: if vague standards provide no guidance in some cases, how can the life of a community be ruled by law? The problem has long concerned philosophers of law; the papers at this symposium address it afresh by asking what legal theory may have to learn from (or contribute to) work on vagueness in philosophy of language and philosophy of logic. Here I will not try to state the implications of vagueness for philosophy of law; I will try to set the stage by showing that vagueness is both an important and an unavoidable feature of law. But I should emphasize that I will use the term "vagueness" as I understand it to be used generally in the other papers, in the sense set out in Dorothy Edgington's paper. So the claim is not that law is necessarily obscure or radically indeterminate. The claim is that a legal system necessarily yields a significant range of 'borderline cases' –cases in which the application of the standards of the law is subject to doubt and disagreement. We will see that it is possible to make precise laws. So it may seem that vagueness is a contingent feature of law that we could avoid by precise lawmaking. And it may seem that it would be desirable to do so, because precise laws bring us closer to the ideal of the rule of law. I hope to persuade you otherwise in three short sections claiming (1) that lawmak-*

que vazadas depende da necessária participação do intérprete para a sua concreção e aplicação no mundo real. É importante notar, contudo, e de acordo com a lição de Judith Martins-Costa, que a expressão *cláusula geral* costuma "designar tanto determinada técnica legislativa (em si mesma não homogênea) quanto certas normas jurídicas".[171] Não obstante isso, mostra-se adequado adotar a ideia de que elas se relacionam àquelas estruturas normativas que se apresentam como dotadas de elasticidade, nas quais não se verifica, na hipótese legal, "uma pré-figuração descritiva ou especificativa",[172] composta por termos cuja tessitura é "semanticamente aberta".[173]

De acordo com Vito Velluzzi, a cláusula geral é um termo ou sintagma de *"natura valutativa caratterizato da indeterminatezza, per cui il significato di tali termini o sintagmi non è determinabile (o detto altrimenti le condizioni di aplicazione del termini o sintagma non sono individuali) se non facendo ricorso a critério tra loro potenzialmente concorrenti"*.[174]

A conceituação do que são as cláusulas gerais se torna complexa quando se leva em consideração que podem existir "subespécies" normativas. Nesse sentido, Pierluigi Chiassoni afirma que existiriam ao menos quatro espécies de cláusulas gerais: as cláusulas gerais-*locuções*, as cláusulas gerais-*disposições*, as cláusulas gerais-*normas explícitas* e as cláusulas gerais-*normas implícitas*.[175]

A primeira espécie consistiria nos termos ou sintagmas valorativos que os operadores jurídicos (juízes, juristas e advogados) qualificam, em um dado contexto espaço-temporal, como cláusulas gerais (tais como "ordem pública", "boa-fé", etc.). o segundo tipo seriam aqueles enunciados do discurso das fontes (constitucionais, legais etc.), em cuja formulação está contida uma ou mais cláusulas gerais-locuções. O terceiro tipo são enunciados normativos do discurso judicial ou doutrinário, que representam o resultado da interpretação das cláusulas gerais-disposições. E, por fim, as cláusulas gerais-normas implícitas são os enunciados do discurso judicial ou doutrinário que, apesar de conterem cláusulas gerais-locuções, não representam o resultado

---

ers use vague laws because precision is not always desirable; (2) that because law is 'systemic', enactments formulated in precise language do not always make precise laws; and (3) that law must perform functions that can only be performed by means of vague standards". ENDICOTT, Timothy. Law is necessarily vague. *Legal theory*, Cambridge Press, p. 379-385, 2001.

[171] MARTINS-COSTA, Judith. *A boa-fé no direito privado*. Op. cit., 2015, p. 120.

[172] Idem, p. 130.

[173] Idem, ibidem.

[174] VELLUZZI, Vito. *Le clausole generali* – semantica e politica del diritto. Milano: Giuffrè, 2010, p. 62-63.

[175] CHIASSONI, Pierluigi. Las clausulas generales entre teoría analítica y dogmática jurídica. In: *Revista de derecho privado*: Bogotá, n. 21, p. 89-106, jul./dez. 2011, p. 95.

da interpretação das cláusulas gerais-disposições, sendo, ao contrário, *"el producto del recurso por parte de los intérpretes a técnicas de integración del derecho explícito, como, por ejemplo, la así llamada inducción jurídica, la derivación a partir de princípios generales o fundamentales del ordenamento, la derivación a partir de conjuntos (sistemas) de princípios y construcciones doctrinales, la derivación a partir de la naturaleza de las cosas, etc."*.[176]

Disso tudo se conclui que as cláusulas gerais (assim como os conceitos indeterminados e os princípios) são, enquanto técnica legislativa, frutos de seu tempo. A ascensão do Estado Constitucional após a Segunda Grande Guerra, os avanços da filosofia e da teoria do direito compuseram, conjuntamente, para que elas adquirissem a importância que atualmente possuem. O novo Código de Processo Civil, nesse contexto, apenas revela a sua atualidade.

A constatação de que as cláusulas gerais possuem uma natureza distinta e própria que as diferencia do padrão normativo clássico (lei com sentido e tipicidade estritas) impõe que se busque um *método de interpretação e aplicação* que lhes seja próprio e adequado, sob pena de as peculiaridades que as caracterizam não serem devidamente percebidas e, principalmente, seus efeitos e usos não serem adequados às suas finalidades.

Com efeito, dada a sua natureza estruturalmente diferente, as cláusulas gerais reclamam, para a sua aplicação, uma metodologia interpretativa diversa daquela usualmente utilizada para a interpretação e aplicação das normas (regras) comumente utilizadas na redação de dispositivos legais, que, de regra, se mostram afeitos à lógica silogística.[177]

Os métodos normalmente utilizados para a interpretação das regras jurídicas não se mostram adequados às características que dife-

---

[176] CHIASSONI, Pierluigi. Las clausulas generales entre teoría analítica y dogmática jurídica. Op. cit., p. 95-96.

[177] A propósito, Maurízio Manzin refere que *"formalismo e primato dell'astrazione sono una temperie che la dottrina giuridica há longamente consciuto, ma verso la quale essa si pone ormai (quasi sempre) i maneira critica. Purtroppo, però, non si trata semplicemente di un problema della dottrina. Esiste, infatti, un pendant dell'accademicismo e del professorenrecht che trova preciso riscontro nella pratica: ci riferiamo, segnatamente, all'idea per la quale il discorso che più di ogni altro interessa il giurista pratico – quello compendiato nella decisione giudiziale – dovrebbe essere governato secondo un ordine che 'assomiglia' alquanto a quello delle sequenze causali: dato p, allora q. [...] Ed mitografi del sillogismo giuridico – a partire da Charles-Louis de Secondat barone di La Brède e di Montesquieu, e, assieme a lui, Cesare Beccaria – sono indubbiamente abbagliati dal modello epistemologico cartesiano (perfettamente oggettivistico: è con costoro che dovrebbe prendersela il povero Josef K.). Per tutti costoro, essendo il sillogismo una concatenazione logica che conferisce validità formale (e persuasività) alle sue conclusioni, e disponendo il decisore – grazie alla codificazione – degli elementi atti a costituirne la sua premessa maggiore, è possibile 'derivare' un discorso normativo a seguito di una mera ricognizione del fatto e della sua sussunzione. La riduzione del ragionamento processuale a sillogismo rappresenta per essi la possibilità di chiudere per sempre la porta all'arbitrio interpretativo dei giudici, trasformandoli in rassicuranti automi della deduzione"*. MANZIN, Mauricio. Argomentazione giuridica e retorica forense – dieci riletture sul raggionamento processuale. Torino: Giappichelli, 2014, p. 35-36.

renciam as cláusulas gerais das demais espécies de preceitos normativos, e a razão para essa inadequação é simples: as cláusulas gerais necessitam, por conta da estrutura "aberta" de alguns de seus elementos, ser complementadas pelo intérprete mediante um método próprio.

Em artigo que já se tornou clássico a respeito do tema, Humberto Ávila[178] inicia explicando que o sistema jurídico é composto por normas de diferentes naturezas, sendo que algumas delas possuem um alto grau de tipicidade e rigidez, ao passo que outras são menos rígidas e menos típicas, na medida em que possuem uma linguagem aberta. Em outras palavras, quer dizer que há normas dotadas de alto grau de clareza e outras menos claras.[179]

Partindo dessa constatação, o referido jurista assevera que as normas dotadas de maior rigidez e alto grau de tipicidade, a sua aplicação envolve, basicamente, uma operação de subsunção, "entendida como o ato de colocar em correspondência o conceito do fato com o conceito da norma, enquadrando fatos particulares em uma dada classe normativa".[180]

Para as normas cuja estrutura seja aberta ou dotada de maior vagueza, em que a tipicidade é mínima, "como no caso das *cláusulas gerais*, princípios de direito e dos conceitos jurídicos indeterminados",[181] a sua aplicação envolve um ato de vontade mais complexo (diria Guastini: "interpretação-construção"), chamado de "concreção", de acordo com o qual "as consequências jurídicas concretas resultam da polaridade entre valores sistemáticos e problemáticos".[182]

Até a primeira metade do século XX, o método interpretativo por excelência utilizado no âmbito do direito se caracterizava pelo excessivo apego à letra da lei, por um exacerbado formalismo lógico e por uma visão da ordem jurídica como um sistema concatenado e fechado. No dizer de Gustavo Zagrebelsky, a ascensão do Estado Constitucional fomentou uma importante mudança, uma vez que, diante do pluralismo jurídico cada vez mais evidente, bem como do aumento da importância dos princípios jurídicos, das cláusulas gerais e dos conceitos indeterminados, a dogmática necessitou adquirir uma feição mais fluída e aberta.[183]

---

[178] ÁVILA, Humberto. Subsunção e concreção na aplicação do direito. In MEDEIROS, Antônio Paulo Cachapuz de (Org.). *Faculdade de Direito da PUC-RS*: o ensino jurídico no limiar do novo milênio. Porto Alegre: Edipuc-RS, 1997, p. 413-465.

[179] Idem, p. 413.

[180] Idem, ibidem.

[181] Idem, ibidem.

[182] Idem, ibidem.

[183] ZAGREBELSKY, Gustavo. *El derecho dúctil – ley, derechos, justicia*. Torino: Trotta, 2011, p. 17 e ss.

Até então, porém, preponderava o método subsuntivo. Tal método interpretativo se caracteriza por envolver, basicamente, um "procedimento subsuntivo", que se traduz numa atividade de identificação de uma premissa maior a que se agrega uma premissa menor e, por decorrência lógica, um determinado resultado.[184] Trata-se de método essencialmente silogístico, mecânico.

Uma vez fixadas as premissas necessárias à definição do método adequado à interpretação e aplicação da cláusula geral de atipicidade das técnicas processuais executivas, convém, ainda, tratar de um aspecto relevante a ela relacionado, qual seja, a definição de critérios que permitam aferir a legitimidade das soluções decorrentes da utilização de tal espécie de técnica processual. Nesse sentido, e a par de outras eventuais possibilidades, chamar-se-á atenção para a utilização do critério da proporcionalidade como norte a ser seguido na tarefa de utilização das regras processuais abertas.

A proporcionalidade, mesmo antes de ser positivado na legislação brasileira, já se fazia sentir no sistema. O "critério da proporcionalidade", como a ele se refere André Ramos Tavares, "sempre esteve presente nos diversos ramos do Direito, seja na aplicação da pena criminal, na noção de abuso do civilista ou, ainda, como meio de conter a discricionariedade do poder estatal no âmbito administrativo".[185] Mais do que isso, ele é um reflexo do próprio Estado Democrático de Direito.[186]

O critério da proporcionalidade, implícito do Estado de Direito (artigo 1º, *caput*, da Constituição Federal de 1988), sempre foi visto como possuindo, dentre as suas diversas finalidades, a de conter as medidas arbitrárias do Estado (vedação de excesso, como melhor se explicitará adiante), consubstanciando, por assim dizer, um juízo de adequação, necessidade e conformidade entre o interesse público que dá suporte a uma determinada medida estatal e a limitação imposta a um direito e/ou garantia fundamental.[187]

Por fim, a título de considerações final, percebe-se que um processo civil verdadeiramente preocupado com a realização da justiça social e com a efetiva tutela dos direitos não pode, em hipótese alguma, ser um obstáculo ao exercício do poder necessário à realização da promessa constitucional de um acesso efetivo à justiça.

---

[184] LARENZ, Karl. *Metodología de la ciencia del derecho*. Barcelona: Ariel, 2010, p. 267.

[185] TAVARES, André Ramos. *Curso de Direito Constitucional*. 6. ed., São Paulo: Saraiva, 2008, p. 707.

[186] Idem, p. 708.

[187] PONTES, Helenilson Cunha. *O princípio da Proporcionalidade e o Direito Tributário*. São Paulo: Dialética, 2000, p. 57.

Isso significa, no final das contas, que ele deve ser estruturado e pensado de modo a que possa dar vazão às expectativas legítimas dos membros da sociedade, que não podem, via de regra, realizar justiça com as próprias mãos. Significa, mais do que isso, que o processo deve evoluir de modo a que novas aspirações sociais não encontrem, nele, um ponto de estrangulamento.

Por outro lado, o reconhecimento de que ele deve conter técnicas e mecanismos capazes de permitir a realização de tudo aquilo que for necessário à satisfação do direito – tutela efetiva – não significa, *ipso facto*, que não devem existir instrumentos que permitam o controle do exercício do poder e, mais especificamente, o controle da utilização do próprio processo por parte do Estado-juiz.

Nesse contexto, a constatação da existência de uma verdadeira cláusula geral de atipicidade das técnicas processuais executivas parece conduzir a apenas um caminho: a utilização racional de critérios de avaliação que permitam verificar se a utilização do processo se deu não só com o escopo de realizar os direitos, mas, mais do que isso, com observância de critérios que signifiquem, na prática, um verdadeiro equilíbrio entre a busca de satisfação do direito e as restrições ou consequências que disso decorrem. Em outras palavras, é preciso encontrar um ponto de equilíbrio entre a utilização efetiva e prática do processo, no caso concreto, as consequências geradas por tal utilização, de modo a encontrar o ponto médio entre a maior satisfação possível e a maior restrição admissível.

Neste contexto, o recurso à proporcionalidade pode se revelar de grande valia em termos de análise da validade e legitimidade da atuação das técnicas processuais.

1.3.1. Execução indireta

Rafael Sirangelo de Abreu

1.3.1.1. Considerações introdutórias

Para se tratar adequadamente das formas de tutela dos direitos no novo processo civil é preciso desvencilhar-se de alguns paradigmas relativamente à tutela executiva. Um deles é justamente o de não mais compreender a atividade executiva como um empreendimento necessariamente desempenhado *a despeito da vontade do executado*. Isso significa superar o dogma da subrogação como única espécie de tutela verdadeiramente executiva, compreendendo-se a efetivação dos direitos como um empreendimento que pode se dar *com ou sem a contribuição do executado.*

Ou seja, para a satisfação de direitos é possível pensar em técnicas que se estruturem a partir da subrogação – mediante a qual o estado substitui-se à vontade ausente do devedor, agindo diretamente em seu patrimônio por meio de seu poder de império – ou da indução – mediante a qual o estado e a parte interessada na satisfação criam incentivos para que haja o adimplemento diretamente pelo executado. Esse segundo grupo de técnicas, que atuam diretamente na vontade do executado, costuma-se definir como execução indireta.[188]

A execução indireta pode ser definida como o conjunto de técnicas que têm por finalidade atuar na vontade do executado mediante induções comportamentais de modo a fazê-lo cumprir um dever ou obrigação. Em outra palavras, "a satisfação coativa do direito do credor, pelo comportamento do próprio devedor, induzido por medidas coercitivas".[189] Em verdade, a atividade executiva atua induzindo mediante constrangimento, coerção ou prêmio. Para que essa finalidade seja desempenhada, é imprescindível que se construam os incentivos adequados ao cumprimento das decisões e isso passa pela construção de procedimentos que permitam *maleabilidade* das técnicas executivas.

Nesse sentido, por um lado, o legislador deve prever técnicas executivas típicas adequadas. Um bom exemplo prático é o da multa de 10% sobre o valor da obrigação principal, automaticamente incluída quando do incumprimento voluntário das obrigações de pagar quantia (art. 523, § 1º). De outro lado, o legislador deve prever cláusulas gerais que deixem certo grau de discricionariedade fundamentada ao juiz, na construção do procedimento mais adequado ao cumprimento de cada obrigação em concreto. Um bom exemplo prático é o da possibilidade de o juiz utilizar-se de medidas como a imposição de multa ou outras que entender adequadas ao caso, para fins de viabilizar o cumprimento de obrigações de fazer, não fazer e entregar coisa (arts. 536, § 1º, e 538, § 4º).

1.3.1.2. *A oportunidade perdida: manutenção da distinção entre decisões que condenam ao pagamento de quantia e decisões que ordenam fazer ou não fazer ou determinam entrega de um bem*

No que tange à utilização das técnicas executivas de natureza indutiva, o novo Código deixa de dar um passo adiante naquilo que

---

[188] Por todos, ver GUERRA, Marcelo Lima. *Execução indireta*. Op. cit.
[189] Idem, p. 18.

poderia ser uma das grandes modificações funcionais do processo civil brasileiro: a equiparação de toda a qualquer obrigação para fins de estruturação do rito relativo ao seu cumprimento e das suas técnicas executivas. Trata-se, inequivocamente, de uma oportunidade perdida pelo novo Código.

No que diz respeito ao rito previsto para o cumprimento das obrigações consubstanciadas em sentença e na esteira do Código de 1973 pós-reformas, o novo diploma mantém diferenças de rito relativamente ao cumprimento das sentenças a depender da tipologia obrigacional. Essa, aliás, a expressa previsão do art. 513, em seu *caput*: "Art. 513. *O cumprimento da sentença será feito segundo as regras deste Título, observando-se,* no que couber e conforme a natureza da obrigação, *o disposto no Livro II da Parte Especial deste Código*" (grifo nosso).

O Código estabelece um rito próprio e pretensamente típico para as obrigações de pagamento de quantia certa (artigos 523 a 527), por meio do qual estrutura-se, em linhas gerais, um procedimento por expropriação similar àquele do código revogado. Com o requerimento, intima-se o devedor para pagamento em 15 (quinze) dias, pena de incidência de multa de 10% (dez por cento) do valor atualizado do débito. Não havendo o pagamento, o código prevê a expedição de "mandado de penhora e avaliação, seguindo-se os atos de expropriação" (conforme § 3º do art. 523).

De outro lado, para as obrigações que imponham um fazer ou não fazer (artigos 536 e 537) o código prevê que o juiz poderá determinar "as *medidas necessárias à satisfação do exequente*" (art. 536, *caput*), arrolando dentre essas medidas, exemplificativamente, "a imposição de multa, a busca e apreensão, a remoção de pessoas e coisas, o desfazimento de obras e o impedimento de atividade nociva, podendo, caso necessário, requisitar o auxílio de força policial" (art. 536, § 1º). O mesmo ocorre para as obrigações que imponham a entrega de bens (art. 538), que prescrevem a necessidade de expedição pelo juiz de "mandado de busca e apreensão ou de imissão na posse em favor do credor, conforme se tratar de coisa móvel ou imóvel" (art. 538, *caput*), mas cuja disciplina remete às disposições relativas às obrigações de fazer e não fazer (art. 538, § 3º).

A diferenciação em termos de ritos previamente estabelecidos não repercute de forma tão drástica no que diz respeito às técnicas executivas, como veremos adiante, face à abertura do sistema à atipicização dessas técnicas prevista no art. 139, IV. Infelizmente, entretanto, o legislador deixou de avançar em matéria de efetividade da tutela dos direitos quando mantém a diferenciação relativamente à necessidade de requerimento para o adimplemento de determinadas obrigações estampadas em decisões judiciais, especificamente aquelas relativas ao pagamento de quantia certa, o que não ocorre no caso das obrigações de fazer, não fazer e entrega de coisa.

O art. 513, em seu primeiro parágrafo, prevê expressamente que "[o] cumprimento da sentença que reconhece o dever de pagar quantia, provisório ou definitivo, far-se-á a requerimento do exequente". O Código, portanto, procede inequivocamente a uma diferenciação sem razão de ser.[190] Isso porque, no art. 536, quando prevê o cumprimento das sentenças que reconhecem a exigibilidade de obrigações de fazer e não fazer, estabelece que o juiz poderá "de ofício ou a requerimento" determinar as medidas necessárias à satisfação do direito. A leitura do § 1º do art. 513 em conjunto com o *caput* do art. 536 torna clara a distinção efetivada pelo legislador.[191]

Deveria o legislador ter equiparado as diferentes modalidades obrigacionais em atenção à necessária coerência do sistema: não há sentido em manter-se o tratamento diferenciado às decisões que determinam o pagamento de quantia em relação às decisões que determinam obrigações de outro gênero, compreendendo-se o pedido deduzido nas "ações condenatórias" como satisfeito pela tão só prolação da sentença condenatória e o pedido deduzido nas "ações mandamentais" e nas "ações executivas" como dependentes da efetiva entrega do bem da vida pretendido para sua satisfação. Em realidade, o pedido de tutela do direito deduzido pelo demandante quando pretende o pagamento de uma soma de quantia não é a prolação de uma sentença condenatória, mas, ao contrário, a efetivação satisfação do seu direito de crédito. Nessa medida, a sentença de cunho condenatório é apenas uma técnica, um passo, em direção à realização da tutela do direito, de cunho ressarcitório. A necessidade de requerimento para a incidência das consequências previstas (algumas delas de cunho indutivo – e, portanto, de natureza indireta, como a multa de 10% (dez por cento) pelo não pagamento) é apenas a manutenção

---

[190] Ainda que propugnando solução diversa da adotada por nós, apontando a inexistência de razão jurídica que dê suporte a essa distinção, ver SICA, Heitor. Comentários ao art. 513. In: CABRAL, Antonio do Passo; CRAMER, Ronaldo. *Comentários ao Novo Código de Processo Civil*. Rio de Janeiro: Forense, 2015, p. 797. Essa solução, para MARINONI, Luiz Guilherme; ARENHART, Sérgio Cruz; MITIDIERO, Daniel. *Novo Curso de Processo Civil*, v. 2. Op. cit., 2015, p. 765, é tida por inconstitucional. De outro lado, MEDINA, José Miguel Garcia. *Novo Código de Processo Civil Comentado*. São Paulo: RT, 2015, p. 796-797, entende haver relevância prática na distinção, haja vista compreender a sentença condenatória como o exaurimento da "prestação jurisdicional", dependendo de nova "demanda" para a realização da execução.

[191] Embora não criticando a opção, defendendo a existência de diferenciação no tratamento do tema, ver AMARAL, Guilherme Rizzo. *Comentários às Alterações do Novo CPC*. São Paulo: RT, 2015, p. 616.

de uma tradição já não mais consentânea com as exigências sociais de nosso tempo.[192]

Em suma, ao manter a lógica de que para cada modalidade obrigacional existem técnicas mais idôneas que outras pré-definidas pelo legislador, deixou-se de dar passo importante em busca de uma satisfação mais tempestiva dos direitos.

1.3.1.3. A grande transformação rumo à generalização do uso das técnicas executivas indiretas: art. 139, IV.

O legislador, entretanto, prevê uma válvula de escape para essa diferenciação no que tange aos ritos previstos para as determinadas modalidades obrigacionais (de um lado, expropriação para as decisões que determinam o pagamento de quantia certa; de outro, medidas de execução direta ou indireta atípicas para as sentenças que determinam um fazer, não fazer ou a entrega de um bem). Isso porque, na sua parte geral, quando disciplina os poderes do juiz, o Código prevê, no art. 139, IV, a possibilidade de utilização de medidas de execução indireta, entre outras, para o cumprimento de toda e qualquer comando judicial, inclusive quando se tratar de obrigações de natureza pecuniária: "Art. 139. O juiz dirigirá o processo conforme as disposições deste Código, incumbindo-lhe: (...) IV – determinar todas as medidas indutivas, coercitivas, mandamentais ou sub-rogatórias necessárias para assegurar o cumprimento de ordem judicial, inclusive nas ações que tenham por objeto prestação pecuniária;".

A doutrina há muito propugnava a necessidade de equiparação das modalidades obrigacionais para fins de uma atipicização total das técnicas executivas, especialmente defendendo a possibilidade de cominação de *astreintes* (multas coercitivas) no caso das obrigações pecuniárias.[193] O novo Código apenas corrobora o entendimento doutrinário no sentido de que o juiz tem o dever de fazer valer as suas decisões e para tanto não pode haver nenhum tipo de vedação *a priori*, de modo a permitir a maior efetividade da tutela dos direitos. Ao prever essa válvula de escape na sua parte geral, o código propõe uma quebra da obrigatoriedade do uso das técnicas expropriatórias (exe-

---

[192] Para uma crítica bastante profunda a essa estruturação, ver BAPTISTA DA SILVA, Ovídio. A Ação Condenatória como Categoria Processual. In: *Da Sentença Liminar à Nulidade da Sentença*. Rio de Janeiro: Forense, 2001, pp. 233-251.

[193] Exemplificativamente, GUERRA, Marcelo Lima. Execução indireta. Op. cit.; MITIDIERO, Daniel. *Elementos para uma teoria contemporânea do processo civil brasileiro*. Porto Alegre: Livraria do Advogado, 2005, p. 89-90.

cução direta), nos casos em que essa se mostre insuficiente para a tutela das obrigações pecuniárias.[194]

Ocorre, portanto, uma grande transformação na estruturação das técnicas executivas: o *novo código assume a atipicização*[195] *total das técnicas executivas*, não somente para as obrigações de fazer, não fazer e entrega de coisa, como previa o Código reformado, mas também para as obrigações pecuniárias.[196] Dada a pretensa tipicidade do rito relativo ao cumprimento das sentenças que reconhecem a exigibilidade da obrigação de pagamento de quantia certa, o critério que deverá nortear a aplicação do art. 139, IV, será o da adequação da medida diante do caso específico, demonstrando-se, necessariamente, a inadequação da utilização do rito expropriatório, por exemplos, nos casos em que o rito expropriatório seja custoso demais para a obrigação reconhecida na decisão, seja porque inviável a sua efetivação após tentativas frustradas de busca de bens, seja ainda porque a situação de urgência não permite que se espere o desenvolvimento dos atos tendentes à expropriação de bens do devedor.

1.3.1.4. Técnicas executivas indiretas no direito comparado

O tema das técnicas executivas de cunho indireto é fruto de construção típica da doutrina brasileira a partir das experiências do direito comparado. A multa coercitiva, por exemplo, que no Brasil aparece pela primeira vez em 1990, com advento do CDC, é resultado direto dessa influência do direito comparado no processo civil brasileiro.[197]

---

[194] Nesse sentido os enunciados de nº 12 e 396 do Fórum Permanente de Processualistas Civis: Enunciado nº 12 do Fórum Permanente de Processualistas Civis (FPPC): (arts. 139, IV, 523, 536 e 771) A aplicação das medidas atípicas sub-rogatórias e coercitivas é cabível em qualquer obrigação no cumprimento de sentença ou execução de título executivo extrajudicial. Essas medidas, contudo, serão aplicadas de forma subsidiária às medidas tipificadas, com observação do contraditório, ainda que diferido, e por meio de decisão à luz do art. 489, § 1º, I e II. (Grupo: Execução); Enunciado nº 396 do Fórum Permanente de Processualistas Civis (FPPC): (art. 139, IV; art. 8º). As medidas do inciso IV do art. 139 podem ser determinadas de ofício, observado o art. 8º. (Grupo: Poderes do juiz)

[195] MARINONI, Luiz Guilherme; ARENHART, Sérgio Cruz; MITIDIERO, Daniel. Novo Curso de Processo Civil, V. 2. Op. cit., 2015, p. 703.

[196] SILVA, Ricardo Alexandre da. Atipicidade dos meios executivos na efetivação das decisões que reconheçam o dever de pagar quantia no novo CPC. In: MACÊDO, Lucas Buril; PEIXOTO, Ravi; FREIRE, Alexandre (org.). *Execução* – Coleção novo CPC Doutrina Selecionada. V. 5. Salvador: Juspodivm, p. 427 e ss.; CONTREIRAS DE ALMEIDA, Roberto Sampaio. Comentários ao art. 139. In: ARRUDA ALVIM, Teresa; DIDIER JR., Fredie; TALAMINI, Eduardo; DANTAS, Bruno (coord.). *Breves Comentários ao Novo Código de Processo Civil*. São Paulo: RT, 2015, p. 452. Ressalte-se que essa posição não é unânime: em sentido contrário, ver, por todos, a crítica à aticipicização feita por ASSIS, Araken de. *Processo Civil Brasileiro*. Volume II, Tomo I. São Paulo: RT, 2015, pp. 936-937.

[197] Um inventário completo dessa influência encontra-se em PEREIRA, Rafael Caselli. *A multa judicial (astreinte) no CPC 2015*. Salvador: Juspodivm, 2015, p. 51-84 e ABREU, Laura Sirangelo Belmonte de. Multa coercitiva (arts. 461 e 461-A, CPC): uma abordagem à luz do direito funda-

Tradicionalmente, utiliza-se a referência às *astreintes* francesas como marco que influenciou a ordinarização das técnicas executivas coercitivas no Brasil. A influência, entretanto, é mais abrangente. Nas raízes da opção brasileira por meios atípicos ordinarizados de execução indireta estão também as *injunctions* e suas consequências de *contempt of court*, do direito anglo-saxão, as *Zwangsstrafen* do direito alemão e a *sanção pecuniária compulsória* do direito português.[198]

É verdade que o meio coercitivo mais comumente utilizado no Brasil é o da multa judicial, aplicada em desfavor do executado remitente em cumprir suas obrigações como forma de induzi-lo (patrimonialmente) a exercer o comportamento esperado. Esta, sem dúvida, tem nas *astreintes* francesas sua maior inspiração. Esse instituto nasceu na França no século XIX, por criação jurisprudencial acerca de dispositivo que limitava a atuação executiva à conversão em perdas e danos (art. 1.142 do *Code*), como uma pena pecuniária por cada dia de atraso no adimplemento, uma condenação cominada com o escopo de induzir o devedor a cumprir.[199] Ao longo de quase dois séculos, o desenvolvimento dessa multa acabou por ordinarizar a possibilidade de sua cominação para todos os tipos obrigacionais e, inclusive, para decisões de cunho cautelar ou de natureza "endoprocessual".[200]

Similar ao modelo francês, o modelo português da *sanção pecuniária compulsória* aplica-se às obrigações de fazer e não fazer infungíveis e funciona a partir de um esquema misto, no qual são beneficiários da multa tanto o estado quanto o litigante que aguarda o cumprimento da decisão.[201] De outro lado, o modelo alemão de atipicidade das *Zwangsstrafen*, que constituem multa direcionada ao estado (*Zwangsgeld*) e, até mesmo prisão coercitiva (*Zwangshoft*), aplica-se apenas às obrigações de fazer infungível e de não fazer.[202]

Outro sistema diferenciado é o da tradição de *common law*, que em linhas gerais, na experiência das *equity courts* inglesas, extraiu das *injunctions* a efetividade desejada, mediante a previsão de verdadeiras sanções pelo desrespeito às ordens advindas das cortes – *contempt*

---

mental à tutela jurisdicional efetiva. In: MITIDIERO, Daniel (coord.). *O Processo Civil no Estado Constitucional*. Salvador: Juspodivm, 2012, p. 77-85.

[198] Sobre o tema, consultar o ensaio de TARUFFO, Michele. A atuação executiva dos direitos: perfis comparados. Trad. Daniel Mitidiero. In: TARUFFO, Michele. *Processo civil comparado*: ensaios. São Paulo: Marcial Pons, 2013, p. 85-115 (originalmente publicado em 1989).

[199] TARUFFO, Michele. *A atuação executiva dos direitos*: perfis comparados. Op. cit., p. 104.

[200] Idem, p. 106.

[201] Ver a crítica ao modelo restrito de aplicação apenas às obrigações de fazer e não fazer infungíveis em SILVA, João Calvão da. *Cumprimento e Sanção pecuniária compulsória*. Coimbra: Coimbra Ed., 1987.

[202] GUERRA, Marcelo Lima. *Execução indireta*. Op. cit., p. 142-144.

of court. Essas consequências podem significar desde a cominação de uma pena pecuniária (normalmente diária), pelo descumprimento, até mesmo a prisão por descumprimento de ordem judicial. Tem caráter imediatamente coercitivo, mas podem, no caso concreto, ser arbitradas como forma de compensação do dano. Daí o seu caráter misto de coerção-punição, constituindo, em suma, um meio absolutamente aberto às peculiaridades do caso para a efetivação de decisões.[203] Como se verifica, as medidas de natureza coercitiva (indireta) recebem conformações distintas que podem ser estruturadas a partir de três classificações: quanto à tipicidade das medidas indiretas; quanto à diferenciação de tipos obrigacionais; quanto ao beneficiário de eventual produto patrimonial da coerção.

Como veremos adiante, quanto à tipicidade das medidas, o direito brasileiro adota um sistema atípico, na medida em que tanto o art. 139, IV, quanto o art. 536, § 1º, preveem um catálogo aberto de medidas possíveis (adotando, nessa característica, um modelo análogo ao da tradição anglo-saxã). Quanto à diferenciação de tipos obrigacionais, o ordenamento brasileiro é indiferente, a saber, não faz distinção quanto às obrigações de fazer, não fazer, entrega de coisa e pagar, na medida em que o art. 139, IV, abre a possibilidade de cominação de medidas de execução indireta inclusive às obrigações pecuniárias (adotando, nessa característica, um modelo análogo ao da tradição francesa e anglo-saxã). Quanto ao beneficiário do eventual produto patrimonial da coerção, o ordenamento brasileiro prevê que o valor reverte tão somente à parte interessada no cumprimento da decisão (adotando, nessa característica, um modelo análogo ao francês).

1.3.1.5. Técnica executiva indireta e mecânica dos incentivos

Antes de adentrar à dogmática própria das técnicas executivas de natureza indireta, cumpre observar que a construção adequada de medidas executivas pressupõe a compreensão da mecânica de incentivos que movem os comportamentos humanos. Isso porque a medida a ser cominada no caso concreto tem que funcionar como verdadeiro impulso ao cumprimento, como uma indução eficiente a que os comportamentos esperados sejam desempenhados. Sob a ótica econômica, será eficiente a medida que, com o menor grau de restrição de liberdades tiver a potencialidade de levar ao comportamento esperado de modo mais rápido. Nisso, várias situações operam como

---

[203] Para uma discussão mais aprofundada, ver TARUFFO, Michele. *A atuação executiva dos direitos*. Op. cit., p. 87-96 e

variáveis que devem ser consideradas pelo julgador no momento da fixação da medida adequada ao caso.

Uma delas é a variável financeira. Ameaças de perda patrimonial funcionam de maneira bastante eficaz em sujeitos que ostentem patrimônio; reduções premiais de perdas patrimoniais funcionam como incentivo àqueles que estão à beira de não ter mais patrimônio necessário para atividades e despesas correntes. De outro lado, a combinação do dinheiro com o tempo funciona de forma diferente a depender de o comportamento esperado significar uma omissão/abstenção ou uma ação comissiva. Para garantir uma abstenção, o risco, por natureza, não cresce com o tempo; para garantir uma ação comissiva, o dano, por natureza, cresce com o tempo. Isso faz com que se possa pensar em incentivos ao agir célere ou ao não agir perene, seja pela via da coerção, seja pela via da premiação.

A identificação dos comportamentos esperados e dos comportamentos naturais incentivados em cada ambiente institucional é fator necessário para a construção da técnica executiva adequada em concreto, não sendo eficiente que se construam técnicas abstratamente pensadas, haja vista a infinita diversidade de situações carentes de tutela judicial.

1.3.1.6. Modalidades de técnicas executivas indiretas

Dentre as modalidades de técnica executiva indireta é possível diferenciar aquelas que agem na vontade do executado mediante ameaças de consequências negativas, daquelas que agem mediante promessas de consequências positivas. De outro lado, essas mesmas ameaças e promessas podem ter natureza patrimonial ou pessoal. Diante dessas características, é possível agrupar as técnicas conforme segue.

1.3.1.6.1. Técnicas executivas coercitivas de natureza patrimonial: multas

A mais comum das técnicas executivas indiretas é a multa. Trata-se de técnica coercitiva – porque age constrangendo a uma ação ou omissão, *sob pena de* multa – de cunho patrimonial – porque age no patrimônio, e não na pessoa do obrigado. Não se trata, portanto, de uma sanção estabelecida repressivamente ao agir em desconformidade ao direito, mas de uma coerção, na medida em que opera como um fator de desestímulo a uma ação ou omissão mesmo que não venha a ser aplicada. Transforma-se em uma espécie de pena pecuniária *se* e *quando* a ação ou omissão esperada acabe por se frustrar. Esse caráter condicional é que permite estipular-se como uma medida coercitiva e não sancionatória.

A obrigação a que serve a cominação da multa pode ser tanto a obrigação material, relativa ao direito que esteja sendo discutido em juízo, quanto obrigações secundárias ou de natureza processual (como exibição de documento ou coisa, por exemplo). Não há necessidade de que se esteja fazendo cumprir o mérito de uma determinada demanda para que se faça uso de medidas coercitivas.

A multa coercitiva também não é uma medida indenizatória. Ela não tem nenhuma relação com o dano porventura suportado pelo credor em função do inadimplemento da obrigação. Quanto a esse, há outros mecanismos que se resolvem na responsabilidade civil pelo atraso e na eventual conformação de seus elementos no caso concreto. Isso significa que o valor da multa não tem qualquer relação com o montante do dano que, eventualmente, derive do inadimplemento, ou mesmo com o valor da obrigação descumprida. Não é, em suma, uma cláusula penal arbitrada pelo julgador.[204] Isso afasta qualquer semelhança entre a multa coercitiva e a eventual pena de *contempt of court* ou ato atentatório à dignidade da justiça por descumprimento de ordens (art. 77, §§ 1º e 2º, por exemplo). Também não se trata de derivação direta da litigância de má-fé, muito embora essa também possa ocorrer e, inclusive, ser arbitrada multa, cumulativamente (art. 536, § 3º).

A multa tem também um caráter acessório, na medida em que tem ligação direta com a obrigação principal a que ela serve. Essa ligação está em que não haja sentido em sua cominação quando a obrigação for impossível de se concretizar. Questão tormentosa está na eventual reforma da decisão que a concede. Nesse caso, a proposta majoritária da doutrina está em permitir que se possa efetivar a cobrança da multa desde o momento em que inadimplida, mas o levantamento do valor depositado a título de multa pelo devedor só poderá ocorrer em caso de trânsito em julgado.[205] Daí se extrai que o direito ao crédito decorrente da multa somente existe se a decisão que a determinou tenha se mantido. A acessoriedade, então, leva à conclusão de que tanto a impossibilidade de cumprimento da obrigação principal, quanto a reforma da decisão que determina a multa, ensejam a impossibilidade de execução definitiva da medida coercitiva patrimonial.

A cominação da multa não depende necessariamente de requerimento do credor (art. 537, *caput*), podendo ser arbitrada de ofício, contra o réu/executado, terceiros e até mesmo para o autor em caso

---

[204] DIDIER JR., Fredie; CUNHA, Leonardo Carneiro da; BRAGA, Paula Sarno; OLIVEIRA, Rafael Alexandria de. *Curso de Direito Processual Civil*. Vol. 5. Op. cit., p. 606.

[205] É a expressa redação do art. 537, § 3º: "A decisão que fixa a multa é passível de cumprimento provisório, devendo ser depositada em juízo, permitido o levantamento do valor após o trânsito em julgado da sentença favorável à parte".

de obrigações acessórias. A Fazenda Pública também pode ser objeto de medidas coercitivas patrimoniais.[206] Os representantes das partes, entretanto, não podem ser constrangidos a cumprir uma decisão judicial cujo destinatário é a própria parte representada. No modelo brasileiro, diferentemente do que ocorre na Alemanha ou em Portugal, o destinatário do valor arbitrado a título de multa coercitiva é o próprio credor da obrigação – e não o estado (art. 537, § 2º). O valor será devido desde o dia em que se configurar o descumprimento da decisão e incidirá enquanto não for cumprida a decisão que a tiver cominado (art. 537, § 4º). O prazo para cumprimento da decisão deve ser razoável, permitindo-se ao devedor que cumpra com o que foi

---

[206] O STJ já decidiu sobre a matéria em recurso afetado à sistemática dos recursos repetitivos: PROCESSUAL CIVIL. RECURSO ESPECIAL REPRESENTATIVO DE CONTROVÉRSIA. ART. 543-C DO CPC/1973. AÇÃO ORDINÁRIA DE OBRIGAÇÃO DE FAZER. FORNECIMENTO DE MEDICAMENTO PARA O TRATAMENTO DE MOLÉSTIA. IMPOSIÇÃO DE MULTA DIÁRIA (ASTREINTES) COMO MEIO DE COMPELIR O DEVEDOR A ADIMPLIR A OBRIGAÇÃO. FAZENDA PÚBLICA. POSSIBILIDADE. INTERPRETAÇÃO DO CONTEÚDO NORMATIVO INSERTO NO § 5º DO ART. 461 DO CPC/1973. DIREITO À SAÚDE E À VIDA. 1. Para os fins de aplicação do art. 543-C do CPC/1973, é mister delimitar o âmbito da tese a ser sufragada neste recurso especial representativo de controvérsia: possibilidade de imposição de multa diária (astreintes) a ente público, para compeli-lo a fornecer medicamento à pessoa desprovida de recursos financeiros. 2. A função das astreintes é justamente no sentido de superar a recalcitrância do devedor em cumprir a obrigação de fazer ou de não fazer que lhe foi imposta, incidindo esse ônus a partir da ciência do obrigado e da sua negativa de adimplir a obrigação voluntariamente. 3. A particularidade de impor obrigação de fazer ou de não fazer à Fazenda Pública não ostenta a propriedade de mitigar, em caso de descumprimento, a sanção de pagar multa diária, conforme prescreve o § 5º do art. 461 do CPC/1973. E, em se tratando do direito à saúde, com maior razão deve ser aplicado, em desfavor do ente público devedor, o preceito cominatório, sob pena de ser subvertida garantia fundamental. Em outras palavras, é o direito-meio que assegura o bem maior: a vida. Precedentes: AgRg no AREsp 283.130/MS, Relator Ministro Napoleão Nunes Maia Filho, Primeira Turma, DJe 8/4/2014; REsp 1.062.564/RS, Relator Ministro Castro Meira, Segunda Turma, DJ de 23/10/2008; REsp 1.062.564/RS, Relator Ministro Castro Meira, Segunda Turma, DJ de 23/10/2008; REsp 1.063.902/SC, Relator Ministro Francisco Falcão, Primeira Turma, DJ de 1/9/2008; e AgRg no REsp 963.416/RS, Relatora Ministra Denise Arruda, Primeira Turma, DJ de 11/6/2008. 4. À luz do § 5º do art. 461 do CPC/1973, a recalcitrância do devedor permite ao juiz que, diante do caso concreto, adote qualquer medida que se revele necessária à satisfação do bem da vida almejado pelo jurisdicionado. Trata-se do "poder geral de efetivação", concedido ao juiz para dotar de efetividade as suas decisões. 5. A eventual exorbitância na fixação do valor das astreintes aciona mecanismo de proteção ao devedor: como a cominação de multa para o cumprimento de obrigação de fazer ou de não fazer tão somente constitui método de coerção, obviamente não faz coisa julgada material, e pode, a requerimento da parte ou ex officio pelo magistrado, ser reduzida ou até mesmo suprimida, nesta última hipótese, caso a sua imposição não se mostrar mais necessária. Precedentes: AgRg no AgRg no AREsp 596.562/RJ, Relator Ministro Moura Ribeiro, Terceira Turma, DJe 24/8/2015; e AgRg no REsp 1.491.088/SP, Relator Ministro Ricardo Villas Bôas Cueva, Terceira Turma, DJe 12/5/2015. 6. No caso em foco, autora, ora recorrente, requer a condenação do Estado do Rio Grande do Sul na obrigação de fornecer (fazer) o medicamento Lumigan, 0,03%, de uso contínuo, para o tratamento de glaucoma primário de ângulo aberto (C.I.D. H 40.1). Logo, é mister acolher a pretensão recursal, a fim de restabelecer a multa imposta pelo Juízo de primeiro grau (fls. 51-53). 7. Recurso especial conhecido e provido, para declarar a possibilidade de imposição de multa diária à Fazenda Pública. Acórdão submetido à sistemática do § 7º do artigo 543-C do Código de Processo Civil de 1973 e dos arts. 5º, II, e 6º, da Resolução STJ n. 08/2008. (REsp 1474665/RS, Rel. Ministro Benedito Gonçalves, Primeira Seção, julgado em 26/04/2017, DJe 22/06/2017).

determinado. Escoado o prazo, será possível o cumprimento provisório, determinando-se o depósito pelo devedor, porém o levantamento só poderá ocorrer com o trânsito em julgado (art. 537, § 3º), dado o caráter acessório da multa em relação à obrigação principal.

A multa coercitiva pode ter a sua estrutura temporal seja na modalidade única, seja na modalidade periódica. Por razões de efetividade e eficiência na construção do constrangimento, a multa será fixa quando o que se pretende é uma obrigação omissiva – abstenção –, quando então um valor único, fixo e alto serve como desestímulo a que a ação cuja abstenção se pretende seja desempenhada. Também serve aos casos de obrigação comissiva a qual se antevê futuro descumprimento – a entrega de um bem ou dinheiro até uma certa data, um fazer com data pré-determinada, especialmente nos casos de infungibilidade –, quando então um valor fixo e alto serve como estímulo a que a ação seja desempenhada no tempo e prazo estipulados. Serve, portanto, especialmente nos casos de tutela preventiva e nas violações de natureza instantânea.

Ela poderá ser fixada de modo periódico, especialmente nos casos em que se pretende o desempenho de uma obrigação de fazer ou entrega de um bem ou dinheiro cujo obrigado já se encontra em mora – especialmente, portanto, nos casos de tutela repressiva. A fração de tempo a que faz menção a multa periódica pode ser desde a menor – segundos ou minutos – a maior fração – meses, por exemplo. A multa periódica pode ter valor fixo ou progressivo; convém um valor progressivo, no entanto, de modo a não ser necessária a modificação, para maior, do valor da multa periódica fixa, em caso de descumprimento reiterado. A multa periódica fixa não é, portanto, "autoatualizável" como o é a multa periódica progressiva.

Na cominação da multa, o julgador deverá atender a critérios objetivos, que envolvem basicamente as seguintes variáveis: (a) a possibilidade de cumprimento da obrigação; (b) a adequação da medida coercitiva de cunho patrimonial; (c) a capacidade financeira do obrigado; (d) a urgência no cumprimento da decisão.

Os dois primeiros critérios servem para determinar a possibilidade de cominação (a) de uma medida coercitiva, haja vista que só obrigações possíveis podem ser objeto de execução, sem transformação, e (b) de medida coercitiva de cunho patrimonial, haja vista que a adequação da multa coercitiva depende de variáveis como (b.1.) a existência de patrimônio executável do devedor e (b.2.) não haver outra medida mais efetiva, que pressuponha técnicas executivas diretas ou indiretas sem natureza patrimonial, como a restrição de direitos.

Os dois últimos critérios servem para determinar o valor da multa a ser cominada, especialmente verificando se (c) o devedor tem patrimônio considerável, de modo a que a multa efetivamente tenha o condão de constrangê-lo ao cumprimento, haja vista que multas de baixo valor para executados com grande patrimônio não cumprem essa finalidade, e (d) se o cumprimento da decisão tem urgência a ponto de ser necessária a cominação de um valor muito alto desde o início ou se, a depender do transcurso do tempo, o aumento natural do saldo devido em razão da cominação passará a exercer coerção apenas depois de um determinado prazo.

Entretanto, uma vez consolidado o valor, nada impede que seja revisto caso não esteja exercendo o constrangimento esperado no devedor. É exatamente isso o que prevê o parágrafo primeiro do art. 537, que estipula a possibilidade de modificação do valor da multa, de ofício ou a requerimento, quando se torne insuficiente ou excessiva (art. 537, § 1º, I) tenha havido cumprimento parcial superveniente da obrigação ou justa causa para o descumprimento (art. 537, § 1º, II).

Há casos, entretanto, que o descumprimento perdura tanto tempo que o valor da multa pode chegar a patamares bastante substanciais. Nesses casos, muitas vezes utiliza-se a vedação ao enriquecimento ilícito como uma tentativa de reduzir ou anular multas consolidadas em valores altos. Trata-se de medida excepcionalíssima a revisão de valores de multa já consolidados. Isso porque não pode o devedor, que reiteradamente descumpriu a decisão, valer-se de sua própria conduta para, ao final, ver reduzido o montante arbitrado como medida coercitiva.[207] Se de um lado é possível a revisão de multas vincendas, por óbvio a revisão de multas vencidas (retroativamente, portanto) não pode ser a regra. Para tanto, devem-se utilizar os seguintes critérios:[208] (a) ob-

---

[207] Sobre o tema, consultar proposta de sistematização de critérios feita por DIDIER JR., Fredie; CUNHA, Leonardo Carneiro da; BRAGA, Paula Sarno; OLIVEIRA, Rafael Alexandria de. *Curso de Direito Processual Civil*. Vol. 5. Execução. Op. cit., p. 616.

[208] O STJ já tentou fixar critérios para casos como esse: RECURSO ESPECIAL. DIREITO CIVIL. OBRIGAÇÃO DE FAZER E INDENIZATÓRIA. ORDEM JUDICIAL DETERMINANDO QUE A RÉ RETIRE GRAVAMES DE VEÍCULO NO DETRAN, SOB PENA DE MULTA DIÁRIA. ASTREINTES. PARÂMETROS DE FIXAÇÃO. 1. É verdade que, para a consecução da "tutela específica", entendida essa como a maior coincidência possível entre o resultado da tutela jurisdicional pedida e o cumprimento da obrigação, poderá o juiz determinar as medidas de apoio a que faz menção, de forma exemplificativa, o art. 461, §§ 4º e 5º, do CPC/1973, dentre as quais se destacam as denominadas astreintes, como forma coercitiva de convencimento do obrigado a cumprir a ordem que lhe é imposta. 2. No tocante especificamente ao balizamento de seus valores, são dois os principais vetores de ponderação: a) efetividade da tutela prestada, para cuja realização as astreintes devem ser suficientemente persuasivas; e b) vedação ao enriquecimento sem causa do beneficiário, porquanto a multa não é, em si, um bem jurídico perseguido em juízo. 3. O arbitramento da multa coercitiva e a definição de sua exigibilidade, bem como eventuais alterações do seu valor e/ou periodicidade, exige do magistrado, sempre dependendo das circunstâncias do caso concreto, ter como norte alguns parâmetros: i) valor da obrigação e importância do bem

servância prévia de critérios quando da fixação; (b) conduta vacilante, procrastinatória ou cooperativa do devedor; (c) conduta diligente, proativa e combativa do credor.[209] Fala-se, ainda, em um dever de mitigar o próprio prejuízo, por parte do credor, evitando-se que as multas cheguem a patamares muito altos por desídia do próprio beneficiário.[210]

1.3.1.6.2. Técnicas executivas coercitivas de natureza não-pecuniária: suspensão temporária de direitos

O dogma da atipicidade das técnicas executivas trouxe ao Brasil discussão bastante controversa em torno de técnicas executivas coercitivas de natureza não pecuniárias. São as chamadas técnicas que operam mediante restrição de direitos ao devedor da obrigação. O tema está ligado à necessidade de construção da medida mais adequada para o caso concreto.

O direito positivo prevê algumas medidas típicas concernentes à suspensão ou restrição de direitos como mecanismo de coerção não diretamente patrimonial. Um exemplo bastante simples é o protesto de sentença (e a análoga inscrição do devedor em cadastros restritivos de crédito pela via do processo judicial). O art. 517 do Código de Processo

---

jurídico tutelado; ii) tempo para cumprimento (prazo razoável e periodicidade); iii) capacidade econômica e de resistência do devedor; iv) possibilidade de adoção de outros meios pelo magistrado e dever do credor de mitigar o próprio prejuízo (duty to mitigate of loss). 4. É dever do magistrado utilizar o meio menos gravoso e mais eficiente para se alcançar a tutela almejada, notadamente verificando medidas de apoio que tragam menor onerosidade aos litigantes. Após a imposição da multa (ou sua majoração), constatando-se que o apenamento não logrou êxito em compelir o devedor para realização da prestação devida, ou, ainda, sabendo que se tornou jurídica ou materialmente inviável a conduta, deverá suspender a exigibilidade da medida e buscar outros meios para alcançar o resultado específico equivalente. 5. No tocante ao credor, em razão da boa-fé objetiva (NCPC, arts. 5° e 6°) e do corolário da vedação ao abuso do direito, deve ele tentar mitigar a sua própria perda, não podendo se manter simplesmente inerte em razão do descaso do devedor, tendo dever de cooperação com o juízo e com a outra parte, seja indicando outros meios de adimplemento, seja não dificultando a prestação do devedor, impedindo o crescimento exorbitante da multa, sob pena de perder sua posição de vantagem em decorrência da supressio. Nesse sentido, Enunciado n° 169 das Jornadas de Direito Civil do CJF. 6. Na hipótese, o importe de R$ 408.335,96 a título de astreintes, foge muito da razoabilidade, tendo em conta o valor da obrigação principal (aproximadamente R$ 110.000,00). Levando-se em consideração, ainda, a recalcitrância do devedor e, por outro lado, a possibilidade de o credor ter mitigado o seu prejuízo, assim como poderia o próprio juízo ter adotado outros meios suficientes para o cumprimento da obrigação, é razoável a redução da multa coercitiva para o montante final de R$ 100.000,00 (cem mil reais). 7. Recurso especial parcialmente provido. (AgInt no AgRg no AREsp 738.682/RJ, Rel. Ministra Maria Isabel Gallotti, Rel. p/ Acórdão Ministro Luis Felipe Salomão, Quarta Turma, julgado em 17/11/2016, DJe 14/12/2016)

[209] Autores defendem ainda que se observe o valor da obrigação principal como parâmetro. Por todos, DIDIER JR., Fredie; CUNHA, Leonardo Carneiro da; BRAGA, Paula Sarno; OLIVEIRA, Rafael Alexandria de. *Curso de Direito Processual Civil*. Vol. 5. Execução. Op. cit., p. 619.

[210] A proposta é de DIDIER Jr., Fredie. Multa coercitiva, boa-fé processual e supressio: aplicação do duty to mitigate the loss no processo civil. In: *RePro*, v. 34, n. 171, maio 2009, p. 35-48.

Civil prevê que decisões judiciais transitadas em julgado podem ser levadas a protesto depois de escoado o prazo para o pagamento voluntário, devendo ser apresentada certidão pelo exeqüente junto ao cartório de protestos. Trata-se de medida que, inequivocamente, constrange ao pagamento, funcionando como mecanismo coercitivo de natureza não diretamente pecuniária, ainda que agindo sobre o patrimônio jurídico do devedor. Nessa linha, nada impede que o juiz, a requerimento da parte credora, determine a inscrição da dívida exeqüenda em cadastros restritivos de crédito (medida que deverá ser custeada pelo credor). Mediante ofício ou convênio, pode-se imaginar em inúmeros casos em que interesse a inscrição em cadastros como SPC e Serasa, de modo a constranger o devedor ao cumprimento da obrigação.

Outro instrumento previsto pelo ordenamento e que funciona como fator de constrangimento ao devedor é a hipoteca judiciária (art. 495). Como efeito anexo da decisão proferida em primeiro grau, permite que o patrimônio do devedor seja gravado com uma hipoteca, o que funciona como mecanismo de exortação ao cumprimento da decisão (ou mesmo ao acordo), haja vista a potencialidade de causar um profundo desconforto ao devedor que, inclusive, perde valor de mercado em seu patrimônio gravado. Análogo a isso, também funcionando diretamente como instrumento de publicização da existência de uma demanda judicial capaz de ter efeitos sobre o patrimônio do sujeito, tem-se a averbação premonitória (art. 828), que igualmente tem efeitos indiretos de coerção ao cumprimento da decisão. Em ambos os casos, apesar de sua finalidade ser voltada especialmente à proteção contra fraude e publicização de demandas a terceiros, tem-se como um dos fatores positivos a situação de constrangimento a que o gravame submete o devedor, funcionando como mecanismo de coerção indireta.

Entretanto, é nos meios atípicos que se encontra a discussão mais problemática. O art. 139, IV, prevê a possibilidade de utilização, pelo juiz, de "todas as medidas indutivas, coercitivas, mandamentais ou sub-rogatórias necessárias para assegurar o cumprimento de ordem judicial". O art. 536, por sua vez, prevê no *caput* a possibilidade de o juiz "determinar as medidas necessárias à satisfação do exequente", elencando, exemplificativamente, entre outras medidas possíveis, "a imposição de multa, a busca e apreensão, a remoção de pessoas e coisas, o desfazimento de obras e o impedimento de atividade nociva, podendo, caso necessário, requisitar o auxílio de força policial".

Bem se vê que o sistema, ao conferir uma *abertura à atipicidade* dos meios executivos, acaba por criar problemas ligados aos limites dessa atividade desenvolvida pelo juiz. O grande filtro a ser utilizado, sem dúvida, será o da proporcionalidade. O postulado da proporcionalidade, previsto inclusive no art. 8º como norma fundamental do Código.[211] É lição conhecida a previsão de que a proporcionalidade, como postulado normativo aplicativo, funciona como uma metanorma (norma sobre a aplicação de outras normas), e envolve três exames: adequação, necessidade e proporcionalidade em sentido estrito.[212] A adequação está ligada à potencialidade de realização do fim, pelo meio. Será adequado o meio utilizado sempre que levar, em menor ou maior grau, à realização do fim. O segundo exame, da necessidade, está ligado à existência de meios alternativos ao utilizado, que igualmente levem à realização do fim. Será necessário o meio utilizado sempre que não houver outro modo de realização do fim em igual medida. A proporcionalidade em sentido estrito está ligada à intensidade da realização do fim em comparação à restrição que sua utilização acarreta para outros direitos fundamentais. Será proporcional em sentido estrito o meio cuja utilização realiza mais o fim do que vulnera outros direitos fundamentais.[213] A construção de meios executivos pelo juiz, modulados para a situação específica que demanda cumprimento, deve respeitar o postulado da proporcionalidade; ao juiz é lícito determinar medidas somente quando sejam proporcionais.[214]

Em geral, as medidas de cunho não pecuniário têm em comum o fato de suspenderem temporariamente direitos. Esses direitos cuja fruição temporariamente se suspende podem ser de várias ordens. Em primeiro lugar, é possível pensar-se em medidas que suspendem temporariamente o direito do sujeito sobre bens que compõem o seu patrimônio. É o caso das medidas que determinam o recolhimento de determinado bem móvel como mecanismo para constranger ao cumprimento (e não para transformá-lo em penhora e posterior execução por expropriação) – o que poderíamos chamar de desapossamento coercitivo.

Em segundo lugar, é possível pensar-se em medidas que acarretem a suspensão de direitos pessoais – suspensão de direitos em sentido estrito. Nesse grupo de medidas podem ser enquadradas as restrições a direitos de natureza política, restrição ao direito de sair do país, mediante apreensão do passaporte, restrição à habilitação para dirigir, suspensão do direito de contratar com o poder público, de participar

---

[211] Art. 8º Ao aplicar o ordenamento jurídico, o juiz atenderá aos fins sociais e às exigências do bem comum, resguardando e promovendo a dignidade da pessoa humana e observando a *proporcionalidade*, a razoabilidade, a legalidade, a publicidade e a eficiência.

[212] ÁVILA, Humberto. *Teoria dos Princípios*. Op. cit., 2015, p. 204-219.

[213] Tudo conforme ÁVILA, Humberto. *Teoria dos Princípios*. Op. cit., 2015, p. 208-218.

[214] Outros podem ser os filtros utilizados. Agregando também o postulado da razoabilidade, o postulado da proibição de excesso e o princípio da eficiência, ver DIDIER JR., Fredie; CUNHA, Leonardo Carneiro da; BRAGA, Paula Sarno; OLIVEIRA, Rafael Alexandria de. *Curso de Direito Processual Civil*. Vol. 5. Execução. Op. cit., 2017, p. 111 e ss.

de certames públicos ou ainda a suspensão de licenças fornecidas pelo poder público em geral. Veja-se que esse tipo de medida pode acarretar graves restrições a direitos fundamentais, como o direito ao trabalho, o direito à liberdade de locomoção, entre outros. Obviamente, os critérios da proporcionalidade, aliados à natureza temporária e revogável da medida funcionam como freios à limitação *ad eternum* de direitos de tamanha importância. Por fim, é possível que essas ordens que suspendam direitos do devedor tenham como destinatário também terceiros. Isto é: pode-se pensar em casos em que o direito a ser suspenso diga respeito não a uma relação do estado com o indivíduo – com o judiciário suspendendo por sua ordem um direito do administrado junto à administração – mas a uma relação do sujeito com outro ente privado. Seriam exemplos medidas como a suspensão do fornecimento de determinados serviços por terceiros (ordenar a suspensão do fornecimento de internet, TV a cabo, energia elétrica, etc.), a suspensão do direito de crédito junto a terceiros (ordenar a suspensão do crédito – limite – fornecido pelo cartão de crédito, por instituições financeiras ou outros mecanismos de concessão de crédito financeiro), a suspensão de direitos associativos (ordenar a suspensão dos direitos associativos em determinado clube, associação privada comercial, etc.). Veja-se que em todos os casos a decisão que determina a suspensão dos direitos direciona-se a um terceiro, para que esse tome as medidas necessárias ao cumprimento da medida coercitiva de restrição de direitos.

A jurisprudência ainda é muito vacilante sobre a matéria, não havendo padrões devidamente estabelecidos em torno dos limites da concessão de medidas atípicas na execução. Os critérios da proporcionalidade (adequação, necessidade e proporcionalidade em sentido estrito) funcionam como ponto de partida para o julgador aferir a possibilidade de cada medida no caso concreto e o controle das partes deve-se dar por meio da fundamentação analítica da decisão e da correlata oportunidade de impugnação da decisão mediante recurso de agravo de instrumento (art. 1.015, parágrafo único).

Questão tormentosa está em saber se a prisão civil pode funcionar como mecanismo de coerção para o cumprimento de decisões judiciais. Há na doutrina grande dissenso sobre a matéria. De um lado, os que defendem que a prisão civil pode funcionar como mecanismo para fazer valer ordens judiciais,[215] de natureza não pecuniária;[216] de outro, quem defenda que a prisão civil é vedada por expressa deter-

---

[215] Exemplificativamente, ARENHART, Sérgio Cruz. *Perfis da tutela inibitória coletiva*. São Paulo: RT, 2003.
[216] Exemplificativamente, GUERRA, Marcelo Lima. *Execução indireta*. Op. cit..

minação do pacto de San Jose da Costa Rica, com exceção da prisão coercitiva na execução de alimentos.[217] Há, entretanto, quem entenda que ela será possível apenas quando a decisão a ser cumprida não tiver conteúdo imediatamente patrimonial, sendo possível em casos-limite onde esteja em jogo direitos de cunho não patrimonial.[218] A controvérsia está longe de ser resolvida.

1.3.1.6.3. Técnicas executivas indutivas de natureza premial: descontos

Outra forma de agir na vontade do devedor remitente em cumprir com o que foi ordenado pelo juiz é a técnica executiva indutiva de natureza premial. Diferentemente da técnica coercitiva, que busca constranger o devedor ao cumprimento mediante ameaça de uma conseqüência negativa, a técnica da chamada "sanção premial" estrutura-se de modo a induzir o comportamento mediante promessa de recompensa (o "prêmio").

Existem alguns meios típicos de execução indireta de cunho premial. Notadamente, são previstos descontos em situações específicas, criando inventivos a que o devedor cumpra voluntariamente sua obrigação sem a necessidade de passar-se a uma segunda fase de execução (aí sim, mediante coerção ou subrogação). Daí ser a técnica executiva indutiva de natureza premial pouco estudada: trata-se de algumas disposições que, previstas, acabam por justamente evitar a necessidade de se passar a uma fase executiva. São exemplos os casos da ação monitória, na qual está prevista a redução do valor a ser pago a título de honorários (arbitrados em cinco por cento do valor atribuído à causa – art. 701, *caput*) e a isenção das custas processuais (art. 701, § 1º), no caso de o réu cumprir voluntariamente com a decisão judicial. Outro exemplo é o da redução pela metade dos honorários na execução de título extrajudicial em caso de pronto pagamento (art. 827, § 1º). No procedimento comum, há situação análoga no caso de substituição do pólo passivo, pelo autor (art. 338), em que é prevista a condenação na verba honorária em favor do procurador do réu substituído em percentual menor do que o fixado ordinariamente (entre três e cinco por cento do valor da causa, segundo o parágrafo único do art. 338).

Em se tratando de técnicas executivas, os exemplos de induções premiais são raros. Um deles, bastante conhecido, é o do parcelamento do débito pelo executado, na execução de título extrajudicial. O art. 916

---

[217] Exemplificativamente, TALAMINI, Eduardo. Prisão civil e penal e "execução indireta" (a garantia do art. 5º, LXVII, da Constituição Federal). In: *RePro*, nº 92, out-dez 1998, São Paulo: RT, 1998.
[218] DIDIER JR., Fredie; CUNHA, Leonardo Carneiro da; BRAGA, Paula Sarno; OLIVEIRA, Rafael Alexandria de. *Curso de Direito Processual Civil*. Vol. 5. Execução. Op. cit., 2017.

prevê a possibilidade de que, no prazo para embargos, concordando o executado em não embargar, esse possa valer-se do direito ao parcelamento do débito em seis parcelas mensais, desde que deposite trinta por cento do valor da execução (além dos consectários legais). O mesmo artigo, entretanto, veda a utilização da técnica no cumprimento de sentença.

Esse tipo de técnica esbarra em um problema: os incentivos premiais sempre, inevitavelmente, acabarão por esbarrar na esfera jurídica de terceiros ou na do próprio credor. O espaço de atuação mais adequado é o do regime de custos. Sem dúvida, os descontos serão sempre fatores de incentivo ao comportamento esperado do devedor. Ocorre que o direito ao pagamento das custas é da Fazenda, não podendo o juiz dispor disso sem previsão legal que assim o ampare. O mesmo ocorre com os honorários: o credor é o advogado da parte contrária, logo ele terá de concordar com qualquer desconto oferecido. Assim sendo, essa técnica de execução indireta teu seu campo de aplicabilidade potencialmente restrito ao tema dos negócios processuais. Trata-se de mecanismo de incentivo ao cumprimento que se vincula a possíveis ofertas a serem feitas pelo credor ou a resoluções tomadas em um ambiente de cooperação de todos. Esse tipo de técnica dificilmente poderá se estruturar nos mesmos moldes do modelo atípico que permeia o sistema das técnicas coercitivas.

1.3.2. Execução direta/sub-rogatória

O art. 825 do CPC contempla as modalidades de expropriação na sistemática processual civil vigente. A primeira das modalidades é a adjudicação (prevista nos artigos 876 e seguintes); a segunda, a alienação, prevista nos artigos 879 e seguintes, e a terceira, a apropriação de frutos e rendimentos de empresa ou de estabelecimentos e outros bens.

1.3.2.1. Da adjudicação

José Tadeu Neves Xavier
Jaqueline Mielke Silva

A adjudicação está prevista nos artigos 876 e seguintes do CPC. Trata-se de dispositivos legais absolutamente omissos e confusos, apresentando diversas lacunas, consoante será a seguir melhor explicitado.

Legitimação para adjudicar: A legitimação para adjudicar será tanto do credor que está promovendo a execução, quanto dos credores concorrentes que tenham penhorado o mesmo bem e aqueles com garantia real (art. 876, *caput*, e § 5°, do CPC). Do mesmo modo, de acordo com este dispositivo legal, os descendentes e os ascendentes do executado, o seu cônjuge ou companheiro também terão legitimidade, além das pessoas elencadas no artigo 889, incisos II e VIII).

No tocante ao credor com garantia real, não é necessário que o mesmo tenha penhorado o bem para poder adjudicar; bastará a garantia real. Já no tocante aos demais credores concorrentes, para que possam adjudicar, necessariamente deverão ter penhorado o bem.

Momento para ser pleiteada a adjudicação e direito de preferência: A adjudicação, via de regra, é realizada antes da alienação.[219] Todavia, caso sejam frustradas as tentativas de alienação dobem, será reaberta oportunidade para requerimento de adjudicação, caso em que também se poderá pleitear a realização de nova avaliação.

Parece razoável que, neste primeiro momento, o magistrado fixe um prazo para que eventuais intenções de adjudicar sejam externadas, de modo a evitar pedidos de adjudicação quando o processo já se encontrar concluso, por exemplo, para o julgamento de eventual direito de preferência na adjudicação, o que viria a acarretar tumulto processual.

Não é demasiado referir que, nesta fase do processo – se não houver publicização da adjudicação –, apenas o credor manifestará intenção de adjudicar, ou, eventualmente, eventuais credores concorrentes, o que poderá acarretar arguições de violação ao princípio da igualdade, da publicidade e também do próprio dispositivo legal ora comentado.

Em que pese a omissão do legislador, entendemos que a expedição de um edital – convocando eventuais interessados em adjudicar – evitará discussões por parte dos demais legitimados a adjudicar.

No tocante a este aspecto, observou-se uma preocupação muito grande do legislador com a realização do crédito do modo mais rápido possível, estabelecendo um prazo razoável de duração do processo.[220] Todavia, há outros princípios constitucionais que também norteiam o processo civil, como, por exemplo, o princípio da igualdade e da publicidade que não podem ser esquecidos.

Havendo mais de um interessado, estabelecer-se-á entre eles uma licitação. Se houver igualdade de oferta, o cônjuge preferirá o descendente, e este, o ascendente (art. 876, § 6°, do CPC). No tocante aos as-

---

[219] Art. 685-C c/c 686/CPC.
[220] Vide art. 5°, inc. LXXVIII da Constituição Federal.

cendentes e descendentes, o legislador não dispôs sobre a preferência entre eles no caso de igualdade de oferta. Nesta hipótese, entendemos que os parentes de grau próximo preferem os de grau mais remoto.

Havendo penhora de quota, procedida por exequente alheio à sociedade, esta será intimada, assegurada a preferência aos sócios. Nessa hipótese, os sócios preferem aos credores, e também aos parentes mencionados no § 5º do art. 876, consoante dispõe o § 7º deste mesmo dispositivo legal.

Em resumo, o direito de preferência na adjudicação deverá seguir a seguinte ordem: 1º) Deverá haver uma licitação, em que a melhor oferta implicará o direito de preferência; 2º) Em igualdade de oferta, o cônjuge/companheiro preferirá o descendente, e este, o ascendente; 3º) Em havendo concurso entre ascendentes e descendentes, o de grau mais próximo excluirá o de grau mais remoto; 4º) Em se tratando de penhora de quota, os sócios – após a realização da licitação – terão preferência sobre o cônjuge/companheiro, ascendentes e descendentes.

Bens que poderão ser objeto da adjudicação: É possível tanto a adjudicação de bens móveis, imóveis e também semoventes.

Valor da adjudicação e depósito do mesmo: O valor da adjudicação é, no mínimo, o valor de avaliação do bem (art. 876, *caput*, do CPC). Nos termos do § 4º, incisos I e II, deste respectivo dispositivo legal, se o valor do crédito for inferior ao dos bens, o requerente da adjudicação depositará de imediato a diferença, que ficará a disposição do executado. Se o valor do crédito for superior ao dos bens, a execução prosseguirá pelo saldo remanescente. Ora, essa disposição apenas poderá ser aplicada se não houver concurso de credores, pois, nesta hipótese, aquele que adjudicar não necessariamente será o credor preferencial. Se o mesmo for dispensado de exibir o preço ou parte do preço, há o risco de violação da ordem de preferência estabelecida nos arts. 797, *caput*, 612 e 908, *caput*, do CPC.

Resolução de eventuais questões: A resolução de eventuais questões, como por exemplo, o julgamento do concurso entre os interessados em adjudicar, implica na resolução de mera questão incidente, tendo, portanto, a natureza de decisão interlocutória, que é atacada através do recurso de agravo de instrumento (art. 1.015, parágrafo único, do CPC).[221]

Da perfectibilização da adjudicação: A adjudicação considerar-se-á perfeita e acabada com a lavratura e assinatura do auto pelo juiz,

---

[221] Não há como o agravo ser interposto na modalidade retida, face à falta de interesse.

pelo adjudicante, pelo escrivão e, se o mesmo estiver presente, também pelo executado.

Da carta de adjudicação: A expedição da carta de adjudicação é necessária apenas se houver a necessidade de instrumento formal à aquisição do domínio, como, por exemplo, no caso de bens imóveis. Mais uma vez o legislador foi impreciso, pois há casos de bens móveis em que a expedição da carta também é imprescindível, como na hipótese da adjudicação de veículos.

Relativamente aos bens móveis, de um modo geral, a carta de adjudicação não será necessária, pois os mesmos são adquiridos através da tradição.

1.3.2.2. Da alienação

Consoante já mencionado no CPC/15, a alienação contempla duas modalidades: iniciativa particular e em leilão judicial eletrônico ou presencial.

Não efetivada a adjudicação ou a alienação por iniciativa particular, far-se-á a expropriação por leilão judicial (art. 881 do Novo CPC). Neste meio expropriatório, as alterações foram mais expressivas. Como antes já mencionado, eliminada restou a distinção entre a praça e o leilão, espécies da hasta pública conforme se tratasse de bens imóveis e móveis, respectivamente. Na nova legislação, independentemente da natureza do bem, a arrematação dar-se-á por leilão judicial, com a nomeação de leiloeiro público (§ 1º do novo art. 881), excetuando-se os casos em que a alienação estiver *a cargo de corretores de bolsa de valores* (§ 2º do art. 881). No que tange à designação do leiloeiro público, tem-se modificação na lei, já que, agora, compete ao juiz esta designação, sendo subsidiária a indicação pelo exequente (art. 883 do novo diploma processual). Até então, o leiloeiro era indicado pelo exequente (art. 706 do CPC/73). Interessante é que, aqui, diferentemente da regra prevista para a alienação por iniciativa particular, não há a previsão de cadastro do leiloeiro público nem tampouco que este exerça a profissão há pelo menos 03 (três) anos. Não há remissão, portanto, da escolha do magistrado ao referido cadastro nem tampouco do exequente. Tal circunstância, entretanto, não faria sentido, devendo ser compreendidas de forma sistêmica as previsões, submetendo-se a escolha do juiz e do exequente ao cadastro existente, sendo de livre escolha apenas quando, na localidade, não houver leiloeiro público credenciado, na forma do § 4º do art. 880 já anotado.

Embora já houvesse previsão de leilão judicial por meio eletrônico, tal era genérica e atribuída ao desejo do exequente que poderia requerer tal substituição, incluída pela Lei 11.382/2006, no art. 689-A do CPC/73: "O procedimento previsto nos arts. 686 a 689 poderá ser substituído, a requerimento do exequente, por alienação realizada por meio da rede mundial de computadores, com uso de páginas virtuais criadas pelos Tribunais ou por entidades públicas ou privadas em convênio com eles firmado". Remetia, outrossim, ao CNJ, para regulamentação desta modalidade de alienação: "Parágrafo único. O Conselho da Justiça Federal e os Tribunais de Justiça, no âmbito das suas respectivas competências, regulamentarão esta modalidade de alienação, atendendo aos requisitos de ampla publicidade, autenticidade e segurança, com observância das regras estabelecidas na legislação sobre certificação digital". Entretanto, até o presente momento, nenhum ato normativo foi expedido pelo Conselho, tendo sido apenas noticiada consulta pública no ano de 2013, até então sem retorno efetivo sobre o procedimento (http://www.cnj.jus.br/noticias/cnj/60494-consulta-publica-sobre-pregao-eletronico-termina-domingo).

No novo diploma processual, a realização do leilão judicial por meio eletrônico vem prevista como preferencial, adotando-se a forma presencial apenas na impossibilidade daquela (art. 882 do Novo CPC). Entretanto, mais uma vez remete a regulamentação desta alienação judicial por meio eletrônico para o Conselho Nacional de Justiça (§ 1º do art. 882), o que, salvo melhor juízo, mais uma vez inviabilizará sua adoção preferencial, posto que, não há, ainda, mesmo após 9 (nove) anos de legislação prevendo esta realização virtual com regulamentação pelo dito Conselho, qualquer ato normativo expedido. Preocupou-se o legislador, ainda, em nortear esta regulamentação, salientando a relevância daquilo que chama de requisitos de *ampla publicidade, autenticidade e segurança*, remetendo para regras da legislação sobre certificação digital (§ 2º do art. 882).

Regra que reproduz em parte o CPC/73 é a constante no novo § 3º do art. 882, pois reprisa a realização da hasta pública, agora apenas na modalidade de leilão judicial, em local designado pelo juiz, regra que já existia anteriormente. Entretanto, pela lei anterior, o leilão era designado apenas para bens móveis, e, portanto, a regra de indicação do local pelo magistrado servia apenas quando se tratava de arrematação desta categoria de bens, tal como previsto no art. 686, § 2º. No caso de bens imóveis, a praça realizava-se no átrio do foro, conforme o mesmo dispositivo.

1.3.2.2.1. Da alienação por iniciativa particular

A alienação por iniciativa particular, tratada no art. 880 do novel diploma, segue em parte o rito já previsto na codificação anterior, após o advento da Lei 11.382/2006, que introduziu o art. 685-C, prevendo esta nova modalidade de expropriação. Como já referido noutra oportunidade (*Curso de Processo Civil*, Rio de Janeiro: Forense, 2008, p. 166), "o objetivo da inclusão da alienação privada no Código de Processo Civil é agilizar a execução, tendo em vista a demora no processamento da alienação de bens em hasta pública", possuindo a legislação italiana ato expropriatório similar. Segue, na ordem de meios expropriatórios, em segundo lugar, porém com algumas distinções.

A primeira e evidente distinção decorre da previsão, no *caput* do art. 880, de intermediação da alienação por iniciativa particular pelo leiloeiro público. Sim, a nova lei esclarece que o exequente poder requerer esta alienação "por sua própria iniciativa ou por intermédio de corretor *ou leiloeiro público credenciado perante o órgão judiciário*". Portanto, a figura do leiloeiro já não serve apenas à alienação em leilão judicial, modalidade de que trata o próximo e demais dispositivos desta subseção. É também possível que a alienação por iniciativa particular se dê pela sua intermediação.

Sobre o credenciamento de corretores (e agora também de leiloeiros), o § 3º do art. 880 praticamente reprisa o anterior § 3º do art. 685-C do CPC/73, porém reduzindo para 03 (três) anos o período mínimo de experiência exigido nos cadastros dos tribunais, antes com previsão de 05 (cinco) anos. Ainda que esta exigência permaneça existindo e, nesta medida, em existindo o cadastro, deva ser respeitada, parece demasiado tal requisito quando se permite que o próprio exequente realize a alienação, independentemente de qualquer intermediação. Porque exigir anos de experiência de quem, ao menos, preparou-se e obteve o credenciamento para o exercício da profissão? Tanto mais pelo fato de que as condições do negócio são todas definidas judicialmente, regra que segue existindo nesta modalidade de alienação com o novo diploma processual e que abaixo será abordado. Por isso, bem-vinda a diminuição deste prazo para que possa ser cadastrado o profissional.

No que tange ao intermediário da alienação por iniciativa particular, o novo § 4º do art. 880 traz previsão importante, que confere ao exequente o direito de livre escolha do corretor ou leiloeiro quando não houver profissional credenciado na comarca. Embora este cadastro tenha sido respeitado em muitos tribunais, como é o caso do Rio Grande do Sul, cuja lista de corretores credenciados por comarca está disponível do sítio do Tribunal de Justiça, a partir de Convênio com o CRECI da 3ª Região (http://www.tjrs.jus.br/site/servicos/corretores_credenciados/), não se pode frustrar este meio expropriatório quando for omisso ou inexistente o cadastro. Neste sentido, a lição de Daniel Amorim (*Novo CPC – Inovações, Alterações e Supressões Comentadas*, São Paulo: Editora Método, 2015, p. 436) para quem "foi demonstrado, pela experiência, que a necessidade de cadastramento do corretor (...) frustrou de modo quase absoluto esta forma de expropriação, pois, segundo o doutrinador, na maioria dos foros não havia credenciamento realizado, o que impedia a atuação do corretor". Acredita, portanto, na relevância da redação do § 4º já que eventual omissão dos Tribunais quanto ao cadastro não obstaculizará este meio expropriatório.

No que diz respeito ao valor do preço mínimo fixado pelo juiz ao estabelecer as condições da alienação, ao reproduzir no § 1º do art. 880 do novo diploma o § 1º do art. 685-C do CPC/73, o legislador retirou da locução a menção ao dispositivo da avaliação, anterior art. 680. Esta referência da lei anterior acarretava entendimentos diversos: a corrente majoritária, no sentido de que o preço mínimo deveria ser o valor da avaliação, face a menção ao artigo de lei que tratava da avaliação (Araken de Assis, *Manual da Execução*, São Paulo: RT, 2007, p. 733; Luiz Rodrigues Wambier, Curso Avançado de Processo Civil, São Paulo: RT, 2007, p. 237); a minoritária corrente, entendendo que a referência ao valor de avaliação era apenas o parâmetro a guiar o magistrado na fixação do preço mínimo de venda (Daniel Amorim, *Novo CPC – Inovações, Alterações e Supressões Comentadas*, São Paulo: Editora Método, 2015, p. 436). Nas poucas referências jurisprudenciais, encontra-se a adoção da corrente majoritária na doutrina, de que é exemplo o julgado n. 70063676258 do Tribunal de Justiça do Rio Grande do Sul, Agravo de Instrumento da Décima Nona Câmara Cível, da lavra do Desembargador Relator Voltaire de Lima Moraes, em que este refere: "No que se refere, porém, à possibilidade de alienação por iniciativa particular, cabe o acolhimento da insurgência da agravante quanto ao valor. Essa modalidade expropriatória está expressamente prevista no art.685-C do CPC e o seu § 1º preceitua que o juiz fixará o prazo em que a alienação deve ser efetivada, a forma de publicidade, o preço mínimo (art. 680), as condições de pagamento e as garantias, bem como, se for o caso, a comissão de corretagem. *A alusão ao art. 680 do CPC, que se refere à avaliação do bem constrito, deixa claro que o preço mínimo a ser adotado é o da avaliação*".

Parece claro, na nova redação, que o magistrado está, sim, livre para fixação do preço mínimo de venda, obviamente tomando por base aquele apurado na avaliação e, evidentemente, evitando o preço vil (agora previsto em lei como aquele estabelecido pelo magistrado ou, na omissão deste, menor que 50% do valor da avaliação, art. 891, parágrafo único). Adota, o novo diploma, o entendimento da corrente minoritária, à qual já nos filiáramos na redação do antigo art. 685-C (*Curso de Processo Civil*, Rio de Janeiro: Forense, 2008, p. 168).

No restante, o novo art. 880 praticamente repete a lei anterior quanto à documentação da alienação por iniciativa particular, à exceção da referência, no caso de bem imóvel, também à ordem de imissão de posse, a que a lei silenciava. Isto é, além da carta de alienação, também será expedido mandado de imissão de posse para que o adquirente possa desde logo assumir os atributos da propriedade. A imissão da posse, entretanto, só poderá ser ordenada incidentalmente nos autos da execução quando a posse do bem estiver com o próprio executado, não sendo possível invadir a esfera jurídica de terceiro alheio ao processo, ressalva não observada no dispositivo legal. A imissão da posse incidentalmente já era admitida na arrematação, sem a necessidade do ajuizamento de ação de imissão de posse (AgRg no REsp 328.441/PB, Rel. Ministro Vasco Della Giustina (Desembargador Convocado do TJ/RS), Terceira Turma, julgado em 11/05/2010, DJe 25/05/2010). Bem assim, entendimento do Superior Tribunal de Justiça é da necessidade de que a carta de arrematação esteja registrada para que possa ser deduzido o pedido de imissão de posse contra o executado (STJ, Recurso Especial nº 1.238.502 – MG Relator: Ministra Nancy Andrighi, Data de Julgamento: 28/05/2013, T3 – Terceira Turma), entendimento este que, por seu fundamento, deve estender-se também à imissão da posse na alienação por iniciativa particular.

1.3.2.2.2. Da alienação em leilão judicial eletrônico ou presencial

Não efetivada a adjudicação ou a alienação por iniciativa particular, far-se-á a expropriação por leilão judicial (art. 881 do Novo CPC). No CPC/15, restou eliminada a anterior distinção entre a praça e o leilão – existentes no CPC/73 –, espécies da hasta pública conforme se tratasse de bens imóveis e móveis, respectivamente. Na legislação vigor, independentemente da natureza do bem, a arrematação dar-se-á por leilão judicial, com a nomeação de leiloeiro público (§ 1º do novo art. 881), excetuando-se os casos em que a alienação estiver *a cargo de corretores de bolsa de valores* (§ 2º do art. 881). No que tange à designação do leiloeiro público, tem-se modificação na lei, já que, agora, compete ao juiz esta designação, sendo subsidiária a indicação pelo exequente (art. 883 do novo diploma processual). Até então, o leiloeiro era indicado pelo exequente (art. 706 do CPC/73). Interessante é que, aqui, diferentemente da regra prevista para a alienação por iniciativa particular, não há a previsão de cadastro do leiloeiro público nem tampouco que este exerça a profissão há pelo menos 03 (três) anos. Não há remissão, portanto, da escolha do magistrado ao referido cadastro nem tampouco do exequente. Tal circunstância, entretanto, não faria sentido, devendo ser compreendidas de forma sistêmica as previsões, submetendo-se a escolha do juiz e do exequente ao cadastro existente, sendo de livre escolha apenas quando, na localidade, não houver leiloeiro público credenciado, na forma do § 4º do art. 880 já anotado.

Embora já houvesse previsão de leilão judicial por meio eletrônico, tal era genérica e atribuída ao desejo do exequente que poderia requerer tal substituição, incluída pela Lei 11.382/2006, no art. 689-A do CPC/73: "O procedimento previsto nos arts. 686 a 689 poderá ser substituído, a requerimento do exequente, por alienação realizada por meio da rede mundial de computadores, com uso de páginas virtuais criadas pelos Tribunais ou por entidades públicas ou privadas em convênio com eles firmado". Remetia, outrossim, ao CNJ, para regulamentação desta modalidade de alienação: "Parágrafo único. O Conselho da Justiça Federal e os Tribunais de Justiça, no âmbito das suas respectivas competências, regulamentarão esta modalidade de alienação, atendendo aos requisitos de ampla publicidade, autenticidade e segurança, com observância das regras estabelecidas na legislação sobre certificação digital". Entretanto, até o presente momento, nenhum ato normativo foi expedido pelo Conselho, tendo sido apenas noticiada consulta pública no ano de 2013, até então sem retorno efetivo sobre o procedimento (http://www.cnj.jus.br/noticias/cnj/60494-consulta-publica-sobre-pregao-eletronico-termina-domingo).

No CPC/15, a realização do leilão judicial por meio eletrônico vem prevista como preferencial, adotando-se a forma presencial apenas na impossibilidade daquela (art. 882 do Novo CPC). Entretanto, mais uma vez remete a regulamentação desta alienação judicial por meio eletrônico para o Conselho Nacional de Justiça (§ 1º do art. 882), o que, salvo melhor juízo, mais uma vez inviabilizará sua adoção preferencial, posto que não há, ainda, mesmo após 10 (dez) anos de legislação prevendo esta realização virtual com regulamentação pelo dito Conselho, qualquer ato normativo expedido. Preocupou-se o legislador, ainda, em nortear esta regulamentação, salientando a relevância daquilo que chama de requisitos de *ampla publicidade, autenticidade e segurança*, remetendo para regras da legislação sobre certificação digital (§ 2º do art. 882).

Regra que reproduz em parte o CPC/73 é a constante no novo § 3º do art. 882, pois reprisa a realização da hasta pública, agora apenas na modalidade de leilão judicial, em local designado pelo juiz, regra que já existia anteriormente.

Natureza da alienação de bens em leilão judicial: Segundo Pontes de Miranda,[222] o Estado aliena, e *"alienar é negociar"*; no campo oposto, Enrico T. Liebman[223] refere que, na alienação coativa, há ato jurídico unilateral por parte do Estado, condicionado a ato igualmente unilateral do arrematante e, eventualmente, do adjudicante, concluindo: "os dois atos são heterogêneos e distantes e não se fundem para dar lugar a um único ato bilateral, apenas um condiciona o outro e os efeitos são produzidos unicamente pelo ato do órgão judicial".

Na opinião de Araken de Assis,[224] a construção de Liebman enfatiza aspecto deveras relevante na arrematação: o ato do Estado e o ato do arrematante se mostram heterogêneos. O poder de quem aliena (Estado) é indiscutivelmente público, jurisdicional, sub-rogatório da vontade do executado ou, trilhando o percurso da ação material, do agir do credor, impedido de agir de mão própria pelo veto à autotutela. E a declaração de vontade do terceiro, que lança mão e arremata (ou do credor que adjudica), ostenta cunho privado. Como conciliá-la?

Deve-se a Pontes de Miranda,[225] a excelência da explicação mais ajustada à realidade. Há oferta no lanço, e no pedido de adjudicação, declaração de vontade que o Estado aceita, e, portanto, surge um típico negócio bilateral. Não existe contrato, porém o negócio é de direito público e processual, classificado em categoria distinta.

Conforme refere Araken de Assis,[226] "a comistura dessas vontades (do Estado, prestando tutela jurídica ao credor; do particular, movido por interesse próprio e privado) se revela evidente. Outra razão plausível para rejeitar a engenhosa explicação de Liebman consiste na observação trivial de que na compra e venda, em que os atos são 'homogêneos', também a aceitação (pelo vendedor) da oferta (realizada pelo comprador) condiciona a consumação do negócio".

Assim a arrematação é negócio jurídico entre o Estado, que detém o poder de dispor e o arrematante.

Título da aquisição: Em toda a arrematação há acordo de transmissão. O Estado transmite ao arrematante os direitos do executado

---

[222] In: *Comentários ...*, Vol. 10, p. 359.
[223] In: *Processo de Execução*, p. 150.
[224] In: *Manual ...*, p. 663.
[225] In: *Comentários ...*, Vol. 10, p. 360.
[226] In: *Manual ...*, p. 663.

na coisa penhorada, desde a assinatura do auto. O auto constitui o título substancial, que originará, mediante traslado, o título formal (carta de arrematação, em se tratando de bens onde haja a necessidade de instrumento formal à aquisição do domínio). Todavia, interessa identificar se o Estado transmite originária ou derivadamente a coisa.

Há quem entenda tratar-se de aquisição originária da propriedade, desprezando-se o caráter negocial da arrematação.[227] Todavia, Araken de Assis[228] entende tratar-se de aquisição derivada, *verbis*: "Por isso a arrematação implica aquisição derivativa e, cabendo a propriedade a terceiro, 'este não perdeu seu direito', esclarece Liebman".

Modalidades da arrematação: As formas de hasta pública são a praça e o leilão. A praça é a modalidade de arrematação que designa a alienação coativa de bem imóvel. Por outro lado, o leilão abrange bens móveis. Em qualquer dessas hipóteses, haverá duas licitações: na primeira, somente se aceitarão lanços superiores ao valor da avaliação; na segunda, porém, a alienação far-se-á pelo maior lanço, vedado o preço vil (art. 686, V, c/c 692/CPC).[229] Na síntese didática de Nelson Nery Junior e Rosa Maria de Andrade Nery, "na praça sempre se parte da avaliação, devendo ser ultrapassado seu valor para a aquisição pelo lançador; no leilão inicia-se do zero, apenas não se permitindo a alienação se houver prelo vil".[230]

Natureza e função do edital de arrematação: Na lição de Amílcar de Castro, "o edital é um dos elementos característicos da venda judicial, que é sempre ato público, e publicamente anunciado com antecedência. A sua precípua finalidade é a de convocar compradores, conquanto seja também meio de aviso aos parentes do executado, ao exequente, e aos demais credores, como interessados na venda".[231] Assim o edital funciona como anúncio da alienação coativa e de seu regulamento interno, tratando-se de providência destinada a atrair possíveis pretendentes a arrematar. Trata-se de providência destina-

---

[227] Nesse sentido: ZANZUCCHI, Marco Tullio. *diritto processuale civile*, v. 3, 4. ed. Milão: Giuffrè, 1946, p. 101.

[228] In: *Manual ...*, p. 665.

[229] Note-se que no procedimento da execução fiscal, tem aplicabilidade a Súmula nº 128 do STJ: "Na execução fiscal haverá segundo leilão, se no primeiro não houve lanço superior à avaliação".

[230] In: *Código de Processo Civil Comentado*, 9. ed, RT, p 886.

[231] In: *Do procedimento de execução*, p. 220/221. O autor reforça seus ensinamentos, trazendo à colação a lição de Carnelutti, para quem *"o edital não passa de declaração recíproca, porque sua eficácia não aparece senão no momento em que seja conhecida por alguém; como é destinado principalmente a levar uma notícia ao conhecimento de pessoas indeterminadas, os possíveis compradores, desconhecidos do vendedor, que é o juiz, e como além disso, é meio de modificação a todos os interessados na venda, não pode deixar de ser redigido, publicado e notificado de forma tal que garanta o efetivo, ou pelo menos presumidos, conhecimento daqueles que devem receber a notícia".*

da a atrair possíveis pretendentes a arrematar, sendo da conveniência do exequente e do executado que se dê larga publicidade a essa convocação.

Esta foi a razão pela qual o CPC/15 manteve a necessidade de publicação de edital precedendo a realização da hasta. Em princípio, é da conveniência tanto do exequente quanto do executado que seja dada larga publicidade a esta convocação, o que justifica, inclusive, a mínima antecedência de 5 (cinco) dias antes da data marcada para a alienação, que segue regrada no § 1º do novo art. 887 (*Curso de Processo Civil*, Rio de Janeiro: Forense, 2008, p. 171). Distinções, porém, aparecem no CPC/15. Segue a necessidade de descrição dos bens, inclusive nos mesmos moldes até então estabelecidos (inciso I do art. 886), porém a menção do valor do bem agora deve observar, também, o preço mínimo pelo qual poderá ser alienado, assim como as condições de pagamento e a comissão do leiloeiro designado (inciso II do art. 886). Outra alteração nos requisitos do edital é a indicação do sítio, na rede mundial de computadores, e o período em que se realizará o leilão (inciso IV, *ab initio*, do art. 886 do Novo CPC), tendo em vista que, hoje, a preferencial a alienação por leilão judicial eletrônico, em detrimento da forma presencial. De resto, seguem os mesmos os requisitos do edital, como o local dos bens móveis, veículos e semoventes e, se direitos ou créditos, a identificação do respectivo processo (III do art. 886 do Novo CPC, cujo objetivo é de que os interessados possam verificar o estado dos bens ou o processo em que os direitos ou créditos foram penhorados); os dados do segundo leilão (V); os ônus e eventuais recursos e ou impugnações pendentes sobre os bens leiloados (VI), também com a função de que o arrematante conheça eventuais riscos e pendências do negócios.

Da ampla publicidade da alienação: O art. 887 do CPC/15 não preestabelece, de modo rígido, a fixação e publicidade do edital de arrematação, apenas incumbindo o leiloeiro de adotar *providências para a ampla divulgação da alienação* e reforçando que precisa ser publicado *na rede mundial de computadores, em sítio designado pelo juiz da execução*, contendo *descrição detalhada e (...) ilustrada*, bem como se ocorrerá o leilão *de forma eletrônica ou presencial*. Veja, não é só o valor, as condições de pagamento ou as garantias que são estabelecidas pelo magistrado: também o local de publicação do edital na rede mundial de computadores deverá ser determinado pelo juiz da execução. No CPC/73, a regra era da afixação do edital no local do costume e a sua publicação pelo menos uma vez em jornal de ampla circulação (*caput* do art. 687). Tinha-se, no entanto, a exceção prevista no § 2º do art. 687 do CPC/73, em que o juiz, então, poderia alterar a forma e a frequência da divulgação, *inclusive recorrendo a meios eletrônicos*. Isto é, a lógica mudou. O que antes era regra, no novo CPC virou exceção e vice-versa. O CPC/15 prevê apenas excepcionalmente a afixação em local de costume e a publicação em jornal de ampla circulação, consoante § 3º do art. 887, bem como tal circunstância apenas quando não for *possível a publicação na rede mundial de computadores,* como prevê a regra do § 2º do mesmo dispositivo, podendo também estabelecer outras formas de divulgação, nos termos do § 4º igualmente do mesmo referido artigo.

Segue, também, para os imóveis, a regra de que a publicidade dos editais seja feita em seções ou locais reservados para negociações imobiliárias (art. 687, § 3º, CPC/73), regra que, agora, estende-se também aos veículos, consoante art. 887, § 5º, do Novo CPC.

Por fim, o CPC/15 também edita regra sobre a necessidade de observância das mesmas regras de divulgação do art. 887 para a hipótese de transferência do leilão que por qualquer motivo não se realize, prevendo, ainda, a possibilidade de instauração de processo administrativo para aplicação de penalidade ao servidor (escrivão ou chefe de secretaria) ou leiloeiro que der causa a tal transferência, a eles incumbindo, também, o pagamento das despesas da transferência. É o que dispõem as regras do art. 888 do Novo CPC.

Intimações prévias às alienações: Além da publicação/divulgação de editais, o art. 889 do CPC/15 indicou rol minucioso de pessoas cuja ciência sobre a alienação deve ser garantida. Ampliou-se, consideravelmente, a quantidade de sujeitos cuja intimação prévia é essencial. Dois aspectos se pode destacar. No CPC/15, a disposição sobre as intimações está mais didática, pois reúne, num único local, todas as pessoas que precisam ter ciência do leilão.

Por outro lado, pela regra anterior, a intimação prévia dos sujeitos arrolados no art. 698 era necessária para qualquer meio expropriatório, inclusive para a adjudicação e alienação por iniciativa particular. Salvo melhor juízo, o CPC/15, no art. 889, prevê tais cientificações apenas para a hipótese de leilão judicial, exceto se a expressão *"alienação judicial"* estiver indicando, também, a hipótese de alienação por iniciativa particular, tendo em vista que suas condições são fixadas pelo magistrado. Não parece, sob qualquer aspecto, no entanto, englobar a adjudicação.

Como alhures já referido (*Curso de Processo Civil*, Rio de Janeiro: Forense, 2008, p. 175), as pessoas mencionadas no art. 698/CPC (CPC/73) não podem impedir a realização da hasta pública, mas apenas ressalvar o direito de preferência no recebimento do valor do crédito. (...) A cientificação do credor com penhora anteriormente averbada é medida importante, de modo a evitar-se a realização de duas alienações referentes ao mesmo bem. (...) Por outro lado, a medida alerta os credores concorrentes para que resguardem a sua respectiva preferência no recebimento do crédito.

Ora, observando-se a razão pela qual esta intimação prévia é importante, evidentemente que deve ser estendida sua incidência para todos os meios expropriatórios, incluindo, portanto, não só a alienação por iniciativa particular, como também a adjudicação.

No entanto, é requisito da inicial executiva que o exequente requeira as intimações destes mesmos sujeitos quando penhorados os referidos bens, nos termos dos incisos do novo art. 799. Em alguma medida, esta intimação com relação à penhora permite que possam acompanhar a execução, suprindo a necessidade da intimação após a avaliação.

Porém, o § 5º do art. 876 dispõe sobre a possibilidade de adjudicação por parte dos sujeitos arrolados no art. 889: Idêntico direito pode ser exercido por aqueles indicados no art. 889, incisos II a VIII, pelos credores concorrentes que hajam penhorado o mesmo bem, pelo cônjuge, pelo companheiro, pelos descendentes ou pelos ascendentes do executado. E mais, há menção clara à intimação e em prazo de antecedência mínima de 5 (cinco) dias, consoante art. 877: Transcorrido o prazo de 5 (cinco) dias, contado da última intimação, e decididas eventuais questões, o juiz ordenará a lavratura do auto de adjudicação. Esta previsão, inclusive, harmoniza-se com a regra do art. 889 no que tange ao prazo.

Portanto, entendemos que é indispensável que esta intimação prévia anteceda todos os meios expropriatórios e não apenas a alienação por leilão judicial.

Além da compilação num único dispositivo de todas as pessoas cuja prévia intimação é necessária, o novo dispositivo também modifica o prazo desta antecedência. Se antes o art. 698 falava em 10 (dez) dias, o prazo no novo art. 889 diminui para 5 (cinco), harmonizando-se à antecedência mínima para a publicação do edital já antes referida (art. 887, § 1º, do Novo CPC).

Não há referência, no entanto, de intimação do exequente, que é obviamente também interessado, podendo participar da arrematação, consoante a seguir será anotado.

Formas de pagamento do preço: No CPC/15 não há mais – tal como no CPC/73 – a previsão de arrematação a prazo de 15 dias, mediante caução. Todavia, prevê a regra de pagamento à vista, não sem permitir ao magistrado que decida de modo diverso. Assim sendo, mesmo que não haja mais a previsão do pagamento a prazo de 15 dias, o juiz da execução poderá fixar prazo diferenciado para o pagamento na arrematação.

Por outro lado, importante salientar que não há impedimento para que seja feita proposta por escrito para pagamento do preço, também para aquisição a vista, em que pese o diferencial dessa modalidade seja a possibilidade de arrematar a prazo (art. 895 do CPC/15).

A primeira anotação relevante sobre a nova regra é previsão de aquisição a prazo para bens de qualquer natureza. Até então, tal só era possível em se tratando de bens imóveis. O CPC/73 era claro quanto à limitação aos bens imóveis. Por outro lado, o artigo 895 do CPC/15 mais uma vez estabelece prazos para que a proposta seja apresentada: até o início do primeiro ou do segundo leilão, variando a condição da proposta que deverá atender, na primeira hipótese, no mínimo ao valor da avaliação. Isto é, embora na própria arrematação em leilão não se exija esta quantia mínima, podendo o juiz estabelecer preço mínimo inferior ao da avaliação para arrematação já no primeiro leilão, entendeu o legislador por criar esta exigência. Sendo assim, pelo novo diploma processual, deverá ser observado o valor de avaliação para a proposta escrita apresentada até o primeiro leilão.

O mesmo não acontece em relação à proposta escrita apresentada até o início do segundo leilão. Neste caso, o inciso II do art. 895 apenas impede que a proposta importe em preço considerado vil, o que dependerá da definição do próprio magistrado, nos termos do art. 885 ou, como prevê o novo art. 891, não poderá ser inferior a 50% do valor de avaliação.

Outra alteração visível diz respeito ao percentual do valor da entrada que deve ser pago pelo adquirente. O CPC/15 estabelece o percentual mínimo de 25%. O pagamento do saldo deverá ser em até 30 (trinta) meses.

Outra questão que merece observância é a que concerne à decisão do magistrado quando houver mais de uma proposta. Em igualdade de condições, prevalecerá a formulada em primeiro lugar. Entretanto, sendo diferentes as condições, o CPC/15 define como proposta mais conveniente aquela que tiver maior valor.

Bem assim, a lei também estabelece que, sendo à vista, prevalecerá a proposta em detrimento daquelas feitas para pagamento parcelado (art. 895, § 7º).

Em se tratando de bem imóvel, o CPC/15 repete a necessidade de que a garantia seja estabelecida com hipoteca do próprio bem (art. 895, § 1º). Trata-se da hipoteca legal, prevista no art. 1.489 do Código Civil: "Art. 1.489. A lei confere hipoteca: (...) V – ao credor sobre o imóvel arrematado, para garantia do pagamento do restante do preço da arrematação".

O inciso V foi inserido na legislação civil com o Código Civil de 2002, tratando-se, naquele momento, de novidade na lei material. Diferentemente das demais, a especialização da hipoteca legal, neste caso, ocorre na própria ação executiva, independente, portanto, de procedimento especial para tanto. O pedido de especialização tem por objetivo delimitar a responsabilidade patrimonial do devedor de obrigação sobre determinado bem imóvel, isto é, de forma específica. Tupinambá Miguel Castro do Nascimento assim conceitua especialização:

"Especializar-se é se vincular um bem certo, determinado e individuado, com todas suas características, elementos definidos do registro imobiliário e da matrícula, como garantia para satisfação da dívida, ficando liberados os demais bens" (*Hipoteca*. Rio de Janeiro: AIDE, 1996, p. 175).

É também a lição de José Olympio de Castro Filho: "A indicação de imóveis para sobre estes recair a hipoteca legal visa a tornar certa uma responsabilidade que exige genericamente e pela qual responde todo o patrimônio do possível devedor, e que passará, com a especialização a incidir especificamente, no caso de dano, sobre imóvel ou imóveis especificados." (*Comentários ao código de processo civil*. Vol. X, Rio de Janeiro: Forense, 2004, 330).

O caso em exame, portanto, dispensa tal procedimento. É que a hipoteca aqui já é determinada sobre o bem específico. Nos termos da lei, sobre o próprio bem arrematado. Questão relevante reside na circunstância de esta hipoteca ser necessariamente sobre o próprio imóvel ou se o arrematante pode oferecer outro bem imóvel em garantia real. Parece razoável o acolhimento de outro bem imóvel como garantia hipotecária da arrematação a prazo, pois não haveria prejuízo especial à execução, já que eventual inadimplemento estará assegurado pela mesma garantia.

Ainda assim, mesmo tratando-se de bem imóvel diverso daquele objeto da alienação judicial, ainda assim independerá de especialização por procedimento especial, já que esta se dá na própria execução.

No tocante aos bens móveis, a arrematação em prestações será garantida por outro tipo de caução, que poderá ser real ou fidejussória. Esta conclusão decorre do § 1º do art. 895, pois nele vem expresso que a garantia será por caução idônea, não fazendo explícita referência à caução real ou fidejussória. Por outro lado, os artigos. 897 e 898 tratam das consequências para o fiador que não paga o preço, de modo que há clara preocupação em regular as hipóteses de caução que não meramente a caução real.

Novas disposições na arrematação por proposta também são: a fixação de multa de 10% pelo atraso no pagamento das prestações (§ 4º); a faculdade conferida ao exequente de pedir a resolução da arrematação ou promover, em face do arrematante, a execução do valor devido, nos próprios autos da execução (§ 5º), entendimento já seguido mesmo antes, quando não havia esta expressa previsão; a inocorrência da suspensão do leilão mediante a apresentação da proposta (§ 6º).

Ao exequente pertencerão as parcelas até a quitação da obrigação, enquanto o restante será do próprio executado (§ 9º), circunstância que poderá fazer do executado credor na mesma execução, porém contra o arrematante inadimplente.

Por fim, destaque-se o veto ao § 3º, que previa a correção monetária mensal pelo índice oficial de atualização financeira, informado inclusive pela operadora do cartão de crédito. As razões do veto: "O dispositivo institui correção monetária mensal por um índice oficial de preços, o que caracteriza indexação. Sua introdução potencializaria a memória inflacionária, culminando em uma indesejada inflação inercial".

Inadimplemento no pagamento do preço: A lei é clara ao dispor sobre a consequência do inadimplemento pelo adquirente que arremata a prazo. O art. 897 reprisa o art. 695 do CPC/73, que, na hipótese de arrematação não honrada pelo arrematante, acarretará a perda da caução, que será convertida ao exequente, em desfavor do arrematante, tornando o bem à hasta pública. Mais uma vez, perdeu-se a oportunidade de melhor adequar a regra.

Desde a entrada em vigor da Lei 11.382/06, que eliminou a multa e passou a estabelecer a perda da caução ao arrematante inadimplente, aponta-se para a impropriedade deste dispositivo. Ora, se a caução exigida para esta forma de arrematação pode ser real ou fidejussória, revela-se inapropriada a menção de perda da caução por inadimplemento do fiador. A perda da caução só é possível quando for real. Se há fiador, é porque a caução prestada é fidejussória, não havendo bens a serem convertidos para o exequente.

Assim, sendo real a caução prestada, consoante o dispositivo legal anotado, o inadimplemento consistirá na sua perda para o exequente, além, é claro, da impossibilidade de participar do novo leilão.

Tratando-se de caução fidejussória, o fiador também ficará impedido de participar da nova hasta, única consequência, já que não há o que converter para o exequente nessa circunstância. A não ser que se admita que a caução possível na espécie é apenas a caução real, justamente em razão desta impossibilidade de perda na hipótese de inadimplemento. Não faria sentido, no entanto, as menções à caução fidejussória, que aparecem tanto no art. 897 quanto no art. 898 do CPC/15.

Quanto à arrematação por proposta a prazo, que exige a hipoteca sobre o bem arrematado, o inadimplemento do proponente resultará na execução do arrematante, garantida pela hipoteca. Embora a lei não disponha expressamente, esta execução deverá processar-se nos mesmos autos, seguindo o rito dos artigos 523 e seguintes do CPC/15.

Por outro lado, não se pode entender que a perda da caução se confunda com o depósito parcial na arrematação por proposta. Neste sentido, o Agravo de Instrumento nº 70058406521, Décima Primeira Câmara Cível, Tribunal de Justiça do RS, Relator: Antônio Maria Rodrigues de Freitas Iserhard, Julgado em 30/04/2014, em que se decidiu: "O artigo 695 do CPC se reporta a caução, que não se confunde com o depósito parcial. A decisão que deferiu a arrematação de forma parcelada não impôs caução à arrematação, salientando apenas que o pagamento seria garantido por meio de hipoteca sobre o próprio bem. Portanto, como a arrematante/agravante deixou de adimplir integralmente o valor da arrematação, correto apenas declará-la sem efeito, sem o perdimento dos valores depositados".

Em verdade, a perda da caução também parece ser uma consequência exagerada, se somada a realização de novo leilão para alienação do mesmo bem. Se a caução é uma garantia e, como tal, quando se tratar de caução real, deve corresponder ao valor do lance, este seria o pior negócio do mundo. O ideal, s.m.j., teria sido manter-se a multa de 20% ou, ainda, que esta garantia fosse compreendida como uma espécie de sinal ou arras, pois, do contrário, onera em demasia o arrematante e de modo objetivo, sem sequer garantir-lhe direito a defesa ou qualquer tipo de escusa.

Suspensão da arrematação quando o valor for suficiente para o pagamento do crédito: Nos termos do art. 899 do CPC/15, "será suspensa a arrematação logo que o produto da alienação dos bens for suficiente para o pagamento do credor e para a satisfação das despesas da execução". Ao contrário do que dispunha o CPC/73, este dispositivo legal introduziu como requisito para a suspensão da arrematação também a satisfação das despesas da execução.

Imissão na posse do arrematante: Aceita a proposta, o escrivão lavrará auto de arrematação, sendo dispensada a escritura pública. O arrematante deverá, então, ser imitido na posse do bem arrematado, de acordo com o art. 901, § 1°, do CPC/15.[232]

Direito de retenção por benfeitorias: Na nova modalidade de arrematação com pagamento em prestações, consoante já explicitado, poderá ocorrer o não cumprimento da oferta, tornando-se o arrematante inadimplente. Como referido no item anterior, poderá o exequente optar entre a resolução da arrematação, ou promover, em fazer do arrematante, a execução do valor devido, devendo ambos os pedidos ser formulados nos autos da execução em que se deu a arrematação (art. 895, § 5°). Nessa hipótese, tendo sido realizadas benfeitorias no bem imóvel em questão, não há que se falar em direito de retenção, pois incompatível com essa espécie de execução. Eventual direito deverá ser postulado em via própria, seguindo as regras do Código Civil sobre possuidor de boa e má-fé (arts. 1219 a 1222) e do enriquecimento sem causa (arts. 884 e seguintes).

Da legitimação para arrematar: Têm legitimação para arrematar todas aquelas pessoas que estão na livre administração de seus bens. Isso significa dizer que os incapazes não são admitidos, nem o falido. O art. 890 do CPC/15 elenca, todavia, algumas pessoas que, mesmo estando na livre administração de seus bens, não têm legitimação para arrematar, *verbis:* "I – dos tutores, dos curadores, dos testamenteiros, dos administradores ou dos liquidantes, quanto aos bens confiados à sua guarda e à sua responsabilidade; II – dos mandatários, quanto aos bens de cuja administração ou alienação estejam encarregados; III – do juiz, do membro do Ministério Público e da Defensoria Pública, do escrivão, do chefe de secretaria e dos demais servidores e auxiliares da justiça, em relação aos bens e direitos objeto de alienação na localidade onde servirem ou a que se estender a sua autoridade; IV – dos servidores públicos em geral, quanto aos bens ou aos direitos da pessoa jurídica a que servirem ou que estejam sob sua administração direta ou indireta; V – dos leiloeiros e seus prepostos, quanto aos bens de cuja venda estejam encarregados; VI – dos advogados de qualquer das partes".

No tocante aos tutores e curadores, tendo os mesmos o encargo de administrar os bens do executado em proveito deste (arts. 1.741

---
[232] Vide comentários infra.

e 1.781/CCB), entrariam facilmente em conflito de interesses com o pupilo ou com o curatelado, pois é do interesse destes haver o maior valor possível, e daqueles o de pagar menos. Os genitores não constam da lista dos impedidos de licitar, mas a situação é a mesma, e também eles não devem ser admitidos durante a constância do poder familiar.[233]

Quanto ao testamenteiro, administrador, síndico (administrador judicial) ou liquidante, embora sejam notórias as diferenças entre esses sujeitos, todos eles são pessoas que administram bens alheios e que, quanto aos bens confiados à sua guarda e responsabilidade, são impedidos de licitar porque é manifesta a possibilidade que, em tese, têm de se valer do múnus exercido e assim obter proveito ilícito.

No inciso II deste artigo, há referência à figura do mandatário, que está proibido de lançar em relação aos bens de cuja administração ou alienação esteja encarregado. Tal previsão reforça a referência feita anteriormente quanto ao administrador, embora esta seja mais ampla, envolvendo os bens confiados a sua guarda e responsabilidade. Em ambos os casos o motivo da limitação legal é o mesmo, ou seja, a relação de confiança depositada pelo representado em seu representante.

O inciso III do mesmo dispositivo legal contempla a restrição ao direito de arrematar para o juiz, membro do Ministério Público, Defensoria Pública, escrivão, chefe de secretaria e dos demais servidores e auxiliares da justiça, em relação aos bens e direitos objeto de alienação na localidade onde servirem ou a que estender a sua autoridade. Essa previsão está em consonância com o artigo 497, inciso III, do Código Civil, pois o motivo desta limitação é evitar a prática de abusos de influência desses agentes no ato e também evitar que a sua participação na aquisição judicial venha a pôr sob suspeita a administração da justiça.[234]

Novidade mesmo do CPC/15 fica por conta da proibição de participação no leilão pelos advogados das partes, no inciso VI. A doutrina se dividia quanto a esta possibilidade. Como tivemos oportunidade de observar, J. E. Carreira Alvim e Luciana G. Carreira Alvim Cabral já defendiam que "o advogado não poderia arrematar para si, não por ser mandatário incumbido da venda dos bens, mas por ser pessoa do juízo, investida de *munus publico*, cujo exercício deve estar acima de

---

[233] Nesse sentido: Cândido Rangel Dinamarco. *Instituições...* São Paulo: Malheiros, 2005, p. 561.

[234] Neste sentido, Nelson Nery Júnior e Rosa Maria Andrade Nery trazem a colação decisão do TJGO-RT 706/142): "Não podem arrematar bens vendidos em hasta pública os serventuários da justiça que funcionam no processo, como também os que servem no juízo da execução, para evitar suspeita quanto à lisura e idoneidade dos encarregados da função jurisdicional" (in *Código de Processo Civil Comentado*, 9. ed. RT, 2006, p. 890).

qualquer suspeição" (*Nova Execução de Título Executivo Extrajudicial*, Curitiba: Juruá, 2007, p. 163). Já Araken de Assis entendia que o impedimento do advogado do executado estava albergado pelo inciso II do art. 690-A do CPC/73, enquanto, no caso do advogado do exequente, esta seria de ordem ética e, portanto, não invalidaria a hasta pública (Manual da Execução, São Paulo: RT 2007, p. 719).

Este mesmo doutrinador preceitua que a regra contemplada nas vedações em comento estende-se aos cônjuges e entendemos que também se aplica ao convivente na união estável, quando o regime for o da comunhão de bens.

Segue sendo interessante para o exequente que possa arrematar, quando o valor da dívida for inferior ao valor do bem, em vez de adjudicar o bem. Isso porque, esta última se dá pelo valor da avaliação e, concorrendo na arrematação, poderá fazê-lo por quantia inferior, não necessitando apresentar a diferença para o executado devedor.

Arrematação pelo credor: Nos termos do art. 892, § 1º, do CPC/15, o credor também terá legitimação para arrematar. Cabe aqui distinguir-se a adjudicação da arrematação pelo credor. O credor adjudicará, nos termos do art. 876, pelo valor de avaliação, antes de realizada a hasta pública,[235] ou, após, na hipótese mencionada no art. 978. Já o credor arrematará, se comparecer ao leilão e der lance. Ocorrendo essa hipótese, o credor apenas é obrigado a lançar pelo valor de avaliação no primeiro leilão. No segundo, poderá lançar por valor inferior, desde que não seja vil.

Tanto na hipótese de alienação quanto na de adjudicação, o credor é dispensado de exibir o preço, se for o único credor e se o valor do crédito for igual ao do bem arrematado (a expressão "exibir o preço" significa "fazer o pagamento imediato do preço"). Nesse caso, opera-se compensação do lanço com o crédito do exequente. Já se o valor do crédito for inferior, deverá o credor depositar a diferença, no prazo de três dias; se for superior, poderá buscar um reforço da penhora. Note-se que a lei estabeleceu prazo razoavelmente curto para o exequente depositar a diferença, no caso do valor do bem exceder o seu crédito, que será de três dias. Não havendo o depósito, será tornada sem efeito a arrematação, e os bens serão levados na nova praça ou leilão à custa do exequente.[236] Essa previsão normativa cria uma diferenciação entre o exequente

---

[235] Entendemos que, mesmo que a hasta pública seja frustrada, a adjudicação será também possível, face ao princípio do resultado, previsto no art. 612/CPC.

[236] Humberto Theodoro Júnior, comentando essa disposição normativa, refere que "neste ponto, houve uma significativa melhoria de técnica jurídica: o texto anterior falava em desfazimento da arrematação, por falta de depósito (antigo art. 690, § 2º). O atual prevê que a arrematação ficará sem

e o terceiro que arremata, que, a teor do disposto no art. 892 do CPC/15 deverá pagar de imediato, por depósito judicial ou por meio eletrônico.

Havendo concurso de credores, é sempre obrigatória a exibição do preço pelo credor – seja no caso de adjudicação ou arrematação –, pois, do contrário, haveria o risco de violar-se a ordem do respectivo concurso de preferências.[237]

Concurso de pretendentes na arrematação: O § 2º do art. 892 do CPC/15 ainda versa sobre a licitação entre os lançadores de idênticas propostas na arrematação e, frente à igualdade de ofertas, o direito de preferência, reprisando os termos da ordem preferencial da adjudicação (cônjuge, companheiro, descendente e ascendente do executado). Com razão Paulo Henrique dos Santos Lucon ao referir que "é simples a constatação de que se pretende deixar o bem em uma esfera jurídica mais próxima possível da do executado, minorando, assim, os efeitos da expropriação" (Teresa Arruda Alvim Wambier *et al.* (Coord.), *Breves Comentários ao Código de Processo Civil*, São Paulo: RT, 2015, p. 2002). Já no parágrafo seguinte (3º), o direito de preferência é dado à Fazenda Pública, preferindo a União, Estados e Municípios, nesta ordem, quando se tratar de bem tombado.

Da perfectibização da alienação: O auto de arrematação, previsto no art. 901 do CPC/15, representa o último e final ato do procedimento da arrematação, incumbindo a sua confecção ao leiloeiro, imediatamente após o leilão.

O auto de arrematação é o único documento destinado a registrar formalmente a arrematação. O acordo de transmissão do bem penhorado formar-se-á no momento de sua assinatura. Somente após o mesmo ser assinado é que o negócio jurídico tornar-se-á irretratável, nos termos do art. 903 do CPC/15.

Carta de arrematação: A carta de arrematação constitui o título formal da aquisição do domínio. Os elementos da carta de arrematação estão previstos no art. 901, § 2º, do CPC/15, sendo a expedição da mesma imprescindível apenas quando houver a necessidade de ins-

---

efeito (art. 690-A. par único). Opera-se, pois, uma condição resolutiva, e não uma rescisão ou anulação, como antes se entendia" (In: *A reforma da execução do título executivo extrajudicial* ..., p. 143).

[237] Segundo Cândido Rangel Dinamarco (In: Ob. cit., p. 562), "a lei admite claramente o próprio exeqüente como licitante em praça ou leilão, concorrendo ele em igualdade de condições com outros interessados e só tendo a vantagem de não depositar o valor da oferta, quando vitorioso; ele só depositará eventual diferença, se houver (art. 690, § 2º). Nem seria constitucionalmente legítimo impedi-lo de licitar. Ao oferecer lance na praça ou no leilão, o exeqüente sujeita-se às mesmas regras que os demais licitantes, especialmente quanto ao valor da oferta. Essa participação não se confunde com o pedido de adjudicação do bem, que deve conter a oferta de valor não inferior ao da avaliação (art. 714) e só pode ser deferido quando, já realizada a praça ou leilão, não houver sido feito nenhum lance aceitável (art. 714)".

trumento formal à aquisição do domínio (por exemplo, aquisição de bens imóveis, veículos).

Imissão na posse do adquirente:[238] Nos termos do art. 901, § 1º, do CPC/15, "a ordem de entrega do bem móvel, ou a carta de arrematação do bem imóvel, será com o respectivo mandado de imissão na posse, será expedida depois de efetuado o depósito ou prestadas as garantias pelo arrematante, bem como realizado o pagamento da comissão do leiloeiro e das demais despesas da execução".

A referência legislativa à prestação de garantias pelo arrematante refere-se às hipóteses em que a arrematação tiver sido a prazo. Nesses casos, a posse somente será entregue ao arrematante após a prestação da devida garantia (caução, fiança). Lembre-se que a teor do disposto no art. 895, § 1º, do CPC/15, a garantia consolida-se na hipoteca do próprio bem adquirido, quando se tratar de bens imóveis, ou por caução idônea, no caso de bens móveis. Como explica Humberto Theodoro Júnior, "o auto de arrematação constituirá o título do gravame que será levado a registro no Cartório Imobiliário por meio de carta de arrematação. Constituída a hipoteca, poder-se-á expedir mandado de imissão na posse, caso o depositário ofereça alguma resistência à entrada do arrematante na posse do bem praceado. No caso de bens

---

[238] Ovídio Araújo Baptista da Silva (In: *Curso de Processo Civil*, Vol. 2, p. 104), ao tratar do tema, leciona: "A eficácia dos atos expropriatórios, realizados em hasta pública, no processo de execução, quanto às conseqüências que a carta de arrematação ou de adjudicação poderão determinar, no que diz respeito à entrega efetiva do bem pelo depositário ao adquirente, tem suscitado controvérsia, podendo identificar-se, basicamente, três correntes. Para alguns, o arrematante ou adjudicatário, que eventualmente se depare com resistência daquele a quem o bem penhorado fora confiado em depósito, para obter a respectiva posse, terá de promover contra o mesmo uma ação reivindicatória; outros, ao contrário, entendem que aquele que adquire em hasta pública não necessita promover ação alguma, porquanto as respectivas cartas de arrematação e adjudicação conteriam em si mesmas a ordem para que o depositário entregasse ao adquirente o bem que lhe fora confiado em depósito (Neste sentido, H. Theodoro Jr., *Processo de Execução*, p. 312; Ernane Fidélis dos Santos, *Comentários ao Código de Processo Civil*, V. VI, p. 51). Poder-se-ia ainda arrolar uma terceira hipótese, defendida por aqueles que sugerem o emprego de uma ação de reintegração de posse a ser proposta pelo arrematante ou adjudicatário contra o depositário do bem penhorado. Nenhuma dessas soluções, no entanto, nos agrada. Como em outra oportunidade dissemos (*A ação de imissão de posse*, 3. ed. RT, 2001, p. 196 e ss), seria uma manifesta demasia exigir a lei que o arrematante necessitasse propor uma ação reivindicatória para obter a posse do bem adquirido em hasta pública. Com mais forte razão, seria absurdo exigi-la do adjudicatário que, na condição do credor, já percorrera o caminho às vezes longo e penoso de um processo executório e que seria, então, compelido a reingressar em juízo com uma ação sabidamente morosa, qual a reivindicatória. Por outro lado, não cremos que a carta de arrematação ou de adjudicação possa conter eficácia mandamental capaz de permitir a tomada de posse por parte do adquirente por simples ordem do juízo nela implicitamente contida, determinando a entrega do bem ao adquirente. Por tais razões, defendemos, então, como agora, o ponto de vista, aliás amplamente sufragado pela jurisprudência formada sob o Código de 1939, de compelir ao adquirente em hasta pública a ação de imissão de posse, em vez da reivindicatória, desde, naturalmente, que se dê a essa demanda o rigoroso sentido da sumariedade substancial que lhe é inerente, sem transformá-la, como muitos imaginam que seja possível numa 'reivindicatória especial'".

móveis, não há necessidade de carta de arrematação. O juiz, depois de recolhido o preço, ou de caucionado o seu pagamento, expedirá ordem ao depositário para a imediata entrega ao arrematante".[239]

Tendo em vista que a arrematação gera ao arrematante de bem imóvel direito de se investir na posse da coisa arrematada, nenhuma dificuldade avulta nessa imissão, se o devedor tiver a posse do bem: o juiz determinará a expedição de simples mandado, destituindo o depositário dos seus poderes e de sua posse, ordenando a imissão do arrematante. Tratando-se de bens móveis caberá a expedição de mandado de busca e apreensão em favor do arrematante. Em ambos os casos, deverá ser seguido um procedimento simples e de nítido caráter coercitivo, de forma que, havendo resistência aos respectivos mandados, o juízo poderá contar com a força policial.

Todavia, em algumas hipóteses, não basta a ordem do órgão judicial, como prevê o dispositivo legal, sob pena de violar-se princípios constitucionais (por exemplo, contraditório e ampla defesa – art. 5º, LV, CF).

Havendo locação, caberá ao arrematante denunciá-la, no prazo e na forma legais. Não sendo o imóvel desocupado voluntariamente, caberá ao arrematante ajuizar a competente ação de despejo, com base no artigo 8º da Lei 8.245/91.

No caso de terceiros ocuparem o imóvel penhorado – onde não haja relação de locação –, a ação competente é a imissão na posse.

Desfazimento da arrematação: A assinatura do auto de arrematação pelo magistrado, pelo arrematante e pelo leiloeiro, em princípio, conduz à perfectibilização da arrematação que, pela lei, é considerada *perfeita, acabada e irretratável*. É o que preconiza o art. 903 do Novo CPC. Entretanto, a regra não é absoluta, já que o próprio art. 903 elenca hipóteses de invalidade, ineficácia e resolução da arrematação (§ 1º). Além disso, confere duas distintas situações para que tais arguições sejam feitas: a primeira, no prazo de 10 (dez) dias subsequentes ao aperfeiçoamento da arrematação; a segunda, por meio de ação autônoma, mesmo após a expedição da carta de arrematação.

Há, ainda, a previsão de desistência, por parte do arrematante, o que se admite nas hipóteses arroladas no § 5º.

Por fim, considera-se ato atentatório à dignidade da justiça a suscitação infundada de vício com o propósito de fazer com que desista o arrematante, o que poderá ser objeto de cumulação de multa

---

[239] In: *A reforma da execução do título executivo extrajudicial*, p. 145.

de até 20% do valor atualizado do bem e de indenização por perdas e danos.

Hipóteses de desfazimento da arrematação: nos termos do art. 903, § 1º, a arrematação poderá ser: a). invalidada, quando realizada por preço vil ou com outro vício; b). considerada ineficaz, se não for observado o disposto no art. 804; c). resolvida se não for pago o preço ou prestada caução.

a) *Invalidade da arrematação:* Nos termos do art. 891 do CPC, não será aceito preço vil na arrematação. De acordo com o parágrafo único desse mesmo dispositivo legal, "considera-se vil o preço inferior ao mínimo estipulado pelo juiz e constante do edital, e não tendo sido fixado preço mínimo, considera-se vil o preço inferior a 50% (cinquenta por cento) do valor da avaliação". De acordo com esse dispositivo legal, a fixação do valor mínimo do lance no segundo leilão e nos subsequentes continuará sendo fixado discricionariamente pelo magistrado. Apenas no caso de omissão, é que considerar-se-á vil o preço inferior a 50% do valor de avaliação. A alienação por preço vil acarretará a nulidade (relativa) do leilão, considerando que esta norma respectiva contempla um interesse meramente privado (do devedor), aplicando-se o disposto no art. 283 do CPC.

Uma das maiores discussões existentes durante a vigência do CPC/73 era a da nulidade da hasta pública (leilão no CPC/15) pela ausência de intimação pessoal do devedor. Como a mesma deixou de ser a regra, superada está a questão, já que poderá ser realizada na pessoa do advogado e, inclusive por edital. Todavia outras situações que ensejam a nulidade da hasta pública ainda subsistirão, como, por exemplo, se o procurador não tiver poderes especiais para lançar.[240] Isso também ocorre no caso de ausência de intimação do Ministério Público, sendo alienados bens de propriedade da massa falida.[241]

---

[240] Nesse sentido, a jurisprudência do Tribunal de Justiça do Rio Grande do Sul: "Mandato. Poderes gerais não autorizam dar lanço em hasta pública. Nulidade. Prejuízo presumido. Provimento do apelo". (Apelação Cível nº 70004494985, 19ª Câmara Cível, Relator: Mário José Gomes Pereira, Julgado em 09/12/2003)

[241] Neste sentido, a jurisprudência do *Tribunal de Justiça do Rio Grande do Sul:* "Apelação cível. Direito tributário. Embargos à arrematação. Massa falida. Hasta pública. Nulidade. Ausência de intimação do ministério público. Ausência de intimação pessoal do devedor. Bem arrematado por integrante do Poder Judiciário. Honorários advocatícios. Redimensionamento. Recurso adesivo. No caso, mostra-se ausente o interesse recursal no pedido de não exclusão da litisconsorte necessária, uma vez que a sentença a manteve no pólo passivo dos embargos à arrematação. Apelação Cível. 1. O Ministério Público não foi intimado da hasta pública, não participando daquele ato, sendo obrigatória a sua presença quando se tratar de bens da massa falida. Assim, resta clara a nulidade do ato de arrematação dos bens. 2. Nos termos do artigo 687, § 5º do Código de Processo Civil, a falta de intimação do devedor para a hasta pública trata-se de nulidade insanável, ainda mais quando este possui procurador constituído nos autos e endereço certo, não sendo suprida pela publicação de edital de leilão pela imprensa. 3. Bem arrematado por integrante do

b) *Ineficácia da arrematação se não observado o disposto no art. 804:* O art. 804 prevê a intimação de diversas pessoas, *verbis*: "Art. 804. A alienação de bem gravado por penhor, hipoteca ou anticrese será ineficaz em relação ao credor pignoratício, hipotecário ou anticrético não intimado. § 1° A alienação de bem objeto de promessa de compra e venda ou de cessão registrada será ineficaz em relação ao promitente comprador ou ao cessionário não intimado. § 2° A alienação de bem sobre o qual tenha sido instituído direito de superfície, seja do solo, da plantação ou da construção, será ineficaz em relação ao concedente ou ao concessionário não intimado. § 3° A alienação de direito aquisitivo de bem objeto de promessa de venda, de promessa de cessão ou de alienação fiduciária será ineficaz em relação ao promitente vendedor, ao promitente cedente ou ao proprietário fiduciário não intimado. § 4° A alienação de imóvel sobre o qual tenha sido instituída enfiteuse, concessão de uso especial para fins de moradia ou concessão de direito real de uso será ineficaz em relação ao enfiteuta ou ao concessionário não intimado. § 5° A alienação de direitos do enfiteuta, do concessionário de direito real de uso ou do concessionário de uso especial para fins de moradia será ineficaz em relação ao proprietário do respectivo imóvel não intimado. § 6° A alienação de bem sobre o qual tenha sido instituído usufruto, uso ou habitação será ineficaz em relação ao titular desses direitos reais não intimado".

A não intimação das pessoas elencadas no artigo acima transcrito, acarreta a ineficácia da alienação em relação a elas, o que significa dizer que a alienação existirá, será válida, mas não produzirá efeitos em relação a esses terceiros não intimados (v.g., se o credor hipotecário não for intimado da alienação, o ônus hipotecário não será cancelado com a venda coercitiva, o que é tudo o que o terceiro adquirente não quer).

c) *Resolução da arrematação se não for pago preço ou prestada caução:* O dispositivo legal (art. 903) refere-se a ausência de pagamento do preço ou não prestação de caução na arrematação a prazo, caso a opção seja pela resolução e não pela execução das parcelas vincendas, tal como permite o art. 895, § 5°, do CPC.

Forma de manifestação sobre os vícios existentes na arrematação: nos termos do § 2° do art. 903, o juiz decidirá acerca das situações mencionadas no § 1°, se for provocado em até dez dias após o aperfei-

---

Poder Judiciário. Invalidade. 4. Analisando os autos denota-se que a verba sucumbencial fixada foi excessiva (10% sobre o valor da causa, R$ 800.000,00), devendo ser reduzida para R$ 5.000,00 (cinco mil reais), considerando-se os critérios referidos nas alíneas a, b e c do § 3° do artigo 20 do Código de Processo Civil. Recurso adesivo não-conhecido. Apelo parcialmente provido. (Apelação Cível n° 70011561123, 2ª Câmara Cível, Relator: João Armando Bezerra Campos, Julgado em 13/09/2006)

çoamento da arrematação. Esta provocação do magistrado se dá através de simples petição e não mais mediante a oposição de embargos à arrematação tal como era a exigência prevista no Código de Processo Civil de 1973. O prazo é de 10 (dez) dias a contar da assinatura do auto de arrematação. A natureza da decisão do magistrado é de interlocutória, atacada através do recurso de agravo de instrumento, por força do art. 1.015, parágrafo único, do CPC. Após transcorrido o prazo de 10 (dez) dias, sem a arguição das matérias previstas no § 1º do art. 903, será expedida carta de arrematação e, conforme o caso, ordem de entrega, no caso de bens móveis, ou mandado de imissão de posse, em se tratando de bens imóveis. Após a expedição da carta de arrematação ou da ordem de entrega, a invalidação da arrematação poderá ser pleiteada por ação autônoma, em cujo processo o arrematante figurará como litisconsorte necessário.

Da desistência da arrematação pelo arrematante: O art. 903, § 5º, do CPC prevê as hipóteses em que o arrematante poderá desistir da arrematação, sendo-lhe imediatamente devolvido o depósito que tiver feito. São elas: a) se provar, nos dez dias seguintes, a existência do ônus real ou gravame não mencionado no edital; b) se antes de expedida a carta de arrematação ou a ordem de entrega, o executado alegar alguma das situações previstas no § 1º do art. 903 do CPC; c) uma vez citado para responder a ação autônoma de que trata o § 4º do art. 903 do CPC, desde que a desistência seja apresentada no prazo de que dispõe para respondera essa ação.

Nos termos do § 6º deste mesmo dispositivo legal, considera-se ato atentatório à dignidade da justiça a suscitação infundada de vício com o objetivo de ensejar a desistência do arrematante, devendo o suscitante ser condenado, sem prejuízo da responsabilidade por perdas e danos, ao pagamento de multa, a ser fixada pelo juiz e devida ao exequente, em montante não superior a vinte por cento do valor atualizado do bem.

1.3.2.2.3. Desconto

Miguel do Nascimento Costa

A retribuição pecuniária recebida por pessoa natural, com ou sem vinculação jurídica com a fonte pagadora, e independentemente da respectiva natureza, integra a garantia patrimonial, especialmente no crédito alimentar.[242]

---

[242] ASSIS, Araken de. *Manual da Execução*. Op. cit. p. 195.

O desconto em folha, enquanto técnica processual, é a possibilidade de atingir diretamente a fonte de renda do executado para adimplir o débito. Há, inclusive, entendimento de que tal medida tem preferência sobre as demais.[243] O desconto é medida possível tanto para alimentos atuais como para remotos.[244]

A existência de fonte pagadora perfeitamente identificada sugeriu a criação de uma técnica de expropriação simplificada, atualmente prevista no art. 529 do CPC, segundo a qual o órgão judiciário oficia à fonte pagadora, ordenando o desconto em folha, pagando-se a quantia fixada diretamente ao alimentado.[245] Trata-se de meio expropriatório que produz resultados muito eficazes.

Em suma, na hipótese de execução por sub-rogação, o credor pode requerer que se proceda ao desconto do valor da prestação de alimentos, na folha de pagamento do devedor.[246]

1.3.2.2.4. Apropriação de frutos e rendimentos

Se o bem penhorado produz frutos e rendimentos, a satisfação do credor pode ocorrer através da expropriação de direito, conforme previsão contida no art. 868 do CPC.[247] É o mesmo o que ocorre quando a penhora recai sobre empresa e outros estabelecimentos, conforme se infere da redação do art. 862 do CPC, bem como sobre a penhora sobre faturamento prevista no art. 866 do CPC.[248]

O CPC 1973 tratava o tema com o título de *usufruto*, a título de direito à fruição e uso da coisa.[249] O art. 825 do CPC 2015, contudo, elimina referência à expressão *usufruto*, fazendo menção à empresa ou estabelecimento comercial ao dispor que a expropriação poderá

---

[243] ASSIS, Araken de. *Da execução de alimentos e prisão do devedor*. 4. ed. São Paulo: Revista dos Tribunais, 1998. p. 125. A preferência, porém, parece perder o sentido quando se considera que a atividade jurisdicional deve ser consentânea às necessidades de cada caso concreto, "independentemente da espécie de alimentos envolvidos e de qualquer ordem previamente estabelecida pelo legislador" (BUENO, Cassio Scarpinella. *Curso sistematizado de direito processual civil*. São Paulo: Saraiva, 2012. p. 417). Realmente, por mais eficiente que a medida possa parecer *a priori*, nada impede que *a posteriori* haja demonstração de que outras técnicas sejam mais adequadas a determinada situação em particular.

[244] ASSIS, Araken de. *Manual da Execução*. Op. cit. p. 1083.

[245] Idem. p. 195.

[246] WAMBIER, Luiz Rodrigues; TALAMINI, Eduardo. *Curso avançado de processo civil*. São Paulo: Revista dos Tribunais, 2016. p. 709.

[247] ASSIS, Araken de. *Manual da Execução*. Op. cit. p. 197.

[248] Idem, ibidem.

[249] Idem, ibidem.

consistir em "apropriação de frutos e rendimentos de empresa ou de estabelecimentos e de outros bens".[250]

Nessa forma de expropriação o escopo é obter-se dinheiro/resultado a partir do bem penhorado, a fim de que seja entregue ao exequente. Para tanto, é possível alienar-se o bem penhorado ou administrar o bem para retirar-lhes frutos e rendimentos.[251] O que há de comum nestes dois procedimentos é a necessidade de se realizar algum tipo de ingerência sobre o patrimônio do executado, como se o estivesse substituindo, a fim de converter o patrimônio em resultado monetário.[252]

Relevante salientar, outrossim, que os frutos e rendimentos de bens impenhoráveis são igualmente impenhoráveis. Todavia, na falta de outros bens sujeitos à constrição, poderão ser penhorados os frutos e os rendimentos de bens inalienáveis (art. 834 do CPC).[253] Com relação ao tema, inclusive o Tribunal de Justiça do Estado do Rio Grande do Sul já teve oportunidade de se manifestar: "Embargos de declaração. omissão. Inocorrência. Execução. Cédula rural pignoratícia. Penhora que recaiu sobre os frutos e rendimentos de bens inalienáveis. possibilidade. Artigo 834 do NCPC. Alegação de impenhorabilidade dos imóveis afastada em face da documentação acostada pelo banco. Ausente qualquer das hipóteses elencadas no art. 1.022 do CPC/2015. Pretensão de rejulgamento da causa. Decisão que enfrentou todas as questões de relevância, conforme consta do acórdão embargado. EMBargos de declaração desacolhidos". (Embargos de Declaração nº 70073466781, Décima Segunda Câmara Cível, Tribunal de Justiça do RS, Relator: Guinther Spode, Julgado em 31/08/2017).

Com efeito, decretada a penhora de frutos e rendimentos, o executado perde o gozo do bem até que o exequente seja pago do principal, juros, custas e honorários de advogado (art. 868 do CPC).[254] O exequente receberá os frutos e rendimentos do bem, dando por termo nos autos, quitação dos valores recebidos (art. 869, §§ 5º e 6º, do CPC). Se o imóvel objeto da penhora de frutos e rendimentos estiver arrendado, o aluguel será pago diretamente ao credor ou ao administrador.[255] No caso de ser nomeado administrador, este repassará as

---

[250] AMARAL, Guilherme Rizzo. *Comentários às alterações do novo CPC*. Op. cit. p. 908.

[251] MEDINA. José Miguel Garcia. *Novo Código de Processo Civil comentado: com remissões e notas comparativas ao CPC/1973*. Op. cit. p. 1.162.

[252] Idem, ibidem.

[253] CUNHA, José Sebastião Fagundes; BOCHENEK, Antônio César; CAMBI, Eduardo (Coords.). *Código de processo civil*. São Paulo: Revista dos Tribunais, 2016, p. 1.215.

[254] WAMBIER, Luiz Rodrigues; TALAMINI, Eduardo. *Curso avançado de processo civil*. São Paulo: Revista dos Tribunais, 2016. p. 371.

[255] Idem, ibidem.

quantias recebidas ao exequente. Em rigor, não se trata de pagamento, mas de satisfação forçada do crédito.[256]

Na penhora de faturamento, por exemplo, as quantias arrecadas pelo administrador/depositário serão periodicamente transferidas ao juízo e por este entregues ao credor, para serem imputadas à satisfação da dívida,[257] consoante se depreende do arts. 869 e 905, ambos do CPC 2015.

Por fim, salienta-se que, na forma do art. 867 do CPC, a penhora de frutos e rendimentos somente pode ser ordenada pelo magistrado se for considerada a técnica processual mais eficiente para o recebimento do crédito e se for notadamente menos gravosa do prisma do executado.[258]

1.3.2.2.5. Transformação (realização por terceiro)

Sendo fungível a prestação de fazer, poderá o exequente requerer que seja realizada por terceiro à custa do executado, consoante se observa da redação do art. 817 do CPC 2015 e do art. 249 do Código Civil.[259]

Enuncia o art. 817 do CPC: "se a obrigação puder ser satisfeita por terceiro, é lícito ao juiz autorizar, a requerimento do exequente, que aquele a satisfaça à custa do executado"; ao passo que o art. 249 do Código Civil assim estabelece: "Se o fato puder ser executado por terceiro, será livre ao credor mandá-lo executar à custa do devedor, havendo recusa ou mora deste, sem prejuízo da indenização cabível".

Trata-se de técnica processual através da qual a esfera patrimonial do executado é invadida para executar obrigação de fazer fungíveis ou direitos a ela equiparados.[260] Nesse caso, o juiz examinará o roteiro tração pelo empreiteiro (terceiro) e, aprovando a proposta, ordenará ao exequente a antecipação das despesas (art. 817, parágrafo único, do CPC), posteriormente ressarcidas, uma vez que, sabidamente, a execução se realiza "à custa do executado".[261]

O exequente, ao requerer a realização por terceiro, pode desde logo apresentar ao juízo propostas de terceiros aptos a concretizar a

---

[256] Idem, ibidem.
[257] Idem, p. 372.
[258] MOTA, Antonio. Art. 825. In: STRECK, Lenio Luiz; NUNES, Dierle; CUNHA, Leonardo (orgs.). *Comentários ao Código de Processo de Civil*. São Paulo: Saraiva, 2016, p. 1.082.
[259] MARINONI. Luiz Guilherme; ARENHART, Sérgio Cruz; MITIDIERO, Daniel. *Novo Código de Processo Civil*. Op. cit. p. 900.
[260] ASSIS, Araken de. *Manual da Execução*. Op. cit. p. 194.
[261] Idem, ibidem.

prestação. Pode o juiz, outrossim, determinar a apresentação de proposta por terceiro de sua confiança.[262]

A disciplina do art. 817 do CPC, parágrafo único, contudo, não se aplica para o cumprimento de títulos judiciais, já que nada justificaria impor ao credor, já reconhecido no título judicial, o ônus de antecipar despesas, enquanto o devedor usufrui de sua inércia, assim, para os títulos judiciais é o devedor quem deve antecipar as despesas necessárias ao fazer a ser prestado por terceiro.[263]

O papel do juiz nesse caso é apenas verificar a adequação da proposta ao escopo da obrigação e a razoabilidade do preço cobrado pelo terceiro, evitando que sejam praticados excessos.[264]

Realizada a prestação pelo terceiro, a execução prosseguirá contra o executado para a cobrança dos valores devidos pelo adiantamento que o exequente fez. Rigorosamente, o exequente paga ao terceiro pela prestação que receberá.[265]

1.3.2.2.6. Desapossamento (busca e apreensão e imissão de posse)

A execução da obrigação de entregar coisa certa e direitos reais, ocorre pelo desapossamento, procedimento simples e imediato que se resume a procurar e encontrar, se a coisa for móvel, e, na sequência, tomar e entregar a coisa ao exequente.[266] Nesse sentido, aliás, o art. 538 e o art. 806, § 2º, do CPC fazem necessária distinção da busca e apreensão (técnica processual voltada às coisas móveis), da imissão de posse (técnica processual restrita aos bens imóveis).

Não cumprida a obrigação de entregar coisa no prazo estabelecido na sentença, será expedido mandado de busca e apreensão ou de imissão na posse em favor do credor, conforme se tratar de coisa móvel ou imóvel.

Com efeito, o art. 538 do CPC dispõe sobre o cumprimento de decisão que reconheça a exigibilidade de dever de entregar coisa, devendo ser lido em conjunto com o art. 498 do CPC,[267] dedicado ao julgamento de tais ações: "Na ação que tenha por objeto a entrega de

---

[262] MARINONI. Luiz Guilherme. ARENHART, Sérgio Cruz. MITIDIERO, Daniel. *Novo Código de Processo Civil*. Op. cit. p. 902.

[263] Idem. ibidem.

[264] NETO, João Luiz Lessa. Art. 815. In: STRECK, Lenio Luiz; NUNES, Dierle; CUNHA, Leonardo (orgs). *Comentários ao Código de Processo de Civil*. São Paulo: Saraiva, 2016, p. 1.075.

[265] Idem, ibidem

[266] ASSIS, Araken de. *Manual da Execução*. Op. cit. p. 193.

[267] MEDINA. José Miguel Garcia. *Novo Código de Processo Civil comentado: com remissões e notas comparativas ao CPC/1973*. Op. cit. p. 905.

coisa, o juiz, ao conceder a tutela específica, fixará o prazo para o cumprimento da obrigação".

Nesse sentido, valioso salientar que o direito brasileiro distingue o procedimento das ações executivas para a entrega de coisa, em virtude do critério de serem (ou não) baseadas em título extrajudicial. Encontrando-se a ação fundada em título executivo extrajudicial, devera ser seguido o rito estabelecido no art. 806 do CPC. Diversamente, em se tratando de título judicial, o demandante terá de seguir o procedimento estabelecido nos artigos 498 e 538 do CPC.[268]

Não cumprida a ordem no prazo fixado na sentença ou decisão judicial, expedir-se-á, em favor do demandante, mandado de busca e apreensão, se coisa móvel, ou mandado de imissão de posse, se coisa imóvel.[269] Um e outro visam a realizar a tutela do direito à coisa, independentemente de qualquer comportamento do demandado.[270] Para o cumprimento do mandado, pode o juiz requisitar, sendo o caso, o uso de força militar.

Outrossim, relevantíssimo ressaltar a possibilidade de aplicação de multa, a fim de constranger o demandado a cumprir a ordem judicial e a entregar a coisa. Admite-se o uso da multa a partir da previsão contida no art. 538, § 3º, do CPC, que remete ao cumprimento de prestações para entrega de coisa ao regimento do cumprimento de prestações de fazer e não fazer. Em verdade, segundo esta regra, seria possível utilizar não apenas a multa, mas qualquer outro meio de execução idôneo à tutela do direito material.[271]

Na execução fundada nos arts. 806 e seguintes do CPC, basta ao exequente demonstrar a existência do título executivo, devendo o executado, para discutir a dívida, propor embargos à execução que, como se sabe, não tem efeito suspensivo.[272]

De acordo com o dispositivo legal, o devedor de obrigação de entrega de coisa certa, constante de título executivo extrajudicial, será citado para, em 15 (quinze) dias, satisfazer a obrigação.

Ao despachar a inicial, o juiz poderá fixar multa por dia de atraso no cumprimento da obrigação, ficando o respectivo valor sujeito a alteração, caso se revele insuficiente ou excessivo.

---

[268] Idem. p. 906.
[269] MARINONI. Luiz Guilherme; ARENHART, Sérgio Cruz; MITIDIERO, Daniel. *Novo Código de Processo Civil*. Op. cit. p. 688.
[270] Idem, ibidem.
[271] Idem, p. 689.
[272] MEDINA. José Miguel Garcia. *Novo Código de Processo Civil comentado: com remissões e notas comparativas ao CPC/1973*. Op. cit. p. 906.

Do mandado de citação constará ordem para imissão na posse ou busca e apreensão, conforme se tratar de bem imóvel ou móvel, cujo cumprimento se dará de imediato, se o executado não satisfizer a obrigação no prazo que lhe foi designado.

A partir do art. 806 do CPC, com efeito, é possível a obtenção de tutela jurisdicional para variadas situações de direito material. Muito embora o dispositivo faça referência expressa às obrigações de entrega de coisa, na realidade, a técnica processual tem por finalidade viabilizar a tutela do direito à coisa. Assim, é possível postular e obter, mediante aplicação dessa previsão legal: a) tutela do adimplemento de obrigação contratual de entrega de coisa; b) tutela específica de entrega de coisa em substituição à coisa defeituosa que ocasionou adimplemento imperfeito; c) tutela de recuperação de coisa dependente de desconstituição de negócio; d) tutela ressarcitória de forma específica mediante a entrega de coisa.[273]

Em suma, o art. 806 do CPC serve para a tutela do direito à coisa fundada em título executivo extrajudicial (elencados no art. 784 do CPC) utilizando-se o disposto no art. 538 do CPC, conforme já referido, para a proteção de obrigações fundadas em título judicial (elencados no art. 515 do CPC).[274]

Relevante salientar, por fim, que é plenamente possível cominação de multa coercitiva para estimular/coagir o executado a entregar a coisa em juízo, conforme se infere da redação do § 1º do art. 806 do CPC, segundo o qual, o juiz pode fixar multa por dia de atraso, para o caso de atraso no cumprimento da obrigação.

---

[273] MARINONI. Luiz Guilherme; ARENHART, Sérgio Cruz; MITIDIERO, Daniel. *Novo Código de Processo Civil*. Op. cit. p. 894.

[274] Idem, ibidem.

2. Procedimentos executivos

2.1. BASEADOS EM TÍTULO JUDICIAL

2.1.1. Procedimentos comuns

2.1.1.1. Cumprimento das obrigações de fazer e não fazer

João Paulo Kulczynski Forster

O ponto de partida para o exame do cumprimento das obrigações de fazer e de não fazer é o art. 497 do CPC/15, que assim dispõe: Art. 497. Na ação que tenha por objeto a prestação de fazer ou de não fazer, o juiz, se procedente o pedido, concederá a tutela específica ou determinará providências que assegurem a obtenção de tutela pelo resultado prático equivalente.

A dicção do dispositivo mencionado deixa clara a intenção do legislador em privilegiar a denominada *tutela específica* da obrigação, que nada mais é que entregar ao credor o mesmo resultado que ele obteria se o devedor houvesse cumprido com a sua respectiva obrigação. Vale dizer, se estamos diante de uma relação contratual, o Judiciário se compromete em privilegiar a busca do idêntico resultado obtido com o efetivo cumprimento das disposições contratuais. Denomina-se tal disposição como a concretização do "princípio da primazia da tutela específica (...). O fazer ou o não fazer somente serão convertidos em prestação equivalente a pedido do credor ou se impossível a obtenção do resultado específico".[275]

Trata-se da superação do entendimento consolidado no Código Napoleônico, de 1806, a partir das lições de Pothier, de que toda obrigação de fazer ou não fazer objeto de descumprimento se resolveria apenas em perdas e danos, uma vez que "ninguém pode ser coagido

---

[275] DIDIER JR., Fredie, CUNHA, Leonardo Carneiro da, BRAGA, Paula Sarno; OLIVEIRA, Rafael Alexandria. *Curso de Direito Processual Civil. Execução.* Vol. 5. 7. ed. Salvador: Juspodivm, 2017, p. 580.

a cumprir obrigações dessa natureza".[276] Diz-se, portanto, que a tutela específica é verdadeiro direito do credor, que pode optar por não o exercer, até mesmo à luz do disposto no arts. 247, 389 e 475 do Código Civil, que autorizam a conversão das obrigações em prestação pecuniária. Em particular o artigo 475 menciona a "preferência" do credor em exigir o cumprimento, não afastando, em qualquer caso, a indenização por perdas e danos. Se não houver mais interesse na execução da prestação, é direito do credor optar pela conversão em perdas e danos.[277]

Importante distinguir, ainda, as obrigações fungíveis e infungíveis. As obrigações fungíveis são "as prestações que, por sua natureza ou disposição convencional, podem ser satisfeitas por terceiro, quando o obrigado não as satisfaça", enquanto as infungíveis são aquelas "que somente podem ser satisfeitas pelo obrigado, em razão de suas aptidões ou qualidades pessoais".[278] Como exemplo da primeira espécie, podemos ter a pintura de uma parede, o conserto de um automóvel e assim por diante. Desinteressa ao credor quem será a *pessoa* que execute a obrigação, enquanto que as obrigações infungíveis se revelam *intuitu personae* – em razão da pessoa contratada. Só concordo, por exemplo, em me submeter à cirurgia nas mãos *daquele* médico. Reconhece-se, portanto, haver um limite para coagir o devedor no caso das obrigações infungíveis, que poderão ser convertidas em perdas e danos.

2.1.1.1.1. Requerimento

Consiste o cumprimento de sentença em procedimento executivo de título judicial (vide art. 515, CPC/15). O cumprimento pode ser definitivo (de decisão transitada em julgado) ou provisório (de decisão passível de recurso ou com recurso ainda não apreciado), como se viu, e se traduz em um prosseguimento do processo já existente, privilegiando o denominado processo sincrético. O cumprimento principia com requerimento (petição escrita) destinado ao juízo competente, pela parte legitimada, contendo a identificação das partes, causa de

---

[276] SANTOS, Moacyr Amaral. *Primeiras Linhas de Direito Processual Civil.* Vol 3. 14. ed. São Paulo: Saraiva, 1994, p. 379. Em seguida, refere o autor: "Modernamente, entretanto (...) a doutrina tem-se orientado no sentido de se criarem condições processuais capazes de levar o devedor de obrigação de fazer ou de não fazer a satisfazê-la de modo específico". Idem, p. 380.

[277] V. art. 402, CC: "Salvo as exceções expressamente previstas em lei, as perdas e danos devidas ao credor abrangem, além do que ele efetivamente perdeu, o que razoavelmente deixou de lucrar".

[278] Tudo cf. SANTOS, Moacyr Amaral. *Primeiras Linhas de Direito Processual Civil.* Vol 3. 14. ed. São Paulo: Saraiva, 1994, p. 381.

pedir e pedido. Não se trata de uma inicial propriamente dita, pois as partes já foram anteriormente identificadas (art. 319, CPC/15). Não há citação, já que a relação processual já se formou na etapa de conhecimento, mas sim intimação do vencido/devedor para cumprimento.

Nas obrigações de fazer ou não fazer, em matéria de *competência*, o requerimento para o cumprimento da decisão deve se observar o disposto no art. 516 do CPC/15: "Art. 516. O cumprimento da sentença efetuar-se-á perante: I – os tribunais, nas causas de sua competência originária; II – o juízo que decidiu a causa no primeiro grau de jurisdição; III – o juízo cível competente, quando se tratar de sentença penal condenatória, de sentença arbitral, de sentença estrangeira ou de acórdão proferido pelo Tribunal Marítimo".

Por exemplo, se foi movida ação de obrigação de fazer perante a 3ª Vara Cível da Comarca de Porto Alegre, a(s) decisão(ões) que puder(em) ser objeto de cumprimento deverão ser requeridas em petição específica perante esse juízo. Não importa se a decisão, nesse caso, foi proferida pelo próprio juízo, pelo Tribunal competente (Tribunal de Justiça do Estado do Rio Grande do Sul – TJRS) ou Tribunal Superior (Superior Tribunal de Justiça ou Supremo Tribunal Federal). A competência para apreciar o cumprimento é do juízo que decidiu a causa em primeiro grau de jurisdição (art. 516, II, CPC/15). Ao mesmo tempo, se há demanda de competência originária do TJRS (digamos, uma ação rescisória ou um mandado de segurança), o pedido de cumprimento deverá ser apreciado por tal Tribunal.

Registra-se que o art. 516, parágrafo único, traz diferencial em relação às obrigações de fazer ou não fazer. Além da possibilidade de optar pelo atual domicílio do executado ou *pelo juízo do local onde deva ser executada a obrigação de fazer ou de não fazer*.[279] Os autos deverão ser remetidos pelo juízo de origem ao juízo então competente, não sendo necessário que o exequente traslade cópia integral do processo para tal efeito.

A **legitimidade** para o pedido do cumprimento de sentença se dá na pessoa do exequente, como refere o art. 513, § 1º, do CPC/15. Em outras palavras, a legitimidade se demonstra a partir do título executivo judicial, que confere à parte vitoriosa a possibilidade de requerer o cumprimento do comando judicial pelo próprio Poder Judiciário e em face de quem pode requerê-lo. Aplicam-se também as disposições

---

[279] Art. 516, Parágrafo único. Nas hipóteses dos incisos II e III, o exequente poderá optar pelo juízo do atual domicílio do executado, pelo juízo do local onde se encontrem os bens sujeitos à execução ou pelo juízo do local onde deva ser executada a obrigação de fazer ou de não fazer, casos em que a remessa dos autos do processo será solicitada ao juízo de origem.

legais que asseguram ao Ministério Público a legitimidade ativa para o cumprimento de sentença mesmo quando não for parte na causa (p. ex., para executar sentença proferida em ação popular caso o autor ou terceiro não o faça em 60 dias, cf. art. 16 da Lei 4.717/65). Lembre-se, ainda, a possibilidade de, em havendo sucessão *causa mortis*, os sucessores ou o espólio integrarem o polo ativo da demanda.

Lembre-se que o art. 526 assegura ao "réu" (*rectius*: parte vencida), comparecer em juízo e oferecer o pagamento nos casos em que houve condenação por pagar quantia certa. Seria absurdo pensar que se trata de legitimação do vencido para propor procedimento executivo. Este pensamento não é adequado, pois o devedor não propõe procedimento contra si, ele apenas o evita, demonstrando que já cumpriu a determinação judicial.[280]

Situação similar, mas não idêntica, pode se verificar no cumprimento das obrigações de fazer, embora não haja dispositivo legal a tal respeito. O vencido pode comprovar, em juízo, já ter executado a obrigação, se isto for possível, a fim obter o efeito liberatório pretendido. Não idêntica, pois a prova da obrigação de não fazer pode se traduzir em prova diabólica – prova de fato negativo absoluto – e não se pode exigir do devedor que espontaneamente compareça em juízo e prove o não fazer.

A **causa de pedir**, um dos três elementos da ação, no cumprimento de sentença, consiste na afirmação do credor de que o devedor/vencido ainda não satisfez a obrigação a este imposta pelo título judicial, transitado em julgado ou não, mas já passível de cumprimento (definitivo ou provisório, respectivamente). Logo, em havendo cumprimento espontâneo da obrigação contida na decisão, simplesmente desaparece a própria causa de pedir do cumprimento de sentença.

Já o **pedido** a ser apresentado no requerimento do cumprimento de sentença das obrigações de fazer ou de não fazer deve guardar correspondência *direta* com o título judicial que se busca ver observado. Deve-se buscar, como regra, a tutela específica da obrigação ou obtenção do resultado prático equivalente.[281] Nada impede que o credor solicite, a partir de seu interesse ou da impossibilidade de obtenção de

---

[280] Nesse sentido, e com crítica mais extensa: ASSIS, Araken de. *Manual da Execução*. 19. ed. São Paulo: RT, 2017. p. 477 e seguintes.

[281] Destaca-se a lição de Marinoni, Arenhart e Mitidiero, a respeito da tutela específica e resultado prático equivalente: "Ambas são espécies do gênero tutela específica, no sentido de almejarem a resposta mais próxima àquilo que seria oferecido pelo direito material, caso não fosse descumprido A expressão tutela específica (como espécie) significa dizer que o resultado buscado será obtido por meio da atuação do próprio executado – portanto, implica o emprego de medidas de indução e de coerção. Já a expressão resultado prático equivalente traduz a ideia de que o resultado será obtido pela atividade de terceiros, o que gera a necessidade do emprego de técnicas

tutela específica no caso, e da dicção do art. 499 do CPC/15,[282] que se converta a obrigação em perdas e danos. É possível que, diante do decurso de tempo processual, seja do ajuizamento da demanda e de seu término, ou mesmo entre a decisão que se pretende ver cumprida e a oportunidade de requerê-la, a prestação tenha se tornado impossível ou já não haja mais interesse na mesma.

Destaca-se que o art. 536 assegura ao exequente a possibilidade de requerer medidas necessárias à sua satisfação, listadas em rol aberto (meramente exemplificativo, portanto), no seu § 1º: "Para atender ao disposto no *caput*, o juiz poderá determinar, entre outras medidas, a imposição de multa, a busca e apreensão, a remoção de pessoas e coisas, o desfazimento de obras e o impedimento de atividade nociva, podendo, caso necessário, requisitar o auxílio de força policial".

Na mesma linha, tais medidas não precisam constar expressamente do pedido, mas podem ser deferidas de ofício pelo juiz, tendo em vista princípio da primazia da tutela específica. Aplica-se ao pedido formulado no requerimento o disposto no art. 322, § 2º, do CPC/15,[283] embora não se trate de inicial. A boa-fé desempenha diferentes funções no processo, mas guarda particular relevância como cânone hermenêutico na melhor compreensão do pedido formulado pelo exequente, que deve levar em conta não apenas o postulado naquele requerimento, mas também as demais peças processuais que lhe dão suporte.

2.1.1.1.2. Meio de defesa

Ao ser intimado do pedido de cumprimento de sentença, o executado pode optar pelo cumprimento espontâneo, informando ao juízo tal situação e eventualmente requerendo extensão do prazo concedido para tanto. Pode, ainda, apresentar defesa.

Deve-se atentar que a decisão que determina a obrigação de fazer ou de não fazer em si pode não necessariamente corresponder ao início do prazo para seu cumprimento, uma vez que pode ser que haja recurso cabível. O mesmo ocorre nos casos de decisão que condena ao pagamento de quantia certa. Pois, falamos, então, que o ato que marca o início do prazo para o cumprimento da obrigação de fazer

---

de sub-rogação." MARINONI, Luiz Guilherme; ARENHART, Sérgio Cruz; MITIDIERO, Daniel. *Novo Código de Processo Civil Comentado*. São Paulo: RT, 2015, p. 576.

[282] Art. 499. A obrigação somente será convertida em perdas e danos se o autor o requerer ou se impossível a tutela específica ou a obtenção de tutela pelo resultado prático equivalente.

[283] Art. 322, § 2º A interpretação do pedido considerará o conjunto da postulação e observará o princípio da boa-fé.

ou não fazer é aquele da "intimação do devedor para cumprimento da ordem".[284]

Lógica diversa é das decisões proferidas em sede de tutela de urgência, de natureza antecipatória ou cautelar, que ao mesmo tempo em que dão conhecimento da decisão já determinam o prazo para seu cumprimento (por exemplo, em situação de realização de procedimento médico de urgência, em que houve negativa de cobertura pelo plano de saúde – nesses casos, o pedido de tutela de urgência, se concedido, deve ser cumprido de imediato no prazo fixado pelo magistrado).

O prazo para esse cumprimento espontâneo é fixado pelo juiz, à luz das peculiaridades do caso, e deverá ser razoável (art. 537, CPC/15). O legislador não poderia predispor em lei sobre tal prazo, que se acha condicionado pela realidade do caso concreto. No entanto, caso o julgador silencie a respeito do prazo, aplica-se aquele de quinze dias previsto no art. 523 do CPC. Dispensa-se qualquer prazo quando a natureza da prestação não necessitar de cumprimento de parte do devedor, como no caso da "imposição de fazer consistente na declaração de vontade, que pode ser substituída pela própria decisão".[285]

Cabe ponderar qual o *momento* para apresentação da defesa no caso de não cumprimento espontâneo. Decorrido o prazo, seja aquele fixado pelo juiz, seja aquele previsto em lei, abre-se o prazo de quinze dias para apresentação de *impugnação*, que é o meio de defesa do devedor/executado, sem necessidade de nova intimação. Apenas se destaca que "se a natureza da prestação imposta dispensar a fixação de prazo para cumprimento voluntário, o prazo de impugnação começa a fluir a partir da intimação do devedor".[286]

Quanto à *forma*, a impugnação é defesa escrita, apresentada e processada nos mesmos autos em que se requereu o cumprimento de sentença (art. 525, CPC/15). No tocante à *abrangência*, o art. 525, § 1º, estipula, em rol fechado, quais são as matérias que podem ser alegadas pelo executado, quais sejam: "I – falta ou nulidade da citação se, na fase de conhecimento, o processo correu à revelia; II – ilegitimi-

---

[284] DIDIER JR., Fredie; CUNHA, Leonardo Carneiro da; BRAGA, Paula Sarno; OLIVEIRA, Rafael Alexandria. *Curso de Direito Processual Civil. Execução*. Vol. 5. 7. ed. Salvador: Juspodivm, 2017, p. 639. Concluem os autores: "Assim, se a sentença condena o réu a fazer algo em certo prazo, sob pena de incidir determinada medida coercitiva, esse prazo para cumprimento não flui da intimação da sentença, nem automaticamente do trânsito em julgado; flui da intimação para cumprimento definitivo – que, como vimos, pode ser determinado de ofício ou a requerimento do credor – ou da intimação para cumprimento provisório, nos casos em que decisão foi impugnada por recurso sem efeito suspensivo". Idem, p. 642.

[285] Idem, p. 641.

[286] Idem, p. 645.

dade de parte; III – inexequibilidade do título ou inexigibilidade da obrigação; IV – penhora incorreta ou avaliação errônea; V – excesso de execução ou cumulação indevida de execuções; VI – incompetência absoluta ou relativa do juízo da execução; VII – qualquer causa modificativa ou extintiva da obrigação, como pagamento, novação, compensação, transação ou prescrição, desde que supervenientes à sentença".

Na hipótese de alegação de excesso de execução, o impugnante/executado deverá apresentar de imediato cálculo detalhado, indicando qual o valor entende ser correto (art. 525, § 4º). Caso não o faça, se este for o único fundamento da defesa, haverá rejeição liminar da impugnação; se houver outro, a impugnação será processada, mas não haverá exame, pelo magistrado, da alegação de excesso de execução (art. 525, § 5º).

A impugnação poderá ser apresentada com ou sem efeito suspensivo, que pode ser total ou parcial. Em primeiro lugar, a defesa pode suspender a prática dos atos executivos (p. ex., suspende aplicação da multa do art. 537), se for apresentada com: a) garantia do juízo, que consiste em penhora, caução ou depósito suficientes; b) relevância dos fundamentos e c) possibilidade de que o prosseguimento do cumprimento possa causar ao executado grave dano de difícil ou incerta reparação (art. 525, § 6º). Ela não terá efeito suspensivo sem essas qualidades, que devem estar simultaneamente presentes.[287]

O mencionado efeito suspensivo pode também ser parcial (§ 8º). Isso significa que o cumprimento seguirá em relação à porção não coberta pelo efeito suspensivo, de ocorrência frequente nas situações de pagar quantia certa. Se o impugnante/executado concorda com parte do valor, esta parte deverá ser paga de imediato. Não há motivo, à luz do princípio da primazia do mérito e da busca de tutela satisfativa (art. 4º, CPC/15) que se retarde o cumprimento daquilo que não é objeto de efeito suspensivo ou até mesmo de impugnação.

2.1.1.1.3. Fase expropriatória /Procedimento de realização da obrigação

Como mencionado anteriormente, é relevante, tanto no cumprimento como na execução da obrigação de fazer, ponderar acerca da fungibilidade da obrigação. A etapa inicial é idêntica, mesmo para a obrigação de não fazer. Apresentado o requerimento (art. 536) ao

---

[287] ALVIM, Angélica Arruda; ASSIS, Araken de; ALVIM, Eduardo Arruda; LEITE, George Salomão (coords.). *Comentários ao Código de Processo Civil*. São Paulo: Saraiva, 2016, p. 648.

juízo competente (art. 516), haverá imposição de multa ou outra medida, típica (com previsão legal, *tipificada* em lei, portanto), ou atípica (art. 536, § 1º, c/c 139, IV, CPC/15),[288] solicitada pelo exequente ou determinada de ofício pelo juiz.

Importante destacar, no ponto, que a melhor doutrina aponta que deve haver preferência pelas medidas executivas típicas em relação às atípicas. Deve-se proceder a exame da proporcionalidade da medida a ser imposta, de sua adequação e necessidade ao fim pretendido. Assim, percebe-se que, se o magistrado optar, a pedido da parte ou de ofício, por medida atípica, deverá observar dois direitos fundamentais processuais muito sensíveis ao tema: o contraditório (ainda que postecipado ou diferido para momento posterior, justamente para evitar a ineficácia da medida) e a motivação das decisões judiciais (art. 11, CPC/15, indicando quais as razões que justificam a adoção da medida diferenciada para o caso concreto).[289]

Intimado o devedor, apresentam-se quatro situações: a) cumpre a obrigação; b) apresenta impugnação com efeito suspensivo; c) apresenta impugnação sem efeito suspensivo; d) não se defende e não cumpre. Caso ele cumpra a obrigação, comprovando-a nos autos, o processo estará encerrado. Se houve apresentação de impugnação com efeito suspensivo, o exequente/impugnado deverá apresentar resposta à mesma, que será julgada pelo juízo competente. No caso das hipóteses "c" e "d", ou, ainda, de julgamento da impugnação favorável ao exequente/impugnado, o processo seguirá com a efetiva aplicação das medidas determinas pelo magistrado. Haverá aplicação de multa (art. 537) até o efetivo cumprimento da obrigação, que pode sofrer modificação nas hipóteses do art. 537, § 1º, e será devida ao exequente (§ 2º).

Se a obrigação for de natureza infungível, haverá conversão da obrigação em perdas e danos, processando-se, a partir daí, pelos arts. 509 a 512, que estabelecem o rito a ser adotado para liquidação de sentença. Definido o valor, processar-se-á pelos meios expropriatórios disponíveis para o cumprimento da obrigação de pagar quantia certa. Sendo fungível, viável a aplicabilidade do disposto no art. 817, CPC/15 (a par do disposto nos artigos 513 e 771 do CPC), que trata da

---

[288] São exemplos de medidas atípicas aceitas na jurisprudência pátria a suspensão do direito de dirigir, e a suspensão de cartões de crédito e a suspensão de passaporte. O tema é vasto e há histórico de medidas atípicas extremamente gravosas que não foram aplicadas tendo em vista o princípio da menor onerosidade para o devedor, como a proibição de realizar concurso público.

[289] DIDIER JR., Fredie, CUNHA; Leonardo Carneiro da; BRAGA, Paula Sarno; OLIVEIRA, Rafael Alexandria. *Curso de Direito Processual Civil. Execução.* Vol. 5. 7. ed. Salvador: Juspodivm, 2017, p. 643.

execução da obrigação de fazer, e prevê o procedimento a ser adotado caso terceiro possa realizar a prestação. O mesmo se diga em relação às obrigações de não fazer que envolvam o desfazimento de ato, atraindo a aplicabilidade do art. 822 do diploma processual civil.[290]

2.1.1.1.4. Fase final do procedimento (encerramento)

A etapa final do procedimento pode-se dar de diferentes formas. Primeiramente, é possível que haja o cumprimento espontâneo, dentro do prazo fixado. Nesse caso, havendo comprovação nos autos, o juiz proferirá sentença, extinguindo a execução (art. 203). Em havendo impugnação, com ou sem efeito suspensivo, a mesma será julgada e poderá resultar em decisão interlocutória (quando houver prosseguimento do cumprimento em parte ou no todo) ou em sentença (quando extinguir o cumprimento). Registra-se que o recurso cabível da interlocutória é o agravo de instrumento (art. 1.015, parágrafo único) e da sentença é a apelação (art. 1.009).[291] Caso tenha havido aplicação de multa, o magistrado poderá modificá-la nesse momento (art. 537), consolidando seu valor. O cumprimento poderá adotar a feição da obrigação de pagar quantia certa, se convertida a obrigação em perdas e danos, depois de devidamente liquidada (arts. 509 e seguintes).

2.1.1.2. Cumprimento das obrigações de entrega de coisa certa e incerta

Guilherme Botelho

2.1.1.2.1. Requerimento

É lição antiga que as sentenças podem ser classificadas segundo seu poder de transformação do plano social ou sensível. Assim, tem-se

---

[290] Vide tópico "execução das obrigações de fazer e de não fazer."

[291] A esse respeito, estabeleceu-se nos Tribunais o entendimento pacífico de que se trata de erro grosseiro a propositura de apelação quando cabível agravo de instrumento (e vice-versa). Nesse sentido: APELAÇÃO CÍVEL. DIREITO PRIVADO NÃO ESPECIFICADO. IMPUGNAÇÃO AO CUMPRIMENTO DE SENTENÇA. PROSSEGUIMENTO DO CUMPRIMENTO DE SENTENÇA. DECISÃO INTERLOCUTÓRIA. AGRAVO DE INSTRUMENTO. ERRO GROSSEIRO. A decisão que resolve o incidente de impugnação ao cumprimento de sentença mostra-se recorrível por meio de agravo de instrumento, a menos que se cuide de decisão extintiva da fase de cumprimento, hipótese em que caberá o manejo da apelação cível. No caso em apreço, o acolhimento parcial da impugnação ao cumprimento de sentença não acarretou a extinção da fase de cumprimento de sentença, o que atrai a incidência do art. 203, § 2º, do CPC/2015. Nesse sentido, em se tratando de decisão interlocutória, o recurso cabível é o agravo de instrumento. Ademais, não é aplicável o princípio da fungibilidade recursal, por se tratar de erro grosseiro, sendo, portanto, imperativo o não conhecimento do presente recurso Apelação não conhecida. (Apelação Cível 70076236280, 12ª C. C., Tribunal de Justiça do RS, Rel.: Umberto Guaspari Sudbrack, Jul. 11/01/2018).

sentenças autossuficientes e não autossuficientes, que também já foram chamadas de sentenças de mera repercussão jurídica e sentenças de repercussão física.[292] O primeiro grupo é composto pelas sentenças que não geram atividade executiva (declaratórias e constitutivas), enquanto o segundo grupo é formado pelas sentenças que contam com a imposição de prestações, seja qual for a natureza da obrigação imposta, que pode ser de pagar, entregar coisa que não dinheiro, fazer e não fazer.

A toda evidência interessa especialmente à atividade executiva o segundo grupo mencionado, em que pese já tenhamos exposto em momento anterior que as sentenças ditas autossuficientes também possam gerar excepcionalmente tutela executiva, razão pela qual melhor seria que a classificação tivesse por objeto as eficácias contidas na sentença e não propriamente estas. Vale dizer: "... nenhuma sentença é autossuficiente *prima facie*, porque nenhuma sentença é pura. Autossuficiente é a eficácia contida na decisão. Melhor dizendo, essa classificação apenas seria correta se classificasse eficácias e não sentenças. As eficácias declaratória e constitutiva são autossuficientes ou de mera repercussão jurídica, mas as sentenças, por conta da presença das demais eficácias, necessariamente não".[293]

A natureza da obrigação imposta em sentença define a técnica executiva mais apropriada. Daí por que, o código prevê procedimentos distintos à execução de obrigações de pagar, entregar coisa (certa ou incerta) e de fazer e não fazer. Assim, deixa-se clara nossa posição de que o art. 139, IV, do CPC não põe o Brasil em um modelo de execução atípica, no qual o julgador, a seu critério, irá escolher a técnica executiva mais adequada ao caso concreto.[294] Trata-se de dispositivo que deve ser examinado com rigoroso cuidado, que deve ser visto como alternativa subsidiária à completa falência do procedimento executivo adequado à natureza obrigacional, em vista do exaurimento das alternativas nele previstas,[295] ainda mais quando seja bem possível que tal dispositivo seja, inclusive, esquecimento legislativo em meios aos imbróglios das complexas tramitações de um código.

---

[292] Essa é a corrente dicção da doutrina. Apenas a título ilustrativo: MARINONI, Luiz Guilherme. *Tutela específica*: arts. 461, CPC e 84, CDC. 2. ed. São Paulo: Revista dos Tribunais, 2001, p. 66; ASSIS, Araken de. *Manual de execução*. 11. ed. São Paulo: Revista dos Tribunais, p. 88.

[293] OLIVEIRA, Guilherme Botelho de. Técnicas da tutela coletiva. *Revista Brasileira de Direito Processual – RBDPro*, Belo Horizonte, ano 118, n. 69, p. 119, jan./mar. 2010.

[294] A respeito dos modelos de tutela executiva no direito comparado, ver, por todos: TARUFFO, Michele. A atuação executiva dos direitos: perfis comparados. In: *Processo civil comparado*: ensaios. Trad. de Daniel Mitidiero. São Paulo: Marcial Pons, 2013, p. 85-116.

[295] Em sentido contrário, entendo ser possível falar em um sistema de atipicidade dos meios executivos no Brasil: DIDIER JR., Fredie; CUNHA, Leonardo Carneiro da; BRAGA, Paula Sarno; OLIVEIRA, Rafael Alexandria de. *Curso de direito processual civil*: execução. 7. ed. Salvador: Juspdivm, 2017, p. 101.

Se é verdade, de outro lado, que o código civil classifica as obrigações em "de dar, fazer e não fazer", não menos correto salientar que no plano processual, optou-se por criar procedimentos executivos diversos para as obrigações de pagar quantia e de entregar outras coisas que não dinheiro. Com isso, ainda no código anterior, passou a privilegiar-se o cumprimento específico da obrigação, tornando subsidiária a opção pela conversão em perdas e danos, em clara alteração da rota ideológica traçada até então.[296] Com isso, as obrigações de entrega de coisa que não dinheiro encontraram espaço para uma execução nos próprios autos sem necessidade de novo processo, o que, por muitos anos, foi fator prático diferenciador em relação às obrigações pecuniárias.

No atual sistema executivo, as sentenças são, em sua integralidade, efetivadas nos próprios autos, o que, portanto, não serve mais como elemento de distinção. O artigo 538 do CPC traz ainda assim uma clara diferenciação no que pertine ao cumprimento das sentenças que contenham obrigação de entrega de coisa em relação às sentenças que imponham obrigações pecuniárias, dado que aquelas devem ser cumpridas *ex officio*.

Isso porque o comando contido no art. 538 do CPC não deixa dúvidas quanto à opção publicista do legislador em dar ao magistrado a incumbência de promover a execução da sentença: "Não cumprida a obrigação de entregar coisa no prazo estabelecido na sentença, será expedido mandado de busca e apreensão ou de imissão na posse em favor do credor, conforme se tratar de coisa móvel ou imóvel".

De suma relevância que a sentença que imponha o cumprimento de obrigação de entrega de coisa, seja precisa sempre que possível na individualização do bem, já projetando, que, em caso de não cumprimento voluntário, quando transitada em julgado ou, ao menos, não pendente recurso dotado de efeito suspensivo, o comando deve conter todos os requisitos a fim de viabilizar a execução imediata pelo próprio julgador, devendo ser, portanto, certa e líquida, para se tornar também exigível diante da inexistência de recurso dotado de efeito suspensivo.

Claro que não sendo determinado o cumprimento da sentença *ex officio* pelo próprio julgador assim que a mesma se torne exigível é do interesse da parte beneficiária sua execução. Deverá, para tanto, elaborar pedido de cumprimento de sentença, através de petição simples

---

[296] A respeito da alteração da rota ideológica do Código Buzaid a partir de suas ondas reformatórias, ver, por tdos: MITIDIERO, Daniel. O processualismo e a formação do Código Buzaid. *Revista de Processo*. Vol. 183, p. 165-194, Maio/2010.

aportada nos próprios autos e que deve ser recebida independentemente da cobrança de custas, dado que o cumprimento de sentença de obrigação de entrega de coisa deveria ser determinado pelo próprio juízo.

Em verdade, não deverá postular o beneficiário do *decisum* sequer sua redistribuição como cumprimento de sentença, mas apenas e tão somente a expedição imediata do respectivo mandado de imissão na posse ou de busca e apreensão, conforme se tratar de bem imóvel ou móvel.

Competência: O pedido de expedição do respectivo mandado de imissão na posse ou de busca e apreensão do bem móvel deverá ser realizado nos próprios autos perante o juízo prolator da sentença (art. 516, I, do CPC), valendo a mesma regra quando se tratar de ação de competência originária dos tribunais, com o que o pedido de expropriação do bem será processado perante o próprio tribunal competente ao processamento da causa (art. 516, II, do CPC).

Nada impede, contudo, que o processamento do pedido se dê no endereço do réu ou no local onde se encontra o bem, o que até se torna recomendável quando se tratar de bem imóvel e não tenha a causa sido originariamente processada em seu local. Nesse caso, recebido o pedido, o novo juízo deverá requerer os autos ao juízo de origem, com o que se estabilizará a competência no juízo escolhido pelo exequente a partir do preenchimento de umas hipóteses mencionadas, expressamente previstas no art. 516, parágrafo único, do CPC.

Em se tratando de obrigação de entrega de coisa prevista em sentença penal condenatória (*v.g.*, a restituição de produto do crime), em sentença arbitral ou mesmo em sentença estrangeira, o pedido de cumprimento deverá ser processado no juízo cível competente (art. 516, III, do CPC), lembrando que não havendo disposição específica diversa ou cláusula de eleição do foro, a execução deverá tramitar no local do cumprimento da obrigação e, na ausência de previsão para seu cumprimento, no local de domicílio do executado.

Legitimidade: A legitimidade para promover o pedido de cumprimento é da parte beneficiária do *decisum,* a rigor do que dispõe o art. 778 do CPC, aplicável ao cumprimento de sentença. Em caso de falecimento, a legitimidade ativa transmite-se ao espólio, herdeiros ou sucessores, por se tratar de direito transmissível. O cessionário, em caso de transmissão dos direitos entre vivos, terá também legitimidade para a promoção da execução do título ou postular sua habilitação, caso já proposta. Nestas hipóteses, os sucessores postularão sua habilitação nos autos, comprovando sua legitimidade através de prova documental que demonstre sua condição. Até este ponto, estar-se a tratar de legitimação ordinária.

Nada impede que se conceda, no processo de conhecimento, legitimação extraordinária ao Ministério Público para promoção de demanda a perseguir um determinado direito, quando expressamente autorizado em lei. Nesse caso, terá legitimidade (extraordinária também) para execução da obrigação.[297]

Causa de pedir: Como regra geral, a tutela executiva exige pedido de cumprimento, com o preenchimento de determinados requisitos legais ou até mesmo de uma petição inicial, caso dos títulos executivos extrajudiciais. Assim, de regra, a causa de pedir executiva exige a afirmação, ao menos, de um direito à prestação certa, líquida e exigível e de inadimplência por parte do devedor.

Todavia, como já mencionado, no que toca ao cumprimento de obrigação de entrega de coisa, o dever de promover a entrega pertence ao próprio juízo, sendo clara hipótese de impulso oficial, com o que o requerimento da parte para seu impulsionamento, além de conter caráter subsidiário, é de extrema simplicidade bastando o requerimento da medida expropriatória adequada.

Pedido: O pedido do exequente contará apenas com o pleito de expedição do competente mandado de busca e apreensão (bem móvel) ou imissão na posse (bem imóvel). Nada impede que "posteriormente" se utilize de técnica cominatória a fim de incentivar a entrega do bem[298] ou mesmo a conversão da execução em obrigação de pagar, seja porque a obrigação se tornou impossível, seja pelo desinteresse do credor em continuar a perseguir o bem.[299]

---

[297] A esse respeito, comentam Marinoni, Mitidiero e Arenhart: "Aquele que figura como credor no título executivo pode propor execução forçada. Apenas quem detém título executivo pode acessar desde logo o processo de execução (art. 778, CPC). Aqueles que não o têm devem propor ação visando à condenação ao pagamento de quantia, formando-se a partir daí o título executivo judicial (art. 515, I, CPC) O Ministério Público pode requerer o cumprimento da sentença por execução forçada nos casos em que tenha obtido sentença condenatória ao pagamento de quantia (art. 177, CPC) e naqueles em que possui título executivo extrajudicial. A ilegitimidade para agir na execução pode ser alegada por exceção de pré-executividade (porque matéria de ordem pública, art. 337, XI e seu § 5°, CPC) e/ou por embargos à execução (arts. 917, VI, CPC)." (MARINONI, Luiz Guilherme; ARENHART, Sérgio Cruz; MITIDIERO, Daniel. *Novo código de processo civil comentado*. São Paulo: Revista dos Tribunais, 2015, p. 740-741)

[298] Diz-se "posteriormente", porque compartilhamos da opinião de que o uso das técnicas coercitivas nas obrigações de dar coisa é apenas residual. Em sentido similar: ASSIS, Araken de. *Cumprimento de sentença*. Rio de Janeiro: Forense, 2007, p. 234.

[299] Nesse sentido, vem entendendo o Superior Tribunal de Justiça que a multa poderá ser arbitrada em obrigações de entrega de coisa, mesmo quando em desprestígio da Fazenda Pública: "É cabível, mesmo contra a Fazenda Pública, a cominação de multa diária (astreintes) como meio executivo para cumprimento de obrigação de fazer (fungível ou infungível) ou entregar coisa. Precedente da 1ª Seção: EREsp 770969/RS (1ª Seção. Min. José Delgado, DJ 21.08.2006)".

2.1.1.2.2. Meio de defesa

Momento: Em que pese o código não preveja expressamente um instrumento de defesa no cumprimento da obrigação de entrega de coisa, não há como negar-se, em atenção aos princípios constitucionais, que não se permita ao Executado, um mecanismo oportuno. Assim, caso o Executado pretenda opor-se à obrigação de entrega da coisa, deverá fazê-lo em até quinze dias do momento em que for intimado da busca e apreensão ou da imissão na posse do bem.

Forma: A defesa não apresenta qualquer formalidade devendo ser apresentada por petição simples e sem cobrança de despesas processuais. Pode até mesmo ser chamada de impugnação ao cumprimento de sentença, mas como dito anteriormente o procedimento executivo deve ser, nesta espécie de obrigação, de extrema singeleza, com a simples determinação de entrega do bem *ex officio* pelo magistrado, tão logo terminado o prazo para o cumprimento voluntário.[300]

Não se faz necessário o depósito do bem para o recebimento da defesa do Executado,[301] todavia, a obtenção de eventual efeito suspensivo ao cumprimento da obrigação fica condicionada ao prévio depósito, além do preenchimento dos demais requisitos próprios à concessão da tutela provisória, isto é, probabilidade de presença do direito, além do perigo de dano irreparável ou de difícil reparação (art. 525, § 6º, do CPC).

Abrangência: Questões concernentes ao mérito da obrigação não podem ser reprisadas neste momento, assim, apenas seria passível de arguição questões de mérito supervenientes à sentença ou um eventual vício de citação, quando for o réu condenado a revelia. Eventual direito de retenção por benfeitorias realizadas na coisa deve ser alegado em contestação na fase de conhecimento e, caso não levantado e, reconhecido em sentença, não poderá ser acolhido em sede de execução.

---

[300] Neste sentido, estabeleceu o Superior Tribunal de Justiça, ainda sob o regime do CPC de 1973, tão logo realizada as reformas processuais que incluíram o sistema de cumprimento de sentença prestigiado no CPC de 2015: "... No atual regime do CPC, em se tratando de obrigações de prestação pessoal (fazer ou não fazer) ou de entrega de coisa, as sentenças correspondentes são executivas *lato sensu*, a significar que o seu cumprimento se opera na própria relação processual original, nos termos dos artigos 461 e 461-A do CPC. Afasta-se, nesses casos, o cabimento de ação autônoma de execução, bem como, conseqüentemente, de oposição do devedor por ação de embargos... 3. Todavia, isso não significa que o sistema processual esteja negando ao executado o direito de se defender em face de atos executivos ilegítimos, o que importaria ofensa ao princípio constitucional da ampla defesa (CF, art. 5º, LV). Ao contrário de negar o direito de defesa, o atual sistema o facilita: ocorrendo impropriedades ou excessos na prática dos atos executivos previstos no artigo 461 do CPC, a defesa do devedor se fará por simples petição, no âmbito da própria relação processual em que for determinada a medida executiva, ou pela via recursal ordinária, se for o caso ..." (REsp nº 721808/DF, 1ª Turma do STJ, rel. Min. Teori Albino Zavascki, p. no DJe de 19/09/2005).

[301] DIDIER JR., Fredie; CUNHA, Leonardo Carneiro da; BRAGA, Paula Sarno; OLIVEIRA, Rafael Alexandria de. *Curso de direito processual civil*: execução. Op. cit., p. 665.

2.1.1.2.3. Fase expropriatória

A obrigação se resolve com a entrega do bem. Caso, todavia, não seja entregue de imediato, nada impede a fixação de multa pecuniária a fim de persuadir o Executado. Em caso de deterioração da coisa com culpa do devedor, a obrigação de entrega da coisa se converte em perdas e danos abrindo-se incidente a fim de apurar o valor da coisa.[302] Apurado o valor, será tornado líquido e certo, mediante decisão interlocutória sujeita a agravo de instrumento, com a conversão do cumprimento de sentença de entrega de coisa em cumprimento de sentença de obrigação de pagar quantia.

Caso o bem se deteriore sem a culpa do devedor, fica resolvida a obrigação, nos termos dos arts. 234, § 1º, e 238, ambos do Código Civil.[303]

2.1.1.2.4. Fase final do procedimento

Apreendido o bem, cumprida fica a obrigação. Nada impede, todavia, que a entrega da coisa deixe ainda prejuízo ao credor, que poderá buscar repará-los, inclusive, mediante de liquidação de sentença dos danos a serem apurados nos próprios autos, respondendo pelos juros de mora a contar desde a citação na ação de conhecimento.[304]

2.1.1.3. Cumprimento da sentença que estabelece obrigação de pagar quantia certa contra devedor solvente

2.1.1.3.1. Do requerimento do exequente

Dárcio Franco Lima Júnior

Prosseguindo na análise dos procedimentos executivos comuns, baseados em títulos judiciais, cumpre apreciar, agora, o cumprimento

---

[302] Define-se o valor da coisa através de liquidação por arbitramento, juntamente com o montante dos danos patrimoniais e extrapatrimoniais. (ASSIS, Araken de. *Cumprimento de sentença*. Op. cit., p. 237)

[303] DIDIER JR., Fredie; CUNHA, Leonardo Carneiro da; BRAGA, Paula Sarno; OLIVEIRA, Rafael Alexandria de. *Curso de direito processual civil*: execução. Op. cit., p. 655-657.

[304] Nesse sentido: "CIVIL. PROCESSUAL CIVIL. RECURSO ESPECIAL. TÍTULO JUDICIAL. CUMPRIMENTO DE SENTENÇA. ENTREGA DE COISA INCERTA CONVERTIDA EM QUANTIA CERTA. JUROS MORATÓRIOS. TERMO INICIAL. RECURSO NÃO PROVIDO. 1. Os juros moratórios, após convertida a obrigação de entrega de coisa incerta em dinheiro tornando líquida a dívida pecuniária, devem ser contados a partir da citação, como disciplinam os artigos 405 e 407, do Código Civil vigente (Código de 1916, arts. 1.064 e 1.536, § 2º). 2. Recurso especial conhecido e não provido." (Resp nº 1122500/PR, 4ª T. do STJ, rel. Min. Maria Isabel Gallotti, DJe 07/11/2016)

das obrigações de pagar quantia certa, relativamente ao devedor solvente.

Ensina José Miguel Garcia Medina que "o cumprimento da decisão que condena ao pagamento de quantia em dinheiro (seja a quantia definida na sentença condenatória, em liquidação ou em julgamento antecipado parcial sobre o mérito) realiza-se mediante provocação do credor".[305]

Consoante dispõe o art. 513, § 1º, do CPC de 2015, "o cumprimento da sentença que reconhece o dever de pagar quantia, provisório ou definitivo, far-se-á a requerimento do exequente".[306]

Nesta perspectiva, indispensável o requerimento da parte exequente para o início da fase de cumprimento.[307]

Nos termos do art. 523 do CPC/2015, "no caso de condenação em quantia certa, ou já fixada em liquidação, e no caso de decisão sobre parcela incontroversa, o cumprimento definitivo da sentença far-se-á a requerimento do exequente, sendo o executado intimado para pagar o débito, no prazo de 15 (quinze) dias, acrescido de custas, se houver".[308]

Os requisitos do requerimento são singelos e estão devidamente explicitados no art. 524 do CPC/2015: "Art. 524. O requerimento previsto no art. 523 será instruído com demonstrativo discriminado e atualizado do crédito, devendo a petição conter: I – o nome completo,

---

[305] Execução: teoria geral, princípios fundamentais e procedimento no processo civil brasileiro, 1ª ed. em *ebook*, baseada na 5ª ed. impressa. São Paulo, Revista dos Tribunais, 2017, parte II, capítulo "4", item "4.4.1", acesso via sistema Thomson Reuters *ProView*. Refere ainda o autor que "*não se autoriza, à luz do CPC/2015 (tal como já não sucedia, à luz do CPC/1973), execução ex officio de sentença condenatória*" (ob. cit., item "4.4.1").

[306] Relevante, no ponto, a lição de Humberto Theodoro Júnior (Curso de direito processual civil, vol. III, 50. ed. Rio de Janeiro, Forense, 2017, em *ebook*, parte 1, capítulo 1, § 1º, item "7", acesso via sistema *Saraiva LEV*): "Em todos esses exemplos de incorporação de técnicas processuais diferenciadas, o legislador pátrio, com sucesso, soube distanciar-se do modelo tradicional da nítida separação entre cognição e execução, para permitir que as atividades executivas passassem a não mais ter lugar em um processo autônomo, mas que fossem inseridas na mesma relação processual original, em que a sentença exequenda fora pronunciada. Instaurada, portanto, a demanda inicial, após as atividades cognitivas, seguem-se os atos processuais executivos, sem maiores embaraços instrumentais". E prossegue: "Quando se trata de execução definitiva de título judicial, não há petição inicial, porque se processa como simples incidente da relação processual já existente desde antes da sentença" (ob. cit., parte 2, capítulo 6, § 19, item "164").

[307] Importante a lição de Sérgio Seiji Shimura (*Breves comentários ao novo código de processo civil*, 2. ed., São Paulo, Revista dos Tribunais, 2016, coord. Teresa Arruda Alvim Wambier, Fredie Didier Jr., Eduardo Talamini e Bruno Dantas, p. 1.391): "O Código deixa claro e expresso que há necessidade de requerimento do credor, para o início da fase de cumprimento de sentença, seja provisório ou definitivo, pondo fim ao debate existente na doutrina e na jurisprudência sobre se a instauração da fase executiva seria automática ou dependeria de iniciativa do credor. Agora, exige-se a iniciativa da parte para obtenção da tutela jurisdicional, em clara manifestação dos princípios dispositivo e o da inércia da jurisdição".

[308] Nos termos dos parágrafos do aludido dispositivo legal, não ocorrendo o pagamento voluntário, haverá o acréscimo de multa de 10% e de verba honorária de 10%.

o número de inscrição no Cadastro de Pessoas Físicas ou no Cadastro Nacional da Pessoa Jurídica do exequente e do executado, observado o disposto no art. 319, §§ 1º a 3º; II – o índice de correção monetária adotado; III – os juros aplicados e as respectivas taxas; IV – o termo inicial e o termo final dos juros e da correção monetária utilizados; V – a periodicidade da capitalização dos juros, se for o caso; VI – especificação dos eventuais descontos obrigatórios realizados; VII – indicação dos bens passíveis de penhora, sempre que possível".

Como se vê, à semelhança do disposto no art. 319 do CPC/2015, exige-se no requerimento do cumprimento de sentença o nome completo das partes exequente e executada, assim como a indicação dos respectivos números de inscrição no Cadastro de Pessoas Físicas (CPF) ou no Cadastro Nacional da Pessoa Jurídica (CNPJ), sem prejuízo às providências previstas no art. 319, §§ 1º a 3º, do CPC/2015, para a hipótese de ausência ou de incompletude de alguma das informações.

Quanto aos demais dados da qualificação das partes, cuidando-se de títulos executivos, supõe-se que já sejam conhecidos e informados nos autos, não havendo prejuízo, de qualquer sorte, à repetição ou à reiteração dos demais elementos da qualificação dos litigantes.

No particular, cumpre ressalvar que, nos casos de legitimação *ad causam* superveniente ou extraordinária, os quais acarretam o ingresso de parte estranha, em princípio, àquelas indicadas no título executivo, como exequente ou executada, a mesma deverá ser devidamente qualificada, nos termos do citado art. 319 do CPC/2015.[309]

De resto, cuidando-se de obrigação de pagamento de quantia líquida, o requerimento deve ser acompanhado do respectivo cálculo, este último contendo as informações e os critérios observados na sua elaboração, com indicação precisa dos marcos inicial e final de incidência da correção monetária e dos juros, índices de correção aplicados, taxas de juros aplicadas, ocorrência, ou não, de capitalização de juros, abatimentos realizados, etc.

A memória de cálculo deve ser perfeitamente compreensível, incumbindo à parte exequente apresentá-la de forma didática e clara, facilitando a sua análise pela parte adversa e pelos órgãos julgadores.[310]

---

[309] Assim José Miguel Garcia Medina: "Pode ter havido sucessão processual, justificando-se a identificação precisa de contra quem prosseguirá a execução. Em alguns casos a qualificação será indispensável, como, p.ex., quando se tratar: a) de cumprimento de título judicial distinto daquele oriundo de processo de conhecimento (*v.g.*, sentença arbitral, sentença condenatória penal); b) de execução individual de sentença coletiva" (Execução, ob. cit., parte II, capítulo "4", item "4.4.3").

[310] Consoante José Rogério Cruz e Tucci (*Comentários ao código de processo civil*, vol. VIII: arts. 485 ao 538. em *ebook*, baseada na 1ª ed. impressa. São Paulo, Revista dos Tribunais, 2016, arts. 506 a 538, comentário ao art. 524, item "1", coleção "Comentários ao código de processo civil", coord.

É usual que a petição de requerimento da fase de cumprimento, em si mesma, indique apenas o valor total pretendido na execução, cuja demonstração específica será objeto dos cálculos anexados. Nada impede, em tese, que os cálculos sejam explicitados no próprio requerimento, desde que sejam singelos; cuidando-se de cálculos mais complexos, contudo, é conveniente que a sua demonstração ocorra em memória apartada, que acompanhará o requerimento.

De resto, é recomendável que o exequente indique, já no requerimento, os bens da parte executada eventualmente passíveis de penhora.

De outra parte, no caso de título judicial abrangendo relação jurídica sujeita a condição ou termo, dispõe o art. 514 do CPC/2015 que "... o cumprimento da sentença dependerá de demonstração de que se realizou a condição ou de que ocorreu o termo", exigência que também deverá ser atendida pelo exequente no requerimento, se for o caso.

Ainda quanto ao tema, convém observar que, em algumas hipóteses de títulos executivos, não se cuidará, propriamente, de requerimento, tampouco de fase de cumprimento de sentença, mas do protocolo de petição inicial e instauração de demanda executiva, o que ocorre, especificamente, nos casos de sentença arbitral, sentença penal condenatória e decisão interlocutória ou sentença estrangeira devidamente homologada pelo Superior Tribunal de Justiça.[311]

Em tais casos, como a própria lei processual destaca ao referir a necessidade de citação da parte executada (§ 1º do art. 515 do CPC/2015), não se cuida de fase processual subsequente à fase cognitiva, porque o título exequendo, nas aludidas situações, derivou do juízo arbitral, do juízo penal ou da justiça estrangeira.

Desse modo, nas aludidas situações, cuida-se de inequívoco ajuizamento de demanda executiva no juízo cível competente (art. 516, inc. III, do CPC/2015), embora tendo por objeto título executivo.[312]

Luiz Guilherme Marinoni, Sérgio Cruz Arenhart e Daniel Mitidiero, acesso via sistema Thomson Reuters *ProView*), "A memória do crédito deve ainda conter, de forma clara e precisa, a discriminação de todas as rubricas que compõem a dívida: a soma do principal, eventual multa contratual, índice de correção monetária, juros incidentes, termos inicial e final, a periodicidade da capitalização dos juros, quando for o caso, e eventuais descontos".

[311] Assim Humberto Theodoro Júnior (*Curso de direito processual civil*, ob. cit., parte 1, capítulo 2, § 3º, item "24"): "Em suma, a execução dos títulos mencionados nos incisos VI, VII, VIII e IX reclama a abertura de processo novo, com petição inicial e citação".

[312] Evidentemente, como bem ressalva Guilherme Rizzo Amaral, "... sendo ilíquida a condenação, não se pode exigir o seu imediato cumprimento pelo devedor" (*A nova execução*: comentários à Lei n. 11.232, de 22 de dezembro de 2005, Rio de Janeiro, Forense, 2006, coord. Carlos Alberto Alvaro de Oliveira, p. 115). Por isso mesmo, nos termos do art. 509 do CPC/2015, "quando a sentença condenar ao pagamento de quantia ilíquida, proceder-se-á à sua liquidação, a requerimento do credor ou do devedor".

O requerimento, ou a petição inicial, tendo por objeto o cumprimento de obrigação de pagamento de quantia, fixada em título judicial, sujeita-se, evidentemente, a juízo de admissibilidade, oportunidade em que o julgador deverá apreciar a existência dos requisitos necessários ao seu processamento;[313] sempre que necessário e possível, deverá oportunizar a emenda, para saneamento de eventual deficiência ou irregularidade,[314] nos termos do art. 801 do CPC/2015, aplicável também ao procedimento do cumprimento de sentença.

Recebido o requerimento, a intimação do executado para o pagamento da dívida constante do título judicial deve observar as formas previstas no art. 513, §§ 2º, 3º e 4º, do CPC/2015. Nos casos de necessidade de citação do executado, o ato deverá observar as regras gerais da lei processual, previstas nos artigos 238 e seguintes do CPC/2015.

Nos termos do art. 523 do CPC/2015, não ocorrendo o pagamento voluntário pela parte executada, haverá o acréscimo, sobre o montante da dívida, de multa de 10% e de verba honorária de 10%.

Assim os parágrafos do referido dispositivo: "§ 1º Não ocorrendo o pagamento voluntário no prazo do *caput*, o débito será acrescido de multa de dez por cento e, também, de honorários de advogado de dez por cento. § 2º Efetuado o pagamento parcial no prazo previsto no *caput*, a multa e os honorários previstos no § 1º incidirão sobre o restante. § 3º Não efetuado tempestivamente o pagamento voluntário, será expedido, desde logo, mandado de penhora e avaliação, seguindo-se os atos de expropriação".

De outra parte, também na hipótese de ausência de pagamento voluntário do débito, há possibilidade de protesto da decisão transitada em julgado, nos termos do art. 517 do CPC/2015. E, consoante o § 3º do art. 782 do CPC/2015, "a requerimento da parte, o juiz pode

---

[313] Relevante, no ponto, a possibilidade do julgador, em juízo de cognição sumária, permitir o prosseguimento da execução, limitando, todavia, o montante que será objeto de constrição, até que seja apurado de forma devida, nos termos do art. 524, §§ 1º e 2º, do CPC/2015. Ensina, no particular, Rogério Cruz e Tucci (Comentários ao código de processo civil, ob. cit., comentário ao art. 524, item "2"): "Mesmo cuidando de especificar todos estes itens no demonstrativo do cálculo, representativo da soma da obrigação exigida, com a experiência haurida no cotidiano do exercício da judicatura, o juiz, presumindo que há excesso de execução, poderá fixar um valor menor a servir de parâmetro para a efetivação da constrição sobre o patrimônio do devedor".

[314] Oportuna a observação de Araken de Assis (*Manual da execução*, 2. ed. em *ebook*, baseada na 19ª ed. impressa. São Paulo, Revista dos Tribunais, 2017, título II, cap. 6, item "140", acesso via sistema Thomson Reuters *ProView*): "Apesar da opinião contrária da doutrina tradicional, desatenta às mudanças legislativas, os casos de inépcia, previstos no art. 330, § 1º, aplicáveis ao processo executivo, comportam correção. Por exemplo, a gravíssima falta de causa de pedir (art. 330, § 1º, I) admite suprimento, tranquilamente, através da transcrição de simples parágrafo na petição. E talvez o defeito se deva a simples lapso no arranjo das vias que compõem a petição inicial. O indeferimento imediato justifica-se somente naquelas hipóteses em que o autor nada pode alterar, a exemplo da própria e manifesta ilegitimidade (art. 330, II)".

determinar a inclusão do nome do executado em cadastros de inadimplentes", regra aplicável também ao cumprimento de sentença, conforme previsto no § 5º do aludido dispositivo legal.

De resto, cumpre observar que também a parte devedora pode promover o cumprimento, nos termos do art. 526 do CPC/2015: "É lícito ao réu, antes de ser intimado para o cumprimento da sentença, comparecer em juízo e oferecer em pagamento o valor que entender devido, apresentando memória discriminada do cálculo".

A instauração do procedimento de cumprimento exige o exame, outrossim, das questões pertinentes à competência, à legitimidade das partes, à causa de pedir e ao pedido, do que se cuidará a seguir.

Competência: A competência para a fase de cumprimento de sentença é objeto, essencialmente, do art. 516 do CPC/2015.[315]

Os incisos I e II do aludido dispositivo legal sintetizam uma mesma regra: em princípio, é competente para a fase de cumprimento de sentença o juízo que processou inicialmente a causa em sua fase de conhecimento.

Nesta perspectiva, se a causa iniciou em primeiro grau de jurisdição, ainda que tenham existido, posteriormente, recursos às instâncias superiores, a competência para a fase de cumprimento é do juízo que processou inicialmente a causa, em sua fase de cognição.[316]

O principal fundamento da aludida regra reside na circunstância de que o juízo da fase de cognição, com conhecimento das particularidades do caso, possui, em princípio, melhores condições de dar cumprimento à decisão judicial, além do evidente interesse em fazer cumprir as determinações.

De outra parte, se a causa era de competência originária de Tribunal, também será do Tribunal a competência para a respectiva fase

---

[315] Assim o aludido dispositivo legal: "Art. 516. O cumprimento da sentença efetuar-se-á perante: I – os tribunais, nas causas de sua competência originária; II – o juízo que decidiu a causa no primeiro grau de jurisdição; III – o juízo cível competente, quando se tratar de sentença penal condenatória, de sentença arbitral, de sentença estrangeira ou de acórdão proferido pelo Tribunal Marítimo. Parágrafo único. Nas hipóteses dos incisos II e III, o exequente poderá optar pelo juízo do atual domicílio do executado, pelo juízo do local onde se encontrem os bens sujeitos à execução ou pelo juízo do local onde deva ser executada a obrigação de fazer ou de não fazer, casos em que a remessa dos autos do processo será solicitada ao juízo de origem".

[316] Relevante, no particular, a lição de Humberto Theodoro Júnior (*Curso de direito processual civil*, ob. cit., parte 1, capítulo 2, § 5º, item "40"): "Assim, não importa que a execução se refira ao acórdão que o tribunal proferiu em grau de recurso. Quando se passa à fase de cumprimento do julgado, os atos executivos serão processados perante o juiz de primeiro grau. Ressalva-se, contudo, o acórdão proferido em ação de competência originária de tribunal, caso em que o respectivo cumprimento permanece a cargo do órgão que o prolatou (NCPC, art. 516, I)".

de cumprimento, ainda que tenham sido interpostos recursos às instâncias superiores durante a fase de cognição.

Sobrepõe-se, outrossim, a conveniência de que o Tribunal se encarregue do cumprimento das causas de sua competência originária.

Ainda quanto ao tema, cumpre observar que, nos casos de sentença arbitral, sentença penal condenatória e de decisão interlocutória ou sentença estrangeira, devidamente homologada pelo Superior Tribunal de Justiça, a execução deverá ser proposta no juízo cível competente, observadas as regras gerais de competência.

No caso do juízo arbitral, notório que o mesmo não possui a prerrogativa de impor o cumprimento de suas decisões, sendo indispensável, na hipótese de inércia da parte obrigada, o pleito da respectiva tutela executiva no juízo cível competente.[317]

Relativamente à sentença penal condenatória transitada em julgado, os seus reflexos na esfera cível – especificamente, o direito à reparação – se submetem à mesma regra, não sendo o juízo penal competente, de regra, para liquidar a indenização e promover a respectiva execução.[318]

De resto, decisão proferida pela justiça estrangeira (decisão interlocutória ou sentença), devidamente homologada no Brasil pelo Colendo Superior Tribunal de Justiça, comporta execução na Justiça

---

[317] Também consoante Araken de Assis (Manual da execução, ob. cit., título II, cap. 5, item "92.3"), com apoio nas lições de Alexandre Freitas Câmara (*Arbitragem*, p. 112) e Joel Dias Figueira Júnior (*Manual da Arbitragem*, n. 57, p. 196-197), "o tribunal arbitral não ostenta competência executiva, seja pela índole do procedimento, seja porque, proferida a sentença arbitral, "dá-se por finda a arbitragem" (art. 29, primeira parte, da Lei 9.307/1996). Por conseguinte, a execução se processará perante a autoridade judiciária competente". E prossegue o autor (também no item "92.3"): "De ordinário, o foro competente é o do domicílio do réu ou o do lugar de cumprimento da obrigação. Não há motivo algum para executar-se o provimento, necessariamente, no foro em que se processou a arbitragem. Às vezes, tal se deve ao interesse das partes na constituição do órgão arbitral, o que desaparece após o término dos trabalhos e a emissão da sentença exequível" (com referência, também, à obra de Rodrigo Barioni, *A competência na fase do cumprimento da sentença*, n. 5, p. 244).

[318] Ensina Araken de Assis (*Manual da execução*, ob. cit., título II, cap. 5, item "92.4"): "Não interessa, aqui, qual a "justiça" que produziu o título, pois o vínculo se dissolve, exceto no que respeita aos títulos produzidos perante o Juizado Especial (art. 3º, § 1º, da Lei 9.099/1995). Assim, a sentença penal condenatória da Justiça Federal se executará perante a Justiça Comum, pois a competência daquela Justiça é especial e residual, não se incluindo tal causa no rol do art. 109 da CF/1988", com referência às lições de Cândido Rangel Dinamarco (*Execução civil*, n. 125, p. 209), Milton Paulo de Carvalho (*Manual da competência civil*, n. 4.2.5, p. 36) e Fredie Didier Jr. (*Competência para a execução de título judicial*, n. 6, p. 217). Ainda quanto ao ponto ensina José Miguel Garcia Medina (*Execução*, ob. cit., parte II, Capítulo IV, item 4.2.8): "O art. 387, IV, do CPP (inserido pela Lei 11.719/2008) dispõe que o juiz, ao proferir a sentença penal condenatória, 'fixará valor mínimo para reparação dos danos causados pela infração, considerando os prejuízos sofridos pelo ofendido'. No caso, 'transitada em julgado a sentença condenatória, a execução poderá ser efetuada pelo valor fixado nos termos do inciso IV do caput do art. 387 deste Código sem prejuízo da liquidação para a apuração do dano efetivamente sofrido' (art. 63, parágrafo único, do CPP)."

Federal de primeiro grau, conforme regra específica constante do art. 109, inc. X, da Constituição da República.

De outra parte, consoante o parágrafo único do art. 516 do CPC/2015, que trata das situações previstas nos incisos II e III do aludido dispositivo legal, a parte exequente, em lugar de requerer a instauração da fase de cumprimento no juízo de origem ou no juízo cível competente, poderá, querendo, optar pelo juízo do atual domicílio do executado, pelo juízo do local onde se encontrem os bens sujeitos à execução ou, ainda, pelo juízo do local onde deva ser executada a obrigação de fazer ou de não fazer, casos em que a remessa dos autos do processo será solicitada ao juízo de origem.

Como se vê, o parágrafo único mitiga a regra contida nos incisos II e III do CPC/2015, abrindo outras possibilidades ao exequente, que poderá ponderar quanto à conveniência de promover os atos executivos no próprio foro em que tramitou a causa em sua fase de cognição, podendo optar, conforme o seu critério e sua avaliação,[319] por mover a execução nos foros previstos no referido parágrafo único.[320]

Anoto que a regra é instituída em favor do exequente, cuidando-se de faculdade, a qual poderá ou não ser exercida. Havendo interesse do exequente, basta que requeira ao juízo em que tramitou o feito na fase de conhecimento a sua remessa para algum dos foros previstos no referido parágrafo único.[321]

Legitimidade: Como bem refere Araken de Assis, com amparo em lição de Enrico Tullio Liebman, "... parte legítima é a pessoa que pode promover e contra a qual se pode promover a execução".[322]

---

[319] Pode o exequente, exemplificativamente, considerar vantajoso promover a execução no foro do local dos bens do executado, assim facilitando a prática dos atos de constrição de patrimônio, evitando a necessidade de cooperação de outro juízo.

[320] Como bem refere Sérgio Seiji Shimura, "... na fase de cumprimento de sentença, existe uma mitigação à regra da perpetuação da competência, autorizando o credor a optar por outro foro, que não o da decisão exequenda" (Breves comentários ao novo código de processo civil, ob. cit., p. 1.401). E prossegue o autor: "Todavia, impende lembrar que a lei autoriza a escolha pelo exequente dentre as opções enumeradas, quais sejam, domicílio do executado, local dos bens ou onde deva ser executada a obrigação de fazer ou de não fazer. Este é o cardápio à disposição do credor. Além disso, é preciso que haja obediência à Justiça em que está vinculado o juízo. Quer dizer, se a sentença for originária de juízo comum federal, o cumprimento de sentença deve-se dar perante a mesma justiça (federal)" (ob. cit., p. 1.401).

[321] Athos Gusmão Carneiro, comentando o dispositivo análogo no CPC/1973 (art. 475-P, parágrafo único), observa: "Para exercer tal faculdade, o exequente, comprovando a existência de bens penhoráveis em outro juízo, irá requerer ao juízo da sentença que seja determinada a remessa do processo ao foro onde serão processados os atos executivos (neste foro o processo será distribuído, se for o caso, a uma das varas cíveis competentes). Caso, assim, de deslocamento de competência, visando facilitar a entrega ao exequente do bem da vida a que tem direito" (*Cumprimento da sentença civil*, Rio de Janeiro, Forense, 2007, p. 100).

[322] Manual da execução, ob. cit., título II, cap. 5, item "108", com referência à lição de Enrico Tullio Liebman (*Processo de execução*, n. 37, p. 91).

A legitimidade das partes no contexto específico da tutela executiva é determinada, essencialmente, pelos termos do próprio título executivo, assim guardando coerência, portanto, com os sujeitos da obrigação definida no título exequendo.[323]

De um lado, compete ao titular do direito à prestação, estabelecida no título, a legitimidade para promover a respectiva execução; de outro lado, cabe à parte reconhecida como responsável pela satisfação da obrigação a legitimidade passiva.

Nesta perspectiva, de regra, cabe ao credor, segundo o título, a legitimidade para promover a respectiva execução, cumprindo ao devedor, também segundo o título, a legitimidade para suportá-la.[324]

Nos termos do art. 778 do CPC/2015, aplicável, igualmente, ao regime do cumprimento de sentença, nos termos do art. 701 do CPC/2015, "pode promover a execução forçada o credor a quem a lei confere título executivo".

A legitimação ordinária ativa, portanto, compete ao credor.[325]

Não obstante, há situações em que a legitimidade ativa não corresponderá, necessariamente, ao credor indicado no título executivo.

---

[323] Relevante, no ponto, a lição de Humberto Theodoro Júnior (Curso de direito processual civil, ob. cit., parte 1, capítulo 2, § 2º, item "14"): "Tratando-se de simples continuidade do processo em que a sentença foi pronunciada, as partes da sua execução continuam sendo as mesmas entre as quais a coisa julgada se formou. Existindo litisconsórcio, pode a atividade executiva eventualmente ser endereçada a um ou alguns dos devedores condenados. O que não se admite é o cumprimento de sentença movido contra quem não foi parte do processo de conhecimento, mesmo que se trate do fiador, do coobrigado ou de qualquer corresponsável pela dívida, segundo as regras do direito material (NCPC, art. 513, § 5º). A regra que, de maneira expressa, dispõe sobre essa vedação é uma novidade trazida pelo NCPC, que pôs termo a antiga discussão jurisprudencial em torno do assunto. Assim, não mais pairam dúvidas de que o fiador ou o devedor solidário, que não foram demandados, escapam do alcance do procedimento de cumprimento da sentença". O autor destaca, ainda, a Súmula n. 268 do Superior Tribunal de Justiça: "O fiador que não integrou a relação processual na ação de despejo não responde pela execução do julgado".

[324] No dizer de Fabiano Carvalho, "no processo de execução, o polo ativo é ocupado pelo exequente ou credor e o polo passivo pelo executado ou devedor. Adquire-se a condição de parte com a propositura da execução forçada ou por força da sucessão processual" (Breves comentários ao novo código de processo civil, ob. cit., p. 1.869). E prossegue: "Portanto, ab initio, é o próprio título executivo que determina a legitimidade ativa e passiva na execução. De cada um dos lados da relação obrigacional reproduzida no título executivo podem encontrar-se um ou mais sujeitos, o que pode atrair o instituto do litisconsórcio na execução" (ob. cit., p. 1.869).

[325] Ensina Daniel Amorim Assumpção Neves que "no polo ativo é possível encontrar uma legitimação ordinária primária ou originária, sempre que o sujeito legitimado a propor o processo executivo ou a dar início à fase de cumprimento de sentença estiver indicado como credor no próprio título executivo. Como se nota, litigando em nome próprio por direito próprio, esse sujeito estará atuante em legitimação ordinária, e o fato de tal legitimidade já ser criada concomitantemente com a criação do título executivo a torna originária ou primária" (*Manual de direito processual civil*, 5ª ed., Rio de Janeiro, Forense, Método, 2013, p. 832).

A primeira situação a ser destacada é a de legitimidade ativa ordinária superveniente, nos casos de sucessão, em sentido amplo, da parte credora, como previsto no art. 778, § 1º, inc. II, do CPC/2015.[326]

Como é notório, a pessoa física credora pode vir a falecer, contexto em que a titularidade para promover a fase de cumprimento de sentença, ou para nela prosseguir, passará aos respectivos herdeiros, na forma da lei civil.

De outro lado, também a pessoa jurídica credora pode vir a ser sucedida por outra pessoa jurídica, exemplificativamente, nos casos de fusão, cisão ou incorporação; da mesma forma, pode, eventualmente, ser sucedida pelos respectivos sócios, especialmente no caso de extinção da pessoa jurídica. Como se vê, em casos assim, a legitimidade para promover a respectiva fase de cumprimento, ou para nela prosseguir, caberá à pessoa jurídica sucessora ou aos seus sócios, conforme a circunstância, na forma da lei material.[327]

Admite-se, ainda, que a execução seja promovida pelo cessionário ou pelo sub-rogado,[328] nos termos dos incisos III e IV do § 1º do art. 778 do CPC/2015, igualmente em situação de legitimidade ativa superveniente.

Também o Ministério Público, mediante previsão legal, pode assumir a titularidade ativa da execução, nos termos do inc. I do § 1º do referido dispositivo legal, quase sempre em situação de legitimação extraordinária,[329] embora também o *Parquet*, conforme o caso, possa constituir legitimado ativo ordinário.[330]

---

[326] Consoante ensina Fabiano Carvalho, "no entanto, durante o curso do processo executivo podem ocorrer fatos supervenientes que alterem o polo ativo da demanda executiva e traz como consequência o fenômeno da sucessão processual, dando origem à legitimidade superveniente" (*Breves comentários ao novo código de processo civil*, ob. cit., p. 1.869).

[327] Ensina Teori Albino Zavascki (*Comentários ao código de processo civil*, vol. XII: arts. 771 ao 796. 1ª ed. em *ebook*, baseada na 1ª ed. impressa. São Paulo, Revista dos Tribunais, 2016, título I, arts. 771 a 778, comentário ao art. 778, item "13", coleção "Comentários ao código de processo civil", coord. Luiz Guilherme Marinoni, Sérgio Cruz Arenhart e Daniel Mitidiero, acesso via sistema Thomson Reuters *ProView*) que "... o Código, que previu a sucessão do crédito por morte da pessoa natural (art. 778, § 1º, II), não fez alusão às hipóteses de sucessão decorrente de morte da pessoa jurídica". E prossegue (ob. cit., item "13"): "O eventual patrimônio remanescente, inclusive o representado por títulos executivos, será transferido a terceiro, cabendo a ele promover ou dar seguimento à execução, se for o caso". Ainda o mencionado autor explicita a ocorrência da sucessão da pessoa jurídica nas hipóteses de dissolução e de fusão, cisão e incorporação.

[328] Ensina Fabiano Carvalho que "a sub-rogação é uma forma de transmissão de créditos. A pessoa que cumpriu a obrigação do devedor ou emprestou o necessário para que isso ocorresse coloca-se na posição do primitivo credor. Diz-se sub-rogado a pessoa a favor de quem opera a transmissão. Com a sub-rogação ... o sub-rogado adquire legitimidade ativa para propor a execução ou nela continuar, caso a transmissão do crédito tenha ocorrido na litispendência executiva" (Breves comentários ao novo código de processo civil, ob. cit., p. 1.870).

[329] Consoante Daniel Amorim Assumpção Neves, "... ainda no tocante ao polo ativo da demanda executiva, poderá existir a legitimação extraordinária, pela qual o sujeito litigará em nome próprio na defesa de interesse alheio" (*Manual de direito processual civil*, ob. cit., p. 832).

Da mesma forma, ainda que não haja previsão expressa no art. 778 do CPC/2015, ressalva-se, também, a legitimidade extraordinária para o cumprimento de sentença, nas demais hipóteses previstas na legislação, situações em que terceiro estará legitimado à defesa, em nome próprio, de direito alheio.[330]

Ainda quanto o tema, cumpre referir que, nos termos do § 2º do art. 778 do CPC/2015, as referidas hipóteses previstas no § 1º do aludido dispositivo legal independem do consentimento do executado, ou seja, não há necessidade de anuência do devedor para a eficácia das mencionadas situações.

De outra parte, relativamente à legitimação passiva, nos termos do art. 779, inc. I, do CPC/2015, a execução pode ser promovida contra "o devedor, reconhecido como tal no título executivo".

Também aqui há situações em que a legitimidade passiva pode não corresponder ao devedor indicado no título executivo.[332]

Tal como ocorre na legitimação ativa, é possível a ocorrência da sucessão do devedor, seja ele pessoa física ou jurídica, hipótese em que a legitimação para o feito executivo recairá sobre os respectivos sucessores, nos termos da lei civil.

Trata-se de legitimação passiva ordinária superveniente, admitida no inc. II do art. 779 do CPC/2015.

---

[330] Fredie Didier Júnior, Leonardo José Carneiro da Cunha, Paula Sarno Braga e Rafael Oliveira exemplificam: "É possível imaginar hipótese de o Ministério Público atuar como legitimado ordinário, defendendo interesse próprio. Pense-se, por exemplo, em eventual litígio envolvendo o Ministério Público e o ente público a que este esteja ligado, em que se discuta a liberação de parcela orçamentária dedicada ao MP. Vitorioso na causa, o Ministério Público poderá promover a demanda executiva como legitimado ordinário" (*Curso de direito processual civil*, vol. 5, Salvador, Juspodivm, 2009, p. 204). Também Fabiano Carvalho admite a legitimação ordinária ou extraordinária do Ministério Público (*Breves comentários ao novo código de processo civil*, ob. cit., p. 1.870).

[331] Relevante, no ponto, a lição de Teori Albino Zavascki (*Comentários ao código de processo civil*, ob. cit., título I, arts. 771 a 778, comentário ao art. 778, item "6"): "Além do Ministério Público, outras entidades estão legitimadas a propor, em regime de substituição processual, ações condenatórias e os correspondentes requerimentos de cumprimento. Assim, na ação popular, habilita-se qualquer cidadão, tanto para a ação cognitiva (Lei 4.717, de 29.06.1965, art. 1º) quanto para seu cumprimento (art. 16). Em se tratando de direitos e interesses transindividuais (difusos e coletivos), habilitam-se o Ministério Público e pessoas jurídicas de direito público (União, Estados e Municípios), bem assim as autarquias, empresas públicas, fundações, sociedades de economia mista ou associações constituídas há pelo menos um ano e cuja finalidade institucional seja a proteção dos direitos e interesses cuja tutela pretenda-se ver alcançada em juízo (Lei 7.347, de 24.07.1985, art. 5º). É o que ocorre, também, em se tratando de lesões a direitos e interesses de consumidores (Lei 8.078/1990, art. 82), de pessoas portadoras de deficiência (Lei 7.853/1989, art. 3º), de crianças e adolescentes (Lei 8.069/1990, art. 210) ou por infração à ordem econômica (Lei 8.884/1994, art. 17)".

[332] Consoante a lição de Araken de Assis (*Manual da execução*, ob. cit., título I, cap. 4, item "40"), "além do obrigado, outras pessoas e outros patrimônios eventualmente sujeitam-se à demanda executória. Explica-se essa circunstância através do corte entre responsabilidade e obrigação. Embora sob o ângulo subjetivo em geral coincidam (em geral, a pessoa é responsável, porque deve), não se afigura rara a hipótese de atribuição de uma e de outra a pessoas diversas (há pessoas que respondem pela dívida, embora não devam)".

Também é legitimado passivo ordinário superveniente "o novo devedor que assumiu, com o consentimento do credor, a obrigação resultante do título executivo" (inc. III do aludido dispositivo legal).[333]

De resto, nos termos dos incisos IV, V e VI do art. 779 do CPC/2015, também são legitimados passivos supervenientes o fiador do débito constante em título extrajudicial,[334] o responsável titular do bem vinculado por garantia real ao pagamento do débito e o responsável tributário, nos termos da lei.

Quanto ao fiador, cumpre observar que, nos termos do § 5º do art. 513 do CPC/2015, "o cumprimento da sentença não poderá ser promovido em face do fiador, do coobrigado ou do corresponsável que não tiver participado da fase de conhecimento".

A razão é evidente: se a obrigação estabelecida no título judicial não abrangeu o fiador, não se pode exigir do mesmo a satisfação da prestação; por outro lado, integrando o fiador o título, viável o respectivo cumprimento em face do mesmo.

De outra parte, na execução de título extrajudicial, o raciocínio é o mesmo: se o fiador integra o título, ostenta ele, em princípio, legitimidade passiva para a demanda executiva, sem prejuízo, logicamente, da consideração de determinadas circunstâncias, nos termos do direito material, a exemplo da existência de eventual benefício de ordem.

Causa de pedir: A causa de pedir, no contexto da tutela executiva, é o próprio título executivo,[335] ao qual se alia a afirmação do exequente de que não houve o cumprimento da respectiva obrigação pela parte executada.

Consoante a lição de Araken de Assis, a causa de pedir da pretensão executiva "... consiste na alegação do exequente de que o executado descumpriu a obrigação prevista no título executivo judicial

---

[333] Cuida-se do instituto da assunção de dívida, não muito comum em nosso sistema jurídico; admite-se, portanto, a cessão de dívida, mas a eficácia do aludido negócio frente ao credor, com a supressão da legitimidade do antigo devedor, depende, na espécie, do indispensável consentimento da parte credora; se não houve anuência do credor, o devedor cedente da dívida permanecerá legitimado passivo na execução.

[334] De regra, o fiador executado por invocar o benefício de ordem, nos termos da lei processual: "Art. 794. O fiador, quando executado, tem o direito de exigir que primeiro sejam executados os bens do devedor situados na mesma comarca, livres e desembargados, indicando-os pormenorizadamente à penhora. §1º Os bens do fiador ficarão sujeitos à execução se os do devedor, situados na mesma comarca que os seus, forem insuficientes à satisfação do direito do credor. § 2º O fiador que pagar a dívida poderá executar o afiançado nos autos do mesmo processo. § 3º O disposto no caput não se aplica se o fiador houver renunciado ao benefício de ordem".

[335] Assim José Miguel Garcia Medina, aduzindo que a causa de pedir "..., *segundo orientação que nos parece correta, consubstancia-se no título executivo*" (*Execução*, ob. cit., parte II, capítulo "4", item "4.4.3").

ou extrajudicial".[336] Como se vê, o fato constitutivo do pleito executivo é um crédito, expresso em prova pré-constituída.

No caso dos títulos judiciais, especificamente, a obrigação devida está reconhecida expressamente em decisão, do próprio Poder Judiciário, de instância arbitral ou da justiça estrangeira, de modo que é ainda mais singela a enunciação da causa de pedir, abrangendo, essencialmente, a afirmação de que o executado descumpriu a obrigação prevista no título. Por isso mesmo, aliás, o requerimento de cumprimento é bastante objetivo, nos termos do art. 524 do CPC/2015.

Ainda assim, indispensável a indicação da natureza da obrigação e a demonstração, no caso das obrigações por quantia, do valor atualizado e dos critérios empregados na sua apuração, como já observado.[337]

Pedido: No contexto de procedimento baseado em título judicial, tendo por objeto o cumprimento de obrigação de pagar quantia certa, relativamente ao devedor solvente, é singela, igualmente, a questão relativa ao pedido.

A obrigação de pagar, em si mesma, é certa e líquida – se assim não for, é inviável a própria instauração do procedimento executivo; desse modo, não se cuida, aqui, de pleitear a imposição de obrigação ao devedor ou a sua condenação ao pagamento.

O que pretende o exequente é o efetivo cumprimento da obrigação já devidamente imposta.

Desse modo, nos termos do art. 523 do CPC/2015, o pedido a ser deduzido pelo exequente é de intimação ou de citação do executado para o pagamento do débito, no prazo de quinze dias.[338]

---

[336] *Manual da execução*, ob. cit., título I, cap. 3, item "33".

[337] Relevante, novamente, a lição de Araken de Assis (*Manual da execução*, ob. cit., título II, cap. 6, item "134"): "Evidentemente, a petição inicial ou "requerimento" da execução é mais simples, no que tange à narração da causa de pedir. Limitar-se-á o exequente a declarar-se credor e a individualizar o crédito, indicando, por exemplo, o respectivo valor e vencimento. Esse caráter sucinto, em geral realçado, não elimina as exigências técnicas, antes as pressupõe. Evidenciado o equívoco, não deve o juiz, quiçá inspirado na instrumentalidade, aprovar peças ininteligíveis e excessivamente sumárias, impossibilitando ou dificultando o exercício ativo dos meios executórios e a defesa do executado".

[338] Observa Humberto Theodoro Júnior (*Curso de direito processual civil*, ob. cit., parte 2, capítulo 6, § 18, item "163"): "No processo de conhecimento, cujo provimento final se dá por meio de uma sentença de acertamento ou definição da situação jurídica controvertida, a citação é feita como um chamamento do réu para se defender, antes que o juiz dite a solução para o litígio. No processo de execução, o título executivo já contém o acertamento necessário da relação jurídica material existente entre as partes. Sabe-se de antemão que o autor é credor de determinada obrigação e que o réu é sujeito passivo dela. O chamamento do devedor a juízo, por isso, não é para se defender, mas para cumprir a prestação obrigacional inadimplida, sob pena de iniciar-se a invasão judicial em sua esfera patrimonial, para promovê-la de maneira coativa". E arremata: "A citação executiva, nessa ordem de ideias, é para pagar e não para discutir a pretensão do credor. A dis-

Não ocorrendo o pagamento, ou sendo ele parcial, a circunstância ensejará a realização de atos constritivos, como se verá mais adiante na obra. E não há qualquer vedação a que o exequente requeira, desde logo, a adoção de específicas medidas de expropriação para a hipótese de ausência de pagamento voluntário.

O pedido, portanto, é de pagamento, pedido que, ademais, expressa, em si mesmo, os limites da tutela executiva pleiteada no caso concreto.

No dizer de José Miguel Garcia Medina, "incidem, aqui, princípios relativos à demanda e à respectiva prestação jurisdicional: a execução de sentença condenatória realiza-se mediante provocação do exequente (não podendo realizar-se *ex officio*) e na medida, ou de acordo com tal provocação (não se admite, pois, execução *extra, ultra* ou *infra petita*)".[339]

Cuida-se, a seguir, da defesa do executado na fase de cumprimento de sentença.

2.1.1.3.2. Das defesas do executado

Fernando Rubin

Tratando-se de cenário objeto das últimas reformas ao Código Buzaid, a execução teve no âmbito do Novo CPC (Lei n° 13.105/2015), menores mudanças quando da comparação com os ritos de conhecimento e mesmo cautelar.[340]

O que a reforma prévia ao Novo CPC fez foi desburocratizar, simplificar, informalizar a ação e o processo de execução, que continuou revestindo a atividade jurisdicional executiva – de entrega do bem da vida ao credor de obrigação de dar, de fazer, não fazer e de entregar coisas, por meio de expropriação de bens do devedor.[341]

De fato, objeto das reformas no período de 2005-2006, a instaurar no Brasil o iter do "cumprimento de sentença" e estabelecer outras

---

cussão, se for instalada, será em ação à parte (embargos), de iniciativa do devedor, mas como incidente eventual e não como fase natural do processo de execução. Na verdade, o principal objetivo da citação do devedor é confirmar, em juízo, o inadimplemento, requisito necessário para justificar a realização forçada da obrigação" (ob. cit., parte 2, capítulo 6, § 18, item "163").

[339] Execução, ob. cit., parte II, capítulo "4", item "4.4.3".

[340] RUBIN, Fernando. *O Novo Código de Processo Civil*: Da construção de um novo modelo processual às principais linhas estruturantes da Lei n° 13.105/2015. 2. ed. São Paulo: LTr, 2017, em especial capítulo 13.

[341] NERY JR., Nelson; ANDRADE NERY, Rosa Maria de. *Código de processo civil comentado*. 9. ed., São Paulo: Revista dos Tribunais, 2006, p. 639.

providências conexas, forçoso reconhecer que não haveria espaços para amplas reformulações no sistema, ainda mais quando as reformas implementadas com vista ao sincretismo e economia processual acabaram, grosso modo, atingindo os seus objetivos.

A parte dirigida à execução segue tomando um espaço considerável na estrutura do codex. São inúmeras disposições gerais e especiais que formam verdadeiro labirinto, mesmo porque não dispostas exatamente em uma ordem sequencial: arts. 509/512 – *liquidação de sentença*; arts. 513/538 – *cumprimento de sentença*; arts. 771/830 – *espécies de execução*; arts. 831/875 – *penhora*; arts. 876/903 – *expropriação*; arts. 904/913 – *satisfação do crédito*; arts. 914/920 – *embargos à execução*; arts. 921/923 – *suspensão do processo de execução*; arts. 924/925 – *extinção do processo de execução*.

Repara-se, portanto, quão vasta se apresenta a legislação executiva, cortada, na estrutura do código, por procedimentos especiais de jurisdição contenciosa e voluntária (arts. 539/770).

Mesmo assim notamos a manutenção de uma lógica no sistema de execução processual, sendo preservados, ao longo desses dispositivos, os princípios executivos tradicionais como o da *autonomia ao sincretismo* (respectivamente do título extrajudicial ao título judicial); o da *lealdade* (boa-fé objetiva do executado); o da *disponibilidade e resultado* (execução iniciando por iniciativa da parte e se desenvolvendo com auxílio de impulso oficial); o da *responsabilidade* (do exequente ao antecipar medidas executivas em sede de tutelas provisórias e execuções provisórias); o da *tipicidade* (com disposições minuciosas a respeito da sequencia do rito executivo); e o da *adequação do rito* (distinguindo a natureza das obrigações em pagar, fazer, não fazer e entregar coisa).[342]

A execução segue sendo tratada como um "incidente" ao processo de cognição. A nomenclatura "processo de execução" é mais apropriada, portanto, para o título executivo extrajudicial, em que a "ação de execução" é proposta perante juízo originário, ou seja, que ainda não teve conhecimento do objeto de execução e das próprias partes envolvidas (exequente e executado).[343]

O *princípio dispositivo*, por sua vez, é essencial para a dinâmica do procedimento, seja na fase de conhecimento seja na fase de execução.

---

[342] VERAS, Ney Alves. Teoria geral da execução no novo código de processo civil: proposta metodológica, princípios, partes, competência, título executivo e responsabilidade patrimonial in Alexandre Ávalo Santana e José de Andrade Neto (org.). Novo CPC: *Análise doutrinária sobre o novo direito processual brasileiro*. v. 3, Campo Grande: Contemplar, 2015, p. 42/100.

[343] MARINONI, Luiz Guilherme; ARENHART, Sérgio Cruz. *Execução* – Vol. 3. 5. ed. São Paulo: RT, 2013, p. 52 e ss.

Como grande limitador do agir do Estado-Juiz, impõe que seja a parte-autora a única responsável por impulsionar o processo nos termos desejados, iniciando a demanda com a petição inicial e também expressamente peticionando ao magistrado para que se inicie os trabalhos executivos propriamente ditos[344] – exigindo satisfação do seu crédito, pela via da penhora, expropriação e pagamento, em virtude de não ter sido presenciado o cumprimento voluntário da obrigação pelo devedor.[345]

Ao longo de todo esse procedimento executivo seguem sendo proferidas um número amplo de decisões gravosas, as quais desafiam agravo de instrumento pela parte insatisfeita, conforme *numerus apertus* dispostos no parágrafo único do art. 1.015:[346] "também caberá agravo de instrumento contra decisões interlocutórias proferidas na fase de liquidação de sentença ou de cumprimento de sentença, no processo de execução e no processo de inventário".[347]

Quanto à atividade do Estado-Juiz, necessário registro de que há prolação de sentença na fase de conhecimento – quando o magistrado põe fim a sua atividade jurisdicional no primeiro grau, em decisão com cognição exauriente (*an debeatur*); e há sentença na fase de execução – quando o magistrado extingue a execução em razão da satisfação integral da obrigação executiva (*quantum debeatur*).[348]

Nesse diapasão, registra o Novo CPC, no art. 203, que os pronunciamentos do juiz consistirão em sentenças, decisões interlocutórias e despachos: § 1º Ressalvadas as disposições expressas dos procedimentos especiais, sentença é o pronunciamento por meio do qual o juiz, com fundamento nos arts. 485 e 487, põe fim à fase cognitiva do procedimento comum, bem como *extingue a execução* (grifo nosso). Por sua vez, o art. 925 dispõe expressamente que a extinção (da execução)

---

[344] Cenário que também passa a ser exigido na Justiça do Trabalho, em razão da recente reforma juslaboral – Extraído de texto do sítio Carta Capital: *20 novas regras processuais da reforma trabalhista*. Acesso em 31/10/2017.

[345] RUBIN, Fernando. O princípio dispositivo no procedimento de cognição e de execução. *Revista Dialética de Direito Processual*, v. 136, p. 22-31, 2014.

[346] LEMOS, Vinícius Silva. *Recursos e processos nos tribunais no Novo CPC*. São Paulo: Lexia, 2015, p. 186.

[347] Fato curioso e inusitado que indeferimento de provas na fase executiva desafie agravo de instrumento, mas não na fase de conhecimento. Trata-se aqui de mais um argumento na defesa do mandado de segurança quando do indeferimento arbitrário de prova requerida pela parte no procedimento cognitivo. Isto porque nota-se movimento de especialização nos incisos do art. 1015 (relativos à etapa de cognição), mas de generalização no cabimento do recurso no parágrafo único do art. 1.015 (relativo à etapa de execução) – PEREIRA LEAL, Rosemiro. In ARRUDA ALVIM, Angélica; ASSIS, Araken de; ARRUDA ALVIM, Eduardo; LEITE; George Salomão. *Comentários ao código de processo civil*. 2. ed., São Paulo: Saraiva, 2017, p. 1197/1198.

[348] SOUZA, Bernardo Pimentel. *Execuções, cautelares e embargos no processo civil*. São Paulo: Saraiva, 2013, p. 179 e ss.

só produz efeito quando declarada por sentença; sendo catalogado no art. 924 as hipóteses de extinção: "I – a petição inicial for indeferida; II – a obrigação for satisfeita; III – o executado obtiver, por qualquer outro meio, a extinção total da dívida; IV – o exequente renunciar ao crédito; ou V – ocorrer a prescrição intercorrente".

Especialmente a partir das reformas ao Código Buzaid notou-se forte tendência de cargas eficaciais executivas (mandamentais e executivas *latu sensu*) serem passíveis de pronunciamento (e efetivação) ao longo do procedimento de cognição, mediante as *tutelas provisórias* e também as *execuções provisórias*.[349] Nesse diapasão, quanto à possibilidade excepcional das cargas executivas na fase de conhecimento, interessante o art. 519 do Novo CPC: "Aplicam-se as disposições relativas ao cumprimento da sentença, provisório ou definitivo, e à liquidação, no que couber, às decisões que concederem tutela provisória".[350]

Por outro lado, *reforçando-se a linha sincrética do procedimento cível*, a partir das últimas alterações do Código Buzaid confirmadas pelo Novo CPC, nota-se sim a possibilidade de *cognição no processo executivo*,[351] sendo visualizadas situações que determinam não só a preclusão (fenômeno endoprocessual), mas também a formação de coisa julgada material (fenômeno panprocessual).

O tema não é singelo. Abalizada doutrina clássica (citem-se Moniz de Aragão,[352] Alfredo Buzaid,[353] Cândido Dinamarco,[354] e Humberto Theodoro Jr.[355]), embora se admita que há posicionamento contrário (como de Liebman e de João de Castro Mendes), entende que reputada como o atributo da sentença definitiva (resolvendo o *meritum causae*), a coisa julgada não se faz presente no processo de execução, no qual o feito não é composto pelo "julgamento" (acertamento) e sim pela "satisfação" da pretensão do credor (satisfação prática do direito firmado na fase de conhecimento).

Discordamos. Giuseppe Tarzia, em ensaio específico no qual "defende a presença do contraditório no feito executivo (de forma capaz a

---

[349] AMARAL, Guilherme Rizzo. *As astreintes e o processo civil brasileiro*. 2. ed. Porto Alegre: Livraria do Advogado, 2010, p. 225 e ss.

[350] *Novo código de processo civil anotado*. Porto Alegre: OAB/RS, 2015.

[351] SICA, Heitor Vitor Mendonça. *Cognição do juiz na execução cível*. São Paulo: RT, 2017.

[352] ARAGÃO, Egas D. Moniz. *Sentença e coisa julgada*. Rio de Janeiro: AIDE, 1992, p. 234.

[353] BUZAID, Alfredo. *Do agravo de petição no sistema do código de processo civil*. 2. ed. São Paulo: Saraiva, 1956, p. 108/109.

[354] DINAMARCO, Cândido Rangel. *A instrumentalidade do processo*. 4. ed. São Paulo: Malheiros, 1994, p. 68, 93 e 255.

[355] THEODORO JR., Humberto. Da inexistência de coisa julgada ou preclusão pro iudicato no processo de execução. In *Revista da Faculdade de Direito Milton Campos*, n° 1 (1994): 95/108.

qualificá-lo como espécie de processo, e não como mero procedimento), revela que há cognição atribuída ao juiz na execução, mesmo que se encontre limitado".[356]

Avancemos. O mais importante momento da atuação do fenômeno preclusivo, e mesmo da coisa julgada material, em sede executória se figura perante a oportunidade, com prazo peremptório para ser exercida, concedida à parte devedora de impugnar a execução – o que outrora era denominado de incidente de embargos à execução, e tinha por regra efeito suspensivo.[357] Mesmo assim, antes do prazo delimitado para impugnar a execução, pode o devedor, em tese, se valer da exceção de pré--executividade,[358] a qual se julgada improcedente vedaria uma posterior nova insurgência no processo contra a execução pelo mesmo fundamento (preclusão para oposição do meio de defesa executivo típico).

Pois bem, é justamente quando do estudo dos meios de defesa do executado (hoje denominado de impugnação ao cumprimento de sentença, diante dos títulos executivos judiciais; e embargos à execução, diante dos títulos executivos extrajudiciais) que mais se discute sobre a possibilidade de se falar em coisa julgada material em sede de execução. Conforme alude Alfredo Buzaid, "é aí que surge para o executado o momento relevante para atacar, quer a nulidade do processo de cognição e por conseqüência a autoridade da coisa julgada, quer a eficácia do título executivo", razão pela qual entende o autor do Código Processual de 1973 pela possibilidade excepcional, na hipótese, de se falar em presença da coisa julgada em meio à execução, ao passo que através de utilização de meio de defesa executivo surgiria uma nova *lide*, que o juiz decidiria proferindo verdadeira sentença definitiva.[359]

---

[356] TARZIA, Giuseppe. *O contraditório no processo executivo*. Trad. por Tereza Arruda Alvim Wambier in *Revista de Processo* n° 28 (1982): 55/95.

[357] Esse é o destaque oportuno apontado por Carnelutti, ao fazer genéricas observações sobre as linhas do processo: "o direito de impugnar está limitado no tempo; a parte vencida, se quiser impugnar, deve ser rápida em fazê-lo; a lei estabelece a seu encargo, no penal e no cível, prazos rigorosos, transcorridos os quais perde-se o direito. Uma decisão, pois, não pode ser impugnada não apenas quando a parte vencida tiver manifestado implícito ou explicitamente sua vontade em aceitá-la, como também quando deixou transcorrer o prazo sem declarar a sua vontade de impugná-la" (CARNELUTTI, Francesco. *Como se faz um processo*. Trad. por Hiltomar Martins Oliveira. 2. ed. Belo Horizonte: Líder Cultura Jurídica, 2005, p. 112).

[358] A aludida exceção de pré-executividade, de criação jurisprudencial, é cabível quando supostamente for patente a inviabilidade de ser exigido o título executivo – no caso de se acusar a falta de condições da ação de execução, ou a ausência de algum pressuposto processual, ou ainda de alguma questão de mérito auferível claramente pela prova documental (THEODORO JR., Humberto. *Curso de direito processual civil*. V. II. 33. ed. Rio de Janeiro: Forense, 2002, p. 266/267).

[359] BUZAID, Alfredo. *Do agravo de petição no sistema do código de processo civil*. 2. ed. São Paulo: Saraiva, 1956, p. 110/111.

Esse também é o entendimento de Daniel Amorim Assumpção Neves, para quem a propositura de incidente de defesa executivo gera uma ação incidental de cognição, e sua propositura possibilita que o mérito do processo executivo seja decidido, mediante sentença definitiva que será coberta pelos efeitos da irrecorribilidade e imutabilidade. Tanto assim o é, acrescenta o jurista com perspicácia, que é cabível a propositura de ação rescisória para desconstituir aquela sentença e consequentemente alguma injustiça que ela contivesse – sempre lembrando que, mesmo a teor do Novo CPC, a ação rescisória é permitida especialmente em face de sentença de mérito.[360]

Destacam Araken de Assis e Humberto Theodoro Jr., em semelhante direção, para a presença da coisa julgada material quando a decisão da impugnação reconhecer a existência de causas impeditivas, modificativas ou extintivas da obrigação[361] – que podem ser invocadas no incidente de execução desde que tenham se verificado posteriormente ao julgamento do processo de cognição, já que se anteriores à formação do título executivo, estaria preclusa a possibilidade de invocá-las por incompatibilidade com a sentença do feito de cognição que as exclui.[362]

E se o título executivo for extrajudicial, poder-se-ia da mesma maneira cogitar de configuração, em algum caso, da coisa julgada material? Vejamos, em separado, as situações em que há oposição dos embargos e naquela em que não se verifica o incidente levado a efeito pelo devedor. Em havendo a apresentação de embargos ao título extrajudicial, presente estaria a *cognição plenária* – em que o devedor poderia alegar as matérias constantes para o título executivo judicial, bem como qualquer outra que lhe seria lícito deduzir como defesa no processo de conhecimento; sendo neste caso ainda mais admissível se falar na presença da coisa julgada material,[363] em face da natureza de *processo de conhecimento autônomo* dos embargos à execução.[364]

---

[360] NEVES, Daniel Amorim Assumpção. *Preclusões para o juiz*: preclusão pro iudicato e preclusão judicial no processo civil. São Paulo: Método, 2004, p. 92.

[361] ASSIS, Araken de. *Manual do processo de execução*. 3. ed. São Paulo: RT, 1996, p. 943/945; THEODORO JR., Humberto. *Curso de direito processual civil*. 33. ed. V. II. Rio de Janeiro: Forense, 2002, p. 261.

[362] Ou em outros termos: "Quer isso dizer que não é lícito ao devedor opor-se à execução com base em supostos fatos extintivos ou modificativos do crédito do exeqüente, salvo no caso de superveniência" (BARBOSA MOREIRA, José Carlos. A eficácia preclusiva da coisa julgada material no sistema do processo civil brasileiro. In *Temas de direito processual*. São Paulo: Saraiva, 1997, p. 108/109).

[363] ASSIS, Araken de. *Manual do processo de execução*. 3. ed. São Paulo: RT, 1996, p. 1016; THEODORO JR., Humberto. *Curso de direito processual civil*. V. II. 33. ed. Rio de Janeiro: Forense, 2002, p. 264/265.

[364] CÂMARA, Alexandre Freitas. *O novo processo civil brasileiro*. 3. ed., São Paulo: Atlas, 2017, p. 417.

Já em caso de título extrajudicial não embargado – ou mesmo quando os embargos sejam extintos sem julgamento de mérito, realmente o mais sensato parece se concluir pela inexistência de coisa julgada material, não obstante encerrar-se a execução pela satisfação da obrigação pelo devedor, sendo consequentemente extinta a execução por meio de sentença.

Em realidade, o provimento extintivo da demanda executória, em face da satisfação da obrigação pelo devedor, menciona Araken de Assis, não exibe carga declaratória suficiente para redundar em indiscutibilidade. No curso da execução, na hipótese, o título se torna indiscutível, mas essa indiscutibilidade interna, resultante de preclusão, não se projeta adiante, sendo, pois, lícito ao executado questionar em demanda própria e ulterior a regularidade do procedimento executório[365] – o que se daria por meio de uma ação de repetição de indébito, com arrimo no art. 964 do diploma civil.

Tal negação dos efeitos da coisa julgada material sobre o título extrajudicial não embargado (ou mesmo embargado, mas extinto sem julgamento de mérito) não era aceito por Redenti,[366] que ao estudar o procedimento monitório (*procedimento d'ingiuzione*, previsto nos arts. 633 a 656 do CPC italiano) optou por teoria oposta, cunhando a expressão "preclusão *pro judicato*" para explicar o fenômeno envolvendo *giudicato implicito* na execução. No entanto, mesmo na Itália, não foi acolhida a concepção de Redenti com suficiente êxito, tendo sido por lá criticado seriamente, dentre outros, por Garbagnati.[367]

Por aqui, Eduardo Talamini[368] e Humberto Theodoro Jr.,[369] para citarmos dois, teceram críticas duras à teoria de Redenti, externando

---

[365] ASSIS, Araken de. *Manual do processo de execução*. 3. ed. São Paulo: RT, 1996, p. 233/235.

[366] REDENTI, Enrico. *Diritto Processuale Civile*. Vol. 2, Tomo 1. Milão: Giuffrè, 1949, p. 188/190.

[367] GARBAGNATI, Edoardo. Preclusione 'pro iudicato' e titolo ingiuntivo. In *Studi in onore di Enrico Redenti*. Milão: Giuffrè, 1951, p. 467/483.

[368] Eduardo Talamini critica especialmente a opção pela nomenclatura do jurista italiano, fazendo-a nos seguintes moldes: "conforme Redenti, não haveria coisa julgada no decreto d'ingiunzione não embargado porque, quando o objeto desse provimento fosse, por exemplo, uma parcela entre várias de crédito, a indiscutibilidade não abrangeria o todo. Mas isso em nada diferiria da coisa julgada, que, em tal caso, também não abrangeria a totalidade do crédito" (TALAMINI, Eduardo. *Tutela monitória*. 2. ed. São Paulo: Revista dos Tribunais, 2001, p. 106).

[369] Humberto Theodoro Jr. fixa a seguinte conclusão sobre a questão debatida por Redenti, em sentido contrário ao admitido pelo jurista italiano: "sendo inaplicável a coisa julgada ao processo de execução, como é de geral entendimento, e inexistindo dispositivo legal aplicável à execução forçada similar ao que institui a res iudicata, nada leva à conclusão de que, finda uma execução desenvolvida à revelia do devedor, que mais tarde vem a descobrir prova de inexistência material da dívida executada, esteja ele privado da ação de repetição do indébito, por uma preclusão derivada da simples inércia na fase própria dos embargos" (THEODORO JR., Humberto. Da inexistência de coisa julgada ou preclusão pro iudicato no processo de execução in *Revista da Faculdade de Direito Milton Campos*, nº 1 (1994): 95/108).

este último estudo onde se constata que no Brasil a tese que veda os efeitos da coisa julgada material em título executivo extrajudicial não embargado foi acolhido pelo art. 38 da Lei de Execução Fiscal – o qual, ao cuidar de uma das modalidades da espécie, é expresso na previsão de que a discussão da obrigação fiscal é viável tanto nos embargos, como em mandado de segurança, ação de repetição de indébito ou ação anulatória do ato declarativo da dívida.

O elemento central legitimador da tese encampada pela legislação pátria seria justamente a impossibilidade de empregar força de coisa julgada à preclusão em execução de título extrajudicial, à medida que, na espécie, inexistisse sentença de mérito sobre o tema. Da mesma forma, em face da semelhança com a execução de título executivo extrajudicial, diante de ação monitória não embargada pelo réu, mesmo depois de convertido o mandado monitório em título executivo, poder-se-ia falar em direito do demandado de ingressar com ação autônoma para discutir o direito material alegado pelo autor do processo monitório – é que em ambas as situações, compara Daniel Amorim Assumpção Neves, citando comentários de Eduardo Talamini, "não houve qualquer apreciação judicial do crédito executado ou que fundamenta o direito material, o que permite que ele possa ser objeto de discussão posterior".[370]

Agora, se o mérito fosse enfrentado pelos embargos, tanto na execução de título extrajudicial como diante da apresentação de um título monitório, e fosse o incidente do devedor julgado definitivamente improcedente, não mais haveria espaço nem oportunidade para este discutir o direito do credor novamente, seja naquela relação processual, seja em ação autônoma – aqui, não estaríamos tratando da ocorrência de *preclusão pro judicato* (na concepção de Redenti), mas de coisa julgada material verificada no julgamento de mérito dos embargos.[371]

Portanto, do exposto quanto ao espaço, no feito executivo, dos institutos em comparação, conclui-se, à luz da melhor doutrina, que a preclusão atua intensamente seja diante de título executivo judicial, seja diante de título executivo extrajudicial – sempre visando, a

---

[370] No entanto, distingue o autor as peculiaridades da hipótese envolvendo título executivo extrajudicial da ação monitória (NEVES, Daniel Amorim Assumpção. *Preclusões para o juiz: preclusão pro iudicato e preclusão judicial no processo civil*. São Paulo: Método, 2004, p. 144). Maiores informações quanto à natureza e a devida exegese dos dispositivos pátrios de regência referentes à monitória – inclusive em face das peculiaridades do direito comparado (notadamente o *procedimento d'ingiunzione* italiano), consultar a obra específica sobre a matéria mencionada neste trabalho: TALAMINI, Eduardo. *Tutela monitória*. 2. ed. São Paulo: RT, 2001. Especialmente p. 101/105.

[371] NEVES, Daniel Amorim Assumpção. *Preclusões para o juiz*: preclusão pro iudicato e preclusão judicial no processo civil. São Paulo: Método, 2004, p. 73.

partir da fixação de prazos peremptórios para a realização dos atos processuais, ao rápido encaminhamento da satisfação do crédito do exequente, o que ao fim e ao cabo se dá mediante a sentença de extinção da execução.

Por outro lado, quanto à coisa julgada material, comprovou-se que possui espaço de atuação menor do que o da preclusão, embora sendo de fundamental relevância reconhecer dos seus préstimos (não obstante as polêmicas doutrinárias ainda em aberto) quando do enfrentamento do mérito da execução pelo Estado-Juiz, o que se dá pela oposição encaminhada pelo devedor de embargos à execução (atualmente denominada de impugnação ao cumprimento de sentença, no título executivo judicial), a redundar em cognição plenária na execução de título extrajudicial e cognição sumária na execução de título judicial.

Ingressemos, agora, propriamente no capítulo das defesas executivas, apontando as principais novidades que nos chamaram a atenção nesses primeiros momentos de contato com o código aprovado.

Quanto à defesa do executado, uma das mais impactantes novidades da Lei nº 13.105/2015, temos a possibilidade de ser proposta a impugnação ao cumprimento de sentença sem garantia do juízo (art. 525, *caput*); por outro lado, o efeito suspensivo ao incidente defensivo resta condicionado à garantia do juízo (depósito ou penhora de bens – art. 525, § 6°). Portanto, pelo Novo CPC, o executado não precisa garantir o juízo para se defender, independentemente se se trate de execução de título judicial ou extrajudicial. Mas, logicamente, se o meio de defesa executivo pode ser apresentado independentemente de penhora (ou depósito), por outro lado não suspende a prática dos atos executivos, inclusive os de expropriação.[372]

A execução contra a Fazenda Pública opera-se agora, da mesma forma que entre os particulares, com eventual oposição de impugnação ao cumprimento de sentença pelo Estado. O prazo, no entanto, é de 30 dias da intimação da peça executiva do credor, não havendo espaço para cumprimento voluntário, já que a sistemática de pagamento envolve a formação de precatório/RPV, de acordo com o art. 100 da CF/88.

No rito de cumprimento de sentença (título executivo judicial) procede-se a intimação do executado para ciência da planilha de valores apresentados pelo exeqüente, inclusive para fins de depósito em

---

[372] SAVARIS, José Antônio. In ALVIM, Angélica Arruda; ASSIS, Araken de; ALVIM, Eduardo Arruda; LEITE, George Salomão (coords.). *Comentários ao Código de Processo Civil*. 2. ed., São Paulo: Saraiva, 2017, p. 669/670.

juízo da cifra discutida. Importante o depósito judicial para que não haja penhora de bens contra o devedor (seria mais uma medida benéfica ao seu favor). Sobre o valor depositado incide multa/honorários, já que não houve cumprimento do julgado. Também pelo Novo CPC há definição de que a decisão judicial transitada em julgado poderá ser levada a protesto depois de transcorrido o prazo para cumprimento voluntário (art. 517 c/c art. 523) – medida que evidentemente também deve se aplicar na execução de título extrajudicial.[373] Trata-se aqui de mais uma penalidade em desfavor do executado, a ser cumulada com a multa e os honorários executivos, ambos em 10%, mas somente após manifesta omissão do executado.

Pontos objeto de impugnação: nulidade de citação, em processo que correu em revelia; inexigibilidade do título; penhora incorreta ou avaliação errônea; ilegitimidade das partes; excesso de execução (sendo obrigatório ao executado juntar imediatamente a planilha dos valores devidos[374]); causa impeditiva, modificativa ou extintiva da obrigação, superveniente à sentença (ex.: transação; prescrição intercorrente).

Como se pode ver a impugnação tem conteúdo bastante limitado, deixa o codex claro a possibilidade concreta de extinção da execução em razão da prescrição intercorrente (art. 924, V), sempre que verificada omissão concreta do exequente na propositura da fase executiva ou na tomada de medidas cabais para o seu ulterior desenvolvimento. Deve seguir valendo a Súmula 150 do STF a prever que prescreve a execução no mesmo prazo da ação (de conhecimento).[375]

O marco inicial da prescrição intercorrente relacionada à omissão do exequente na propositura da fase de cumprimento de sentença não deve ser fixado quando do arquivamento dos autos, mas sim da anterior intimação do exequente pelo juízo para a tomada das devidas medidas executivas. Tal cenário resta mais evidente pela Lei n° 13.105/2015, já que não é sequer repetido pelo codex o art. 475-J, § 5°, do Código Buzaid a estabelecer aquele prazo de seis meses para

---

[373] É o registro do Enunciado n° 99 do Conselho da Justiça Federal, setembro/2017: "A inclusão do nome do executado em cadastros de inadimplentes poderá se dar na execução definitiva de título judicial ou extrajudicial" – *1ª Jornada de Direito Processual Civil – Brasília 2017/2*. Enunciados retirados do sítio: <https://www.conjur.com.br/dl/jornada-direito-processual-civil-cjf.pdf>. Acesso em 30/09/2017.

[374] Mas, no nosso entendimento adequadamente, deve o juiz antes de rejeitar liminarmente a impugnação (art. 525, § 5°) deve intimar o impugnante para sanar eventual vício, em observância ao dever processual de cooperação (art. 6°) – Enunciado n° 95 CJF set/17, *1ª Jornada de Direito Processual Civil – Brasília 2017/2*. Enunciados retirados do sítio: <https://www.conjur.com.br/dl/jornada-direito-processual-civil-cjf.pdf>. Acesso em 30/09/2017.

[375] AURELLI, Arlete Inês. A prescrição intercorrente no novo código de processo civil. in Alexandre Ávalo Santana e José de Andrade Neto (Org.). *Novo CPC*: Análise doutrinária sobre o novo direito processual brasileiro. Campo Grande: Contemplar, 2015, v. 3, p. 279/294.

arquivamento;[376] o que confirma que, na prática, tratava-se mais de um prazo administrativo (de controle do cartório) do que um real prazo decisivo para fins de contagem da prescrição intercorrente para a parte exequente.[377]

Efeito suspensivo da impugnação: atualmente não é a regra. Deve ser apreciado o pedido com cuidado, já que não se está mais em momento prévio ao trânsito em julgado. O exequente deve ser ouvido. Da decisão cabe agravo de instrumento. Em caso de suspensão a execução só prossegue após solução definitiva do incidente.

Reforça o *codex* a lógica de que o efeito suspensivo no incidente de defesa executivo somente pode ser concedido com a apresentação de garantia, o que de certa forma incentiva o executado a continuar garantindo o juízo para poder se defender, mediante depósito judicial ou penhora de bens (art. 525, § 6º). Como vem confirmando a jurisprudência, trata-se de condição *sine qua non* para requerimento do efeito suspensivo, o qual só será concedido caso haja, além do depósito/penhora, real fundamento nas alegações dispostas pela parte executada: "a concessão de efeito suspensivo dependerá da verificação dos requisitos da tutela provisória, e desde que a execução já esteja garantida por penhora, depósito ou caução suficiente".[378]

---

[376] ROQUE, André Vasconcelos; GAJARDONI, Fernando; TOMITA, Ivo Shigueru; DELLORE, Luiz; DUARTE, Zulmar (orgs.). *Novo CPC:* Anotado e comparado. São Paulo: Foco Jurídico, 2015, p. 257.

[377] Guilherme Rizzo Amaral – mesmo escrevendo dentro da órbita do sistema anterior – traz exemplo ilustrativo que bem contempla o imbróglio, de acordo, no nosso entender, com a orientação da nova lei processual: "o devedor condenado a reparar danos sofridos pelo credor poderá argüir a prescrição intercorrente três anos após ter encerrado o seu prazo para cumprir voluntariamente a sentença, caso não tenha o credor requerido a execução nesse interregno; no curso desses três anos (mais precisamente após seis meses) deverá o processo vir a ser arquivado. O ato de arquivamento sob hipótese alguma interrompe o prazo prescricional a que se faz referência, muito menos determina o (re)início de sua contagem." (AMARAL, Guilherme Rizzo. *Cumprimento e execução da sentença sob a ótica do formalismo-valorativo*. Porto Alegre: Livraria do advogado, 2008, p. 192).

[378] AGRAVO DE INSTRUMENTO. DIREITO TRIBUTÁRIO. ISS. EMBARGOS À EXECUÇÃO FISCAL. EFEITO SUSPENSIVO. ART. 919, § 1º, DO CPC/2015. IMPOSSIBILIDADE DE APLICAÇÃO. AUSÊNCIA DE RELEVÂNCIA DA ARGUMENTAÇÃO. Aplica-se o disposto no art. 919, 1º, do CPC/2015 de forma subsidiária às execuções fiscais, nos termos do disposto no art. 1º da Lei 6.830/80, em face da ausência de norma específica na legislação especial sobre o efeito do recebimento de embargos (...). Caso em que a argumentação da parte embargante (nulidade da CDA e caráter confiscatório da multa) não se reveste de relevância suficiente a emprestar efeito suspensivo aos embargos. Quanto aos demais fundamentos, o embargante não acostou aos embargos à execução, nos autos principais, a cópia do procedimento administrativo fiscal e do auto de infração, embora tais documentos também não constem dos autos do processo executivo. Dessa forma, ausentes informações indispensáveis ao deslinde da controvérsia – como a data da constituição definitiva do crédito tributário e os apontamentos da fiscalização –, não há como analisar, nesse momento processual, os fundamentos direcionados ao fato gerador e à prescrição. Autorizado o prosseguimento da execução. AGRAVO DE INSTRUMENTO PROVIDO. UNÂNIME. (Agravo de Instrumento nº 70071331375, Vigésima Segunda Câmara Cível, Tribunal de Justiça do RS, Relator: Denise Oliveira Cezar, Julgado em 23/02/2017).

Recebida a impugnação, em geral sem efeito suspensivo, será dado prazo ao exequente para resposta em 15 dias úteis. Nessa peça o exequente poderá ainda indicar os meios de prova suficientes para resolver o incidente, sob pena de julgamento antecipado.

Julgamento do incidente, com condenação em honorários e custas (além de explicitação da multa da execução), desafia agravo de instrumento, salvo quando importa em extinção da execução (julgamento de total procedência da impugnação para encerrar o processo), caso em que caberá apelação. Nesse diapasão o recente Enunciado n° 93 do Conselho da Justiça Federal, setembro/2017: "Da decisão que julga a impugnação ao cumprimento da sentença cabe apelação, se extinguir o processo, ou agravo de instrumento, se não o fizer".[379]

Por regra, a impugnação à execução discute eventual excesso de execução; sendo reconhecido se dá o prosseguimento da execução por valor menor – aqui se está diante da tradicional hipótese de decisão interlocutória (decisão em meio ao processo, que não dá fim ao mesmo), razão pela qual desafia tradicionalmente o agravo de instrumento.

O prazo de 15 dias para impugnar conta-se a partir de transcorrido o prazo para cumprimento voluntário, independentemente de penhora ou nova intimação (art. 525, *caput*). De fato, tal prazo, mesmo sem garantia do juízo pelo Novo CPC, inicia a partir do 16° dia útil da intimação para cumprimento voluntário; o prazo para apresentar defesa segue sendo de 15 dias, uma tônica no novo diploma processual – incidindo eventualmente a duplicação de prazo em casos de litisconsortes passivos com advogados distintos (art. 229).[380]

Evidentemente, se houver comparecimento espontâneo em momento anterior, antecipa-se o termo inicial para o exercício de defesa do executado. Respeita-se, dessa forma, a regra geral dos atos extemporâneos, constante no art. 218, § 4°, da Lei n° 13.105/2015; ainda coadunando-se com o Enunciado n° 84 do Conselho da Justiça Federal, de setembro/2017: "o comparecimento espontâneo da parte constitui termo inicial dos prazos para pagamento e, sucessivamente, impugnação ao cumprimento de sentença".[381]

---

[379] *1ª Jornada de Direito Processual Civil – Brasília 2017/2*. Enunciados retirados do sítio: <https://www.conjur.com.br/dl/jornada-direito-processual-civil-cjf.pdf>. Acesso em 30/09/2017.

[380] MARINONI, Luiz Guilherme; ARENHART, Sérgio Cruz; MITIDIERO, Daniel. *Novo curso de processo civil*. Vol. 2 – Tutela dos direitos mediante procedimento comum. 3. ed. São Paulo: RT, 2017, p. 922.

[381] *1ª Jornada de Direito Processual Civil – Brasília 2017/2*. Enunciados retirados do sítio: <https://www.conjur.com.br/dl/jornada-direito-processual-civil-cjf.pdf. Acesso em 30/09/2017>.

Por fim, diga-se que polêmicas quanto às oportunidades de deferimento de honorários advocatícios acabou sendo superada pelo Novo CPC, com dispositivos mais específicos. Vejamos em síntese:

Embora o CPC/1973 apontasse para a incidência de honorários advocatícios quando do julgamento do incidente de impugnação ao cumprimento de sentença, a posição prevalente no STJ já era a de que são incabíveis quando o incidente for julgado improcedente, a partir do RESP 1.134.186-RS. Assim haveria uma condenação na fase de conhecimento e outra condenação na fase de execução.

O Novo CPC, na mesma direção, dá a entender, a partir do art. 85, que os honorários advocatícios são devidos entre 10% e 20%, não podendo ultrapassar tal margem por fase procedimental; embora possa haver majoração, inclusive de ofício, em esfera recursal na fase de conhecimento. No cumprimento de sentença o percentual é fixo de 10%, não sendo devidos em caso de êxito do exequente em face de oposição de impugnação ao cumprimento de sentença, mas sendo cumuláveis com outros honorários arbitrados em momentos diversos do pleito, de acordo com o art. 85, § 1°.[382]

Por sua vez, aponta o Novo CPC que nos embargos à execução de título extrajudicial, em caso de êxito do exequente/embargado, o percentual inicial de 10% pode ser majorado até para 20%, o que seria o espelho do que pode ocorrer na fase de conhecimento de um processo judicial; também o percentual poderia ser excepcionalmente majorado em razão do tempo de execução/trabalho do procurador do exequente, mesmo que não tenham sido opostos embargos à execução (art. 827, § 2°).

2.1.1.3.3. Da penhora

Jaqueline Mielke Silva
José Tadeu Neves Xavier

2.1.1.3.3.1. Natureza jurídica da penhora

Segundo Francesco Carnelutti, a função principal da penhora reside em "determinar o bem sobre o qual se realizará a expropriação e fixar sua sujeição à ação executiva".[383] Enrico Tullio Liebman, por

---

[382] JORGE, Flávio Cheim. *Os honorários advocatícios e o novo CPC*: primeiros apontamentos. Sítio Migalhas <http://www.migalhas.com.br/dePeso/16,MI220537,11049-Os+honorarios+advocaticios+e+o+Novo+CPC+primeiros+apontamentos>. Acesso em 05/02/2016.

[383] In: *Istituzioni* ..., Vol. 3, p. 18, n. 683.

sua vez, define a penhora como o "ato pelo qual o órgão judiciário submete a seu poder imediato determinados bens do executado, fixando sobre eles a destinação de servirem à satisfação do direito do exequente".[384]

Para Ovídio Araújo Baptista da Silva,[385] "embora reconhecendo que a penhora tem natureza de ato executivo, atribui-lhe Liebman, simultaneamente, uma função conservativa, enquanto a apreensão do bem penhorado, com sua subsequente entrega ao depositário, evitará que o mesmo seja alienado, escondido ou danificado em prejuízo do credor". Prossegue o autor,[386] afirmando: "Não se pode, evidentemente, negar a função conservativa da penhora. Todavia, não se deve atribuir-lhe natureza cautelar, ou indicá-la, como faz Giovanni Verde (*Il pignoramento*, p. 78), como um 'provimento de caráter cautelar', sem ter a natureza cautelar. Isso não passaria de um circunlóquio nocivo à compreensão da natureza da penhora. Como em uma outra oportunidade dissemos, não se deve confundir função preventiva e função cautelar, embora esta seja espécie desse gênero (A ação cautelar inominada ..., § 5º)".

Com razão o último, ao não vislumbrar cautelaridade na penhora de bens, mas apenas caráter conservativo, tendo em vista que a sua finalidade exclusiva é preservar o bem para posteriormente alienação.

2.1.1.3.3.2. Conceito de penhora

Trata-se de ato executivo, diverso do penhor e do arresto. Ela não extrai o poder de disposição do executado. Eventual alienação, reputar-se-á ineficaz em relação ao credor. Segundo Araken de Assis,[387] "penhora é o ato executivo que afeta determinado bem à execução, permitindo sua ulterior expropriação, e torna os atos de disposição ineficazes em face do processo".

2.1.1.3.3.3. Conservação dos bens penhorados

Nos termos do art. 839 do CPC, a lei considera realizada a penhora a partir do momento em que haja apreensão e depósito dos bens penhorados. A partir da análise literal do dispositivo legal, conclui-se que não basta a apreensão que o auxiliar do juízo faça do bem sobre

---
[384] In: Ob. cit., p. 56.
[385] In: *Curso de Processo Civil*, Vol. 2, p. 88.
[386] Idem, ibidem.
[387] In: *Manual* ..., p. 544.

o qual deverá incidir a penhora, sendo necessário que tal apreensão implique a retirada do mesmo da posse imediata do executado, confiando-se ele a um depositário.[388] Assim, a penhora – mesmo quando o encargo for confiado ao próprio executado –, implica que se regule o modo como o bem penhorado seja conservado, enquanto perdurar a execução.

Não é demasiado referir que, uma vez efetivada a penhora, em sendo o encargo de depositário confiado ao próprio executado, assumirá ele dupla função perante o processo de execução. Enquanto proprietário e possuidor imediato do bem penhorado, terá direitos e encargos processuais peculiares a essa posição jurídica de sujeito passivo da relação executória. Por outro lado, como depositário – como qualquer outra pessoa –, não poderá usá-lo em benefício próprio, senão quando expressamente autorizado pelo juiz, ou nos casos em que a utilização periódica do bem confiado à sua guarda seja indispensável à sua própria conservação.[389]

Nos demais casos, o encargo de depositário dos bens penhorados implica a função de geri-los, de modo a que os mesmos permaneçam desempenhando suas funções econômicas e produzindo os frutos e rendimentos inerentes à sua natureza de bens economicamente produtivos.

2.1.1.3.3.4. Da ordem de nomeação de bens à penhora

O CPC/15 alterou significativamente a ordem de nomeação de bens à penhora, incluindo hipóteses importantes que não eram contempladas pelo Código revogado (v.g., penhora de semoventes). Por outro lado, a ordem de nomeação de bens à penhora, prevista no artigo 835 do CPC, via de regra, não é impositiva, pois o *caput* refere que a *"penhora observará, preferencialmente, a seguinte ordem"*. Todavia, em se tratando de penhora em dinheiro, o § 1º deste mesmo dispositivo legal estabelece ser a mesma prioritária, "podendo o juiz, nas demais hipóteses, alterar a ordem prevista no *caput* de acordo com as circunstâncias do caso concreto". Ou seja, com a ressalva da penhora em dinheiro, trata-se de uma ordem que, dependendo do caso concreto, não precisará ser seguida.

---

[388] Neste sentido: Ovídio Araújo Baptista da Silva. *Curso de Processo Civil*, Vol. 2, p. 95.

[389] Exemplo típico desta espécie é a penhora de veículos automotores, cujo funcionamento, a intervalos regulares, seja indispensável para evitar que o mesmo se danifique pelo desuso prolongado.

Entendemos que a não observância dessa ordem deverá atentar para os princípios da menor onerosidade (artigo 805 do CPC) e do resultado (artigo 797, *caput*, CPC).[390]

I) A ordem prevista no artigo 835 do CPC

a) Da penhora de dinheiro em espécie ou em depósito ou aplicação em instituição financeira (penhora *on line*)

O inciso I do artigo 835 do CPC mantém a possibilidade da penhora *on line*, tendo havido a regulamentação da mesma no artigo 854 do mesmo diploma legal.

b) Da necessidade de requerimento do exequente

Nos termos do artigo 854 do CPC, a determinação da penhora *on line* necessita de requerimento do exequente, o que significa dizer que não é possível a sua determinação de ofício, em atenção ao princípio do dispositivo.

c) Determinação *inaudita altera parte* da determinação de penhora *on line*

Em atenção ao direito fundamental do credor à tutela jurisdicional tempestiva e efetiva, esse mesmo artigo 854 do CPC, expressamente, prevê que a determinação da penhora *on line* se dará independentemente da ouvida do executado. Entendemos que nesse caso não há que se falar em violação ao princípio do contraditório, considerando que o executado será ouvido posteriormente. A previsão não poderia ser diferente, considerando que a ouvida prévia do devedor, certamente, implicaria a frustração da penhora em dinheiro, diante do risco potencial do saque de valores das contas bancárias. Entendemos que esta exceção assume a natureza de provimento urgente, enquadrando-se na exceção à aplicação ao princípio da colaboração – consagrado no CPC/15 – prevista no artigo 9°, inciso I, do mesmo diploma legal.

d) Limitação do valor da penhora *on line*

A determinação de indisponibilidade dos ativos financeiros existentes em nome do executado, é limitada ao valor indicado na execu-

---

[390] V.g., se o credor indicar a penhora um imóvel com alta liquidez, não há porque aceitar-se a impugnação do devedor de que deveria ter sido nomeado um veículo fora de linha.

ção. Em ocorrendo a indisponibilidade em valor superior ao indicado pelo credor, o magistrado, no prazo de 24 (vinte e quatro) horas a contar da resposta do ofício, determina o cancelamento do valor em excesso, independentemente de requerimento de qualquer das partes, nos termos do § 1° do artigo 854 do CPC. Trata-se de mais um dos prazos impróprios previstos na legislação processual vigente.

e) Intimação do executado da indisponibilidade dos ativos financeiros

Tornados indisponíveis os ativos financeiros do executado, este será intimado, via de regra, na pessoa do advogado ou, não o tendo, pessoalmente (§ 2° do artigo 854 do CPC). Tão logo o executado seja intimado, terá o prazo de 5 (cinco) dias para comprovar[391] que: a). as quantias tornadas indisponíveis são impenhoráveis e b). que ainda remanesce a indisponibilidade excessiva de ativos financeiros. No caso de acolhimento de qualquer uma destas duas arguições do executado, o magistrado determinará o cancelamento de eventual indisponibilidade irregular ou excessiva, que deverá ser cumprida pela instituição financeira, no prazo de 24 (vinte e quatro) horas.[392] Neste caso, entendemos que o magistrado possa se valer das medidas coercitivas previstas nos artigos 536 e 537 do CPC, de modo a que o provimento jurisdicional seja cumprido. Se for rejeitada eventual arguição do executado ou, no caso de silêncio, a indisponibilidade dos ativos financeiros será convertida em penhora, independentemente da lavratura de termo, devendo o magistrado determinar à instituição financeira depositária que, no prazo de 24 (vinte e quatro) horas, transfira o montante indisponível para conta vinculada ao juízo da execução.[393]

f) Realização do pagamento pelo executado

Caso o executado realize o pagamento da dívida por outro meio, o magistrado determinará – imediatamente – por sistema eletrônico gerido pela autoridade supervisora do sistema financeiro nacional, a notificação da instituição financeira para que, em até 24 (vinte e quatro) horas, cancele a indisponibilidade.[394] Também nesta hipótese entendemos aplicáveis as medidas coercitivas previstas nos artigos 536 e 537 do CPC.

---

[391] § 3° do artigo 854 do CPC.
[392] § 4° do artigo 854 do CPC.
[393] § 5° do artigo 854 do CPC.
[394] § 6° do artigo 854 do CPC.

g) Da responsabilidade civil da instituição financeira[395]

A instituição financeira será responsável pelos prejuízos causados ao executado em decorrência da indisponibilidade de ativos financeiros em valor superior ao indicado na execução ou pelo juiz, bem como no caso de não cancelamento da indisponibilidade no prazo de 24 (vinte e quatro) horas determinado pelo juiz. Trata-se de responsabilidade civil de natureza objetiva, porque fundada no risco. Entendemos que eventual indenização neste caso deva ser pleiteado através de ação autônoma.

h) Indisponibilidade de ativos de partidos políticos[396]

Neste caso, o magistrado determinará às instituições financeiras que tornem indisponíveis ativos financeiros somente em nome do órgão partidário que tenha contraído a dívida executada ou que tenha dado causa ao direito ou ao dano. Neste caso, salienta-se que o fundo partidário continua sendo impenhorável no CPC/15, de acordo com a previsão do artigo 833, inciso XI.

i) Da desnecessidade do exaurimento de outros bens penhoráveis

A penhora em dinheiro, em espécie ou em depósito ou aplicação em instituição financeira, é a primeira na ordem de preferências do artigo 835 do CPC. Consoante já explicitado, o § 1° do artigo 835, inclusive, expressamente previu a prioridade da penhora em dinheiro. Em razão dessa circunstância, a mesma pode ser determinada diretamente, sem o exaurimento, por parte do credor, de outros bens penhoráveis que estejam no patrimônio do devedor.

II) Títulos da dívida pública da União, Estados e do Distrito Federal com cotação em mercado

Os títulos da dívida pública foram deslocados para o segundo lugar na ordem de preferência prevista no artigo 834. No CPC/73, os mesmos contavam em nono lugar. Entendemos que o legislador não foi feliz nesta alteração legislativa, tendo em vista a dificuldade de resgate dos mesmos e o valor econômico discutível, em muitos casos. Por outro lado, a necessidade de cotação em mercado também dificulta a sua nomeação à penhora.

---

[395] § 8° do artigo 854 do CPC.
[396] § 9° do artigo 854 do CPC.

III) Títulos e valores mobiliários com cotação em mercado

Os títulos e valores mobiliários com cotação em mercado subiram do décimo para o terceiro lugar na ordem de preferência. Tendo em vista o difícil resgate destes títulos, entendemos que melhor teria sido na ordem prevista no CPC/73.

IV) Veículos de via terrestre

Os veículos de via terrestre constavam em segundo lugar na ordem de preferência e desceram para o quarto lugar. Não concordamos com a mudança desta ordem, considerando a excelente liquidez que os veículos de via terrestre possuem. Todavia, em razão da não obrigatoriedade em seguir a ordem mencionada, certamente, em muitas ocasiões, a mesma não será seguida.

O inciso IV do artigo 835 inclui apenas os veículos de via terrestre. Assim todos os demais veículos, sejam de via aérea ou aquática, encontram-se excluídos desse inciso IV. No âmbito de veículos de via terrestre, enquadram-se, obviamente, as motocicletas, os automóveis, os caminhões, etc.

No tocante aos veículos aéreos e aquáticos, estão eles incluídos no inciso VIII, que trata dos "navios e aeronaves".

Todavia, relativamente aos mesmos, restam dúvidas. E os veículos aquáticos, que não são navios, como por exemplo, as lanchas, os *jet ski*? Quanto aos aéreos, será que os helicópteros estão incluídos nesse inciso? Qual o enquadramento dos mesmos na ordem do artigo 835 do CPC?

Entendemos que os exemplos mencionados não se incluem nem no inciso IV, nem no inciso VIII do art. 835, mas, sim, no inciso VI, que trata da penhora de bens móveis, consoante se demonstrará a seguir.

V) Dos bens imóveis

Na redação anterior, os bens imóveis constavam em quarto lugar na ordem de nomeação de bens à penhora. Com a nova redação (artigo 835, inciso V, do CPC), passaram a constar em quinto lugar, tendo em vista a comercialização, que também é relativamente fácil. Entendemos que os bens imóveis deveriam constar antes dos títulos da dívida pública e dos títulos e valores mobiliários com cotação em bolsa. Mais uma vez, a opção legislativa do CPC/15 não foi acertada.

VI) Bens móveis em geral

Na redação anterior do dispositivo legal, os bens móveis estavam em terceiro lugar na ordem de nomeação de bens à penhora, à frente dos veículos. No CPC/15, passaram a constar em sexto lugar. Tendo em vista a fácil comercialização, deveriam continuar em terceiro lugar, e não em sexto, tal como previsto pelo novo diploma legal. Como bens móveis, incluem-se todos aqueles que podem ser movimentados. No seu âmbito, entendemos que devam se incluir os veículos aquáticos e aéreos que não tenham as características de aeronave e navio.

VII) Semoventes

Acertadamente, os semoventes foram incluídos na ordem de nomeação de bens à penhora do CPC/15, pois, em determinados casos alcançam alto valor de mercado, em muito superior a bens imóveis ou móveis.

VIII) Navios e aeronaves

Os navios e as aeronaves constavam em quinto lugar na relação do artigo 655 do CPC/73 e passaram para o oitavo lugar na ordem de nomeação. Entendemos devida a alteração legislativa, tendo em vista as raras hipóteses de penhora de navios e aeronaves.

IX) Ações e quotas de sociedades simples e empresárias

Essa disposição foi introduzida pela Lei 11.382/06, que terminou com a discussão a respeito da penhora de quotas sociais. O CPC/15, além de manter a penhora de ações e quotas nas sociedades empresárias, resolveu uma discussão gerada pela Lei 11.382/06 no tocante à penhora de quotas das sociedades simples. Já na vigência do CPC/73 entendíamos que as mesmas podiam ser penhoradas. No CPC/15, o inciso IX do artigo 835 expressamente prevê a penhora de ações e quotas tanto de sociedades simples quanto empresárias.

X) Percentual do faturamento de empresa devedora

O CPC/15 manteve a possibilidade da penhora de percentual sobre o faturamento, que deverá ser realizada de acordo com o disposto no art. 866.

Todavia, é importante salientar que a penhora sobre o faturamento da empresa poderá causar sérios prejuízos à mesma, tendo em vista as suas várias destinações: manutenção da dinamicidade da própria vida empresarial, pagamento de impostos e de salários, etc. Desse modo, a penhora de parte dele sempre representará fator de dificuldades à manutenção da atividade empresarial, com resultados negativos e repercussões sociais sempre complicadas.

Em razão dessa circunstância, entendemos que o magistrado deva tomar algumas cautelas, pois não se pode esquecer a função social que as empresas desempenham no âmbito da sociedade, pois são fonte geradora de riqueza e de empregos.[397] Ou seja, o desenvolvimento da sociedade contemporânea está atrelado à existência de empresas. Assim deverá o Poder Judiciário zelar pela manutenção das mesmas.

Em razão do exposto, como a ordem de nomeação de bens à penhora não era obrigatória no CPC/73 – e continua não sendo no CPC/15 –, sempre entendemos que, se o devedor tiver outros bens penhoráveis – com liquidez, obviamente –, em nome do princípio da menor onerosidade,[398] deveria o magistrado preferi-los à penhora do faturamento, que deveria ser uma das últimas possibilidades pelos graves reflexos que pode gerar.

O CPC/15 expressamente previu no artigo 866 que a penhora de percentual do faturamento de empresa apenas será determinada se o executado não tiver outros bens ou se, tendo-os, esses forem de difícil alienação ou insuficientes para saldar o crédito objeto da execução.

XI) Em especial: implementação da penhora de percentual do faturamento de empresa

Nos termos do § 1º do artigo 866, "o juiz determinará percentual que propicie a satisfação do crédito exequendo em tempo razoável, mas que não torne inviável o exercício da atividade empresarial".

---

[397] É inegável que as dificuldades financeiras enfrentadas por uma empresa poderão conduzir ao seu fechamento e, como consequência, teremos o desemprego.

[398] Nesse sentido, a jurisprudência do Superior Tribunal de Justiça, *verbis*: "TRIBUTÁRIO E PROCESSUAL CIVIL. EXECUÇÃO FISCAL. GARANTIA. FIANÇA. BANCÁRIA. PENHORA SOBRE FATURAMENTO. 1. A penhora sobre faturamento da empresa só deverá ser admitida quando não houver outro meio para satisfação do credor, já que o art. 620 do CPC determina que a execução seja processada da maneira menos gravosa ao executado. Precedentes de ambas as Turmas de Direito Público e da Corte Especial. 2. "O art. 15, I, da Lei 6.830/80 confere à fiança bancária o mesmo status do depósito em dinheiro, para efeitos de substituição de penhora, sendo, portanto, instrumento suficiente para garantia do executivo fiscal (REsp 660.288/RJ). 3. Recurso especial provido." (Recurso Especial 849.757. Rel. Min. Castro Meira. 2ª Turma. 22.11.06).

Na penhora de percentual do faturamento da empresa executada, será nomeado administrador/depositário, com a atribuição de submeter à aprovação judicial a forma de sua atuação, bem como de prestar contas mensalmente, entregando em juízo as quantias recebidas, com os respectivos balancetes mensais, a fim de serem imputadas no pagamento da dívida (§ 2º do artigo 866 do CPC).

Humberto Theodoro Júnior, ao analisar este tema, na vigência do CPC/73, aponta a necessidade de observância de uma série de requisitos para a realização da penhora do faturamento de empresa, que se aplicam ao CPC/15: a) inexistência de outros bens penhoráveis ou, se existirem, sejam de difícil execução ou insuficientes a saldar o crédito exequendo; b) nomeação de depositário administrador com função de estabelecer um esquema de pagamento; c) impossibilidade de o percentual fixado sobre o faturamento inviabilizar o exercício da atividade empresarial.[399]

O CPC/15 corrigiu imprecisões do CPC/73 relativamente à penhora de percentual do faturamento da empresa. O diploma legal revogado mencionava que o depositário/administrador entregaria ao exequente as quantias recebidas, a fim de serem imputadas no pagamento da dívida. Evidentemente, que sempre houve o depósito dos valores em juízo. Neste caso, se o exequente quiser levantá-los, necessariamente precisará requerer a expedição de autorização judicial. Ademais, no caso de ser agregado efeito suspensivo aos embargos à execução, a autorização não será deferida imediatamente – continuando os valores depositados penhorados –, o que é argumento mais do que suficiente no sentido de demonstrar a necessidade do depósito judicial dos valores e não entrega direta ao exequente, tal como previa o CPC revogado.

Por fim, na penhora de percentual do faturamento da empresa, observar-se-á no que couber, o disposto para a penhora de frutos e rendimentos de coisa móvel ou imóvel (artigos 867 e seguintes), nos termos do § 3º do artigo 866 do CPC.

XII) Pedras e metais preciosos

É inegável que pedras e metais preciosos são dotados de pouca liquidez, razão pela qual houve o seu deslocamento para o décimo-primeiro lugar na relação do artigo 835 do CPC. Trata-se de uma alteração legislativa que reflete a realidade econômica do país.

---

[399] In: ob. cit., p. 8/79.

XIII) Direito aquisitivos derivados de promessa de compra e venda e de alienação fiduciária em garantia

O CPC/15 apenas explicitou que os direitos aquisitivos derivados de promessa de compra e venda e de alienação fiduciária em garantia são passíveis de serem penhorados. No CPC/73 também eram, por força da abertura das hipóteses de penhora, também mantida no CPC/15, em razão do disposto no inciso XIII do art. 835.

XIV) Outros direitos

O inciso XIII confere abertura ao artigo 835 do CPC. Assim, além dos bens e direitos elencados, também outros poderão ser penhorados.

2.1.1.3.3.5. Da execução de crédito com garantia hipotecária, pignoratícia ou anticrética

O CPC/73 (artigo 655, § 1º) previa que nas execuções com garantia hipotecária, pignoratícia ou anticrética, a penhora, independentemente de nomeação, recaía, preferencialmente, sobre a coisa dada em garantia. O CPC/15 suprimiu a expressão "preferencialmente", dispondo no § 2º do artigo 835 que "na execução de crédito com garantia real, a penhora recairá sobre a coisa dada em garantia, e, se a coisa pertencer a terceiro garantidos, este também será intimado da penhora". Tendo em vista não constar mais a expressão "preferencialmente", entendemos que na execução de crédito com garantia real, obrigatoriamente, a penhora deva recair sobre a coisa dada em garantia. Entendemos que este parágrafo não integra a ordem preferencial mencionada no *caput* do artigo 835 do CPC.

Por outro lado, o dispositivo legal do CPC/15 manteve a obrigatoriedade de que, se o bem pertencer a terceiro garantidor, deverá também este ser intimado da penhora. Entendemos que o terceiro garantidor tem legitimação para opor embargos à execução, com a finalidade de discutir o débito, tendo em vista que o mesmo será o único prejudicado com a alienação do bem, seja privada ou em hasta pública.[400]

---

[400] Neste sentido a jurisprudência do Superior Tribunal de Justiça: "PROCESSUAL CIVIL – EXECUÇÃO FISCAL – PENHORA DE BEM IMÓVEL – LEGITIMIDADE DO ESPÓLIO PARA INTERPOR EMBARGOS À EXECUÇÃO OU DE TERCEIRO. 1. A intimação do cônjuge é imprescindível, tratando-se de constrição que recaia sobre bem pertencente ao casal, constituindo sua ausência causa de nulidade dos atos posteriores à penhora. 2. É cediço nesta Corte que: A intimação do cônjuge enseja-lhe a via dos embargos à execução, nos quais poderá discutir a pró-

2.1.1.3.3.6. Da intimação do cônjuge no caso de penhora de bens imóveis

Tratando-se de penhora de bens imóveis, também o cônjuge deve ser intimado, salvo se o regime de casamento for o da separação absoluta de bens, em razão da incomunicabilidade dos aquestos. No caso de separação obrigatória de bens, entendemos que o cônjuge deva ser intimado, em razão do disposto na Súmula 377 do Supremo Tribunal Federal.

Tão logo seja intimado, terá o cônjuge legitimação tanto para opor embargos à execução quanto embargos de terceiro (embargos à meação) para defender a sua meação.[401] A opção por uma ou outra medida dependerá do fundamento que tiver sido invocado. No caso de oposição de embargos à meação, o cônjuge afirmará que a dívida objeto da execução não foi contraída em benefício da família ou do casal. Já, nos embargos à execução, afirmará que a dívida foi contraída

---

pria *causa debendi* e defender o patrimônio como um todo, na qualidade de litisconsorte passivo do(a) executado(a) e a via dos embargos de terceiro, com vista à defesa da meação a que entende fazer jus.(REsp 252854 / RJ, Ministro SÁLVIO DE FIGUEIREDO TEIXEIRA, DJ 11.09.2000). 3. Falecendo o cônjuge, a intimação deve operar-se na pessoa do representante do espólio da mesma, porquanto a constrição influi no regime jurídico do bem do acervo. Deveras, por força do art. 12 da Lei nº 6.830/80 e 669 do CPC, o cônjuge e, a fortiori, o seu espólio, são partes legitimadas para oferecerem embargos à execução e, nessa qualidade, deveriam ter sido intimados. 3. *In casu*, o cônjuge foi intimado em 12.11.2001 no lugar de sua esposa falecida, sendo certo que o recorrente e demais partes interessadas protocolaram, no dia 04.12.2001 os embargos à execução. 4. Dessarte, nesse incidente o cônjuge é parte, aplicando-se, analogicamente, o artigo 43 do CPC, *verbis*: Art. 43. Ocorrendo a morte de qualquer das partes, dar-se-á a substituição pelo seu espólio ou pelos seus sucessores, observado o disposto no art. 265. 5. O espólio não se limita à interposição dos embargos de terceiro, podendo suceder o de cujos, ajuizando, inclusive, embargos à execução, a fim de proteger a fração ideal que lhe pertence, da penhora realizada. 6. Recurso especial provido, para determinar o recebimento dos embargos do espólio, ora recorrente, a fim de processá-lo." (REsp 740.331. Rel. Min. Luiz Fux. 1ª Turma. 14.11.06)

[401] Nesse sentido, a jurisprudência do Tribunal de Justiça do Rio Grande do Sul: "APELAÇÕES CÍVEIS. DIREITO TRIBUTÁRIO. EXECUÇÃO FISCAL. EMBARGOS DE DEVEDOR. LEGITIMIDADE ATIVA DO CÔNJUGE. REDIRECIONAMENTO CONTRA O SÓCIO DA PESSOA JURÍDICA. PRESCRIÇÃO INTERCORRENTE. RECONHECIMENTO DE OFÍCIO. Ao cônjuge do executado, uma vez intimado da penhora sobre imóvel, assiste dupla legitimidade: para ajuizar embargos à execução, visando discutir a dívida, e embargos de terceiro, objetivando evitar que a sua meação responda pelo débito exeqüendo. Cabível decretar de ofício a prescrição da ação de execução do crédito tributário, uma vez que, nos termos dos arts. 113, § 1º, e 156, V, do CTN, a prescrição extingue não somente o crédito, mas a própria obrigação tributária, não sobrevivendo, por isso, um direito sem ação, mas se extinguindo o próprio direito. Trata-se, assim, de instituto de Direito Material, e não meramente processual, cognoscível de ofício pelo juízo. Decorridos mais de cinco anos entre a citação da pessoa jurídica, que interrompe a prescrição também em relação aos eventuais responsáveis solidários (arts. 174, parágrafo único, I, e 125, III, do CTN), inviável o redirecionamento da execução em face do sócio da empresa, tendo em vista o reconhecimento da prescrição intercorrente (art. 174, caput, do CTN). Precedentes do STJ. APELO DO ESTADO DESPROVIDO. RECURSO DA EMBARGANTE PROVIDO." (Apelação Cível nº 70013883285, Segunda Câmara Cível, Tribunal de Justiça do RS, Relator: Adão Sérgio do Nascimento Cassiano, Julgado em 06/09/2006).

em benefício da família ou do casal. Neste caso, como foi beneficiado, terá legitimidade para discutir o próprio débito.

2.1.1.3.3.7. Da penhora de bens indivisíveis pertencentes a cônjuges/coproprietários

O artigo 843 resolveu uma velha discussão travada durante muito tempo na vigência do CPC/73. Não é demasiado referir, que a Lei 13.282/06 tratou de modo incompleto a questão, pois, tratava apenas de bens indivisíveis que pertencessem a cônjuges.

Nos termos do artigo 843 do CPC/15, tratando-se de penhora de bem indivisível, o equivalente à quota-parte do coproprietário ou do cônjuge alheio à execução recairá sobre o produto da alienação do bem, não se preservando a meação/quota parte em espécie. Este dispositivo legal – na mesma linha da alteração legislativa introduzida no CPC/73, pela Lei 11.328/06 – facilita a alienação de bens indivisíveis pertencentes a cônjuges/coproprietários, pois dificilmente haverá sucesso na alienação se apenas uma quota-parte do bem vier a ser alienada. Trata-se de mais uma das alterações que têm por objeto o princípio do resultado, que consolida a jurisprudência do Superior Tribunal de Justiça de longa data.[402]

O CPC/15 resolveu, ainda, ainda um outro problema, gerado pela Lei 11.382/06. Na sistemática revogada, o cônjuge alheio à execução recebia o correspondente a 50% do valor da avaliação do bem, o que era flagrantemente inconstitucional, considerando que na generalidade dos casos os bens são alienados por valor inferior ao da avaliação. Evidentemente, que o cônjuge acabava recebendo o valor inferior à sua meação. O § 2º do artigo 843, acertadamente, estabelece que "não será levada a efeito a expropriação por preço inferior ao da avaliação na qual o valor auferido seja incapaz de garantir, ao coproprietário ou ao cônjuge alheio à execução, o correspondente à sua quota parte calculado sobre o valor da avaliação". Assim, estará resguardado – através deste dispositivo legal – o direito fundamental de propriedade do cônjuge e do coproprietário.

---

[402] A jurisprudência do Superior Tribunal de Justiça já admitia a alienação de bem indivisível, no caso de cônjuges, *verbis*: "EXECUÇÃO. IMÓVEL INDIVISÍVEL. PRACEAMENTO PELA TOTALIDADE. MEAÇÃO. AFERIÇÃO NO PRODUTO DA ALIENAÇÃO JUDICIAL. – "Os bens indivisíveis, de propriedade comum decorrente do regime da comunhão no casamento, na execução podem ser levados à hasta pública por inteiro, reservando-se à esposa a metade do preço alcançado (REsp n. 200.251-SP)". Recurso especial conhecido e provido". (Recurso Especial 511663. Rel. Min. Barros Monteiro. 4ª Turma. 29.08.05)

Por fim, o § 1º do artigo 843 estabelece o direito de preferência do cônjuge e do coproprietário na arrematação, em igualdade de condições com eventuais terceiros.

2.1.1.3.3.8. Penhora de bens imóveis e averbação da penhora

Nos termos do artigo 844 para presunção absoluta de conhecimento por terceiros, cabe ao exequente providenciar a averbação do arresto ou da penhora no registro competente, mediante apresentação de cópia do auto ou do termo, independentemente de mandado judicial.

O CPC/15 repete a mesma imprecisão que tínhamos no CPC/73 (artigo 659, § 4º). O artigo 844 menciona que a penhora deva ser averbada, quando o correto, pela Lei de Registros Públicos (Lei n. 6.015/73), é a utilização do termo "registro".[403] Não é demasiado referir que a "averbação" da penhora é apenas facultativa. Todavia é importante que seja realizada, de modo a que mesma seja publicizada.

A previsão legal é bastante na clara no sentido de ser a averbação apenas condição de eficácia contra terceiros. Assim, mesmo que não averbada, a penhora é existente, válida e eficaz entre as partes. A nítida intenção da norma é alertar eventuais terceiros de boa-fé da constrição.[404]

Eventual aquisição do bem penhorado, sem que tenha sido realizada a respectiva averbação, implica na presunção de boa-fé do terceiro adquirente. Trata-se de presunção relativa, que admite prova em contrário. Em contrapartida, se a aquisição do bem, se der após a averbação da penhora, a má-fé do terceiro adquirente é presumida, presunção essa que será absoluta.

Não é demasiado referir que a averbação da penhora de bens imóveis é realizada independentemente de mandado judicial, bastando

---

[403] Ver art. 167, n. 5 da Lei 6.015/73.

[404] Neste sentido, Joel Dias Figueira Júnior (In: *Comentários à novíssima reforma do CPC-Lei 10.444, de 7 de maio de 2.002*. Rio de Janeiro: Forense, 2002, p. 232): "Para presunção absoluta de conhecimento de terceiros e consequente oponibilidade erga omnes da garantia estabelecida com a penhora judicial, faz-se mister que o interessado (exequente), por sua própria iniciativa, proceda ao registro da matrícula do imóvel no cartório de Registro Imobiliário, nos termos do art. 167, n. 5, da Lei 6.015/73, mediante apresentação de certidão de inteiro teor do ato, independentemente de mandado judicial. Ressalte-se que a determinação e registro em questão não partirá do Estado-juiz, assim como não será efetuado por oficial de justiça (por mandado) ou outra forma de comunicação judicial ao Registro Imobiliário. Ao exequente compete, se assim desejar, para garantir-se cabalmente contra terceiros, dar ampla publicidade ao ato de penhora nos termos da lei específica, validando-a erga omnes. Eventual omissão do exequente, no tocante aos atos de registro, em nada interferirá em sede de efetivação da medida, bem como, em seus efeitos plenos gerados entre os litigantes na demanda execucional. Ficará impedido, todavia, de oferecer qualquer oponibilidade a terceiros, ônus que arcará em face de sua própria inércia".

a apresentação de certidão de inteiro teor do ato, independentemente de mandado judicial.

2.1.1.3.3.9. Penhora de bens imóveis localizados em comarca diversa da execução e da penhora de veículos automotores

O § 1º do artigo 845 do CPC dispõe que "a penhora de bens imóveis, independentemente de onde se localizem, quando apresentada certidão da respectiva matrícula, e a penhora de veículos automotores, quando apresentada certidão que ateste a sua existência, serão realizadas por termo nos autos".

Nos termos do dispositivo legal, a penhora de bens imóveis e a penhora de veículos automotores é realizada por termo nos autos da execução, independentemente do local onde os mesmos se encontrem. Assim não há mais que se falar na extração de carta precatória para a penhora de bens imóveis localizados em comarca diversa da execução. No caso de o executado não possuir bens no foro do processo, não sendo possível a realização da penhora nos termos do § 1º do artigo 845, a execução será realizada por carta, penhorando-se e alienando-se os bens no foro da situação (artigo 845, § 2º).

2.1.1.3.3.10. Perfectibilização da penhora

A penhora se perfectibiliza com a assinatura do auto ou do termo de penhora.

2.1.1.3.3.11. Intimação da penhora

Formalizada a penhora, por qualquer dos meios legais, dela será imediatamente intimado o executado. A intimação da penhora, por sua vez, será realizada através do advogado do executado ou sociedade de advogados a que o mesmo pertença ou pessoal, de preferência por via postal, se não houver advogado constituído nos autos (artigo 841, §§ 1º e 2º, do CPC). Considera-se realizada a intimação quando o executado tiver mudado de endereço sem prévia comunicação do juízo, observado o disposto no artigo 274 do CPC.

Um grande problema que o dispositivo acima transcrito – que já existia no CPC/73 – traz é a do depositário, se houver a intimação da penhora na pessoa do advogado ou da sociedade de advogados. Ocorrendo esta hipótese, há que se verificar se o advogado tem poderes específicos outorgados no instrumento de mandato para figurar como depositário, em nome de seu constituinte, a fim de que a completude do ato se dê pela simples intimação.[405] Do contrário, necessariamente deverá haver a assinatura do depositário no respectivo termo de penhora.

2.1.1.3.3.12. Da substituição dos bens penhorados formulada tanto pelo credor quanto pelo devedor

As hipóteses de substituição dos bens penhorados contempladas no artigo 848 do CPC ensejam que o pedido de substituição possa ser formulado tanto pelo credor quanto pelo devedor. São elas:

a) No caso de não ser obedecida a ordem legal: esta primeira hipótese deve ser analisada juntamente com o artigo 835 do CPC. Como a ordem de nomeação de bens à penhora não é mais impositiva – com exceção da penhora em dinheiro, por força do § 1º do artigo 835 –, não necessariamente haverá o deferimento do pedido de substituição do bem penhorado, no caso de não observância da mesma. Nessa hipótese, entendemos que o magistrado deva se valer dos princípios do resultado e da menor gravosidade. Não é demasiado referir que, nos termos do § 2º do artigo 835, "para fins de substituição da penhora, equiparam-se a dinheiro a fiança bancária e o seguro garantia judicial, desde que em valor não inferior ao do débito constante da inicial, acrescido de trinta por cento";

b) Se não incidir sobre os bens designados em lei, contrato ou ato judicial para pagamento;

c) Se, havendo bens no foro da execução, outros houverem sido penhorados: a mesma disposição já existia anteriormente à Lei 11.382/06, que gerava a ineficácia da nomeação de bens e, consequentemente, a substituição do bem penhorado, tendo sido mantida no CPC/15. O nítido objetivo dessa previsão é acelerar a tramitação do processo de execução, o que vai ao encontro do art. 5º, inc. LXXVIII/CF. Se o devedor possuir bens no foro da execução, não há por que serem expedidas cartas precatórias para alienação de bens em outra comarca;

d) Na hipótese de haver bens livres, a penhora houver recaído em bens já penhorados ou gravados: a penhora de bens já penhorados ou gravados implica a sujeição do credor em submeter-se ao concurso de credores para o recebimento do valor do seu crédito, o que poderá implicar não receber absolutamente nada. Em razão dessa circunstância, a penhora de bem livre é sempre mais vantajosa para o credor;

---

[405] Nesse sentido: Joel Dias Figueira Júnior (In: Ob. cit., p. 233).

e) Se a penhora incidir sobre bens de baixa liquidez: mesmo que seja obedecida a ordem do artigo 835, terá o credor (ou mesmo o devedor) interesse em pleitear a substituição da penhora. O maior interessado, sem qualquer dúvida, é o credor, que tem interesse na satisfação do crédito, o que implica a necessidade de alienação do bem penhorado (art. 848, inc. V);

f) No caso de fracasso na tentativa de alienação judicial do bem: não são raros os processos que se eternizam pela falta de adquirentes para os bens penhorados. Em razão dessa circunstância, acertada a previsão legislativa de possibilidade de substituição do bem, no caso de fracasso na tentativa de alienação judicial (art. 848, inc. VI);

g) Falta de indicação, pelo devedor, do valor dos bens ou omissão das indicações previstas em lei: A hipótese contemplada no dispositivo tem como pressuposto que o credor não tenha indicado bens à penhora, mas o devedor. A indicação de bens à penhora pelo credor não tem maiores formalidades. Já se o devedor indicar bens, deverá seguir o disposto no art. 847, § 1°, do CPC, *verbis*: se forem nomeados bens imóveis, deverá comprovaras respectivas matrículas e os registros por certidão do correspondente ofício; no caso de nomeação de bens móveis, deverá descrevê-los com todas as suas propriedades e características, bem como indicar o estado dos mesmos e o local em que se encontram; relativamente aos semoventes, deverão eles serem especificados, com a indicação do número de cabeças, marca ou sinal e o imóvel onde se encontram; quanto aos créditos, deverá o devedor ser identificado e qualificado, descrevendo-se a origem da dívida, o título que a representa e a data do vencimento; por fim,deverá declarar o valor do(s) bem(ns) indicado(s) à penhora.

Não sendo observados os requisitos acima elencados, poderá o credor pedir a substituição do bem indicado à penhora pelo devedor.

2.1.1.3.3.13. Do depósito dos bens penhorados

O artigo 840 do CPC mantém a necessidade do depósito dos bens penhorados.

I) Depositário dos bens penhorados

O artigo 840, inciso I, do CPC prevê que serão preferencialmente depositados "as quantias em dinheiro, os papeis de crédito e as pedras e os metais preciosos, no Banco do Brasil, na Caixa Econômica Federal ou em banco do qual o Estado ou o Distrito Federal possua mais da metade do capital social integralizado, ou, na falta desses estabelecimentos, em qualquer instituição de crédito designada pelo juiz". No caso de bens móveis, semoventes, imóveis urbanos e direitos aquisitivos sobre imóveis urbanos, será nomeado depositário judicial (artigo 840, inciso II, do CPC). Se não houver depositário judicial, nos termos do § 1º do artigo 840, os bens ficarão em poder do exequente. Nos casos de bens de difícil remoção ou, quando houver concordância do exequente, os bens poderão ser depositados em poder do executado (§ 2º do artigo 840).

Não é demasiado referir que o depositário tem a responsabilidade de zelar pela coisa, conservando-a em seu poder como se sua fosse. Assim o depósito implica, muitas vezes, o desembolso de valores para que a coisa seja conservada.[406]

Tendo em vista os riscos e os custos que o depósito gera, dificilmente terceiros ou mesmo o exequente, terão interesse em exercer o encargo, sendo o executado o maior interessado, pois, em continuar exercendo posse sobre a coisa. Na generalidade das execuções, o executado efetivamente é o depositário, sem a oposição do exequente.

II) Avaliação das joias e metais preciosos

O § 3º do artigo 840 do CPC inova ao trazer a previsão de que seja feita estimativa de valor para esses bens, providência que traz maior tranquilidade ao próprio credor, que assim não será surpreendido com uma avaliação muito aquém de suas expectativas. Tal medida facilita o resgate, que, tendo o seu valor previamente fixado, estará isento de maiores controvérsias ao tempo da liberação.[407]

---

[406] Sobre a custódia dos bens no direito italiano – semelhante a depósito do direito brasileiro –, lecionam Luigi Paolo Comoglio, Corrado Ferri e Michele Taruffo (In: *Lezioni sul processo civile. II. Procedimenti speciali, cautelari ed esecutivi*, p. 355): "La conservazione delle cose pignorate viene curata direttamente dall'uffiiale giudiziario che lê trasporta in luogo di pubblico deposito o lê affida al custo di il quale può essere designato nella stessa persona del debitore. Il custode, dal momento della nomina, acquista la detenzione dei beni pignorati, deve conservarli con diligenza ed è responsabile dei danni causati da terzi".

[407] Comentando esta inovação J. E. Carreira Alvim e Luciana G. Carreira Alvim Cabral observam: "esta regra acrescentada pela Lei 11.382/06 não é de fácil inteligência, pois, se tais bens foram penhorados, foram também, para esse fim, avaliados pelo oficial de justiça avaliador, pelo que fica difícil entender por 'valor estimado de resgate'. Quando determinado bem é dado em 'penhor', pode haver resgate, quando o mutuário recupera o bem dado em garantia; caso em que teria sentido falar-se em estimativa do valor do resgate. Mas, para fins de penhora, em que adquire relevância o valor do bem penhorado, não tem qualquer sentido falar-se em resgate; mesmo porque, no processo de execução, a recuperação pelo executado, do bem penhorado, chama-se 'remição de bem' – proibida pela reforma, que sói permite a remição da execução –, e, não resgate. A não ser que se admita que, em se tratando de penhor, o resgate –, que, no geral, é feito extrajudicialmente. Continua permitido, em sede judicial, apesar de proibida a remição do bem (art. 651)". (In: Ob. cit, p.118)

2.1.1.3.3.14. Da substituição dos bens penhorados apenas pelo devedor

I) Considerações iniciais

É possível a substituição dos bens penhorados por qualquer outro bem, desde que dotado de liquidez, não trazendo prejuízo ao exequente. O CPC/15 adotou a mesma sistemática prevista no CPC/73 e no CPC/39, que, em seu art. 950 possibilitava a substituição do bem penhorado por outros bens que não dinheiro.[408] O artigo 847, § 1º, encontra conforto no princípio da menor onerosidade (art. 805), no sentido de que, existindo vários meios para o credor promover a execução, o juiz mandará que se faça pelo modo menos gravoso para o devedor.

II) Procedimento para a substituição do bem penhorado

O artigo 847 do CPC desperta uma série de questionamentos procedimentais. Uma primeira questão é sobre a contagem do prazo para requerer a substituição. O marco do prazo será a intimação da penhora. Assim, se a intimação se der na pessoa do advogado, o prazo contar-se-á da data da publicação na imprensa oficial. No caso de intimação pessoal, a contagem se dará a partir da respectiva intimação, nos termos do artigo 230 do CPC, aplicável à execução por força do artigo 771, parágrafo único, do mesmo diploma legal.

III) Da prova cabal de que a substituição não trará prejuízo ao exequente

O pedido de substituição dos bens penhorados, por parte do devedor, exige o preenchimento de dois requisitos: 1º) que a substituição não trará prejuízo ao exequente; 2º) que será menos onerosa para o devedor.

O executado deverá trazer elementos aos autos que demonstrem, cabalmente, que os bens oferecidos em substituição são dotados da mesma liquidez do indicado pelo credor (ou eventualmente arrestado) e que garantem o pagamento do débito integralmente. Assim substituir um bem de valor equivalente ao valor da dívida e líquido, por outro, de igual valor, mas ilíquido, evidentemente consistirá em prejuízo ao exequente, que não poderá ser aceito pelo julgador.

No tocante à prova cabal, entendemos que como meio de prova, possa ser utilizada apenas a documental, pois o procedimento não

---

[408] Art. 950. Oferecendo outros bens como garantia da execução, o devedor poderá pedir a substituição da penhora, quando esta não houver recaído em bens especialmente reclamados na ação.

permite dilação probatória, o que ensejaria demora na tramitação do feito, indo de encontro ao art. 5º, inc. LXXVIII, CF.

IV) Particularidades da substituição e ônus do executado

Os incisos I a V do § 1º do artigo 847 impõem uma série de medidas que terão de ser tomadas pelo executado, caso queira obter sucesso em seu intento, a fim de demonstrar a boa-fé e dar certeza e segurança, primeiro ao julgador e, depois, ao exequente, de que a substituição ocorrerá em bases sólidas. Tratando de bens imóveis, o executado deverá proceder à sua adequada identificação, fornecendo os dados necessários para tanto: matrícula, localização e realidade física no que diz com as divisas e confrontações. Quanto aos bens móveis, incumbe ao executado, indicar o estado físico e o lugar em que se encontram e, tratando-se de semoventes, a quantidade de cabeças e o local onde se localizam. Na indicação de créditos, deverá ser informado e qualificado o devedor, descrevendo a origem da dívida, o título que a representa e a data do vencimento.

O ônus de atribuir valor aos bens indicados à penhora é do devedor, demonstrando assim a ausência de prejuízo ao exequente e, quem sabe, menor gravame para si próprio.

2.1.1.3.4. Da avaliação dos bens penhorados

2.1.1.3.4.1. Considerações iniciais

A avaliação consiste na estimativa em dinheiro dos bens penhorados. No feito executivo, a avaliação é o primeiro ato preparatório da futura expropriação, visando apresentar uma estimativa prévia do valor do bem para fins de alienação, arrematação ou adjudicação. Por outro lado, como afirma Amílcar de Castro, a avaliação também se faz necessária para conhecer-se da possibilidade de repetição, redução ou ampliação da penhora, ou para estabelecer-se o valor mínimo da alienação.[409] Se, por um lado, na alienação consensual, os contratantes ajustam livremente o preço – que, via de regra, poderá ser inferior ao valor de mercado –, na alienação realizada na execução busca-se o preço justo. Assim, antes da alienação do bem penhorado, impõe-se a estimativa do seu valor de mercado, que é realizada através da avaliação.

---

[409] In: *Do procedimento de execução*, p. 213.

Na sistemática processual vigente a avaliação por oficial de justiça é a regra, sendo excepcionalmente realizada por perito.[410] O escopo da norma (art. 870 do CPC), sem qualquer sombra de dúvida, é a celeridade do processo.

Assim, conforme prevê o art. 829, § 1º, do CPC, o oficial de justiça, ao cumprir o mandado executivo, realizará a citação, penhora e avaliação, certificando-a no auto de penhora. Entretanto, nas hipóteses mencionadas no artigo 871 do CPC, que serão posteriormente analisadas, a avaliação não será realizada.

2.1.1.3.4.2. Avaliação que depende de conhecimento técnico especializado

Nos termos do parágrafo único do art. 870 do CPC, se forem necessários conhecimentos especializados e o valor da execução comportar, o juiz nomeará avaliador, fixando-lhe prazo não superior a 10 (dez) dias para a entrega do laudo. O grande problema do novo texto legal é determinar em que situações a avaliação irá depender de conhecimento técnico especializado.[411]

Entendemos que, nos casos em que os argumentos trazidos na impugnação do executado ou do exequente forem convincentes – no sentido de que a avaliação realmente apresenta equívocos –, deva o julgador nomear avaliador judicial. É certo que a lei teve como escopo a celeridade ao designar o oficial de justiça como avaliador. Todavia, não se podem ignorar os princípios do resultado e da menor gravosidade, norteadores da execução civil.

---

[410] Na Lei de Execuções Fiscais em seu art. 13 também traz a regra da avaliação por oficial de justiça, contendo inclusive procedimento para o caso de impugnação da avaliação: "O termo ou auto de penhora conterá, também, a avaliação dos bens penhorados, efetuada por quem o lavrar. § 1º Impugnada a avaliação, pelo executado, ou pela Fazenda Pública, antes de publicado o edital de leilão, o Juiz, ouvida a outra parte, nomeará avaliador oficial para proceder a nova avaliação dos bens penhorados. § 2º Se não houver, na Comarca, avaliador oficial ou este não puder apresentar o laudo de avaliação no prazo de 15 (quinze) dias, será nomeada pessoa ou entidade habilitada a critério do Juiz. § 3º Apresentado o laudo, o Juiz decidirá de plano sobre a avaliação".

[411] Na Lei de Execuções Fiscais, se houver impugnação do executado à avaliação realizada pelo oficial de justiça, a jurisprudência do STJ entende que deva ser nomeado avaliador judicial, *verbis*: "Processual Civil – Recurso Especial – Execução fiscal – Agravo de instrumento – Penhora – Avaliação – Impugnação – Nova avaliação por peritos – Possibilidade. I – O art. 13, § 1º da LEF determina que, havendo impugnação, pelo executado ou pela Fazenda Pública, da avaliação do bem penhorado, feita por oficial de justiça e antes de publicado o edital do leilão, caberá ao juiz nomear avaliador oficial, com habilitação específica, para proceder à nova avaliação do bem penhorado. II – Consoante jurisprudência desta Corte, não é lícito ao juiz recusar o pedido. III – Precedentes: REsp nº 316.570/SC, Rel. Min. Garcia Vieiras, DJ 20/08/01 e RSTJ 147/127. IV – Recurso especial provido." (Recurso Especial 737.692, Rel. Min. Francisco Falcão, 1ª Turma. 06.03.06)

2.1.1.3.4.3. Indicação de assistente técnico e formulação de quesitos

A doutrina divide-se quanto à possibilidade de as partes indicarem assistentes técnicos (por aplicação subsidiária do art. 465, § 1º, incs. II e III, do CPC).[412] Entendemos possível a indicação de assistentes e a formulação de quesitos, tendo em vista a natureza da avaliação: trata-se de uma espécie de perícia. Ademais, o artigo 771, parágrafo único, do CPC remete à aplicação subsidiária do Livro I da Parte Especial ao Livro II, que trata do Processo de Execução.[413]

2.1.1.3.4.4. Do laudo de avaliação

Se a penhora for realizada por oficial de justiça, este, num só documento, realizará a penhora e apresentará a estimativa de valor a ser atribuído aos bens penhorados. Nos termos do art. 872, *caput*, o laudo integrará o auto de penhora. No caso de avaliação realizada por perito nomeado pelo juiz, o laudo de avaliação será elabora-

---

[412] Em sentido contrário a possibilidade de realização de quesitos e a indicação de assistentes técnicos manifesta-se Humberto Theodoro Júnior, dizendo "a perícia avaliatória, para efeitos executivos, todavia, não deve sujeitar-se aos rigores de uma prova técnica mais complexa, em que as partes formulam quesitos e indicam assistentes técnicos. Para efeito da execução por quantia certa, a perícia é singela, limitando-se a atribuição de valores aos bens penhorados. A lei quer que a diligência se realize no menor prazo possível, cabendo ao juiz que a ordena fixar prazo nunca superior a dez dias para a entrega do respectivo laudo. Não há, por isso mesmo, que se dilatar o cumprimento da medida com formulação de quesitos e designação de assistentes técnicos" (*In*: A reforma da execução do título executivo extrajudicial: Lei nº 11.382, de 06 de dezembro de 2006, Forense, RJ, 2007, p. 106). No mesmo sentido: Celso Neves (In: *Comentários* ..., p. 80). Também a jurisprudência do STJ tem trilhado este caminho em determinados acórdãos. Vejamos: "Processo Civil – Recurso ordinário em Mandado de Segurança – Execução – Imóveis rurais penhorados – Praceamento de bens – Avaliação feita por perito nomeado pelo juiz – Validade – Indicação de assistente técnico – Desnecessidade – Ausência de direito líquido e certo. 1 – Correto o ato do magistrado monocrático ao nomear um perito para proceder a avaliação dos bens constritos, antes da realização da praça, se na sua Comarca não há avaliador oficial. Inteligência do art. 680, do CPC (cf. RESP nº 512.454/SP). 2 – Na esteira de culta doutrina (Frederico Marques e Humberto Theodoro Júnior), é desnecessária intervenção de assistentes técnicos nesta fase processual de execução, porquanto não há qualquer norma específica indicando, quer de forma impositiva, quer de forma permissiva, a participação dos mesmos. 3 – Precedentes (RMS nºs 13.038/RS e 5.197/SP e Ag.Reg. AG nº 51.699/SP). 4 – Ausência de direito líquido e certo da via mandamental, suficientes para amparar a pretensão. 5 – Recurso desprovido." (RMS 10.994. Rel. Min. Jorge Scartezzini. 4ª Turma. 21.10.04).

[413] Em sentido favorável à presença de assistentes técnicos nesta fase processual encontramos também decisão do STJ: "Processo Civil – Recurso ordinário em Mandado de Segurança – Execução – Imóveis rurais penhorados – Praceamento de bens – Avaliação feita por perito nomeado pelo juiz – Validade – Indicação de assistente técnico – Desnecessidade – Ausência de direito líquido e certo. 2 – Na esteira de culta doutrina (Frederico Marques e Humberto Theodoro Júnior), é desnecessária intervenção de assistentes técnicos nesta fase processual de execução, porquanto não há qualquer norma específica indicando, quer de forma impositiva, quer de forma permissiva, a participação dos mesmos. 3 – Precedentes (RMS nºs 13.038/RS e 5.197/SP e Ag.Reg. AG nº 51.699/SP). 4 – Ausência de direito líquido e certo da via mandamental, suficientes para amparar a pretensão. 5 – Recurso desprovido." (RMS n. 10.994, Rel. Min. Jorge Scartezzini, 4ª Turma, 21.10.04).

do em peça avulsa, observando as orientações ditadas no parágrafo único deste mesmo dispositivo legal. Ao tratar do tema, Humberto Theodoro Júnior leciona que "não se admitirá uma singela atribuição de valores aos bens penhorados. O laudo, peça importante para orientar a alienação judicial, tem de descrever, convenientemente, os bens avaliados, especificando não só suas características como o estado em que se encontram. A estimativa do perito, portanto, tem de se conectar com os dados apontados como caracterizadores dos bens periciados e do seu estado de conservação e de funcionamento, se for o caso".[414]

2.1.1.3.4.5. Imóvel suscetível de cômoda divisão

Inicialmente, cabe referir que há imóveis que, por seu alto valor, dificilmente serão alienados na execução. Acreditamos que o fracionamento dos mesmos, sempre que for possível, acarretará o recebimento do crédito pelo exequente, na exata medida em que a alienação é facilitada.

O § 1º do art. 872 do CPC atenta para o princípio do resultado (art. 797, *caput*) na medida em que faz referência à avaliação em partes quando o imóvel penhorado permitir cômoda divisão. Nessas hipóteses, deve o oficial de justiça/avaliador sugerir possíveis desmembramentos, levando em consideração o valor de cada uma das partes separáveis e aquele envolvido no feito executivo.

Em interessante observação, Araken de Assis adverte que "deverá o avaliador atentar às normas urbanísticas restritivas (p. ex., o fracionamento não poderá modificar o traçado viário, ex vi do art. 2º, § 2º, da Lei 6.766, de 19/12/79). E a razão disso se mostra singela: não poderá o Estado, alienar em hasta pública, frações de imóveis incompatíveis com o posterior registro".[415]

2.1.1.3.4.6. Repetição da avaliação

O art. 873, incisos I a III, do CPC, contempla as hipóteses em que a avaliação poderá ser repetida. A regra geral continua sendo a não repetição da avaliação, ressalvadas as hipóteses previstas no artigo em questão. Comentando essa temática, Amílcar de Castro, refere que "a economia e a rapidez que infirmam o processo das execuções não permitem que repetidas avaliações sejam feitas à vontade das partes,

---

[414] In: *A reforma da execução do título executivo extrajudicial* ..., p. 108.
[415] In: *Manual* ..., RT, 2002, p. 728/729.

porque levam tempo e dinheiro. Nesse sentido, é excelente a lição de Fraga; é regra assente em direito que a avaliação dos bens que tem de ser arrematados, mesmo quando divergentes sejam os laudos, não se repete, princípio este salutar, porque, além de obstar o acréscimo de despesas a cargo do executado, tranca a porta à chicana, impedindo que, por meio de louvações e avaliações sucessivas, se protele indefinidamente a execução da sentença".[416] Assim a avaliação dispõe de uma certa estabilidade, mas que eventualmente pode ser relativizada. A nova avaliação, verificada uma das hipóteses legais, pode ser requerida pelas partes ou determinada de ofício pelo julgador.

Considerando a natureza do ato que determina a realização de nova avaliação, o meio recursal adequado para atacá-lo é o agravo de instrumento (artigo 1.015, parágrafo único, do CPC).[417]

I) Erro na avaliação ou dolo do avaliador

O erro (art. 873, inc. I, do CPC) caracteriza-se pela discrepância entre o valor real do bem, de acordo com os parâmetros encontrados no mercado e aquele atribuído pelo avaliador. O erro é resultado de conduta involuntária, ou seja, simplesmente equivocada. Em contrapartida, há dolo quando o avaliador, intencionalmente, manipula o valor de avaliação. Ambas as hipóteses admitem a realização de nova avaliação.

Em ocorrendo erro, compete ao impugnante, fundamentadamente, a prova de que o valor atribuído ao bem é equivocado. Não basta a simples alegação de inconformismo com o valor atribuído ao bem penhorado. É necessário que sejam apresentados ao julgador elementos que possibilitem pôr em dúvida o acerto do preço atribuído pelo avaliador. Entendemos que, nessa hipótese, a realização de laudo técnico, por perito capacitado, servirá como meio de prova, além de anúncios publicados em jornais, dando conta do valor de mercado do bem. Havendo indícios de que houve erro, deve ser determinada nova avaliação por profissional capacitado, até porque, via de regra, a mesma, de acordo com a nova sistemática, é realizada por oficial de justiça (que, normalmente, não tem preparação adequada para a realização de avaliações).

Assim, a cautela do magistrado deverá ser redobrada, sendo frágil o argumento da fé pública do oficial de justiça. Trata-se de uma atribuição imposta pelo legislador que, na realidade, nem sempre en-

---

[416] In: *Do procedimento de execução*, p. 217.
[417] Nesse sentido, é o posicionamento de Araken de Assis (In: *Manual* ..., p. 730).

contra uma adequada preparação técnica, que inexiste na maioria das situações presentes na realidade fática.[418]

Na verdade, uma análise mais acurada dessa problemática faz concluir que o que está em jogo não é propriamente a fé pública do auxiliar do juízo. A fé pública, na verdade, corresponde à especial confiança atribuída por lei ao que o oficial de justiça declare ou faça, no exercício da função, com presunção de verdade. Assim é claro que se presume verdadeira a avaliação realizada, a partir de critérios razoáveis. Não está em jogo a confiança no trabalho realizado, tampouco a presunção de veracidade sobre o ato praticado. Como afirma Décio Erpen,[419] a fé pública "constitui a crença de que aquilo que existe se constitui em verdade, podendo ser elidida somente por prova ao contrário".[420]

O que está em discussão, portanto, são os conhecimentos técnicos que o oficial de justiça dispõe para realizar avaliação de várias espécies de bens. Não se trata de nenhuma espécie de desprestígio ao trabalho desse auxiliar do juízo. Ao contrário, a atribuição para a realização desta atividade para a qual não teve sequer a mínima formação é fator que não só a desnatura, como também a desqualifica. Assim, quando alguns insistem em manter a avaliação feita pelo oficial de justiça sob a alegação de que é revestida de fé-pública e, por isso, deve ser mantida, confunde a característica dos atos praticados por esse auxiliar da Justiça com o conteúdo do ato, discrepante da realidade, não por faltar fé, mas porque falta ao oficial preparo e conhecimento para realizar avaliações. Não se pretende, pois, questionar a fé pública, mas a correspondência da avaliação à qualidade e quantidade do bem penhorado.

---

[418] A Lei de Execuções Fiscais refere, no art. 13, § 1º, que, em havendo impugnação da avaliação pelo executado ou pela Fazenda Pública, será nomeado avaliador oficial para procedê-la. Em que pese a LEF ser lei especial, entendemos que o raciocínio analógico possa ser feito na nova execução de títulos executivos extrajudiciais. A jurisprudência do STJ determina a nomeação de avaliado oficial no caso de impugnação da avaliação realizada pelo oficial de justiça, verbis: "Processual civil – Recurso especial – Execução fiscaL – Agravo de instrumento – Penhora – Avaliação – impugnação – Nova avaliação por peritos – Possibilidade. I – O art. 13, § 1º, da LEF determina que, havendo impugnação, pelo executado ou pela Fazenda Pública, da avaliação do bem penhorado feita por oficial de justiça e antes de publicado o edital do leilão, caberá ao juiz nomear avaliador oficial, com habilitação específica, para proceder à nova avaliação do bem penhorado. II – Consoante jurisprudência desta Corte, não é lícito ao juiz recusar o pedido. III – Precedentes: REsp nº 316.570/SC, Rel. Min. Garcia Vieira, DJ 20/08/01 e RSTJ 147/127. IV – Recurso especial provido." (Recurso Especial 737.692. Rel. Min. Francisco Falcão. 1ª Turma. 06.12.05)

[419] In: A Atividade Notarial e Registral: Uma Organização Social Pré-Jurídica. *Revista de Direito Imobiliário*, São Paulo, RT, n. 35/36, p. 37-39, jan./dez. 1995.

[420] A fé pública, no entanto, não isenta os auxiliares do juízo e, particularmente o oficial de justiça, de responder administrativamente pelas eventuais faltas que cometer no exercício da função e, além disso, são civilmente responsáveis, conforme preceitua o artigo 144 do Código de Processo Civil, quando, sem justo motivo, recusarem-se a cumprir os atos a ele impostos ou quando praticarem atos com dolo ou culpa.

II) Majoração ou diminuição do valor do bem

Atento ao princípio constitucional da igualdade, o legislador estendeu a possibilidade de nova avaliação tanto na hipótese de majoração quanto no caso de diminuição do valor do bem penhorado. Como afirma Humberto Theodoro Júnior, "se a desvalorização não corrigida dificulta a licitação e inviabiliza a adjudicação, não são menores os inconvenientes da colocação em hasta pública, ou em adjudicação, de bens superavaliados".[421]

2.1.1.3.4.7. Dispensa de avaliação

Entendemos que, mesmo havendo a concordância do exequente com o valor atribuído ao bem pelo executado – no caso de substituição do bem penhorado –, ainda assim poderá haver interesse na realização de avaliação, na hipótese de o processo tramitar durante longo tempo. Via de regra, o pedido de substituição do bem penhorado é realizado no início do processo, e a alienação de bens não se dá imediatamente, mas após um período de tempo razoável. Durante esse lapso temporal, poderá o bem sofrer valorizações ou desvalorizações em razão do mercado, que deverão ser consideradas para o efeito de alienação, sob pena de violarem-se os princípios do resultado e da menor gravosidade.

Por outro lado, em se tratando de títulos ou mercadorias que tenham cotação em bolsa, comprovada por certidão ou publicação oficial, fica também dispensada a avaliação. Veja-se que, nesse caso, é totalmente injustificável a realização do ato de avaliação. Como refere Araken de Assis, nesses casos, o preço dos bens será comprovado por certidão ou simples exibição dos indicadores inseridos em órgão oficial, requisitada pelo juiz ou juntada aos autos pelas partes.[422]

2.1.1.3.4.8. Da redução e da ampliação da penhora

Nos termos do art. 874 do CPC, após a avaliação, poderá o juiz, a requerimento do interessado e ouvida da parte contrária, determinar que se proceda à redução ou à ampliação da penhora.

A redução da penhora ocorrerá quando o valor dos bens penhorados for consideravelmente superior ao total do crédito objeto da execução, ou seja, valor principal, atualizado, e acrescidos dos encar-

---

[421] In: *A reforma da execução do título executivo extrajudicial* ... , p. 110.
[422] In: *Manual* ..., p. 724.

gos (juros, honorários advocatícios, etc.). Nessa hipótese, o juiz poderá, ainda, optar por realizar a transferência da penhora para outro bem de valor mais compatível com a execução.

2.1.1.3.5. Da atividade de expropriação de bens

2.1.1.3.5.1. Considerações iniciais

O art. 825 do CPC contempla as modalidades de expropriação na sistemática processual civil vigente. A primeira das modalidades é a adjudicação (prevista nos artigos 876 e seguintes); a segunda, a alienação, prevista nos artigos 879 e seguintes, e a terceira, a apropriação de frutos e rendimentos de empresa ou de estabelecimentos e outros bens.

2.1.1.3.5.2. Da adjudicação

A adjudicação está prevista nos artigos 876 e seguintes do CPC. Tratam-se de dispositivos legais absolutamente omissos e confusos, apresentando diversas lacunas, consoante será a seguir melhor explicitado.

I) Legitimação para adjudicar

A legitimação para adjudicar será tanto do credor que está promovendo a execução, quanto dos credores concorrentes que tenham penhorado o mesmo bem e aqueles com garantia real (art. 876, *caput*, e § 5º, do CPC). (Do mesmo modo, de acordo com este dispositivo legal, os descendentes e os ascendentes do executado, o seu cônjuge ou companheiro também terão legitimidade, além das pessoas elencadas no artigo 889, incisos II e VIII).

No tocante ao credor com garantia real, não é necessário que o mesmo tenha penhorado o bem para poder adjudicar; bastará a garantia real. Já no tocante aos demais credores concorrentes, para que possam adjudicar, necessariamente deverão ter penhorado o bem.

II) Momento para ser pleiteada a adjudicação e direito de preferência

A adjudicação, via de regra, é realizada antes da alienação.[423] Todavia, caso sejam frustradas as tentativas de alienação dobem, será reaberta oportunidade para requerimento de adjudicação, caso em que também se poderá pleitear a realização de nova avaliação.

---

[423] Art. 685-C c/c 686/CPC.

Parece razoável que, neste primeiro momento, o magistrado fixe um prazo para que eventuais intenções de adjudicar sejam externadas, de modo a evitar pedidos de adjudicação quando o processo já se encontrar concluso, por exemplo, para o julgamento de eventual direito de preferência na adjudicação, o que viria a acarretar tumulto processual.

Não é demasiado referir que, nesta fase do processo – se não houver publicização da adjudicação –, apenas o credor manifestará intenção de adjudicar, ou, eventualmente, eventuais credores concorrentes, o que poderá acarretar arguições de violação ao princípio da igualdade, da publicidade e também do próprio dispositivo legal ora comentado.

Em que pese a omissão do legislador, entendemos que a expedição de um edital – convocando eventuais interessados em adjudicar – evitará discussões por parte dos demais legitimados a adjudicar.

No tocante a este aspecto, observou-se uma preocupação muito grande do legislador com a realização do crédito do modo mais rápido possível, estabelecendo um prazo razoável de duração do processo.[424] Todavia, há outros princípios constitucionais que também norteiam o processo civil, como, por exemplo, o princípio da igualdade e da publicidade que não podem ser esquecidos.

Havendo mais de um interessado, estabelecer-se-á entre eles uma licitação. Se houver igualdade de oferta, o cônjuge preferirá o descendente, e este, o ascendente (art. 876, § 6º, do CPC). No tocante aos ascendentes e descendentes, o legislador não dispôs sobre a preferência entre eles no caso de igualdade de oferta. Nesta hipótese, entendemos que os parentes de grau próximo preferem os de grau mais remoto.

Havendo penhora de quota, procedida por exequente alheio à sociedade, esta será intimada, assegurada a preferência aos sócios. Nessa hipótese, os sócios preferem aos credores, e também aos parentes mencionados no § 5º do art. 876, consoante dispõe o § 7º deste mesmo dispositivo legal.

Em resumo, o direito de preferência na adjudicação deverá seguir a seguinte ordem: 1º) Deverá haver uma licitação, em que a melhor oferta implicará o direito de preferência; 2º) Em igualdade de oferta, o cônjuge/companheiro preferirá o descendente e este o ascendente; 3º) Em havendo concurso entre ascendentes e descendentes, o de grau mais próximo excluirá o de grau mais remoto; 4º) Em se tratando de penhora de quota, os sócios – após a realização da licitação – terão preferência sobre o cônjuge/companheiro, ascendentes e descendentes.

---

[424] Vide art. 5º, inc. LXXVIII, da Constituição Federal.

III) Bens que poderão ser objeto da adjudicação

É possível tanto a adjudicação de bens móveis, imóveis e também semoventes.

IV) Valor da adjudicação e depósito do mesmo

O valor da adjudicação é, no mínimo, o valor de avaliação do bem (art. 876, *caput*, do CPC). Nos termos do § 4º, incisos I e II, deste respectivo dispositivo legal, se o valor do crédito for inferior ao dos bens, o requerente da adjudicação depositará de imediato a diferença, que ficará a disposição do executado. Se o valor do crédito for superior ao dos bens, a execução prosseguirá pelo saldo remanescente. Ora, essa disposição apenas poderá ser aplicada se não houver concurso de credores, pois, nesta hipótese, aquele que adjudicar não necessariamente será o credor preferencial. Se o mesmo for dispensado de exibir o preço ou parte do preço, há o risco de violação da ordem de preferência estabelecida nos arts. 797, *caput*, 612 e 908, *caput* do CPC.

V) Resolução de eventuais questões

A resolução de eventuais questões, como por exemplo, o julgamento do concurso entre os interessados em adjudicar, implica a resolução de mera questão incidente, tendo, portanto, a natureza de decisão interlocutória, que é atacada através do recurso de agravo de instrumento (art. 1.015, parágrafo único, do CPC).[425]

VI) Da perfectibilização da adjudicação

A adjudicação considerar-se-á perfeita e acabada com a lavratura e assinatura do auto pelo juiz, pelo adjudicante, pelo escrivão e, se o mesmo estiver presente, também pelo executado.

VII) Da carta de adjudicação

A expedição da carta de adjudicação é necessária apenas se houver a necessidade de instrumento formal à aquisição do domínio, como, por exemplo, no caso de bens imóveis. Mais uma vez o legislador foi impreciso, pois há casos de bens móveis em que a expedição da carta também é imprescindível, como na hipótese da adjudicação de veículos.

---

[425] Não há como o agravo ser interposto na modalidade retida, face à falta de interesse.

Relativamente aos bens móveis, de um modo geral, a carta de adjudicação não será necessária, pois os mesmos são adquiridos através da tradição.

2.1.1.3.5.3. Da alienação

Consoante já mencionado, no CPC/15 a alienação contempla duas modalidades: iniciativa particular e em leilão judicial eletrônico ou presencial.

Não efetivada a adjudicação ou a alienação por iniciativa particular, far-se-á a expropriação por leilão judicial (art. 881 do Novo CPC). Neste meio expropriatório as alterações foram mais expressivas. Como antes já mencionado, eliminada restou a distinção entre a praça e o leilão, espécies da hasta pública conforme se tratasse de bens imóveis e móveis, respectivamente. Na nova legislação, independentemente da natureza do bem, a arrematação dar-se-á por leilão judicial, com a nomeação de leiloeiro público (§ 1º do novo art. 881), excetuando-se os casos em que a alienação estiver *a cargo de corretores de bolsa de valores* (§ 2º do art. 881). No que tange à designação do leiloeiro público, tem-se modificação na lei, já que, agora, compete ao juiz esta designação, sendo subsidiária a indicação pelo exequente (art. 883 do novo diploma processual). Até então, o leiloeiro era indicado pelo exequente (art. 706 do CPC/73). Interessante é que, aqui, diferentemente da regra prevista para a alienação por iniciativa particular, não há a previsão de cadastro do leiloeiro público nem tampouco que este exerça a profissão há pelo menos 03 (três) anos. Não há remissão, portanto, da escolha do magistrado ao referido cadastro nem tampouco do exequente. Tal circunstância, entretanto, não faria sentido, devendo ser compreendidas de forma sistêmica as previsões, submetendo-se a escolha do juiz e do exequente ao cadastro existente, sendo de livre escolha apenas quando, na localidade, não houver leiloeiro público credenciado, na forma do § 4º do art. 880 já anotado.

Embora já houvesse previsão de leilão judicial por meio eletrônico, tal era genérica e atribuída ao desejo do exequente que poderia requerer tal substituição, incluída pela Lei 11.382/2006, no art. 689-A do CPC/73: "O procedimento previsto nos arts. 686 a 689 poderá ser substituído, a requerimento do exequente, por alienação realizada por meio da rede mundial de computadores, com uso de páginas virtuais criadas pelos Tribunais ou por entidades públicas ou privadas em convênio com eles firmado". Remetia, outrossim, ao CNJ, para regulamentação desta modalidade de alienação: "Parágrafo único. O Conselho da Justiça Federal e os Tribunais de Justiça, no âmbito das suas respectivas competências, regulamentarão esta modalidade de alienação, atendendo aos requisitos de ampla publicidade, autenticidade e segurança, com observância das regras estabelecidas na legislação sobre certificação digital". Entretanto, até o presente momento, nenhum ato normativo foi expedido pelo Conselho, tendo sido apenas noticiada consulta pública no ano de 2013, até então sem retorno efetivo sobre o procedimento (http://www.cnj.jus.br/noticias/cnj/60494-consulta-publica-sobre-pregao-eletronico-termina-domingo).

No novo diploma processual, a realização do leilão judicial por meio eletrônico vem prevista como preferencial, adotando-se a forma presencial apenas na impossibilidade daquela (art. 882 do Novo CPC). Entretanto, mais uma vez remete a regulamentação desta alienação judicial por meio eletrônico para o Conselho Nacional de Justiça (§ 1º do art. 882), o que, salvo melhor juízo, mais uma vez inviabilizará sua adoção preferencial, posto que, não há, ainda, mesmo após 9 (nove) anos de legislação prevendo esta realização virtual com regulamentação pelo dito Conselho, qualquer ato normativo expedido. Preocupou-se o legislador, ainda, em nortear esta regulamentação, salientando a relevância daquilo que chama de requisitos de *ampla publicidade, autenticidade e segurança*, remetendo para regras da legislação sobre certificação digital (§ 2º do art. 882).

Regra que reproduz em parte o CPC/73 é a constante no novo § 3º do art. 882, pois reprisa a realização da hasta pública, agora apenas na modalidade de leilão judicial, em local designado pelo juiz, regra que já existia anteriormente. Entretanto, pela lei anterior, o leilão era designado apenas para bens móveis, e, portanto, a regra de indicação do local pelo magistrado servia apenas quando se tratava de arrematação desta categoria de bens, tal como previsto no art. 686, § 2º. No caso de bens imóveis, a praça realizava-se no átrio do foro, conforme o mesmo dispositivo.

2.1.1.3.5.4. Segue: da alienação por iniciativa particular

A alienação por iniciativa particular, tratada no art. 880 do novel diploma, segue em parte o rito já previsto na codificação anterior, após o advento da Lei 11.382/2006, que introduziu o art. 685-C, prevendo esta nova modalidade de expropriação. Como já referido noutra oportunidade (Curso de Processo Civil, Rio de Janeiro: Forense, 2008, p. 166), *o objetivo da inclusão da alienação privada no Código de Processo Civil é agilizar a execução, tendo em vista a demora no processamento da alienação de bens em hasta pública*, possuindo a legislação italiana ato expropriatório similar. Segue, na ordem de meios expropriatórios, em segundo lugar, porém com algumas distinções.

A primeira e evidente distinção decorre da previsão, no *caput* do art. 880, de intermediação da alienação por iniciativa particular pelo leiloeiro público. Sim, a nova lei esclarece que o exequente poder requerer esta alienação *por sua própria iniciativa ou por intermédio de corretor ou leiloeiro público credenciado perante o órgão judiciário*. Portanto, a figura do leiloeiro já não serve apenas à alienação em leilão judicial, modalidade de que trata o próximo e demais dispositivos desta subseção. É também possível que a alienação por iniciativa particular se dê pela sua intermediação.

Sobre o credenciamento de corretores (e agora também de leiloeiros), o § 3º do art. 880 praticamente reprisa o anterior § 3º do art. 685-C do CPC/73, porém reduzindo para 3 (três) anos o período mínimo de experiência exigido nos cadastros dos tribunais, antes com previsão de 05 (cinco) anos. Ainda que esta exigência permaneça existindo e, nesta medida, em existindo o cadastro, deva ser respeitada, parece demasiado tal requisito quando se permite que o próprio exequente realize a alienação, independentemente de qualquer intermediação. Porque exigir anos de experiência de quem, ao menos, preparou-se e obteve o credenciamento para o exercício da profissão? Tanto mais pelo fato de que as condições do negócio são todas definidas judicialmente, regra que segue existindo nesta modalidade de alienação com o novo diploma processual e que abaixo será abordado. Por isso, bem-vinda a diminuição deste prazo para que possa ser cadastrado o profissional.

No que tange ao intermediário da alienação por iniciativa particular, o novo § 4º do art. 880 traz previsão importante, que confere ao exequente o direito de livre escolha do corretor ou leiloeiro quando não houver profissional credenciado na comarca. Embora este cadastro tenha sido respeitado em muitos tribunais, como é o caso do Rio Grande do Sul, cuja lista de corretores credenciados por comarca está disponível do sítio do Tribunal de Justiça, a partir de Convênio com o CRECI da 3ª Região (http://www.tjrs.jus.br/site/servicos/corretores_credenciados/), não se pode frustrar este meio expropriatório quando for omisso ou inexistente o cadastro. Neste sentido, a lição de Daniel Amorim (*Novo CPC – Inovações, Alterações e Supressões Comentadas*, São Paulo: Editora Método, 2015, p. 436), para quem "foi demonstrado, pela experiência, que a necessidade de cadastramento do corretor (...) frustrou de modo quase absoluto esta forma de expropriação, pois, segundo o doutrinador, na maioria dos foros não havia credenciamento realizado, o que impedia a atuação do corretor". Acredita, portanto, na relevância da redação do § 4º já que eventual omissão dos Tribunais quanto ao cadastro não obstaculizará este meio expropriatório.

No que diz respeito ao valor do preço mínimo fixado pelo juiz ao estabelecer as condições da alienação, ao reproduzir no § 1º do art. 880 do novo diploma o § 1º do art. 685-C do CPC/73, o legislador retirou da locução a menção ao dispositivo da avaliação, anterior art. 680. Esta referência da lei anterior acarretava entendimentos diversos: a corrente majoritária, no sentido de que o preço mínimo deveria ser o valor da avaliação, face a menção ao artigo de lei que tratava da avaliação (Araken de Assis, *Manual da Execução*, São Paulo: RT, 2007, p. 733; Luiz Rodrigues Wambier, *Curso Avançado de Processo Civil*, São Paulo: RT, 2007, p. 237); a minoritária corrente, entendendo que a referência ao valor de avaliação era apenas o parâmetro a guiar o magistrado na fixação do preço mínimo de venda (Daniel Amorim, *Novo CPC – Inovações, Alterações e Supressões Comentadas*, São Paulo: Editora Método, 2015, p. 436). Nas poucas referências jurisprudenciais, encontra-se a adoção da corrente majoritária na doutrina, de que é exemplo o julgado n. 70063676258 do Tribunal de Justiça do Rio Grande do Sul, Agravo de Instrumento da Décima Nona Câmara Cível, da lavra do Desembargador-Relator Voltaire de Lima Moraes, em que este refere: "No que se refere, porém, à possibilidade de alienação por iniciativa particular, cabe o acolhimento da insurgência da agravante quanto ao valor. Essa modalidade expropriatória está expressamente prevista no art.685-C do CPC e o seu § 1º preceitua que o juiz fixará o prazo em que a alienação deve ser efetivada, a forma de publicidade, o preço mínimo (art. 680), as condições de pagamento e as garantias, bem como, se for o caso, a comissão de corretagem. *A alusão ao art. 680 do CPC, que se refere à avaliação do bem constrito, deixa claro que o preço mínimo a ser adotado é o da avaliação*".

Parece claro, na nova redação, que o magistrado está, sim, livre para fixação do preço mínimo de venda, obviamente tomando por base aquele apurado na avaliação e, evidentemente, evitando o preço vil (agora previsto em lei como aquele estabelecido pelo magistrado ou, na omissão deste, menor que 50% do valor da avaliação, art. 891, parágrafo único). Adota, o novo diploma, o entendimento da corrente minoritária, à qual já nos filiáramos na redação do antigo art. 685-C (*Curso de Processo Civil*, Rio de Janeiro: Forense, 2008, p. 168).

No restante, o novo art. 880 praticamente repete a lei anterior quanto à documentação da alienação por iniciativa particular, à exceção da referência, no caso de bem imóvel, também à ordem de imissão de posse, a que a lei silenciava. Isto é, além da carta de alienação, também será expedido mandado de imissão de posse para que o adquirente possa desde logo assumir os atributos da propriedade. A imissão da posse, entretanto, só poderá ser ordenada incidentalmente nos autos da execução quando a posse do bem estiver com o próprio executado, não sendo possível invadir a esfera jurídica de terceiro alheio ao processo, ressalva não observada no dispositivo legal. A imissão da posse incidentalmente já era admitida na arrematação, sem a necessidade do ajuizamento de ação de imissão de posse (AgRg no REsp 328.441/PB, Rel. Ministro Vasco Della Giustina (Desembargador Convocado do TJ/RS), Terceira Turma, julgado em 11/05/2010, DJe 25/05/2010). Bem assim, entendimento do Superior Tribunal de Justiça é da necessidade de que a carta de arrematação esteja registrada para que possa ser deduzido o pedido de imissão de posse contra o executado (STJ, Recurso Especial nº 1.238.502 – MG, Relator: Ministra Nancy Andrighi, Data de Julgamento: 28/05/2013, T3 – Terceira Turma), entendimento este que, por seu fundamento, deve estender-se também à imissão da posse na alienação por iniciativa particular.

2.1.1.3.5.5. Da alienação em leilão judicial eletrônico ou presencial

Não efetivada a adjudicação ou a alienação por iniciativa particular, far-se-á a expropriação por leilão judicial (art. 881 do Novo CPC). No CPC/15, restou eliminada a anterior distinção entre a praça e o leilão – existentes no CPC/73 –, espécies da hasta pública conforme se tratasse de bens imóveis e móveis, respectivamente. Na legislação em vigor, independentemente da natureza do bem, a arrematação dar-se-á por leilão judicial, com a nomeação de leiloeiro público (§ 1º do novo art. 881), excetuando-se os casos em que a alienação estiver *a cargo de corretores de bolsa de valores* (§ 2º do art. 881). No que tange à designação do leiloeiro público, tem-se modificação na lei, já que, agora, compete ao juiz esta designação, sendo subsidiária a indicação pelo exequente (art. 883 do novo diploma processual). Até então, o leiloeiro era indicado pelo exequente (art. 706 do CPC/73). Interessante é que, aqui, diferentemente da regra prevista para a alienação por iniciativa particular, não há a previsão de cadastro do leiloeiro público nem tampouco que este exerça a profissão há pelo menos 03 (três) anos. Não há remissão, portanto, da escolha do magistrado ao referido cadastro nem tampouco do exequente. Tal circunstância, entretanto, não faria sentido, devendo ser compreendidas de forma sistêmica as previsões, submetendo-se a escolha do juiz e do exequente ao cadastro existente, sendo de livre escolha apenas quando, na localidade, não houver leiloeiro público credenciado, na forma do § 4º do art. 880 já anotado.

Embora já houvesse previsão de leilão judicial por meio eletrônico, tal era genérica e atribuída ao desejo do exequente que poderia requerer tal substituição, incluída pela Lei 11.382/2006, no art. 689-A do CPC/73: "O procedimento previsto nos arts. 686 a 689 poderá ser substituído, a requerimento do exequente, por alienação realizada por meio da rede mundial de computadores, com uso de páginas virtuais criadas pelos Tribunais ou por entidades públicas ou privadas em convênio com eles firmado". Remetia, outrossim, ao CNJ, para regulamentação desta modalidade de alienação: "Parágrafo único. O Conselho da Justiça Federal e os Tribunais de Justiça, no âmbito das suas respectivas competências, regulamentarão esta modalidade de alienação, atendendo aos requisitos de ampla publicidade, autenticidade e segurança, com observância das regras estabelecidas na legislação sobre certificação digital". Entretanto, até o presente momento, nenhum ato normativo foi expedido pelo Conselho, tendo sido apenas noticiada consulta pública no ano de 2013, até então sem retorno efetivo sobre o procedimento (http://www.cnj.jus.br/noticias/cnj/60494-consulta-publica-sobre-pregao-eletronico-termina-domingo).

No CPC/15, a realização do leilão judicial por meio eletrônico vem prevista como preferencial, adotando-se a forma presencial apenas na impossibilidade daquela (art. 882 do Novo CPC). Entretanto, mais uma vez remete a regulamentação desta alienação judicial por meio eletrônico para o Conselho Nacional de Justiça (§ 1º do art. 882), o que, salvo melhor juízo, mais uma vez inviabilizará sua adoção preferencial, posto que não há, ainda, mesmo após 10 (dez) anos de legislação prevendo esta realização virtual com regulamentação pelo dito Conselho, qualquer ato normativo expedido. Preocupou-se o legislador, ainda, em nortear esta regulamentação, salientando a relevância daquilo que chama de requisitos de *ampla publicidade, autenticidade e segurança*, remetendo para regras da legislação sobre certificação digital (§ 2º do art. 882).

Regra que reproduz em parte o CPC/73 é a constante no novo § 3º do art. 882, pois reprisa a realização da hasta pública, agora apenas na modalidade de leilão judicial, em local designado pelo juiz, regra que já existia anteriormente.

I) Natureza da alienação de bens em leilão judicial

Segundo Pontes de Miranda,[426] o Estado aliena, e *"alienar é negociar"*; no campo oposto, Enrico T. Liebman[427] refere que, na alienação coativa,

---

[426] In: *Comentários ...*, Vol. 10, p. 359.
[427] In: *Processo de Execução*, p. 150.

há ato jurídico unilateral por parte do Estado, condicionado a ato igualmente unilateral do arrematante e, eventualmente, do adjudicante, concluindo: "os dois atos são heterogêneos e distantes e não se fundem para dar lugar a um único ato bilateral, apenas um condiciona o outro e os efeitos são produzidos unicamente pelo ato do órgão judicial".

Na opinião de Araken de Assis,[428] a construção de Liebman enfatiza aspecto deveras relevante na arrematação: o ato do Estado e o ato do arrematante se mostram heterogêneos. O poder de quem aliena (Estado) é indiscutivelmente público, jurisdicional, sub-rogatório da vontade do executado ou, trilhando o percurso da ação material, do agir do credor, impedido de agir de mão própria pelo veto à autotutela. E a declaração de vontade do terceiro, que lança mão e arremata (ou do credor que adjudica), ostenta cunho privado. Como conciliá-la?

Deve-se a Pontes de Miranda,[429] a excelência da explicação mais ajustada à realidade. Há oferta no lanço, e no pedido de adjudicação, declaração de vontade que o Estado aceita, e, portanto, surge um típico negócio bilateral. Não existe contrato, porém o negócio é de direito público e processual, classificado em categoria distinta.

Conforme refere Araken de Assis,[430] "a comistura dessas vontades (do Estado, prestando tutela jurídica ao credor; do particular, movido por interesse próprio e privado) se revela evidente. Outra razão plausível para rejeitar a engenhosa explicação de Liebman consiste na observação trivial de que na compra e venda, em que os atos são 'homogêneos', também a aceitação (pelo vendedor) da oferta (realizada pelo comprador) condiciona a consumação do negócio".

Assim a arrematação é negócio jurídico entre o Estado, que detém o poder de dispor e o arrematante.

II) Título da aquisição

Em toda a arrematação há acordo de transmissão. O Estado transmite ao arrematante os direitos do executado na coisa penhorada, desde a assinatura do auto. O autoconstitui o título substancial, que originará, mediante traslado, o título formal (carta de arrematação, em se tratando de bens onde haja a necessidade de instrumento formal à aquisição do domínio). Todavia, interessa identificar se o Estado transmite originária ou derivadamente a coisa.

---

[428] In: *Manual ...*, p. 663.
[429] In: *Comentários ...*, Vol. 10, p. 360.
[430] In: *Manual ...*, p. 663.

Há quem entenda tratar-se de aquisição originária da propriedade, desprezando-se o caráter negocial da arrematação.[431] Todavia Araken de Assis[432] entende tratar-se de aquisição derivada, *verbis*: "Por isso a arrematação implica aquisição derivativa e, cabendo a propriedade a terceiro, 'este não perdeu seu direito', esclarece Liebman".

III) Modalidades da arrematação

As formas de hasta pública são a praça e o leilão. A praça é a modalidade de arrematação que designa a alienação coativa de bem imóvel. Por outro lado, o leilão abrange bens móveis. Em qualquer dessas hipóteses, haverá duas licitações: na primeira, somente se aceitarão lanços superiores ao valor da avaliação; na segunda, porém, a alienação far-se-á pelo maior lanço, vedado o preço vil (art. 686, V, c/c 692/CPC).[433] Na síntese didática de Nelson Nery Junior e Rosa Maria de Andrade Nery, "na praça sempre se parte da avaliação, devendo ser ultrapassado seu valor para a aquisição pelo lançador; no leilão inicia-se do zero, apenas não se permitindo a alienação se houver prelo vil".[434]

IV) Natureza e função do edital de arrematação

Na lição de Amílcar de Castro, "o edital é um dos elementos característicos da venda judicial, que é sempre ato público, e publicamente anunciado com antecedência. A sua precípua finalidade é a de convocar compradores, conquanto seja também meio de aviso aos parentes do executado, ao exequente, e aos demais credores, como interessados na venda".[435] Assim o edital funciona como anúncio da alienação coativa e de seu regulamento interno, tratando-se de providência destinada a atrair possíveis pretendentes a arrematar. Trata-se

---

[431] Nesse sentido: Marco Tullio Zanzucchi. *Diritto Processuale Civile*, 4. ed. Milão: Giuffrè, 1946, Vo. 3, p. 101.

[432] In: *Manual ...*, p. 665.

[433] Note-se que no procedimento da execução fiscal, tem aplicabilidade a Súmula nº 128 do STJ: "Na execução fiscal haverá segundo leilão, se no primeiro não houve lanço superior à avaliação".

[434] In: *Código de Processo Civil Comentado*, 9. ed. RT, p 886.

[435] In: *Do procedimento de execução*, p. 220/221. O autor reforça seus ensinamentos, trazendo à colação a lição de Carnelutti, para quem "o edital não passa de declaração recíproca, porque sua eficácia não aparece senão no momento em que seja conhecida por alguém; como é destinado principalmente a levar uma notícia ao conhecimento de pessoas indeterminadas, os possíveis compradores, desconhecidos do vendedor, que é o juiz, e como além disso, é meio de modificação a todos os interessados na venda, não pode deixar de ser redigido, publicado e notificado de forma tal que garanta o efetivo, ou pelo menos presumidos, conhecimento daqueles que devem receber a notícia".

de providência destinada a atrair possíveis pretendentes a arrematar, sendo da conveniência do exequente e do executado que se dê larga publicidade a essa convocação.

Esta foi a razão pela qual o CPC/15 manteve a necessidade de publicação de edital precedendo a realização da hasta. Em princípio, é da conveniência tanto do exequente quanto do executado que seja dada larga publicidade a esta convocação, o que justifica, inclusive, a mínima antecedência de 5 (cinco) dias antes da data marcada para a alienação, que segue regrada no § 1º do novo art. 887 (*Curso de Processo Civil*, Rio de Janeiro: Forense, 2008, p. 171). Distinções, porém, aparecem no CPC/15. Segue a necessidade de descrição dos bens, inclusive nos mesmos moldes até então estabelecidos (inciso I do art. 886), porém a menção do valor do bem agora deve observar, também, o preço mínimo pelo qual poderá ser alienado, assim como as condições de pagamento e a comissão do leiloeiro designado (inciso II do art. 886). Outra alteração nos requisitos do edital é a indicação do sítio, na rede mundial de computadores, e o período em que se realizará o leilão (inciso IV, *ab initio*, do art. 886 do Novo CPC), tendo em vista que, hoje, a preferencial a alienação por leilão judicial eletrônico, em detrimento da forma presencial. De resto, seguem os mesmos os requisitos do edital, como o local dos bens móveis, veículos e semoventes e, se direitos ou créditos, a identificação do respectivo processo (III do art. 886 do Novo CPC, cujo objetivo é de que os interessados possam verificar o estado dos bens ou o processo em que os direitos ou créditos foram penhorados); os dados do segundo leilão (V); os ônus e eventuais recursos e ou impugnações pendentes sobre os bens leiloados (VI), também com a função de que o arrematante conheça eventuais riscos e pendências dos negócios.

V) Da ampla publicidade da alienação

O art. 887 do CPC/15 não preestabelece, de modo rígido, a fixação e publicidade do edital de arrematação, apenas incumbindo o leiloeiro de adotar *providências para a ampla divulgação da alienação* e reforçando que precisa ser publicado *na rede mundial de computadores, em sítio designado pelo juiz da execução*, contendo *descrição detalhada e (...) ilustrada*, bem como se ocorrerá o leilão *de forma eletrônica ou presencial*. Veja, não é só o valor, as condições de pagamento ou as garantias que são estabelecidas pelo magistrado: também o local de publicação do edital na rede mundial de computadores deverá ser determinado pelo juiz da execução. No CPC/73, a regra era da afixação do edital no local do costume e a sua publicação pelo menos uma vez em jornal de ampla circulação (*caput* do art. 687). Tinha-se, no entanto, a exceção prevista no § 2º do art. 687 do CPC/73, em que o juiz, então, poderia alterar a forma e a frequência da divulgação, *inclusive recorrendo a meios eletrônicos*. Isto é, a lógica mudou. O que antes era regra, no novo CPC virou exceção e vice-versa. O CPC/15 prevê apenas excepcionalmente a afixação em local de costume e a publicação em jornal de ampla circulação, consoante § 3º do art. 887, bem como tal circunstância apenas quando não for *possível a publicação na rede mundial de computadores*, como prevê a regra do § 2º do mesmo dispositivo, podendo também estabelecer outras formas de divulgação, nos termos do § 4º igualmente do mesmo referido artigo.

Segue, também, para os imóveis, a regra de que a publicidade dos editais seja feita em seções ou locais reservados para negociações imobiliárias (art. 687, § 3º, CPC/73), regra que, agora, estende-se também aos veículos, consoante art. 887, § 5º, do Novo CPC.

Por fim, o CPC/15 também edita regra sobre a necessidade de observância das mesmas regras de divulgação do art. 887 para a hipótese de transferência do leilão que por qualquer motivo não se realize, prevendo, ainda, a possibilidade de instauração de processo administrativo para aplicação de penalidade ao servidor (escrivão ou chefe de secretaria) ou leiloeiro que der causa a tal transferência, a eles incumbindo, também, o pagamento das despesas da transferência. É o que dispõem as regras do art. 888 do Novo CPC.

VI) Segue: intimações prévias às alienações

Além da publicação/divulgação de editais, o art. 889 do CPC/15 indicou rol minucioso de pessoas cuja ciência sobre a alienação deve ser garantida. Ampliou-se, consideravelmente, a quantidade de sujeitos cuja intimação prévia é essencial. Dois aspectos se pode destacar. No CPC/15, a disposição sobre as intimações está mais didática, pois reúne, num único local, todas as pessoas que precisam ter ciência do leilão.

Por outro lado, pela regra anterior, a intimação prévia dos sujeitos arrolados no art. 698 era necessária para qualquer meio expropriatório, inclusive para a adjudicação e alienação por iniciativa particular. Salvo melhor juízo, o CPC/15, no art. 889, prevê tais cientificações apenas para a hipótese de leilão judicial, exceto se a expressão *"alienação judicial"* estiver indicando, também, a hipótese de alienação por iniciativa particular, tendo em vista que suas condições são fixadas pelo magistrado. Não parece, sob qualquer aspecto, no entanto, englobar a adjudicação.

Como alhures já referido (*Curso de Processo Civil*, Rio de Janeiro: Forense, 2008, p. 175), as pessoas mencionadas no art. 698/CPC (CPC/73) não podem impedir a realização da hasta pública, mas apenas ressalvar o direito de preferência no recebimento do valor do crédito. (...) A cientificação do credor com penhora anteriormente averbada é medida importante, de modo a evitar-se a realização de duas alienações referentes ao mesmo bem. (...) Por outro lado, a medida alerta os credores concorrentes para que resguardem a sua respectiva preferência no recebimento do crédito.

Ora, observando-se a razão pela qual esta intimação prévia é importante, evidentemente que deve ser estendida sua incidência para todos os meios expropriatórios, incluindo, portanto, não só a alienação por iniciativa particular, como também a adjudicação.

No entanto, é requisito da inicial executiva que o exequente requeira as intimações destes mesmos sujeitos quando penhorados os referidos bens, nos termos dos incisos do novo art. 799. Em alguma medida, esta intimação com relação à penhora permite que possam acompanhar a execução, suprindo a necessidade da intimação após a avaliação.

Porém, o § 5º do art. 876 dispõe sobre a possibilidade de adjudicação por parte dos sujeitos arrolados no art. 889: Idêntico direito pode ser exercido por aqueles indicados no art. 889, incisos II a VIII, pelos credores concorrentes que hajam penhorado o mesmo bem, pelo cônjuge, pelo companheiro, pelos descendentes ou pelos ascendentes do executado. E mais, há menção clara à intimação e em prazo de antecedência mínima de 5 (cinco) dias, consoante art. 877: Transcorrido o prazo de 5 (cinco) dias, contado da última intimação, e decididas eventuais questões, o juiz ordenará a lavratura do auto de adjudicação. Esta previsão, inclusive, harmoniza-se com a regra do art. 889 no que tange ao prazo.

Portanto, entendemos que é indispensável que esta intimação prévia anteceda todos os meios expropriatórios e não apenas a alienação por leilão judicial.

Além da compilação num único dispositivo de todas as pessoas cuja prévia intimação é necessária, o novo dispositivo também modifica o prazo desta antecedência. Se antes o art. 698 falava em 10 (dez) dias, o prazo no novo art. 889 diminui para 5 (cinco), harmonizando-se à antecedência mínima para a publicação do edital já antes referida (art. 887, § 1º, do Novo CPC).

Não há referência, no entanto, de intimação do exequente, que é obviamente também interessado, podendo participar da arrematação, consoante a seguir será anotado.

VII) Formas de pagamento do preço

No CPC/15 não há mais – tal como no CPC/73 – a previsão de arrematação a prazo de 15 dias, mediante caução. Todavia, prevê a regra de pagamento à vista, não sem permitir ao magistrado que decida de modo diverso. Assim sendo, mesmo que não haja mais a previsão do pagamento a prazo de 15 dias, o juiz da execução poderá fixar prazo diferenciado para o pagamento na arrematação.

Por outro lado, importante salientar que não há impedimento para que seja feita proposta por escrito para pagamento do preço, também para aquisição a vista, em que pese o diferencial dessa modalidade seja a possibilidade de arrematar a prazo (art. 895 do CPC/15).

A primeira anotação relevante sobre a nova regra é previsão de aquisição a prazo para bens de qualquer natureza. Até então, tal só era possível em se tratando de bens imóveis. O CPC/73 era claro quanto à limitação aos bens imóveis. Por outro lado, o artigo 895 do CPC/15 mais uma vez estabelece prazos para que a proposta seja apresentada: até o início do primeiro ou do segundo leilão, variando a condição da proposta que deverá atender, na primeira hipótese, no mínimo ao valor da avaliação. Isto é, embora na própria arrematação em leilão não se exija esta quantia mínima, podendo o juiz estabelecer preço mínimo inferior ao da avaliação para arrematação já no primeiro leilão, entendeu o legislador por criar esta exigência. Sendo assim, pelo novo diploma processual, deverá ser observado o valor de avaliação para a proposta escrita apresentada até o primeiro leilão.

O mesmo não acontece em relação à proposta escrita apresentada até o início do segundo leilão. Neste caso, o inciso II do art. 895 apenas impede que a proposta importe em preço considerado vil, o que dependerá da definição do próprio magistrado, nos termos do art. 885 ou, como prevê o novo art. 891, não poderá ser inferior a 50% do valor de avaliação.

Outra alteração visível diz respeito ao percentual do valor da entrada que deve ser pago pelo adquirente. O CPC/15 estabelece o percentual mínimo de 25%. O pagamento do saldo deverá ser em até 30 (trinta) meses.

Outra questão que merece observância é a que concerne à decisão do magistrado quando houver mais de uma proposta. Em igualdade de condições, prevalecerá a formulada em primeiro lugar. Entretanto, sendo diferentes as condições, o CPC/15 define como proposta mais conveniente aquela que tiver maior valor.

Bem assim, a lei também estabelece que sendo à vista, prevalecerá a proposta em detrimento daquelas feitas para pagamento parcelado (art. 895, § 7º).

Em se tratando de bem imóvel, o CPC/15 repete a necessidade de que a garantia seja estabelecida com hipoteca do próprio bem (art. 895, § 1º). Trata-se da hipoteca legal, prevista no art. 1.489 do Código Civil: "Art. 1.489. A lei confere hipoteca: (...) V – ao credor sobre o imóvel arrematado, para garantia do pagamento do restante do preço da arrematação".

O inciso V foi inserido na legislação civil com o Código Civil de 2002, tratando-se, naquele momento, de novidade na lei material. Diferentemente das demais, a especialização da hipoteca legal, neste caso, ocorre na própria ação executiva, independente, portanto, de procedimento especial para tanto. O pedido de especialização tem por objetivo delimitar a responsabilidade patrimonial do devedor de obrigação sobre determinado bem imóvel, isto é, de forma específica. Tupinambá Miguel Castro do Nascimento[436] assim conceitua especialização: "Especializar-se é se vincular um bem certo, determinado e individuado, com todas suas características, elementos definidos do registro imobiliário e da matrícula, como garantia para satisfação da dívida, ficando liberados os demais bens".

É também a lição de José Olympio de Castro Filho:[437] "A indicação de imóveis para sobre estes recair a hipoteca legal visa a tornar certa uma responsabilidade que exige genericamente e pela qual responde todo o patrimônio do possível devedor, e que passará, com a especialização a incidir especificamente, no caso de dano, sobre imóvel ou imóveis especificados".

O caso em exame, portanto, dispensa tal procedimento. É que, a hipoteca aqui já é determinada sobre o bem específico. Nos termos da lei, sobre o próprio bem arrematado. Questão relevante reside na circunstância de esta hipoteca ser necessariamente sobre o próprio imóvel ou se o arrematante pode oferecer outro bem imóvel em garantia real. Parece razoável o acolhimento de outro bem imóvel como garantia hipotecária da arrematação a prazo, pois não haveria prejuízo especial à execução, já que, eventual inadimplemento, estará assegurado pela mesma garantia.

---

[436] In: *Hipoteca*. Rio de Janeiro: AIDE, 1996, p. 175.

[437] In: *Comentários ao código de processo civil*. Vol. X, Rio de Janeiro: Forense, 2004, p. 330.

Ainda assim, mesmo se tratando de bem imóvel diverso daquele objeto da alienação judicial, ainda assim independerá de especialização por procedimento especial, já que esta se dá na própria execução.

No tocante aos bens móveis, a arrematação em prestações será garantida por outro tipo de caução, que poderá ser real ou fidejussória. Esta conclusão decorre do § 1º do art. 895, pois nele vem expresso que a garantia será por caução idônea, não fazendo explícita referência à caução real ou fidejussória. Por outro lado, os artigos. 897 e 898 tratam das consequências para o fiador que não paga o preço, de modo que há clara preocupação em regular as hipóteses de caução que não meramente a caução real.

Novas disposições na arrematação por proposta também são: a fixação de multa de 10% pelo atraso no pagamento das prestações (§ 4º); a faculdade conferida ao exequente de pedir a resolução da arrematação ou promover, em face do arrematante, a execução do valor devido, nos próprios autos da execução (§ 5º), entendimento já seguido mesmo antes, quando não havia esta expressa previsão; a inocorrência da suspensão do leilão mediante a apresentação da proposta (§ 6º).

Ao exequente pertencerão as parcelas até a quitação da obrigação, enquanto o restante será do próprio executado (§ 9º), circunstância que poderá fazer do executado credor na mesma execução, porém contra o arrematante inadimplente.

Por fim, destaque-se o veto ao § 3º, que previa a correção monetária mensal pelo índice oficial de atualização financeira, informado inclusive pela operadora do cartão de crédito. As razões do veto: "O dispositivo institui correção monetária mensal por um índice oficial de preços, o que caracteriza indexação. Sua introdução potencializaria a memória inflacionária, culminando em uma indesejada inflação inercial".

a) Inadimplemento no pagamento do preço

A lei é clara ao dispor sobre a consequência do inadimplemento pelo adquirente que arremata a prazo. O art. 897 reprisa o art. 695 do CPC/73, que, na hipótese de arrematação não honrada pelo arrematante, acarretará a perda da caução, que será convertida ao exequente, em desfavor do arrematante, tornando o bem à hasta pública. Mais uma vez, perdeu-se a oportunidade de melhor adequar a regra.

Desde a entrada em vigor da Lei 11.382/06, que eliminou a multa e passou a estabelecer a perda da caução ao arrematante inadimplente, aponta-se para a impropriedade deste dispositivo. Ora, se a caução exigida para esta forma de arrematação pode ser real ou fidejussória, revela-se inapropriada a menção de perda da caução por inadimplemento do fiador. A perda da caução só é possível quando for real. Se há fiador, é porque a caução prestada é fidejussória, não havendo bens a serem convertidos para o exequente.

Assim, sendo real a caução prestada, consoante o dispositivo legal anotado, o inadimplemento consistirá na sua perda para o exequente, além, é claro, da impossibilidade de participar do novo leilão.

Tratando-se de caução fidejussória, o fiador também ficará impedido de participar da nova hasta, única consequência, já que não há o que converter para o exequente nessa circunstância. A não ser que se admita que a caução possível na espécie é apenas a caução real, justamente em razão desta impossibilidade de perda na hipótese de inadimplemento. Não faria sentido, no entanto, as menções à caução fidejussória, que aparecem tanto no art. 897 quanto no art. 898 do CPC/15.

Quanto à arrematação por proposta a prazo, que exige a hipoteca sobre o bem arrematado, o inadimplemento do proponente resultará na execução do arrematante, garantida pela hipoteca. Embora a lei não disponha expressamente, esta execução deverá processar-se nos mesmos autos, seguindo o rito dos artigos 523 e seguintes do CPC/15.

Por outro lado, não se pode entender que a perda da caução se confunda com o depósito parcial na arrematação por proposta. Neste sentido, o Agravo de Instrumento nº 70058406521, Décima Primeira Câmara Cível, Tribunal de Justiça do RS, Relator: Antônio Maria Rodrigues de Freitas Iserhard, Julgado em 30/04/2014, em que se decidiu: "O artigo 695 do CPC se reporta a caução, que não se confunde com o depósito parcial. A decisão que deferiu a arrematação de forma parcelada não impôs caução à arrematação, salientando apenas que o pagamento seria garantido por meio de hipoteca sobre o próprio bem. Portanto, como a arrematante/agravante deixou de adimplir integralmente o valor da arrematação, correto apenas declará-la sem efeito, sem o perdimento dos valores depositados".

Em verdade, a perda da caução também parece ser uma consequência exagerada, se somada a realização de novo leilão para alienação do mesmo bem. Se a caução é uma garantia e, como tal, quando se tratar de caução real, deve corresponder ao valor do lance, este seria o pior negócio do mundo. O ideal, s.m.j., teria sido manter-se a multa de 20% ou, ainda, que esta garantia fosse compreendida como uma espécie de sinal ou arras, pois, do contrário, onera em demasia o arrematante e de modo objetivo, sem sequer garantir-lhe direito à defesa ou qualquer tipo de escusa.

b) Suspensão da arrematação quando o valor for suficiente para o pagamento do crédito

Nos termos do art. 899 do CPC/15, "será suspensa a arrematação logo que o produto da alienação dos bens for suficiente para o pagamento do credor e para a satisfação das despesas da execução". Ao contrário do que dispunha o CPC/73, este dispositivo legal introduziu como requisito para a suspensão da arrematação também a satisfação das despesas da execução.

c) Imissão na posse do arrematante

Aceita a proposta, o escrivão lavrará auto de arrematação, sendo dispensada a escritura pública. O arrematante deverá, então, ser imitido na posse do bem arrematado, de acordo com o art. 901, § 1°, do CPC/15.[438]

d) Direito de retenção por benfeitorias

Na nova modalidade de arrematação com pagamento em prestações, consoante já explicitado, poderá ocorrer o não cumprimento da oferta, tornando-se o arrematante inadimplente. Como referido no item anterior, poderá o exequente optar entre a resolução da arrematação, ou promover, em fazer do arrematante, a execução do valor devido, devendo ambos os pedidos ser formulados nos autos da execução em que se deu a arrematação (art. 895, § 5°). Nessa hipótese, tendo sido realizadas benfeitorias no bem imóvel em questão, não há que se falar em direito de retenção, pois incompatível com essa espécie de execução. Eventual direito deverá ser postulado em via própria, seguindo as regras do Código Civil sobre possuidor de boa e má-fé (arts. 1219 a 1222) e do enriquecimento sem causa (arts. 884 e seguintes).

e) Da legitimação para arrematar

Têm legitimação para arrematar todas aquelas pessoas que estão na livre administração de seus bens. Isso significa dizer que os incapazes não são admitidos, nem o falido. O art. 890 do CPC/15 elenca, todavia, algumas pessoas que, mesmo estando na livre administração

---

[438] Vide comentários infra.

de seus bens, não têm legitimação para arrematar, *verbis:* "I – dos tutores, dos curadores, dos testamenteiros, dos administradores ou dos liquidantes, quanto aos bens confiados à sua guarda e à sua responsabilidade; II – dos mandatários, quanto aos bens de cuja administração ou alienação estejam encarregados; III – do juiz, do membro do Ministério Público e da Defensoria Pública, do escrivão, do chefe de secretaria e dos demais servidores e auxiliares da justiça, em relação aos bens e direitos objeto de alienação na localidade onde servirem ou a que se estender a sua autoridade; IV – dos servidores públicos em geral, quanto aos bens ou aos direitos da pessoa jurídica a que servirem ou que estejam sob sua administração direta ou indireta; V – dos leiloeiros e seus prepostos, quanto aos bens de cuja venda estejam encarregados; VI – dos advogados de qualquer das partes".

No tocante aos tutores e curadores, tendo os mesmos o encargo de administrar os bens do executado em proveito deste (arts. 1.741 e 1.781/CCB), entrariam facilmente em conflito de interesses com o pupilo ou com o curatelado, pois é do interesse destes haver o maior valor possível, e daqueles o de pagar menos. Os genitores não constam da lista dos impedidos de licitar, mas a situação é a mesma, e também eles não devem ser admitidos durante a constância do poder familiar.[439]

Quanto ao testamenteiro, administrador, síndico (administrador judicial) ou liquidante, embora sejam notórias as diferenças entre esses sujeitos, todos eles são pessoas que administram bens alheios e que, quanto aos bens confiados à sua guarda e responsabilidade, são impedidos de licitar porque é manifesta a possibilidade que, em tese, têm de se valer do múnus exercido e assim obter proveito ilícito.

No inciso II deste artigo, há referência à figura do mandatário, que está proibido de lançar em relação aos bens de cuja administração ou alienação esteja encarregado. Tal previsão reforça a referência feita anteriormente quanto ao administrador, embora esta seja mais ampla, envolvendo os bens confiados a sua guarda e responsabilidade. Em ambos os casos o motivo da limitação legal é o mesmo, ou seja, a relação de confiança depositada pelo representado em seu representante.

O inciso III do mesmo dispositivo legal contempla a restrição ao direito de arrematar para o juiz, membro do Ministério Público, Defensoria Pública, escrivão, chefe de secretaria e dos demais servidores e auxiliares da justiça, em relação aos bens e direitos objeto de alienação na localidade onde servirem ou a que estender a sua autoridade. Essa previsão está em consonância com o artigo 497, inciso III, do Có-

---

[439] Nesse sentido: Cândido Rangel Dinamarco. *Instituições* ... São Paulo: Malheiros, 2005, p. 561.

digo Civil, pois o motivo desta limitação é evitar a prática de abusos de influência desses agentes no ato e também evitar que a sua participação na aquisição judicial venha a pôr sob suspeita a administração da justiça.[440]

Novidade mesmo do CPC/15 fica por conta da proibição de participação no leilão pelos advogados das partes, no inciso VI. A doutrina se dividia quanto a esta possibilidade. Como tivemos oportunidade de observar, J. E. Carreira Alvim e Luciana G. Carreira Alvim Cabral já defendiam que o "advogado não poderia arrematar para si, não por ser mandatário incumbido da venda dos bens, mas por ser pessoa do juízo, investida de *munus publico*, cujo exercício deve estar acima de qualquer suspeição" (*Nova Execução de Título Executivo Extrajudicial*, Curitiba: Juruá, 2007, p. 163). Já Araken de Assis entendia que o impedimento do advogado do executado estava albergado pelo inciso II do art. 690-A do CPC/73, enquanto, no caso do advogado do exequente, esta seria de ordem ética e, portanto, não invalidaria a hasta pública (*Manual da Execução*, São Paulo: RT 2007, p. 719).

Este mesmo doutrinador preceitua que a regra contemplada nas vedações em comento estende-se aos cônjuges e entendemos que também se aplica ao convivente na união estável, quando o regime for o da comunhão de bens.

Segue sendo interessante para o exequente que possa arrematar, quando o valor da dívida for inferior ao valor do bem, em vez de adjudicar o bem. Isso porque, esta última se dá pelo valor da avaliação e, concorrendo na arrematação, poderá fazê-lo por quantia inferior, não necessitando apresentar a diferença para o executado devedor.

e.a) Arrematação pelo credor

Nos termos do art. 892, § 1°, do CPC/15, O credor também terá legitimação para arrematar. Cabe aqui distinguir-se a adjudicação da arrematação pelo credor. O credor adjudicará, nos termos do art. 876, pelo valor de avaliação, antes de realizada a hasta pública,[441] ou, após, na hipótese mencionada no art. 978. Já o credor arrematará, se comparecer ao leilão e der lance. Ocorrendo essa hipótese, o credor apenas

---

[440] Neste sentido, Nelson Nery Júnior e Rosa Maria Andrade Nery trazem a colação decisão do TJGO-RT 706/142): "Não podem arrematar bens vendidos em hasta pública os serventuários da justiça que funcionam no processo, como também os que servem no juízo da execução, para evitar suspeita quanto à lisura e idoneidade dos encarregados da função jurisdicional" (in *Código de Processo Civil Comentado*, 9. ed. RT, 2006, p. 890).

[441] Entendemos que, mesmo que a hasta pública seja frustrada, a adjudicação será também possível, face ao princípio do resultado, previsto no art. 612/CPC.

é obrigado a lançar pelo valor de avaliação no primeiro leilão. No segundo, poderá lançar por valor inferior, desde que não seja vil .

Tanto na hipótese de alienação quanto na de adjudicação, o credor é dispensado de exibir o preço, se for o único credor e se o valor do crédito for igual ao do bem arrematado (a expressão 'exibir o preço' significa "fazer o pagamento imediato do preço"). Nesse caso, opera-se compensação do lanço com o crédito do exequente. Já se o valor do crédito for inferior, deverá o credor depositar a diferença, no prazo de três dias; se for superior, poderá buscar um reforço da penhora. Note-se que a lei estabeleceu prazo razoavelmente curto para o exequente depositar a diferença, no caso do valor do bem exceder o seu crédito, que será de três dias. Não havendo o depósito, será tornada sem efeito a arrematação, e os bens serão levados na nova praça ou leilão à custa do exequente.[442] Essa previsão normativa cria uma diferenciação entre o exequente e o terceiro que arremata, que, a teor do disposto no art. 892 do CPC/15 deverá pagar de imediato, por depósito judicial ou por meio eletrônico.

Havendo concurso de credores, é sempre obrigatória a exibição do preço pelo credor – seja no caso de adjudicação ou arrematação –, pois, do contrário, haveria o risco de violar-se a ordem do respectivo concurso de preferências.[443]

e.b) Concurso de pretendentes na arrematação

O § 2º do art. 892 do CPC/15 ainda versa sobre a licitação entre os lançadores de idênticas propostas na arrematação e, frente à igualdade de ofertas, o direito de preferência, reprisando os termos da ordem preferencial da adjudicação (cônjuge, companheiro, descendente e ascendente do executado). Com razão Paulo Henrique dos Santos Lucon ao referir que "é simples a constatação de que se pretende deixar

---

[442] Humberto Theodoro Júnior, comentando essa disposição normativa, refere que "neste ponto, houve uma significativa melhoria de técnica jurídica: o texto anterior falava em desfazimento da arrematação, por falta de depósito (antigo art. 690, § 2º). O atual prevê que a arrematação ficará sem efeito (art. 690-A. par único). Opera-se, pois, uma condição resolutiva, e não uma rescisão ou anulação, como antes se entendia" (In: *A reforma da execução do título executivo extrajudicial* ..., p. 143).

[443] Segundo Cândido Rangel Dinamarco (In: Ob. cit., p. 562), "a lei admite claramente o próprio exeqüente como licitante em praça ou leilão, concorrendo ele em igualdade de condições com outros interessados e só tendo a vantagem de não depositar o valor da oferta, quando vitorioso; ele só depositará eventual diferença, se houver (art. 690, § 2º). Nem seria constitucionalmente legítimo impedi-lo de licitar. Ao oferecer lance na praça ou no leilão, o exeqüente sujeita-se às mesmas regras que os demais licitantes, especialmente quanto ao valor da oferta. Essa participação não se confunde com o pedido de adjudicação do bem, que deve conter a oferta de valor não inferior ao da avaliação (art. 714) e só pode ser deferido quando, já realizada a praça ou leilão, não houver sido feito nenhum lance aceitável (art. 714)".

o bem em uma esfera jurídica mais próxima possível da do executado, minorando, assim, os efeitos da expropriação" (Teresa Arruda Alvim Wambier et al. (Coord.), *Breves Comentários ao Código de Processo Civil*, São Paulo, RT, 2015, p. 2002). Já no parágrafo seguinte (3º), o direito de preferência é dado à Fazenda Pública, preferindo a União, Estados e Municípios, nesta ordem, quando se tratar de bem tombado.

f) Da perfectibização da alienação

O auto de arrematação, previsto no art. 901 do CPC/15, representa o último e final ato do procedimento da arrematação, incumbindo a sua confecção ao leiloeiro, imediatamente após o leilão.

O auto de arrematação é o único documento destinado a registrar formalmente a arrematação. O acordo de transmissão do bem penhorado formar-se-á no momento de sua assinatura. Somente após o mesmo ser assinado é que o negócio jurídico tornar-se-á irretratável, nos termos do art. 903 do CPC/15.

g) Carta de arrematação

A carta de arrematação constitui o título formal da aquisição do domínio. Os elementos da carta de arrematação estão previstos no art. 901, § 2º, do CPC/15, sendo a expedição da mesma imprescindível apenas quando houver a necessidade de instrumento formal à aquisição do domínio (por exemplo, aquisição de bens imóveis, veículos).

h) Imissão na posse do adquirente[444]

Nos termos do art. 901, § 1º, do CPC/15, "a ordem de entrega do bem móvel, ou a carta de arrematação do bem imóvel, será com o

---

[444] Ovídio Araújo Baptista da Silva (In: *Curso de Processo Civil*, Vol. 2, p. 104), ao tratar do tema, leciona: "A eficácia dos atos expropriatórios, realizados em hasta pública, no processo de execução, quanto às conseqüências que a carta de arrematação ou de adjudicação poderão determinar, no que diz respeito à entrega efetiva do bem pelo depositário ao adquirente, tem suscitado controvérsia, podendo identificar-se, basicamente, três correntes. Para alguns, o arrematante ou adjudicatário, que eventualmente se depare com resistência daquele a quem o bem penhorado fora confiado em depósito, para obter a respectiva posse, terá de promover contra o mesmo uma ação reivindicatória; outros, ao contrário, entendem que aquele que adquire em hasta pública não necessita promover ação alguma, porquanto as respectivas cartas de arrematação e adjudicação conteriam em si mesmas a ordem para que o depositário entregasse ao adquirente o bem que lhe fora confiado em depósito (Neste sentido, H. Theodoro Jr. *Processo de Execução*, p. 312; Ernane Fidélis dos Santos. *Comentários ao Código de Processo Civil*, v. VI, p. 51). Poder-se-ia ainda arrolar uma terceira hipótese, defendida por aqueles que sugerem o emprego de uma ação de reintegração de posse a ser proposta pelo arrematante ou adjudicatário contra o depositário do bem penhorado.

respectivo mandado de imissão na posse, será expedida depois de efetuado o depósito ou prestadas as garantias pelo arrematante, bem como realizado o pagamento da comissão do leiloeiro e das demais despesas da execução".

A referência legislativa à prestação de garantias pelo arrematante refere-se às hipóteses em que a arrematação tiver sido a prazo. Nesses casos, a posse somente será entregue ao arrematante após a prestação da devida garantia (caução, fiança). Lembre-se que a teor do disposto no art. 895, § 1º, do CPC/15, a garantia consolida-se na hipoteca do próprio bem adquirido, quando se tratar de bens imóveis, ou por caução idônea, no caso de bens móveis. Como explica Humberto Theodoro Júnior, "o auto de arrematação constituirá o título do gravame que será levado a registro no Cartório Imobiliário por meio de carta de arrematação. Constituída a hipoteca, poder-se-á expedir mandado de imissão na posse, caso o depositário ofereça alguma resistência à entrada do arrematante na posse do bem praceado. No caso de bens móveis, não há necessidade de carta de arrematação. O juiz, depois de recolhido o preço, ou de caucionado o seu pagamento, expedirá ordem ao depositário para a imediata entrega ao arrematante".[445]

Tendo em vista que a arrematação gera ao arrematante de bem imóvel direito de se investir na posse da coisa arrematada, nenhuma dificuldade avulta nessa imissão, se o devedor tiver a posse do bem: o juiz determinará a expedição de simples mandado, destituindo o depositário dos seus poderes e de sua posse, ordenando a imissão do arrematante. Tratando-se de bens móveis caberá a expedição de mandado de busca e apreensão em favor do arrematante. Em ambos os casos, deverá ser seguido um procedimento simples e de nítido caráter coercitivo, de forma que, havendo resistência aos respectivos mandados, o juízo poderá contar com a força policial.

Nenhuma dessas soluções, no entanto, nos agrada. Como em outra oportunidade dissemos (*A ação de imissão de posse*, 3. ed., RT, 2001, p. 196 e ss), seria uma manifesta demasia exigir a lei que o arrematante necessitasse propor uma ação reivindicatória para obter a posse do bem adquirido em hasta pública. Com mais forte razão, seria absurdo exigi-la do adjudicatário que, na condição do credor, já percorrera o caminho às vezes longo e penoso de um processo executório e que seria, então, compelido a reingressar em juízo com uma ação sabidamente morosa, qual a reivindicatória. Por outro lado, não cremos que a carta de arrematação ou de adjudicação possa conter eficácia mandamental capaz de permitir a tomada de posse por parte do adquirente por simples ordem do juízo nela implicitamente contida, determinando a entrega do bem ao adquirente. Por tais razões, defendemos, então, como agora, o ponto de vista, aliás amplamente sufragado pela jurisprudência formada sob o Código de 1939, de compelir ao adquirente em hasta pública a ação de imissão de posse, em vez da reivindicatória, desde, naturalmente, que se dê a essa demanda o rigoroso sentido da sumariedade substancial que lhe é inerente, sem transformá-la, como muitos imaginam que seja possível numa 'reivindicatória especial'".

[445] In: *A reforma da execução do título executivo extrajudicial*, p. 145.

Todavia, em algumas hipóteses, não basta a ordem do órgão judicial, como prevê o dispositivo legal, sob pena de violar-se princípios constitucionais (por exemplo, contraditório e ampla defesa – art. 5º, LV, CF).

Havendo locação, caberá ao arrematante denunciá-la, no prazo e na forma legais. Não sendo o imóvel desocupado voluntariamente, caberá ao arrematante ajuizar a competente ação de despejo, com base no artigo 8º da Lei 8.245/91.

No caso de terceiros ocuparem o imóvel penhorado – onde não haja relação de locação –, a ação competente é a imissão na posse.

i) Desfazimento da arrematação

A assinatura do auto de arrematação pelo magistrado, pelo arrematante e pelo leiloeiro, em princípio, conduz à perfectibilização da arrematação que, pela lei, é considerada *perfeita, acabada e irretratável*. É o que preconiza o art. 903 do Novo CPC. Entretanto, a regra não é absoluta, já que o próprio art. 903 elenca hipóteses de invalidade, ineficácia e resolução da arrematação (§ 1º). Além disso, confere duas distintas situações para que tais arguições sejam feitas: a primeira, no prazo de 10 (dez) dias subsequentes ao aperfeiçoamento da arrematação; a segunda, por meio de ação autônoma, mesmo após a expedição da carta de arrematação.

Há, ainda, a previsão de desistência, por parte do arrematante, o que se admite nas hipóteses arroladas no § 5º.

Por fim, considera-se ato atentatório à dignidade da justiça a suscitação infundada de vício com o propósito de fazer com que desista o arrematante, o que poderá ser objeto de cumulação de multa de até 20% do valor atualizado do bem e de indenização por perdas e danos.

i.a) Hipóteses de desfazimento da arrematação

Nos termos do art. 903, § 1º, a arrematação poderá ser: "a) invalidada, quando realizada por preço vil ou com outro vício; b) considerada ineficaz, se não for observado o disposto no art. 804; c) resolvida se não for pago o preço ou prestada caução".

i.a.a) Invalidade da arrematação

Nos termos do art. 891 do CPC, não será aceito preço vil na arrematação. De acordo com o parágrafo único desse mesmo dispositivo legal, "considera-se vil o preço inferior ao mínimo estipulado pelo juiz e constante do edital, e não tendo sido fixado preço mínimo, considera-se vil o preço inferior a 50% (cinquenta por cento) do valor da avaliação". De acordo com esse dispositivo legal, a fixação do valor mínimo do lance no segundo leilão e nos subsequentes continuará sendo fixado discricionariamente pelo magistrado. Apenas no caso de omissão, é que considerar-se-á vil o preço inferior a 50% do valor de avaliação. A alienação por preço vil acarretará a nulidade (relativa) do leilão, considerando que esta norma respectiva contempla um interesse meramente privado (do devedor), aplicando-se o disposto no art. 283 do CPC.

Uma das maiores discussões existentes durante a vigência do CPC/73 era a da nulidade da hasta pública (leilão no CPC/15) pela ausência de intimação pessoal do devedor. Como a mesma deixou de ser a regra, superada está a questão, já que poderá ser realizada na pessoa do advogado e, inclusive por edital. Todavia outras situações que ensejam a nulidade da hasta pública ainda subsistirão, como, por exemplo, se o procurador não tiver poderes especiais para lançar.[446] Isso também ocorre no caso de ausência de intimação do Ministério Público, sendo alienados bens de propriedade da massa falida.[447]

i.a.b) Ineficácia da arrematação se não observado o disposto no art. 804 do CPC

O art. 804 prevê a intimação de diversas pessoas, *verbis*: "Art. 804. A alienação de bem gravado por penhor, hipoteca ou anticrese

---

[446] Nesse sentido, a jurisprudência do Tribunal de Justiça do Rio Grande do Sul: *"Mandato. Poderes gerais não autorizam dar lanço em hasta pública. Nulidade. Prejuízo presumido. Provimento do apelo"*. (Apelação Cível nº 70004494985, 19ª Câmara Cível, Relator: Mário José Gomes Pereira, Julgado em 09/12/2003)

[447] Neste sentido, a jurisprudência do Tribunal de Justiça do Rio Grande do Sul: "Apelação cível. Direito tributário. Embargos à arrematação. Massa falida. Hasta pública. Nulidade. Ausência de intimação do ministério público. Ausência de intimação pessoal do devedor. Bem arrematado por integrante do Poder Judiciário. Honorários advocatícios. Redimensionamento. Recurso adesivo. No caso, mostra-se ausente o interesse recursal no pedido de não-exclusão da litisconsorte necessária, uma vez que a sentença a manteve no pólo passivo dos embargos à arrematação. APELAÇÃO CÍVEL. 1. O Ministério Público não foi intimado da hasta pública, não participando daquele ato, sendo obrigatória a sua presença quando se tratar de bens da massa falida. Assim, resta clara a nulidade do ato de arrematação dos bens. 2. Nos termos do artigo 687, § 5º, do Código de Processo Civil, a falta de intimação do devedor para a hasta pública trata-se de nulidade insanável, ainda mais quando este possui procurador constituído nos autos e endereço certo, não sendo suprida pela publicação de edital de leilão pela imprensa. 3. Bem arrematado por integrante do Poder Judiciário. Invalidade. 4. Analisando os autos denota-se que a verba sucumbencial fixada foi excessiva (10% sobre o valor da causa, R$ 800.000,00), devendo ser reduzida para R$ 5.000,00 (cinco mil reais), considerando-se os critérios referidos nas alíneas *a*, *b* e *c* do § 3º do artigo 20 do Código de Processo Civil. Recurso adesivo não-conhecido. Apelo parcialmente provido." (Apelação Cível nº 70011561123, 2ª Câmara Cível, Relator: João Armando Bezerra Campos, Julgado em 13/09/2006)

será ineficaz em relação ao credor pignoratício, hipotecário ou anticrético não intimado. § 1º A alienação de bem objeto de promessa de compra e venda ou de cessão registrada será ineficaz em relação ao promitente comprador ou ao cessionário não intimado. § 2º A alienação de bem sobre o qual tenha sido instituído direito de superfície, seja do solo, da plantação ou da construção, será ineficaz em relação ao concedente ou ao concessionário não intimado. § 3º A alienação de direito aquisitivo de bem objeto de promessa de venda, de promessa de cessão ou de alienação fiduciária será ineficaz em relação ao promitente vendedor, ao promitente cedente ou ao proprietário fiduciário não intimado. § 4º A alienação de imóvel sobre o qual tenha sido instituída enfiteuse, concessão de uso especial para fins de moradia ou concessão de direito real de uso será ineficaz em relação ao enfiteuta ou ao concessionário não intimado. § 5º A alienação de direitos do enfiteuta, do concessionário de direito real de uso ou do concessionário de uso especial para fins de moradia será ineficaz em relação ao proprietário do respectivo imóvel não intimado. § 6º A alienação de bem sobre o qual tenha sido instituído usufruto, uso ou habitação será ineficaz em relação ao titular desses direitos reais não intimado".

A não intimação das pessoas elencadas no artigo acima transcrito, acarreta a ineficácia da alienação em relação a elas, o que significa dizer que a alienação existirá, será válida, mas não produzirá efeitos em relação a esses terceiros não intimados (*v.g.*, se o credor hipotecário não for intimado da alienação, o ônus hipotecário não será cancelado com a venda coercitiva, o que é tudo o que o terceiro adquirente não quer).

i.a.c) Resolução da arrematação se não for pago preço ou prestada caução

O dispositivo legal (art. 903) refere-se a ausência de pagamento do preço ou não prestação de caução na arrematação a prazo, caso a opção seja pela resolução e não pela execução das parcelas vincendas, tal como permite o art. 895, § 5º, do CPC.

i.b) Forma de manifestação sobre os vícios existentes na arrematação

Nos termos do § 2º do art. 903, o juiz decidirá acerca das situações mencionadas no § 1º, se for provocado em até dez dias após o aperfeiçoamento da arrematação. Esta provocação do magistrado se dá através de simples petição e não mais mediante a oposição de embargos à arrematação tal como era a exigência prevista no Código de Processo Civil de 1973. O prazo é de 10 (dez) dias a contar da assinatura do auto de arrematação. A natureza da decisão do magistrado é de interlocutória, atacada através do recurso de agravo de instrumento, por força do art. 1.015, parágrafo único, do CPC. Após transcorrido o prazo de 10 (dez) dias, sem a arguição das matérias previstas no § 1º do art. 903, será expedida carta de arrematação e, conforme o caso, ordem de entrega, no caso de bens móveis, ou mandado de imissão de posse, em se tratando de bens imóveis. Após a expedição da carta de arrematação ou da ordem de entrega, a invalidação da arrematação poderá ser pleiteada por ação autônoma, em cujo processo o arrematante figurará como litisconsorte necessário.

i.c) Da desistência da arrematação pelo arrematante

O art. 903, § 5º, do CPC prevê as hipóteses em que o arrematante poderá desistir da arrematação, sendo-lhe imediatamente devolvido o depósito que tiver feito. São elas: "a) se provar, nos dez dias seguintes, a existência do ônus real ou gravame não mencionado no edital; b) se antes de expedida a carta de arrematação ou a ordem de entrega, o executado alegar alguma das situações previstas no § 1º do art. 903 do CPC; c) uma vez citado para responder a ação autônoma de que trata o § 4º do art. 903 do CPC, desde que a desistência seja apresentada no prazo de que dispõe para respondera essa ação".

Nos termos do § 6º deste mesmo dispositivo legal, considera-se ato atentatório à dignidade da justiça a suscitação infundada de vício com o objetivo de ensejar a desistência do arrematante, devendo o suscitante ser condenado, sem prejuízo da responsabilidade por perdas e danos, ao pagamento de multa, a ser fixada pelo juiz e devida ao exequente, em montante não superior a vinte por cento do valor atualizado do bem.

2.1.1.3.6. Da satisfação do crédito

Nos termos do art. 904 do CPC, a satisfação do crédito exequendo far-se-á: "a) pela entrega do dinheiro; b) pela adjudicação de bens penhorados".

2.1.1.3.6.1. Entrega do dinheiro ao credor único

Após exaurido todo o procedimento, o direito do credor será satisfeito *in natura*, entregando-se-lhe o objeto da prestação. Nos termos do art. 905 do CPC, o juiz autorizará que o exequente levante, até a satisfação integral de seu crédito, o dinheiro depositado para segurar o juízo ou o produto dos bens alienados, bem como do faturamento da empresa ou de outros frutos e rendimentos de coisas ou empresas penhoradas, nas seguintes hipóteses: "a) a execução for promovida a benefício do exequente singular – o que significa dizer, desde que não haja concurso de credores –, a quem, por força da penhora, cabe o direito de preferência sobre os bens penhorados ou alienados; b) não houver sobre os bens alienados outros privilégios ou preferências instituídos anteriormente à penhora".

Não é demasiado referir, que o art. 905, parágrafo único, do CPC, expressamente vedou a concessão de pedidos de levantamento de importância em dinheiro ou valores ou de liberação de bens apreendidos.

A partir do exposto, no caso de credor singular (único), as seguintes situações poderão ocorrer: "a) pagamento integral do crédito, juros, custas e honorários advocatícios, não restando saldo credor ou devedor ⇒ extinção do processo de execução (art. 906 do CPC); b) o credor se encontra pago na integralidade do valor do seu crédito, todavia, o produto da alienação dos bens superou o valor do crédito ⇒ a importância que sobejar será restituída ao devedor (art. 907 do CPC); e c) o crédito não se encontra plenamente satisfeito ⇒ o credor promoverá, se possível, uma segunda penhora (art. 851, inc. II/CPC)".

2.1.1.3.6.2. Concurso de credores

No caso de multiplicidade de penhoras, a distribuição do dinheiro se revela mais complexa. Nessas hipóteses se instala o concurso de preferências. Nos termos do art. 908 do CPC, havendo pluralidade de credores ou exequentes, o dinheiro lhes será distribuído e entregue consoante a ordem das respectivas preferências. Não havendo título legal à preferência, o dinheiro será distribuído entre os concorrentes, observando-se a anterioridade de cada penhora (§ 2° do art. 908). O legislador mais uma vez não menciona quais são os credores preferenciais. Trata-se de privilégio que a lei material outorga a certo credor.[448] Fundamentalmente, conforme o acima exposto, a ordem dos credores provém do direito material. Ele se antepõe à preferência emanada da penhora. Nos termos da legislação substancial, o credor garantido por hipoteca, penhor ou anticrese sempre receberá o seu crédito antes do primeiro credor penhorante. Por outro lado, o direito material põe à frente do credor pignoratício ou hipotecário, e dos quirografários, outros credores penhorantes. Dispõe o art. 186 do CTN: "Art. 186. O crédito tributário prefere a qualquer outro, seja qual for a natureza ou o tempo de constituição deste, ressalvados os créditos da legislação

---

[448] In: Araken de Assis. *Manual* ..., p. 742. Também: Pontes de Miranda. *Tratado de Direito Privado*, Vol. 27, p. 143, § 3.235.

do trabalho". Como se observa do dispositivo legal supratranscrito, o crédito trabalhista goza de ampla preferência, chamada de super privilégio (inclusive sobre o crédito tributário).[449] Há outros privilégios, previstos em dispositivos da legislação extravagante, como, por exemplo, o crédito decorrente de honorários advocatícios (art. 24 da Lei 8.906/94). Trata-se de privilégio geral. Também o crédito representado por nota de crédito industrial (art. 17 do Dec-Lei 413/69) é privilegiado. Todavia, trata-se de privilégio especial.

Araken de Assis,[450] sistematiza a ordem dos credores no concurso de preferências, da seguinte forma: 1) o titular do crédito trabalhista; 2) as pessoas de direito público titulares de crédito fiscal (entre elas, caso concorram, a ordem é a do art. 187, parágrafo único, do CTN: primeiro a União; segundo, os Estados e o Distrito Federal; terceiro, os Municípios); 3) o titular do direito real de garantia; 4) o titular de crédito dotado de privilégio especial; 5) o titular de crédito dotado de privilégio geral; 6) o credor quirografário.

Por outro lado, o "arresto" do art. 830 do CPC atribui preferência ao credor que promoveu-a(o). Esse "arresto" tem natureza executiva, ao contrário do arresto cautelar, que continua existindo por força da previsão do art. 301 do CPC. Para efeito do direito de preferência, a data ser observada é a do arresto e não a da conversão em penhora do mesmo.

2.1.1.3.7. Fase final do procedimento

Luis Alberto Reichelt

2.1.1.3.7.1. Suspensão do processo no cumprimento da sentença

É possível a suspensão da tramitação do processo em sede de cumprimento da sentença nas hipóteses do art. 921 do CPC, aplicável de maneira subsidiária e supletiva por força do constante do art. 513 da mesma codificação processual.

Um primeiro grupo de casos nos quais a suspensão do processo é possível é aquele formado pelos casos elencados no art. 313 do CPC. Há duas diferenças a serem consideradas em relação à aplicabilidade do comando em questão no contexto da atividade processual de conhecimento. A primeira é a ausência de pertinência do § 3º do citado art. 313 do CPC (que, por sua vez, regulamenta a hipótese

---

[449] Sobre o tema, vide Súmula 219 do STJ: "Os créditos decorrentes de serviços prestados à massa falida, inclusive a remuneração do síndico, gozam dos privilégios próprios dos trabalhistas".
[450] In: *Manual* ..., p. 745.

contemplada no primeiro inciso do dispositivo legal em exame), já que o procedimento em exame não comporta a realização de audiência de instrução e julgamento. A segunda, por sua vez, é a circunstância de que a aplicação do art. 313, V, do CPC ao cumprimento da sentença somente seria possível na medida em que houvesse a concessão de medida liminar na outra demanda em que se discute causa ou fato capaz de ensejar juízo de prejudicialidade. Desnecessário lembrar que só se fala de decisão de mérito que possa ser favorável ao executado, já que a obrigação constante do título executivo judicial goza de presunção de certeza, liquidez e exigibilidade que tornam desnecessária a existência de decisão judicial ulterior a confirmar tais atributos.

Vale destacar, de outro lado, a simetria entre o constante dos arts. 923 e 314 do CPC. Ambos os comandos preveem que uma vez suspensa a atividade processual, não serão praticados quaisquer atos, podendo o juiz, entretanto, salvo no caso de arguição de impedimento ou de suspeição, ordenar providências urgentes – um exemplo emblemático seria o da necessidade de alienação antecipada dos bens penhorados. Vale ressalvar, ainda, a possibilidade de substituição dos bens penhorados, atendidas as exigências legais pertinentes.

A suspensão da atividade processual executiva pode ocorrer, ainda, nos casos em que necessária a prévia intimação do executado mas este não tiver endereço conhecido nos autos (art. 513, § 2º, II a IV), ou, ainda, se o requerimento de cumprimento da sentença houver sido formulado após transcorrido mais de um ano do trânsito em julgado da sentença (art. 513, § 4º). A mesma lógica aplica-se, por certo, aos casos em que não localizado o executado que tenha que ser citado para fins de cumprimento da sentença em relação a determinados títulos executivos judiciais (art. 515, § 1º). Não haverá suspensão do processo para o fim de localização do paradeiro do executado, contudo, caso este simplesmente não tenha informado em juízo a mudança no seu endereço anteriormente informado nos autos (art. 513, § 3º).

Da mesma forma, também é possível a suspensão da atividade processual executiva nos casos em que não localizados bens penhoráveis do executado (art. 921, III), bem como na hipótese de a alienação dos bens penhorados não se realizar por falta de licitantes, e o exequente, em 15 (quinze) dias, não requerer a adjudicação nem indicar outros bens penhoráveis (art. 921, IV). Nessas hipóteses, assim como naquelas do parágrafo anterior, é de se destacar que a suspensão se dá em função de a atividade executiva ser norteada em função do interesse do exequente, a quem caberia manifestar de que forma pretende que a dinâmica processual se desenvolva com vistas a alcançar o adimplemento da obrigação consubstanciada no título executivo. Essa tônica também permeia o art. 922 do CPC, segundo o qual, havendo acordo das partes, o juiz declarará suspensa a execução durante o prazo concedido pelo exequente para que o executado cumpra voluntariamente a obrigação.

Ocorrerá a suspensão da atividade executiva, outrossim, em função da concessão de efeito suspensivo à impugnação ao cumprimento da sentença (art. 525, § 6º). A presença de relevantes fundamentos, somada ao risco de prosseguimento da execução causar ao executado grave dano de difícil ou incerta reparação ao executado e à oferta de garantia do juízo fazem com que não se justifique a adoção de medidas mais invasivas do que o necessário em relação à esfera jurídica do executado, nem haja preocupação com a possibilidade de o processo ser capaz de ofertar ao exequente o recebimento do crédito exigido.

2.1.1.3.7.2. Extinção do processo no cumprimento da sentença

Cinco hipóteses são contempladas pelo legislador no art. 924 do CPC como razões que levam à extinção do processo em sede de cumprimento da sentença. São elas a) o indeferimento do requerimento de cumprimento da sentença por força do não atendimento a um dos seus requisitos essenciais, b) a satisfação da obrigação consubstanciada no título executivo, c) a extinção da obrigação consubstanciada no título executivo por outros meios admitidos em lei, d) a renúncia, pelo exequente, ao crédito objeto da obrigação consignada no título executivo, e) a verificação de prescrição intercorrente. A doutrina anota, outrossim, que esse rol é meramente exemplificativo, aplicando-se subsidiariamente, no que couber, o constante do art. 485 do CPC.[451] Em todos os casos acima elencados, a decisão que extingue o processo em sede de cumprimento da sentença será considerada sentença (art. 925 do CPC), sendo cabível o recurso de apelação.

Emblemática novidade é a constante do art. 924, V, do CPC, que remete à fórmula prevista nos parágrafos do art. 921 da mesma codificação, e que abraça a orientação já consolidada pelo Superior Tribunal de Justiça na Súmula nº 314. Não encontrados o paradeiro do executado ou não localizados bens penhoráveis, prevê o § 1º do art. 921 que o juiz suspenderá a execução pelo prazo de um ano, durante o qual se suspenderá a prescrição, a fim de que possam ser implantadas diligências pelo exequente com vistas a tal objetivo. Transcorrido o prazo máximo de um ano sem que sejam encontrados bens penhoráveis, o

---

[451] Assim Gilson Delgado Miranda, in WAMBIER, Teresa Arruda Alvim, DIDIER JR, Fredie; TALAMINI, Eduardo; DANTAS, Bruno (org.). *Breves Comentários ao Novo Código de Processo Civil*. São Paulo: Revista dos Tribunais, 2015. p. 2069.

juiz ordenará o arquivamento dos autos, na forma do § 2º do referido comando, e, na forma do parágrafo quarto subsequente, começa a correr o prazo de prescrição intercorrente, que é definido no plano do direito material.

A decretação da prescrição intercorrente, por sua vez, pressupõe que seja respeitado o constante do parágrafo quinto do art. 921 do CPC. A teor do citado dispositivo legal, após transcorrido o referido prazo de prescrição sem que haja manifestação das partes nos autos, o juiz deve oportunizar aos litigantes prazo de quinze dias para que se manifestem a esse respeito, já que a interrupção do prazo prescricional pode se dar por força de fatos ocorridos *extra autos*. Findo esse prazo, cabe ao juiz decidir se é ou não o caso de aplicação do constante do art. 925, V, do CPC.

2.1.2. Procedimentos especiais

2.1.2.1. Cumprimento das obrigações de prestar alimentos

Juliana Leite Ribeiro do Vale[452]

O novo diploma processual brasileiro trouxe algumas inovações procedimentais para munir o credor de alimentos na busca pela satisfação de seu direito. Assim como o seu antecessor e o pioneiro, a sistemática processual deste diploma possibilita o acesso à tutela executiva de alimentos por intermédio de dois genéricos institutos executivos, sendo eles: a coerção pessoal e a constrição patrimonial.

Os dispositivos que abordam execução de alimentos, no diploma processual ora em estudo, são os arts. 528 ao 532 – os quais tratam do cumprimento de sentença e decisão interlocutória que reconhece a exigibilidade da obrigação de prestar alimentos – bem como os arts. 911 ao 913 – os quais regulam a execução de alimentos ensejada por obrigação exposta em título executivo extrajudicial.

Importante salientar, nestas linhas introdutórias, a respeito da preferência legal relativa ao modo de execução por desconto em folha de pagamento, que após o advento do CPC/73 esteve fulcrada nos arts. 16 e 18 da Lei nº 5.478/68, fora revogada expressamente pelo diploma processual de 2015, portanto consequência lógica é o afastamento daquela primazia, sendo livre o credor para a escolha procedimental, agora com esteio legal.

Em sendo assim, o legislador, em manifesta inovação, tratou de conferir total liberdade ao exequente para escolher a via mais adequada na perseguição de seu direito. Ao encontro de tudo o que foi dito sobre a questão, voz de autoridade doutrinária leciona:

É inteiramente livre a opção do exequente por um dos caminhos traçados em lei, como já se sustentava, em particular entre a coerção pessoal e a expropriação. Denota essa liberdade a cláusula "desde logo", inserida no art. 528, § 8º. Cumpre destacar, nessa matéria, a primazia da iniciativa da parte, pois a execução realizar-se-á "a requerimento do exequente" (art. 528, *caput*).[453]

Mesmo o credor sendo livre para eleição do procedimento pelo qual se dará a persecução de seu crédito, os mecanismos executivos – constrição patrimonial e coerção pessoal – deslindam-se de forma

---

[452] Com a colaboração de Marcelo Junior Saraiva Dorneles, aluno da UNIRITTER.

[453] ASSIS, de Araken. *Manual da Execução*. 2. ed. em *e-book*, baseada na 18ª ed impressa. São Paulo: Revista dos Tribunais, 2016. p. 945.

separada, sendo inviável a mescla destes institutos,[454] excetuando-se somente a técnica do protesto do título judicial, que apesar de seu caráter constritivo patrimonial, poderá suceder concomitantemente às medidas de coerção pessoal.[455]

Em sendo assim, mesmo que inviável a constrição patrimonial na demanda que utiliza da coerção pessoal – e assim reciprocamente – o protesto do pronunciamento judicial, técnica que visa ao constrangimento do patrimônio do executado, por disposição expressa da lei, poderá ser utilizado na via da coerção indireta.

2.1.2.1.1. Via da coerção pessoal

2.1.2.1.1.1. Requerimento

Dos dispositivos supraditos, depreende-se que a execução dos alimentos fixados provisoriamente, por decisão interlocutória, ou então aqueles fixados em sentença ainda não passada em julgado, terão de ser executados em processo autônomo, havendo o cumprimento da decisão nos mesmos autos em que fora proferida somente quando esta se tratar de sentença já transitada em julgado.

Nesta modalidade, a requerimento do exequente, o magistrado ordenará a intimação pessoal do executado, que poderá dispor de três alternativas, a saber: efetuar o pagamento do débito sob cobrança; provar que já efetuara anteriormente ou então justificar a impossibilidade absoluta de satisfazer a dívida alimentar.

No tocante à intimação do devedor, em que pese o procedimento estar regido sob a égide do sincretismo processual, operando-se, via de regra, nos mesmos autos da decisão constitutiva do título executivo, o *codex* determina que a intimação do executado não seja por intermédio de seu procurador, mas pessoalmente.[456]

---

[454] ASSIS, de Araken. *Manual da Execução*. Op. cit., p. 970.

[455] BUENO, Cassio Scarpinella. *Manual de direito processual civil*: inteiramente estruturado à luz do novo CPC – Lei n. 13.105, de 16-3-2015. São Paulo: Saraiva, 2015. p. 413.

[456] THEODORO JUNIOR, Humberto. *Curso de Direito Processual Civil*, vol 3. 47. ed. Rio de Janeiro: Forense, 2015. p. 214. Ao julgar entrave referente à questão ora apreciada, o Tribunal de Justiça do Rio Grande do Sul entendeu por aplicar a literalidade do dispositivo processual ora estudado, ocasião em que manteve a decisão que determinou a intimação pessoal do executado. Assim fora o julgamento: AGRAVO DE INTRUMENTO. EXECUÇÃO DE ALIMENTOS. PRISÃO CIVIL. NECESSIDADE DA PRÉVIA INTIMAÇÃO PESSOAL. DO EXECUTADO PARA PAGAMENTO DO DÉBITO ALIMENTAR. 1. Não havendo a prévia intimação pessoal do executado, é descabida a eventual decretação da sua prisão civil. Inteligência do art. 528, do NCPC. 2. A não intimação pessoal do executado, nos termos do art. 528, *caput*, do NCPC, acarretaria a nulidade dos atos processuais subseqüentes, ex vi do art. art. 280 NCPC. Recurso desprovido. RIO GRANDE DO

Devidamente intimado, verificando-se a conduta inerte do executado, ou então sendo rejeitada a justificativa apresentada, a próxima medida judicial, podendo ocorrer inclusive concomitantemente ao protesto, é a decretação da prisão civil do executado, nos termos do art. 528, § 3º, do CPC. A segregação civil deverá ser cumprida pelo prazo de um a três meses, tanto da verba alimentar derivada de decisão definitiva, quanto a provisória ou provisional.[457]

O estatuto processual não impõe a necessidade de requerimento da parte para que seja decretada a prisão civil do recalcitrante devedor, tampouco a renovação da intimação pessoal a ele dirigida, no entanto, entende-se que, pelo caráter anímico das relações familiares, o decreto prisional deve advir somente após a oitiva do credor.[458]

Desta forma, em que pese não constar expressamente na redação dos dispositivos destinados à execução dos alimentos, a ordem procedimental do cumprimento de sentença alimentar seria: intimação pessoal do devedor; concessão de prazo ao executado para apresentar justificativa ou pagamento; sendo rejeitada a justificativa ou verificada a conduta processual inerte, é oportunizada vista ao credor, para que especifique o modo pelo qual requer o prosseguimento da demanda.

Competência: É competente para processar o cumprimento de sentença o juízo que decidiu a causa no primeiro grau de jurisdição, o exequente ainda poderá optar pelo juízo do atual domicílio do executado, e do local onde se encontrem os bens sujeitos à execução (art. 516, II, e parágrafo único, do CPC).

Há regramento específico para execução alimentar, possibilitando o credor promover a demanda em seu domicílio (art. 528, § 9º, do CPC), instaurando-se uma considerável maleabilidade acerca da competência territorial.

Legitimidade: A legitimidade ativa para a propositura da demanda executiva alimentar é conferida ao credor de título executivo judicial. Considerando a hipótese de o beneficiado ser incapaz, deverá estar amparado pelo representante legal.

Salienta-se ainda, em consonância com a súmula 594 do STJ, que o Ministério Público é detentor de legitimidade ativa em proveito da

---

SUL. Tribunal de Justiça. Agravo de Instrumento nº 70071761126, Sétima Câmara Cível, Tribunal de Justiça do RS, Relator: Sérgio Fernando de Vasconcellos Chaves, Julgado em 22/02/2017.

[457] TARTUCE, Flavio. *O novo CPC e o Direito Civil. Impactos, diálogos e interações*. Rio de Janeiro: Forense; São Paulo: Método, 2015, p. 412

[458] MARINONI, Luiz Guilherme; ARENHART, Sérgio Cruz; MITIDIERO, Daniel. *Curso de Processo Civil*, vol 2: tutela dos direitos mediante procedimento comum. São Paulo: Revista dos Tribunais, 2015. p. 1036.

criança ou adolescente, independentemente do exercício do poder familiar; do estado de vulnerabilidade social; ou então de eventual deficiência da Defensoria Pública.

Causa de Pedir: A alegação do inadimplemento, parcial ou total, configura causa de pedir das demandas que visam a satisfazer o débito alimentício. Já o título executivo, configura prova pré-constituída de tal causa.[459]

Pedido: O petitório deve ser a exposição da causa de pedir. Demonstrando-se a qualidade de credor, e evidenciando-se as parcelas impagas ou parcialmente adimplidas. O pedido, então, deve ser a intimação do devedor para o pagamento das parcelas atrasadas, em 3 (três) dias, sob pena de prisão.

Para que a verba alimentar cobrada esteja apta a ensejar a prisão civil do devedor, esta deve ser considerada atual. Tal questão ainda provoca grande polêmica, uma vez que há voz de autoridade afirmando que a atualidade é intrínseca à verba alimentar,[460] no entanto este tópico será fugidio à controvérsia, buscando demonstrar somente a forma procedimental exposta no diploma processual.

Nesse sentido, o Código de Processo Civil adotou a redação modificada da Súmula 309 do STJ (art. 528, § 7º, do CPC), disciplinando que a dívida alimentar que possibilita a prisão civil, é aquela que compreende até três prestações anteriores ao ajuizamento da demanda, bem como aquelas cujo vencimento operar-se no trâmite.

2.1.2.1.1.2. Meios de defesa

Diversos são os mecanismos processuais municiáveis pelo devedor de alimentos, partindo de técnicas recursais atingindo inclusive remédios constitucionais. Nesse momento, será abordada somente a técnica da justificativa, por ser o meio de defesa exclusivo da demanda executiva tramitando pelo rito da coerção pessoal.

Esta justificativa não pode ser confundida com a impugnação à fase de cumprimento de sentença,[461] uma vez que tal modalidade é prevista somente para o caso de cumprimento de sentença por quantia certa, atrelada ao instituto da constrição patrimonial.

---

[459] ASSIS, de Araken. *Manual da Execução*. Op. cit., p. 137.
[460] Idem, p. 967.
[461] DIDIER JUNIOR, Fredie; CUNHA, Eduardo Carneiro da; BRAGA, Paula Sarno; OLIVEIRA, Rafael Alexandria de. *Curso de Direito Processual Civil*, vol. 5. Execução. 7. ed. Salvador: Juspodivm, 2017. p. 720.

Momento: Após o credor proceder no início da fase de cumprimento de sentença, verificada pelo juízo a admissibilidade do prosseguimento, a justificativa deve ser apresentada em até três dias a contar da intimação, conforme *caput* do art. 528 do CPC.

Forma: Considerando a drasticidade da medida a que está submetido o executado, bem como a pretensão perecível do credor, a lei processual não estabelece requisitos formais específicos da justificação. Deve, no entanto, o devedor comparecer ao juízo devidamente representado por quem detenha capacidade postulatória.

Abrangência: Imperiosa é a necessidade de ser ressaltado que o devedor, quando da apresentação de sua justificação, deve ser cauteloso para com o conteúdo desta, eis que sua admissibilidade é adstrita à incapacidade absoluta e momentânea de arcar para com a dívida alimentar, caso contrário sua defesa poderá não ser conhecida pelo juízo, podendo vir a ser tratada como objeto de ação revisional ou exoneratória, não havendo que se abordar em sede de justificativa no estreito rito da execução. Melhor elucidando a questão: A justificativa apenas pode dizer respeito à *impossibilidade absoluta e temporária* de pagar a prestação alimentar (art. 528, § 2°). Tratando-se de impossibilidade *definitiva*, cabe ao devedor propor a competente ação para ver reduzido ou mesmo extinto o seu dever alimentar.[462]

Certo é que o acolhimento da justificativa não enseja a extinção da execução, não tem ela este condão, caso em que somente haverá a elisão da possibilidade do decreto prisional, devendo a demanda prosseguir normalmente para com os atos expropriatórios.[463]

2.1.2.1.1.3. Fase final do procedimento

Caso, o executado apresente prova do adimplemento, verificada a veracidade da documentação, a execução deverá ser extinta, no

---

[462] MARINONI, Luiz Guilherme; ARENHART, Sérgio Cruz; MITIDIERO, Daniel. *Curso de Processo Civil*, vol. 2: tutela dos direitos mediante procedimento comum. Op. cit., p. 1035. Nesse sentido, ao ser verificado que a justificação extrapolou os limites do processo executivo, o Tribunal de Justiça gaúcho assim entende: APELAÇÃO CÍVEL. EXECUÇÃO DE ALIMENTOS. EMBARGOS À EXECUÇÃO. DIFICULDADES FINANCEIRAS DO EXECUTADO. PERDÃO DE DÉBITO ALIMENTAR. DESCABIMENTO. DISCUSSÃO DO BINÔMIO NECESSIDADE/POSSIBILIDADE. DESCABIMENTO. 1. A mera dificuldade para o pagamento do encargo alimentar não configura justificativa bastante à extinção da dívida executada. 2. Os argumentos atinentes ao binômio alimentar (impossibilidade de pagamento da verba alimentar) extravasam o objeto dos embargos à execução, não abalando a certeza, a liquidez e a exigibilidade do título executado, devendo ser enfrentados na competente seara revisional de alimentos. APELAÇÃO DESPROVIDA. RIO GRANDE DO SUL. Tribunal de Justiça. Apelação Cível n° 70072140965, Oitava Câmara Cível, Tribunal de Justiça do RS, Relator: Ricardo Moreira Lins Pastl, Julgado em 09/03/2017.

[463] MARINONI, Luiz Guilherme; ARENHART, Sérgio Cruz; MITIDIERO, Daniel. *Curso de Processo Civil*, vol. 2: tutela dos direitos mediante procedimento comum. Op. cit., p. 1036.

entanto, o Código Processual estabelece em seu art. 788 que: "O credor não poderá iniciar a execução ou nela prosseguir se o devedor cumprir a obrigação, mas poderá recusar o recebimento da prestação se ela não corresponder ao direito ou à obrigação estabelecidos no título executivo, caso em que poderá requerer a execução forçada, ressalvado ao devedor o direito de embargá-la",[464] assim, aferido o pagamento parcial do débito, o credor poderá prosseguir normalmente com os mecanismos executórios em relação à pendência.[465]

Ainda que a segregação deva, via de regra, ser cumprida no regime fechado, por mais drástica que seja a medida, ela não detém o condão de adimplemento, isto é, mesmo que o devedor tenha visto sua liberdade ser restringida por completo, a verba alimentar que ensejou tal medida continuará constando como inadimplida e o executado permanecerá obrigado a ela, conquanto preso tenha sido, devendo, esta dívida, no entanto, somente ser postulada novamente pela via expropriatória (art. 530 do CPC).

No entanto, efetuado o pagamento do débito alimentar, deverá o magistrado, se antes da efetivação da ordem prisional, ordenar a devolução do mandado ou carta precatória; em sendo durante o cumprimento da medida, esta deverá ser findada (art. 528, §§ 5º e 6º, do CPC).

2.1.2.1.2. Via da constrição patrimonial

Ao dar prosseguimento à sistemática da execução dos alimentos impagos, o legislador oportunizou ao credor a persecução da verba alimentar pela via da constrição patrimonial; mecanismo que, para a satisfação do débito, ofenderia o patrimônio do devedor. A primeira via deste gênero é o de cumprimento de sentença reconhecedora da obrigação de pagar quantia certa, a qual possibilita ao credor rever todas as parcelas não percebidas, afastando-se o requisito temporal disposto no art. 528, § 7º, do CPC.

---

[464] Ao encontro é o entendimento do Tribunal de Justiça do Rio Grande do Sul, que manteve a ordem prisional do devedor de alimentos que adimpliu a parcialidade do débito: AGRAVO DE INSTRUMENTO. EXECUÇÃO DE ALIMENTOS. PRISÃO CIVIL. Em se tratando de dívida de alimentos, não havendo o pagamento do débito (que engloba as três prestações devidas antes do ajuizamento da ação e aquelas que se vencerem durante o seu curso), correta a ordem de prisão do devedor. Pagamento parcial do débito que não elide a possibilidade de decretação da prisão. Agravo de instrumento desprovido. RIO GRANDE DO SUL. Tribunal de Justiça. Agravo de Instrumento 70071621676. Agravante: M.A.N. Agravado: K.G.N. Relator: Des. Jorge Luís Dall'Agnol.

[465] ASSIS, de Araken. *Manual da Execução*. Op. cit., p. 974.

2.1.2.1.2.1. Requerimento

Considerando o caráter de urgência da parcela alimentícia, como visto, o credor poderá executá-la desde logo, ainda que da decisão haja julgamento recursal em pendência ou simplesmente não tenha sido revestida dos efeitos do trânsito em julgado. Em optando o credor pelo cumprimento por meio da expropriação, nesta modalidade executiva, incidirá o mecanismo do cumprimento provisório da sentença.

Assim sendo, via de regra, para a efetivação da expropriação, na modalidade provisória do cumprimento de sentença, é necessária a prestação de caução suficiente pelo credor (art. 520, IV do CPC), que poderá ser dispensada ao ser verificada a natureza alimentar do crédito que, ainda, seria mantida quando aferido que a expropriação traria manifesto risco de dano substancial ao devedor (art. 521, I e parágrafo único, do CPC).

Entretanto, dado ao intrínseco caráter irrepetível da verba alimentar, entende a doutrina que não há que se falar em cumprimento provisório da sentença condenatória à prestação alimentar, uma vez que, em virtude da característica aqui mencionada, o credor não está atrelado à responsabilidade de eventual restituição; nesses termos:

Realmente, inexiste cumprimento provisório da sentença e, *a fortiori*, da decisão que estipula alimentos provisórios, *initio litis* ou não, porque alimentos são irrepetíveis. Quis o art. 528, § 8º, realçar a circunstância de o regime do cumprimento provisório, em particular a responsabilidade do exequente (art. 520, I) e a restituição ao estado anterior (art. 520, II), não se aplicar na execução de alimentos.[466]

Vencida a questão do cumprimento, em tese, provisório, da sentença condenatória à prestação alimentar, cabe discorrer acerca do sistema de cumprimento definitivo da verba alimentar buscada pela tutela constritiva patrimonial.

Ao ser disciplinado (art. 528, § 8º, do CPC) que a verba alimentar, a ser buscada pelo caráter expropriatório, deverá seguir a forma procedimental seriada no Título II Capítulo do Código de Processo Civil – portanto, a ordenação do cumprimento de sentença que condena ao pagamento de quantia certa – existem duas consequências jurídicas decorrentes, a saber: a inadmissibilidade da prisão civil do executado neste rito; a impossibilidade de computar-se as parcelas vencidas após o requerimento da instauração do cumprimento de sentença, de-

---

[466] ASSIS, de Araken. *Manual da Execução*. Op. cit., p. 955.

vendo a tutela executiva prosseguir somente para com aquela quantia delimitada inicialmente.

Competência: É competente para processar o cumprimento de sentença o juízo que decidiu a causa no primeiro grau de jurisdição, o exequente ainda poderá optar pelo juízo do atual domicílio do executado, e do local onde se encontrem os bens sujeitos à execução (art. 516, II, e parágrafo único, do CPC).

Há regramento específico para execução alimentar, possibilitando o credor promover a demanda em seu domicílio (art. 528, § 9º, do CPC), instaurando-se uma considerável maleabilidade acerca da competência territorial.

Legitimidade: A legitimidade ativa para a propositura da demanda executiva alimentar é conferida ao credor de título executivo judicial. Considerando a hipótese de o beneficiado ser incapaz, deverá estar amparado pelo representante legal.

Salienta-se ainda, em consonância com a súmula 594 do STJ, que o Ministério Público é detentor de legitimidade ativa em proveito da criança ou adolescente, independentemente do exercício do poder familiar; do estado de vulnerabilidade social; ou então de eventual deficiência da Defensoria Pública.

Causa de pedir: A alegação do inadimplemento, parcial ou total, configura causa de pedir das demandas que visam a satisfazer o débito alimentício. Já o título executivo configura prova pré-constituída de tal causa.[467]

Pedido: Ao dar início ao cumprimento de sentença sob estudo, deve, o credor, aparelhar seu petitório com todas as informações necessárias para eventual proceder de diligências expropriatórias – obedecendo aos requisitos desenhados no art. 524 do CPC. O pedido será, então, para que o devedor pague a dívida, em 15 dias, sob pena de constrição patrimonial.

2.1.2.1.2.2. Meio de defesa

De igual forma ao que fora deslindado quando da elucidação dos meios de tutela do devedor sob o rito da coerção pessoal, salienta-se a necessidade de abordar unicamente o mecanismo processual específico de defesa relativo ao cumprimento de sentença que reconhece a obrigação de pagar quantia certa.

---

[467] ASSIS, de Araken. *Manual da Execução*. Op. cit., p. 137.

Momento: Admitido o início da fase de cumprimento, no momento da intimação, será assinalado prazo de quinze dias, ao devedor, para a satisfação do débito. Em não sendo observado o prazo mencionado para o adimplemento *voluntário*, será acrescida, à totalidade do débito, multa de 10% (dez por cento), inclusive honorários advocatícios (art. 523, § 1°, do CPC).

Cabe ressaltar que, havendo, no prazo mencionado, o pagamento parcial do débito alimentar, ainda é possível a atribuição da multa e honorários como coerção indireta, no entanto incidirão somente sobre o valor restante impago – art. 523, § 2°, do CPC.

Quanto à intimação, não há previsão legal para que seja procedida na modalidade pessoal, ainda que referente à verba alimentar, isso porque, como já abordado, a necessidade de intimação pessoal em cumprimento de decisão de caráter alimentar, não está atrelada ao objeto – pensão alimentícia – mas adstrita ao meio coercitivo empregado. Em assim sendo, a intimação do devedor, quando do cumprimento de sentença que reconheça a exigibilidade de pagar quantia certa, será nos termos do art. 513, § 2°, do CPC.[468]

Escoado o período para o pagamento *voluntário*, dar-se-á início a novo prazo, de igual tempestividade, isto é, quinze dias, desvinculado da necessidade de nova intimação ao devedor para que, querendo, apresente impugnação (art. 525 do CPC). Portanto, em termos práticos, o devedor terá trinta dias, contados da intimação para o pagamento *voluntário*, para apresentar sua impugnação.

Forma: A impugnação ao cumprimento de sentença é o idôneo meio de defesa do devedor que está submetido ao rito da exigibilidade de quantia certa. Frisa-se que, em plena inovação legislativa, não mais é necessário que o executado preste segurança ao juízo para o conhecimento de sua impugnação, podendo ela ser apresentada independentemente de penhora (art. 525 do CPC).

Abrangência: Para este mecanismo, o CPC tratou de elaborar seriação de seu conteúdo, a qual é encontrada no art. 525, § 1°. Trata-se de rol exemplificativo, uma vez que não há lógica jurídica em impedir a discussão de objeções de não executividade. Acerca do método, melhor elucida-se:

"O elenco apresentado nesse rol não impede – nem poderia impedir – a alegação de *objeções,* desde que posteriores ao trânsito em julgado da sentença. A coisa julgada sana qualquer defeito e nulidade que pudesse existir no processo, sendo que, com a sua formação, qual-

---
[468] ASSIS, de Araken. *Manual da Execução.* Op. cit., p. 954.

quer alegação que o réu pudesse ter apresentado à pretensão do autor não poderá mais ser trazida à apreciação do Judiciário [...] Portanto, qualquer defesa que pudesse ter sido oferecida na fase de conhecimento, tenha ou não sido deduzida, não poderá mais ser apresentada. Seu exame resta inviabilizado, porque a coisa julgada formada impede a sua apreciação. Entretanto, as objeções processuais surgidas depois do trânsito em julgado (como o impedimento do juiz que processa a execução, se distinto daquele que julgou a causa), embora não incluídas no art. 525, §1°, certamente devem ser admitidas".[469]

Anote-se que a apresentação da impugnação, ainda que conhecida, não tem o condão de impedir o prosseguimento dos atos expropriatórios. Para que isso seja possível, ou seja, para que seja cabível conferir efeito suspensivo à impugnação, deverá o executado, mediante relevante fundamentação, demonstrar que o prosseguimento da demanda acarretaria em prejuízos substanciais cuja reparação seria dificultosa. No entanto, além desses requisitos, é necessário que seja garantido o juízo (art. 525, § 6°, do CPC).

2.1.2.1.2.3. Fase final do procedimento

Superadas todas essas questões, poderá a execução seguir o caminho da expropriação, que para o caso de penhora de bens que não produzam frutos, a fase satisfativa, acaso ocorra, sucederá apenas ao cabo do longo percurso executivo, o qual buscará no patrimônio do devedor a satisfação do débito alimentar.

2.1.2.2. Cumprimento das obrigações contra a Fazenda Pública

Felipe Camilo Dall'Alba
Guilherme Beux Nassif Azem

Apresenta-se a *execução*, em linhas gerais, como uma fase do procedimento comum, uma vez que o processo é sincrético, ou seja, não existe um "processo de execução" autônomo, para cumprir a sentença judicial.[470] Com efeito, como lembra Bruno Capponi, fazendo uso dos

---

[469] MARINONI, Luiz Guilherme; ARENHART, Sérgio Cruz; MITIDIERO, Daniel. *Curso de Processo Civil, vol 2: tutela dos direitos mediante procedimento comum*. Op. cit., p. 943.

[470] Tal orientação passou a viger, como regra, no plano legislativo, a partir da Lei n° 11.232/2005. A propósito: "APELAÇÃO CÍVEL. PREVIDÊNCIA PRIVADA. CUMPRIMENTO DE SENTENÇA. EXTINÇÃO POR PAGAMENTO. EXECUÇÃO DO CRÉDITO NOS MESMOS AUTOS. PROCESSO SINCRÉTICO. 1. A Lei n. 11.232/2005 conferiu celeridade à satisfação da obrigação fundada

julgamentos da Corte Europeia e da Corte Constitucional italiana, a garantia da tutela jurisdicional tem como reflexo a efetividade, portanto a tutela executiva é indissociável da declarativa e da cautelar.[471]

O Código de Processo Civil diferencia a execução das prestações de fazer, não fazer e entregar coisa, daquelas de pagar quantia certa. A execução contra a Fazenda Pública,[472] nas prestações de fazer, de não fazer e de entregar coisa segue o mesmo figurado traçado para as partes que não sejam públicas.[473] Porém, a execução judicial de quantia certa contra a Fazenda Pública vem regulada no art. 100 da Carta Magna e a partir do art. 534 do Código de Processo Civil.[474] Tal se deve, essencialmente, à impenhorabilidade de seus bens.[475]

Observe-se, desde já, que o rito para o cumprimento das obrigações de pagar quantia certa se inicia com o requerimento executivo; depois, abre-se prazo para o oferecimento da impugnação. Não apresentada a impugnação, ou sendo esta julgada improcedente, expede-se, a depender do montante exequendo, o precatório ou a requisição de pequeno valor. Assim, nos próximos tópicos, abordar-se-á cada passo do procedimento da fase executiva.

2.1.2.2.1. Requerimento

O art. 534 do CPC afirma que, no cumprimento de sentença que imputar à Fazenda Pública o dever de pagar quantia certa, o exequente apresentará demonstrativo discriminado e atualizado do crédito. Esse demonstrativo deve conter o nome completo e o número de inscrição no Cadastro de Pessoas Físicas ou no Cadastro Nacional da

---

em título judicial e economia processual, tornando uno o processo de conhecimento e execução. O cumprimento de sentença deve ser realizado nos mesmos autos do processo de conhecimento, ressalvado os casos em que possa causar tumulto processual. [...]. APELAÇÃO PARCIALMENTE CONHECIDA E, NO PONTO, PROVIDA. (Apelação Cível nº 70064276645, Quinta Câmara Cível, Tribunal de Justiça do RS, Relator: Isabel Dias Almeida, Julgado em 27/05/2015)".

[471] CAPPONI, Bruno. *Manuale di diritto dell'esecuzione civile*. Quarta edizione, Torino: G.Giappichelli Edidore, s/d. p. 25.

[472] Quando o Estado está presente em juízo, comumente é utilizada a expressão Fazenda Pública. Para fins processuais, trata-se de conceito que envolve a União, os Estados, o Distrito Federal e os Municípios, assim como suas respectivas autarquias e fundações públicas.

[473] Nesse sentido, MEDINA, José Miguel Garcia. *Direito Processual Civil Moderno*. São Paulo: Revista dos Tribunais, 2016. p. 963.

[474] O presente capítulo, de tal modo, centrar-se-á no cumprimento de sentença que reconheça a exigibilidade de obrigação de pagar quantia certa pela Fazenda Pública. Para as demais espécies, remetemos o leitor aos capítulos específicos da obra.

[475] "Os bens públicos, *i.e.*, os pertencentes à União, Estado e Município, são legalmente impenhoráveis. Daí a impossibilidade de execução contra a Fazenda nos moldes comuns, ou seja, mediante penhora e expropriação". (THEODORO JÚNIOR, Humberto. *Curso de direito processual civil*. 50. ed. rev., atual. e ampl. Rio de Janeiro: Forense, 2017, v. III, p. 617).

Pessoa Jurídica do exequente; o índice de correção monetária adotado; os juros aplicados e as respectivas taxas; o termo inicial e o termo final dos juros e da correção monetária utilizados; a periodicidade da capitalização dos juros, se for o caso; a especificação dos eventuais descontos obrigatórios realizados.

O requerimento de início da execução reveste-se em uma petição, mas deve estar acompanhado, como se vê, com o débito do valor devido, sendo que tal peça deve ter um formato similar aos elementos formais e substanciais da petição inicial (art. 319 do CPC).[476] De qualquer forma, é importante dizer que não existe execução de ofício, devendo a parte tomar a iniciativa.[477]

Outrossim, pelo princípio da cooperação, cumpre ao órgão público fornecer as informações de que dispõe em seus bancos de dados, em homenagem ao art. 5º, XXXIII, da Constituição Federal. Isso não significa, porém, que tenha o dever de confeccionar a memória de cálculo – o que incumbe, como já foi dito, ao credor.[478]

Além disso, havendo pluralidade de exequentes, cada um deverá apresentar o seu próprio demonstrativo, aplicando-se à hipótese, se for o caso, o disposto nos §§ 1º e 2º do art. 113. É o que se extrai do art. 534, § 1º, do diploma processual vigente.

Contudo, a depender da orientação adotada pelo órgão jurisdicional, é praxe, por liberalidade da advocacia pública, adotar-se a chamada *execução invertida*. Consiste ela na apresentação, pela pessoa jurídica de direito público, do cálculo dos débitos, podendo a parte autora, se concordar, basear sua execução nos cálculos apresentados.[479] Entretanto, registre-se, a petição de execução não deixa de ser feita; apenas o cálculo é apresentado pelo réu.[480]

---

[476] MEDINA, José Miguel Garcia. *Direito Processual Civil Moderno*. Op. cit., 2016.,p. 930.

[477] Nesse sentido, salientando que cabe ao credor apresentar a memória discriminada, BUENO, Cassio Scarpinella. *Manual de direito processual civil*. São Paulo: Saraiva, 2016, p. 462.

[478] STJ, REsp 258.482-SP, 5ª Turma do STJ, Relator Ministro Jorge Scartezzini, DJU de 18.12.2000.

[479] O juiz da fase de cumprimento, em tais casos, intima a Fazenda Pública para apresentar o cálculo. Após-, dá-se vista ao credor.

[480] Acerca da execução invertida, colhe-se excerto de acórdão do Tribunal Regional Federal da 4ª Região: "Na *execução invertida* o próprio executado/devedor, normalmente a Fazenda Pública, por iniciativa própria ou por intimação judicial, é quem liquida o julgado, indicando o valor a ser pago antes de cumpri-lo, através de uma das modalidades de liquidação previstas no CPC (simples cálculo aritmético, arbitramento ou artigos). Concordando o credor, o valor será homologado pelo juízo. Discordando, o juízo se manifestará quanto à divergência. É instrumento que confere celeridade e efetividade às execuções, concretizando o direito fundamental à razoável duração do processo (art. 5º, LXXVIII, da CF). Se a autarquia devedora apresenta a conta de liquidação por meio da chamada *execução invertida*, a concordância do exequente acarreta a definição do valor a ser pago e, consequentemente, o valor apontado atinge o status de definitivo, não havendo que se falar em necessidade de citação, atualmente, intimação para impugnação nos termos do artigo 535 do CPC. Mas o fato de o Instituto executado ter apresentado os cálculos de liquidação (além

Contudo, numerosas vozes, na doutrina e na jurisprudência, afirmam a possibilidade de execução provisória contra a Fazenda Pública. Contudo, se é certo que os recursos para os tribunais superiores são, *ope legis*, recebidos apenas no efeito devolutivo, entende-se que outros princípios e dispositivos devam ser apreciados, a fim de que se extraia uma interpretação sistemática da matéria. Em realidade, a vedação de execução provisória (leia-se: com integral satisfação do crédito mediante expedição do requisitório) contra a Fazenda Pública decorre dos princípios gerais que regulam o regime jurídico dos bens públicos, da indisponibilidade dos bens e do interesse público e, ainda, do regime constitucional da execução contra os entes públicos (CF, art. 100).[481] É desse último dispositivo, porém, que se extrai o melhor fundamento contra a execução provisória. Portanto, não estando a execução embasada em decisão transitada em julgado, está-se diante de título (ainda) inexigível.

Ainda que se sustente a tese no sentido da admissão da execução provisória contra a Fazenda Pública, o procedimento necessariamente será suspenso na fase que antecede a expedição de precatório, pois, como já foi visto, esta depende da existência de "sentença transitada

---

de não ter apresentado embargos à execução) não se constitui em óbice ao conhecimento do erro material, o qual, segundo entendimento conceitual, não transita em julgado, podendo ser corrigido, mesmo de ofício pelo juiz, em qualquer tempo do andamento do processo, não havendo falar em preclusão *pro judicato*.

Não apresentados os cálculos, o ônus retorna à parte autora, salvo quando deferida a assistência judiciária gratuita, caso em que é cabível a remessa dos autos à Contadoria Judicial, para elaboração de cálculos a partir de elementos a serem fornecidos pelo INSS, conforme jurisprudência pacífica desta Corte". (TRF4, AC 5062777-02.2015.4.04.7100, Quinta Turma, Relator Luiz Carlos Canalli, juntado aos autos em 20/10/2017).

[481] A propósito: "RECURSO EXTRAORDINÁRIO COM REPERCUSSÃO GERAL. DIREITO CONSTITUCIONAL FINANCEIRO. SISTEMÁTICA DOS PRECATÓRIOS (ART. 100, CF/88). EXECUÇÃO PROVISÓRIA DE DÉBITOS DA FAZENDA PÚBLICA. OBRIGAÇÃO DE FAZER. SENTENÇA COM TRÂNSITO EM JULGADO. EMENDA CONSTITUCIONAL 30/2000. 1. Fixação da seguinte tese ao Tema 45 da sistemática da repercussão geral: 'A execução provisória de obrigação de fazer em face da Fazenda Pública não atrai o regime constitucional dos precatórios'. 2. A jurisprudência do STF firmou-se no sentido da inaplicabilidade ao Poder Público do regime jurídico da execução provisória de prestação de pagar quantia certa, após o advento da Emenda Constitucional 30/2000. Precedentes. 3. A sistemática constitucional dos precatórios não se aplica às obrigações de fato positivo ou negativo, dado a excepcionalidade do regime de pagamento de débitos pela Fazenda Pública, cuja interpretação deve ser restrita. Por consequência, a situação rege-se pela regra regal de que toda decisão não autossuficiente pode ser cumprida de maneira imediata, na pendência de recursos não recebidos com efeito suspensivo. 4. Não se encontra parâmetro constitucional ou legal que obste a pretensão de execução provisória de sentença condenatória de obrigação de fazer relativa à implantação de pensão de militar, antes do trânsito em julgado dos embargos do devedor opostos pela Fazenda Pública. 5. Há compatibilidade material entre o regime de cumprimento integral de decisão provisória e a sistemática dos precatórios, haja vista que este apenas se refere às obrigações de pagar quantia certa. 6. Recurso extraordinário a que se nega provimento". (RE 573872, Relator(a): Min. EDSON FACHIN, Tribunal Pleno, julgado em 24/05/2017, PROCESSO ELETRÔNICO REPERCUSSÃO GERAL – MÉRITO DJe-204 DIVULG 08-09-2017 PUBLIC 11-09-2017).

em julgado".⁴⁸² Diz Araken de Assis, que "à luz desse entendimento do STF, a única maneira de salvar o texto da Carta Política consiste em subordinar o levantamento do dinheiro ao trânsito em julgado do provimento em que se baseou a execução".⁴⁸³ O mesmo autor acentua que é impossível a execução prosseguir definitivamente, enquanto não houver o trânsito em julgado do provimento que rejeitou os embargos opostos pela Fazenda Pública contra a pretensão a executar, pouco importando, neste caso, a ausência de efeito suspensivo do recurso voluntário.⁴⁸⁴ Assim, advoga-se que, rejeitada a impugnação, mesmo assim, enquanto pendente recurso, não pode ser expedido o precatório ou a requisição.⁴⁸⁵

Competência: O juízo do processo de conhecimento é o competente para prosseguir na execução, não ocorrendo a distribuição do processo para outro juízo.⁴⁸⁶ Trata-se da chamada competência funcional, cujo efeito é a vinculação das fases do processo. Frise-se que, requerida a execução, o feito deve ser reautuado para *Cumprimento de*

---

⁴⁸² Confira-se, *v.g.*: "AGRAVO DE INSTRUMENTO. PROCESSUAL CIVIL. PENDÊNCIA DE JULGAMENTO DE RECURSO NA AÇÃO DE CONHECIMENTO. INEXISTÊNCIA DE TRÂNSITO EM JULGADO DO TÍTULO EXECUTIVO. EXECUÇÃO PROVISÓRIA CONTRA A FAZENDA PÚBLICA. EXPEDIÇÃO DE REQUISIÇÃO DE PAGAMENTO. DESCABIMENTO. Havendo recurso pendente de julgamento no âmbito do processo de conhecimento, não se pode falar em trânsito em julgado do título judicial, tratando-se, pois, de execução provisória de sentença contra a Fazenda Pública O trânsito em julgado do título executivo é condição indispensável ao pagamento de qualquer valor devido pela Fazenda Pública em virtude de decisão judicial. Todavia, o mesmo não se exige em relação à pretensão do credor de apenas discutir e definir o valor devido. Precedentes desta Corte. Agravo parcialmente provido para autorizar o prosseguimento da execução provisória até a fase anterior à expedição do requisitório de pagamento, que, por sua vez, fica condicionanda ao trânsito em julgado do título judicial". (TRF4, AG 5008894-2.2017.4.04.0000, Quinta Turma, Relator Rogerio Favreto, juntado aos autos em 18/05/2017).

⁴⁸³ ASSIS, Araken de. *Manual da Execução*. São Paulo: Revista dos Tribunais, 2007, p. 963.

⁴⁸⁴ Idem, p. 965.

⁴⁸⁵ "[...] a prática desse ato que dá início ao nascimento do precatório está condicionada ao trânsito em julgado da decisão proferida na impugnação". (CIMARDI, Cláudia Aparecida. In: WAMBIER, Teresa Arruda Alvim *et al.* (Coord.). *Breves comentários ao novo código de processo civil*. São Paulo: Revista dos Tribunais, 2015, p. 1397). Em sentido contrário, MARINONI, Luiz Guilherme; ARENHART, Sérgio Cruz; MITIDIERO, Daniel. *Novo Curso de Processo Civil*. São Paulo: Revista dos Tribunais, 2017. p. 1111.

⁴⁸⁶ No que toca às execuções oriundas de título formado em ação coletiva, veja-se, v.g.: "ADMINISTRATIVO. PROCESSUAL CIVIL. EXECUÇÃO DE SENTENÇA CONTRA A FAZENDA PÚBLICA. AÇÃO COLETIVA. EXECUÇÃO INDIVIDUAL. FORO COMPETENTE. FACULDADE DO CREDOR. 1. A orientação do Superior Tribunal de Justiça aponta no sentido de permitir que a liquidação e a execução individual de sentença genérica proferida em ação civil coletiva sejam ajuizadas no foro do domicílio do beneficiário. 2. Entretanto , constitui-se em faculdade do credor-exequente o ajuizamento (a) perante o seu domicílio, tendo em conta que o alcance da coisa julgada não se limita à comarca no qual tramitou a ação, eis que se trata de decisão de cunho genérico, ou (b) perante o juízo em que fora prolatada a ação coletiva. 3. No caso, o exequente optou por ajuizar a ação de cumprimento de sentença no juízo da condenação, não cabe ao juízo dar nova oportunidade de escolha ao exequente, o que equivaleria a declinação de ofício em competência relativa". (TRF4 5027835-64.2016.4.04.0000, Segunda Seção, Relatora LORACI FLORES DE LIMA, juntado aos autos em 27/07/2016).

Sentença contra a Fazenda Pública, pois a execução é, como visto, uma nova fase do (mesmo) processo.

Quanto à competência, Araken de Assis lembra que "tratando-se de título judicial, como sói ocorrer, competente é o juízo que, no primeiro grau, formou ou teria formado o título caso não houvesse recurso. É de exclusiva competência do juízo competente para processar a execução, julgar os embargos porventura opostos, e, a fortiori, requisitar o pagamento, e a revolver quaisquer questões incidentes após a expedição do precatório".[487]

Legitimidade: No lado ativo, o usual é a parte vencedora da fase de conhecimento figurar como exequente. Mas, em havendo falecimento, haverá sucessão pelos herdeiros na forma da lei civil, que devem ser regularmente habilitados. É boa a lembrança de José Miguel Garcia Medina, no sentido de que "como regra, as partes são aquelas identificadas no título judicial, que corresponderão às que figuram como tal, na petição inicial da ação de conhecimento respectiva. Nesse caso, pode bastar a referência à qualificação já existente".[488]

Legitimada passiva será a entidade condenada. Tratando-se de Fazenda Pública, a União, o Município, o Estado, o Distrito Federal, bem como as suas autarquias e fundações públicas. A locução Fazenda Pública significa que, ao fim e ao cabo, o Erário suportará a dívida.[489] Por outro lado, "Ao invés, as empresas públicas e as sociedades de economia mista, porque subordinadas" ao regime jurídico próprio das empresas privadas, inclusive quanto aos direitos e obrigações civis, comerciais, trabalhistas e tributários, a teor do art. 173, § 1º, II, da CF/88, se ostentam alheias ao regime executivo especial.[490]

---

[487] ASSIS, Araken de. *Manual da Execução*. Op. cit., 2007. p. 959.

[488] MEDINA, José Miguel Garcia. *Direito Processual Civil Moderno*. Op. cit., 2016. p. 931. p. 930.

[489] ASSIS, Araken de. *Manual da Execução*. Op. cit., 2007, p. 960.

[490] ASSIS, Araken de. *Manual da Execução*. Op. cit., 2007, p. 960. Importante observar, a título ilustrativo, que o Supremo Tribunal Federal tem entendimento no sentido de que empresas públicas ou sociedades de economia mista que prestem serviço público, não afeito à concorrência, submetem-se ao pagamento de títulos judiciais pela via do precatório. Veja-se um precedente do Tribunal: "... Com base nessa orientação, a Segunda Turma negou provimento a agravo regimental em que se pleiteava a aplicação do regime jurídico de execução das empresas privadas às sociedade de economia mista. A Turma afirmou que sociedade de economia mista prestadora de serviços de abastecimento de água e saneamento que prestasse serviço público primário e em regime de exclusividade – o qual corresponderia à própria atuação do Estado, sem obtenção de lucro e de capital social majoritariamente estatal – teria direito ao processamento da execução por meio de precatório" (RE 852302 AgR/AL, rel. Min. Dias Toffoli, 15.12.2015). Cf. também: "Os privilégios da Fazenda Pública são inextensíveis às sociedades de economia mista que executam atividades em regime de concorrência ou que tenham como objetivo distribuir lucros aos seus acionistas. Portanto, a empresa Centrais Elétricas do Norte do Brasil S.A. (ELETRONORTE) não pode se beneficiar do sistema de pagamento por precatório de dívidas decorrentes de decisões judiciais (art. 100 da Constituição)". [RE 599.628, rel. p/ o ac. min. Joaquim Barbosa, j. 25-5-2011, P, *DJE* de 17-10-2011, tema 253.]

No entanto, a despeito da orientação geral, suprarreferida, assim já entendeu o STF: "Embora, em regra, as empresas estatais estejam submetidas ao regime das pessoas jurídicas de direito privado, a jurisprudência do Supremo Tribunal Federal é no sentido de que 'entidade que presta serviços públicos essenciais de saneamento básico, sem que tenha ficado demonstrado nos autos se tratar de sociedade de economia mista ou empresa pública que competiria com pessoas jurídicas privadas ou que teria por objetivo primordial acumular patrimônio e distribuir lucros. Nessa hipótese, aplica-se o regime de precatórios' (RE 592.004, Rel. Min. Joaquim Barbosa). 2. É aplicável às companhias estaduais de saneamento básico o regime de pagamento por precatório (art. 100 da Constituição), nas hipóteses em que o capital social seja majoritariamente público e o serviço seja prestado em regime de exclusividade e sem intuito de lucro".[491] Também os bens, as rendas e os serviços da Empresa Brasileira de Correios e Telégrafos são impenhoráveis, e a execução deve observar o regime de precatórios.[492]

De outra sorte, também conforme já decidiu o STF, os pagamentos devidos, em razão de pronunciamento judicial, pelos conselhos de fiscalização, não se submetem ao regime de precatórios, sob o fundamento de que o art. 12 do Decreto-Lei 509/1969 (que reorganizou a ECT sobre a forma de empresa pública), conferiu-lhe privilégios concedidos à Fazenda Pública, quer em relação a imunidade tributária, direta ou indireta, impenhorabilidade de seus bens, rendas e serviços, quer no concernente a foro, prazos e custas processuais, de modo que o regime jurídico processual da entidade se assemelha mais ao de uma autarquia do que ao de uma empresa pública, propriamente.[493]

Causa de Pedir: O exequente deve basear a sua execução no título judicial transitado em julgado.[494] Na maioria das vezes, não há

---

[491] STF, RE 627242 AgR, Relator(a): Min. Marco Aurélio, Relator(a) p/ Acórdão: Min. Roberto Barroso, Primeira Turma, julgado em 02/05/2017, PROCESSO ELETRÔNICO DJe-110 DIVULG 24-05-2017 PUBLIC 25-05-2017.

[492] STF, (RE 393032 AgR, Relator(a): Min. Cármen Lúcia, Primeira Turma, julgado em 27/10/2009, DJe-237 DIVULG 17-12-2009 PUBLIC 18-12-2009 EMENT VOL-02387-07 PP-01119 RT v. 99, n. 893, 2010, p. 167-170 LEXSTF v. 32, n. 373, 2010, p. 180-185. Explicitamente, cf: `À empresa Brasileira de Correios e Telégrafos, pessoa jurídica equiparada à Fazenda Pública, é aplicável o privilégio da impenhorabilidade de seus bens, rendas e serviços. Recepção do art. 12 do DL 509/1969 e não incidência da restrição contida no art. 173, § 1º, da CF, que submete a empresa pública, a sociedade de economia mista e outras entidades que explorem atividade econômica ao regime próprio das empresas privadas, inclusive quanto às obrigações trabalhistas e tributárias. Empresa pública que não exerce atividade econômica e presta serviço público da competência da União Federal e por ela mantido. Execução. Observância ao regime de precatório, sob pena de vulneração do disposto no art. 100 da CF.' [RE 220.906, rel. min. Maurício Corrêa, j. 16-11-2000, P, DJ de 14-11-2002].

[493] RE 938.837, rel. p/ o ac. min. Marco Aurélio, j. 19-4-2017, P, *Informativo 861*, Tema 877.

[494] MEDINA, José Miguel Garcia. *Direito Processual Civil Moderno*. Op. cit., 2016. p. 931.

dificuldade em promover a execução; porém, existem processos com certa dose de complexidade.

Um dos problemas enfrentados na prática ocorre quando a sentença de primeiro grau é modificada pelo Tribunal de segundo grau ou pelos Tribunais Superiores. Nesse caso, a decisão a ser executada é sempre a última, mormente em virtude do efeito substitutivo das decisões que vêm a julgar os recursos. Outro ponto de ainda maior dificuldade se dá nas situações de recurso parcial ou de provimento parcial do recurso, pois uma parte da execução pode dizer respeito à sentença, outra parte ao acórdão do Tribunal e a outra ao acórdão do Tribunal Superior, de modo que há, como isso, uma mescla de títulos executivos.[495]

Pedido: No requerimento do cumprimento da sentença, o exequente deve pedir o pagamento da dívida, com a expedição de precatório ou da RPV. Conforme ensina José Miguel Garcia Medina, "a petição veiculará o pedido de tutela executiva, que diz respeito tanto a precisão do valor pretendido quanto aos atos executivos que se pretende ver realizados".[496] É usual postular, também, a expedição de RPV ou precatório do valor dos honorários do processo de conhecimento, pois parcela autônoma. Deve o exequente cumular, caso a sentença não tenha sido atendida, o pedido de cumprimento da obrigação de fazer, não fazer e entregar coisa. Por exemplo: se numa ação contra a previdência, a sentença determina que o benefício seja implantado a partir do requerimento administrativo, há dois "cumprimentos". Um, a implantação do benefício, que é uma obrigação de fazer; o outro, o pagamento dos valores atrasados até a efetiva implantação em folha.

Outrossim, "considerando o juiz incompletos ou insuficientes os documentos ou cálculos apresentados pelo credor, tem lugar a emenda da inicial da ação executiva e não a extinção do processo, ainda que já opostos embargos do devedor, caso em que, regularizado o vício, deve ser oportunizado ao embargante o aditamento dos embargos".[497]

Quanto aos honorários contratuais, é possível requerer que o valor seja destacado do crédito que a parte autora tem para receber. Devem ser juntados o contrato e a declaração da parte demandante no sentido de que nada pagou a tal título ao causídico até o momento,

---

[495] Tal contudo, ressalve-se, não altera a competência para a execução.
[496] MEDINA, José Miguel Garcia. *Direito Processual Civil Moderno*. Op. cit., 2016. p. 932.
[497] TRF4, AC 0013144-43.2015.4.04.9999, Sexta Turma, Relatora VÂNIA HACK DE ALMEIDA, D.E. 23/01/2017; STJ, 4ª Turma, REsp 440.719-SC, rel. Min. Cesar Rocha, j. 7.11.02, v.u., DJU 9.12.02, p. 352).

caso em que a reserva fica deferida, nos termos do artigo 22, § 4º, da Lei nº 8.906/1994, devendo ser requisitada a verba pela mesma espécie do crédito principal, já que inaplicável a Súmula Vinculante nº 47 do STF ao caso.[498] Outrossim, pretendendo o procurador da parte autora o pagamento de honorários em favor de sociedade de advogados (pessoa jurídica), nos termos do artigo 85 do CPC, deverá manifestar-se expressamente nesse sentido e incluí-la nos autos eletrônicos igualmente até a confecção da requisição.

---

[498] O tema ainda é polêmico. Confira-se, *v.g.*: "AGRAVO REGIMENTAL EM RECURSO EXTRAORDINÁRIO COM AGRAVO. DIREITO PROCESSUAL CIVIL. REQUISITÓRIO EXPEDIDO. DESTAQUE DE HONORÁRIOS CONTRATUAIS INADIMPLIDOS. IMPOSSIBILIDADE. NÃO OPONIBILIDADE DE NEGÓCIO JURÍDICO PRIVADO ALHEIO À FAZENDA PÚBLICA. 1. A jurisprudência do STF não admite a expedição de requisitório em separado para pagamento de honorários advocatícios contratuais, à luz do art. 100, § 8º, da Constituição da República. 2. A possibilidade de oposição de contrato de honorários contratuais não honrado antes da expedição de requisitório decorre de legislação infraconstitucional, notadamente o Estatuto da Ordem dos Advogados do Brasil, e a controvérsia referente ao adimplemento de negócio jurídico entre causídico e respectivo cliente não possui relevância para a Fazenda Pública devedora e a operabilidade da sistemática dos precatórios. 3. A presente controvérsia não guarda semelhança com o do RE 564.132, que deu fundamento à edição da Súmula Vinculante 47 do STF, pois a autonomia entre o débito a ser recebido pelo jurisdicionado e o valor devido a título de honorários advocatícios restringe-se aos sucumbenciais, haja vista a previsão legal destes contra a Fazenda Pública, o que não ocorre na avença contratual entre advogado e particular. Precedente: Rcl-AgR 24.112, de relatoria do Ministro Teori Zavascki, Segunda Turma, DJe 20.09.2016. 4. Agravo regimental a que se nega provimento, com aplicação de multa, nos termos do art. 1.021, §4º, do CPC". (RE 1035724 AgR, Relator(a): Min. Edson Fachin, Segunda Turma, julgado em 11/09/2017, PROCESSO ELETRÔNICO DJe-214 DIVULG 20-09-2017 PUBLIC 21-09-2017). Note-se que, em alguns foros, é praxe limitar-se o percentual de destaque a 30% do montante total exequendo, sob os fundamentos da boa-fé objetiva do contrato de prestação de serviços advocatícios e do Código de Ética e Disciplina da Ordem dos Advogados do Brasil, que prevê que os honorários devem ser fixados *com moderação*. Veja-se, a propósito, precedente do TRF4: "AGRAVO DE INSTRUMENTO. EXECUÇÃO DE SENTENÇA. PREVIDENCIÁRIO E PROCESSUAL CIVIL. HONORÁRIOS ADVOCATÍCIOS CONTRATUAIS. DESTAQUE. POSSIBILIDADE. LIMITAÇÃO DO PERCENTUAL DESTACADO. MEDIDA ADMITIDA DE FORMA EXCEPCIONAL. 1. Dispõe o § 4º do art. 22 da Lei nº 8.906/94 que "Se o advogado fizer juntar aos autos o seu contrato de honorários antes de expedir-se o mandado de levantamento ou precatório, o juiz deve determinar que lhe sejam pagos diretamente, por dedução da quantia a ser recebida pelo constituinte, salvo se este provar que já os pagou.". 2. É dizer, independentemente do ajuizamento de nova demanda, tem o causídico o direito de descontar do valor inscrito em RPV ou precatório, conforme o caso, a parcela relativa aos honorários contratados com seu constituinte, desde que ainda não tenham sido pagos. Precedentes do STJ. 3. A respeito da possibilidade de limitação do destaque dos honorários contratuais, a regra geral é a não intervenção do Poder Judiciário no percentual dos honorários contratuais pactuados entre o segurado e seu patrono. 4. Não se afasta, contudo, de forma definitiva a possibilidade de que as cláusulas contratuais relacionadas ao percentual da remuneração devida pelo segurado ao seu patrono sejam revistas pelo Poder Judiciário. 5. Há que se fazer, necessariamente, uma apreciação do contrato à luz dos princípios da boa-fé objetiva, da boa-fé contratual e da vedação ao enriquecimento sem causa de um dos contratantes em prejuízo do outro, tendo como referência as próprias disposições do Estatuto de Ética e Disciplina da ordem dos Advogados do Brasil. 6. Resumindo, tem-se a respeito do tema o seguinte panorama: a regra geral é a não intervenção do Poder Judiciário no contrato de honorários advocatícios. Deve-se, contudo, admitir a redução, pelo juiz, até mesmo de ofício, do percentual da verba honorária contratual naquelas situações em que se mostrar imoderado o montante contratado, tendo como parâmetro máximo para tal verificação a impossibilidade de que a demanda resulte mais benéfica ao advogado do que ao próprio cliente." (AG 00072268720124040000, Celso Kipper, TRF4 – Sexta Turma, D.E. 18/09/2013.)

Por fim, o autor deve pedir a intimação do ente público executado, na pessoa dos advogados públicos, para a Fazenda Pública, se quiser, impugnar a conta.

Deve-se atentar para o fato de que: a) no cumprimento de sentença contra a Fazenda não incide a multa prevista no § 1º do art. 523, (art. 534, § 2º);[499] b) não serão devidos honorários no cumprimento de sentença contra a Fazenda Pública que enseje expedição de precatório, desde que não tenha sido impugnada. Quanto à fixação de honorários advocatícios, o adimplemento de débitos judiciais pela Fazenda Pública necessariamente exige prévio processo executivo. Assim, não tendo havido resistência do devedor, mas apenas mero cumprimento de disposição legal, não haveria, como regra, motivo para a fixação de honorários em sede de execução.[500]

2.1.2.2.2. Meio de defesa

Conforme o art. 535 do CPC, a Fazenda Pública será intimada na pessoa de seu representante judicial, por carga, remessa ou meio eletrônico, para, querendo, no prazo de 30 (trinta) dias e nos próprios autos, impugnar a execução. A impugnação faz as vezes dos extintos embargos à execução.[501] Embora haja divergência, defende-se, nesse trabalho, que a impugnação possui natureza jurídica de ação autônoma, com natureza cognitiva, incidental. Isso não impede, por certo, que se veja, no instituto, um misto de ação e de defesa.[502]

---

[499] PANZA, Luiz Osório. *Código de Processo Civil Comentado*. Coordenação geral: CUNHA, José Sebastião Fagundes; Coordenação: BOCHENEK, Antonio Cesar; CAMBI, Eduardo. São Paulo: Revista dos Tribunais, 2016, p. 820.

[500] Acerca do tema: "I. Recurso extraordinário: alínea "b": devolução de toda a questão de constitucionalidade da lei, sem limitação aos pontos aventados na decisão recorrida. Precedente (RE 298.694, Pl. 6.8.2003, Pertence, DJ 23.04.2004). II. Controle incidente de inconstitucionalidade e o papel do Supremo Tribunal Federal. Ainda que não seja essencial à solução do caso concreto, não pode o Tribunal – dado o seu papel de "guarda da Constituição" – se furtar a enfrentar o problema de constitucionalidade suscitado incidentemente (v.g. SE 5.206-AgR; MS 20.505). III. Medida provisória: requisitos de relevância e urgência: questão relativa à execução mediante precatório, disciplinada pelo artigo 100 e parágrafos da Constituição: caracterização de situação relevante de urgência legislativa. IV. Fazenda Pública: execução não embargada: honorários de advogado: constitucionalidade declarada pelo Supremo Tribunal, com interpretação conforme ao art. 1º-D da L. 9.494/97, na redação que lhe foi dada pela MPr 2.180-35/2001, de modo a reduzir-lhe a aplicação à hipótese de execução por quantia certa contra a Fazenda Pública (C. Pr. Civil, art. 730), excluídos os casos de pagamento de obrigações definidos em lei como de pequeno valor (CF/88, art. 100, § 3º)". (STF, RE 420816, Relator(a): Min. Carlos Velloso, Relator(a) p/ Acórdão: Min. Sepúlveda Pertence, Tribunal Pleno, julgado em 29/09/2004, DJ 10-12-2006 PP-00050 EMENT VOL-02255-04 PP-00722).

[501] CPC/73, arts. 730 e 741.

[502] Nesse sentido, MEDINA, José Miguel Garcia. *Direito Processual Civil Moderno*. Op. cit., p. 940/942.

A alegação de impedimento ou suspeição observará o disposto nos arts. 146 e 148 (art. 535, § 1º). O prazo é de 30 dias a contar da ciência, pois, conforme o art. 183 do CPC, a advocacia pública tem prazo em dobro.[503] Assim, trata-se de um meio de defesa autônomo.

Quando se alegar, na impugnação, que o exequente, em excesso de execução, pleiteia quantia superior à resultante do título, cumprirá à executada declarar de imediato o valor que entende correto, sob pena de não conhecimento da arguição (art. 535, § 2º). Então, a Fazenda Pública tem que anexar, na execução, os cálculos dos valores devidos. O juízo, nessa hipótese, deve remeter os autos para contadoria judicial, a fim de verificar qual cálculo está correto, se o cálculo do exequente ou o cálculo do executado.

A impugnação tem sempre efeito suspensivo, impedindo a expedição do precatório.[504]

No que toca ao sistema recursal decorrente do julgamento da impugnação, já entendeu o TJRS que "o recurso cabível contra a decisão que julga impugnação ao cumprimento de sentença e não extingue a execução é o agravo de instrumento, na forma do parágrafo único do art. 1.015 do CPC/2015, sendo inaplicável o princípio da fungibilidade".[505]

Acolhida impugnação da Fazenda Pública ao cumprimento de sentença, é cabível a fixação de honorários advocatícios em seu favor, na forma do art. 85, §§ 1º e 7º, do CPC.[506]

---

[503] MARINONI, Luiz Guilherme; ARENHART, Sérgio Cruz; MITIDIERO, Daniel. *Novo Curso de Processo Civil*. Op. cit., 2017. p. 1112.

[504] Idem, p. 1111.

[505] Apelação Cível nº 70075657809, Vigésima Quarta Câmara Cível, Tribunal de Justiça do RS, Relator: Altair de Lemos Junior, Julgado em 29/11/2017. Veja-se, também: "APELAÇÃO CÍVEL. IMPUGNAÇÃO AO CUMPRIMENTO DE SENTENÇA. EXCLUSÃO DE LITISCONSORTE. PROSSEGUIMENTO DO CUMPRIMENTO DE SENTENÇA. DECISÃO INTERLOCUTÓRIA. AGRAVO DE INSTRUMENTO. ERRO GROSSEIRO. A decisão que resolve o incidente de impugnação ao cumprimento de sentença mostra-se recorrível por meio de agravo de instrumento, a menos que se cuide de decisão extintiva da fase de cumprimento, hipótese em que caberá o manejo da apelação cível. No caso em apreço, o acolhimento da impugnação ao cumprimento de sentença ocasionou, tão somente, a exclusão de litisconsorte, sem, todavia, acarretar a extinção da fase de cumprimento de sentença, o que atrai a incidência do art. 203, § 2º, do CPC/2015. Nesse sentido, em se tratando de decisão interlocutória, o recurso cabível é o agravo de instrumento. Ademais, não é aplicável o princípio da fungibilidade recursal, por se tratar de erro grosseiro, sendo, portanto, imperativo o não conhecimento do presente recurso Apelação não conhecida". (Apelação Cível Nº 70074716606, Décima Segunda Câmara Cível, Tribunal de Justiça do RS, Relator: Umberto Guaspari Sudbrack, Julgado em 22/09/2017).

[506] "AGRAVO DE INSTRUMENTO. REPETIÇÃO DE INDÉBITO TRIBUTÁRIO. IMPUGNAÇÃO AO CUMPRIMENTO DE SENTENÇA. ACOLHIMENTO. HONORÁRIOS ADVOCATÍCIOS DEVIDOS. Acolhida impugnação da Fazenda Pública ao cumprimento de sentença, é cabível a fixação de honorários advocatícios em seu favor, na forma do art. 85, §§ 1º e 7º, do CPC. Precedente do STJ (REsp nº 1.134.186/RS), processado na forma do art. 543-C do Código

Prazo: Conforme já referido, a impugnação deve ser oferecida no prazo de 30 dias. O prazo, nesse caso, não duplica, pois a lei o estipula expressamente. A contagem, como não poderia ser diferente, se dá em dias úteis. A intimação será feita na pessoa do advogado público, por carga dos autos, remessa dos autos ou meio eletrônico.

Forma: A impugnação deve respeitar os requisitos da petição inicial. Assim, deve indicar o juízo a que é dirigida; as partes; os fatos e fundamentos; o pedido; a condenação nas verbas da sucumbência; o requerimento de provas; o valor da causa – que é a diferença entre o valor que está sendo executado e aquele que o impugnante (no caso, a Fazenda Pública) afirma ser devido. Caso se sustente nada ser devido, o valor da causa será o próprio valor da execução.

Uma vez admitida a impugnação, a execução será imediatamente suspensa.

Objeto: Na impugnação, segundo os incisos do art. 535, a Fazenda Pública pode arguir: falta ou nulidade da citação se, na fase de conhecimento, o processo correu à revelia; ilegitimidade de parte; inexequibilidade do título ou inexigibilidade da obrigação; excesso de execução ou cumulação indevida de execuções; incompetência absoluta ou relativa do juízo da execução; qualquer causa modificativa ou extintiva da obrigação, como pagamento, novação, compensação, transação ou prescrição, desde que supervenientes ao trânsito em julgado da sentença. Assim, não pode o executado rediscutir toda a matéria julgada no primeiro grau: seu conteúdo é limitado.[507]

Frise-se que outra alegação importante, que o torna inexigível, diz respeito ao reconhecimento do título executivo judicial fundado em lei ou ato normativo considerado inconstitucional pelo Supremo Tribunal Federal, ou fundado em aplicação ou interpretação da lei ou do ato normativo tido pelo Supremo Tribunal Federal como incompatível

---

de Processo Civil de 1973. Precedentes desta Corte. AGRAVO DE INSTRUMENTO PROVIDO". (Agravo de Instrumento nº 70075431502, Vigésima Primeira Câmara Cível, Tribunal de Justiça do RS, Relator: Almir Porto da Rocha Filho, Julgado em 08/11/2017). Ainda: "ADMINISTRATIVO. CUMPRIMENTO DE SENTENÇA CONTRA A FAZENDA PÚBLICA. IMPUGNAÇÃO. REJEIÇÃO. HONORÁRIOS ADVOCATÍCIOS. DESCABIMENTO. 1. Nos termos do art. 85, § 1º, do NCPC, são devidos honorários advocatícios no cumprimento de sentença, com exceção do cumprimento de sentença contra a Fazenda Pública cujo pagamento seja efetuado por meio de expedição de precatório (§ 7º do art. 85). 2. A sistemática processual prevê o pagamento de honorários advocatícios uma única vez em sede de cumprimento de sentença, os quais são arbitrados independentemente de haver impugnação. Por conseguinte, inexiste previsão legal para a condenação de honorários em decisão que rejeita a impugnação ao cumprimento de sentença contra a Fazenda Pública, desde que os honorários já tenham sido fixados anteriormente". (TRF4, AG 5052279-30.2017.4.04.0000, Terceira Turma, Relatora Marga Inge Barth Tessler, juntado aos autos em 24/11/2017).

[507] MARINONI, Luiz Guilherme; ARENHART, Sérgio Cruz; MITIDIERO, Daniel. *Novo Curso de Processo Civil*. Op. cit., 2017. p.1111.

com a Constituição Federal, em controle de constitucionalidade concentrado ou difuso (§ 5º.). O objetivo da norma é empregar a segurança jurídica.[508] No caso do § 5º, os efeitos da decisão do Supremo Tribunal Federal poderão ser modulados no tempo, de modo a favorecer a segurança jurídica (§ 6º). A decisão do Supremo Tribunal Federal referida no § 5º deve ter sido proferida antes do trânsito em julgado da decisão exequenda (§ 7º) Se a decisão referida no § 5º for proferida após o trânsito em julgado da decisão exequenda, caberá ação rescisória, cujo prazo será contado do trânsito em julgado da decisão proferida pelo Supremo Tribunal Federal (§ 8º).

Outrossim, tornou-se praxe na advocacia pública a utilização da chamada arguição de erro material. A jurisprudência tem pacificamente admitido a configuração de erro material nas seguintes hipóteses: inclusão de parcelas indevidas (por exemplo, o cálculo abrangia anteriores ao termo inicial fixado no *decisum*), exclusão de parcelas devidas e, por fim, o erro de cálculo propriamente dito (erro de soma ou subtração). A rigor, a impugnação é o momento adequado à discussão de critérios de cálculo (principal, correção monetária e juros). Contudo, diante de uma execução de um cálculo não embargado que contempla valores à primeira vista indevidos, qual deve ser o procedimento do advogado público? Certamente não deve ser a inércia. Isso porque institutos processuais como a preclusão (infraconstitucionais) falecem diante de valores maiores, como aqueles insculpidos no art. 37, *caput*, da Carta Magna, assim como diante da indisponibilidade dos bens e do interesse público. Aliás, o Poder Judiciário tem estado sensível a esse problema e constantemente acolhe impugnações em instância de precatório. Como já julgou o TRF4, "o erro material não transita em julgado, sendo passível de correção a qualquer tempo e em qualquer grau de jurisdição, mediante provocação ou mesmo de ofício, sem que daí resulte ofensa à coisa julgada".[509]

2.1.2.2.3. Fase expropriatória/procedimento de realização da obrigação

O art. 100 da CF estipula que os pagamentos devidos pelas Fazendas Públicas Federal, Estaduais, Distrital e Municipais, em virtude

---

[508] PANZA, Luiz Osório. *Código de Processo Civil Comentado*. Op. cit., p. 824.
[509] PREVIDENCIÁRIO E PROCESSUAL CIVIL. AGRAVO DE INSTRUMENTO. EXECUÇÃO DE SENTENÇA. ALEGAÇÃO DE ERRO MATERIAL NO JULGADO EXEQUENDO. NECESSIDADE DE EXAME NOS PRÓPRIOS AUTOS DA AÇÃO DE ORIGEM. 1. O erro material não transita em julgado, sendo passível de correção a qualquer tempo e em qualquer grau de jurisdição, mediante provocação ou mesmo de ofício, sem que daí resulte ofensa à coisa julgada. 2. In casu, a providência mais adequada é a remessa a este Tribunal dos autos da ação de origem, na qual foi prolatado o julgado exequendo, em relação ao qual se alega a ocorrência de erro material. (TRF4, AG 5047374-79.2017.4.04.0000, Sexta Turma, Relator João Batista Pinto Silveira, juntado aos autos em 13/11/2017)

de sentença judiciária, far-se-ão exclusivamente na ordem cronológica de apresentação dos precatórios e à conta dos créditos respectivos, proibida a designação de casos ou de pessoas nas dotações orçamentárias e nos créditos adicionais abertos para este fim. Portanto, a Fazenda Pública não pode, por exemplo, depositar espontaneamente o valor devido diretamente na conta do credor.

Com efeito, não impugnada a execução ou rejeitadas as arguições da executada (§ 3º), expedir-se-á, por intermédio do presidente do tribunal competente, precatório em favor do exequente, observando-se o disposto na Constituição Federal; por ordem do juiz, dirigida à autoridade na pessoa de quem o ente público foi citado para o processo, o pagamento de obrigação de pequeno valor será realizado no prazo de 2 (dois) meses contado da entrega da requisição, mediante depósito na agência de banco oficial mais próxima da residência do exequente.

Tratando-se de impugnação parcial, a parte não questionada pela executada será, desde logo, objeto de cumprimento (§ 4º). Evidentemente, nesse caso, trata-se de execução definitiva da parte incontroversa.

O precatório é um ofício expedido pelo juízo da execução ao tribunal competente que, por sua vez, requisita a inclusão da verba destinada ao pagamento no orçamento do ente público (CF, art. 100, *caput*, e § 1º). Pacificou-se na doutrina e na jurisprudência que o procedimento do precatório – e mais especificamente a atuação do presidente do tribunal – possui natureza administrativa, não se caracterizando, pois, como ato judicial. Nesse sentido, observe-se a Súmula 733 do STF: "Não cabe recurso extraordinário contra decisão proferida no processamento de precatórios". Em decorrência, não há que se falar em competência do presidente do tribunal para decidir incidentes que ocorrem durante esse procedimento, nem tampouco em recursos contra seus pronunciamentos. A competência para conhecer e decidir esses incidentes é do juízo da execução.[510]

O pagamento dos precatórios deve seguir a uma ordem cronológica de apresentação, dando-se preferência, porém, aos débitos de natureza alimentar (art. 100, § 1º). Contudo, os débitos de natureza alimentícia cujos titulares, originários ou por sucessão hereditária, tenham 60 (sessenta) anos de idade, ou que sejam portadores de doença grave, ou pessoas com deficiência, assim definidos na forma da lei, serão pagos com preferência sobre todos os demais débitos, até o

---

[510] MARINONI, Luiz Guilherme; ARENHART, Sérgio Cruz; MITIDIERO, Daniel. *Novo Curso de Processo Civil*. Op. Cit., 2017. p. 1112.

valor equivalente ao triplo fixado em lei para os fins do disposto no § 3º deste artigo, admitido o fracionamento para essa finalidade, sendo que o restante será pago na ordem cronológica de apresentação do precatório (art. 100, § 2º).[511]

Para hipóteses de cessação dos pagamentos, de falta de destinação de verbas orçamentárias suficientes, ou de recusa em liberá-las no exercício, caberá, em tese, intervenção federal, a teor dos incisos V e VI do art. 34 da CF/88. O STF reconheceu, no caso emblemático do Estado de São Paulo, a falta de atuação dolosa e deliberada de seus agentes públicos, retendo as verbas orçamentárias e negou o pedido de intervenção.[512] "E, de outra banda, exclusivamente para o caso de preterição (rectius: favorecimento ao credor menos antigo em detrimento do mais antigo), o art. 100, § 2º, da CF/88, autoriza o Presidente do Tribunal, que proferir a decisão exeqüenda, a decidir o seqüestro da quantia necessária à satisfação da dívida".[513] Assim, estabelece o art. 100, § 6º, da CF que "as dotações orçamentárias e os créditos abertos serão consignados diretamente ao Poder Judiciário, cabendo ao Presidente do Tribunal que proferir a decisão exequenda determinar o pagamento integral e autorizar, a requerimento do credor e exclusivamente para os casos de preterimento de seu direito de precedência ou de não alocação orçamentária do valor necessário à satisfação do seu débito, o sequestro da quantia respectiva". E o Presidente do Tribunal competente que, por ato comissivo ou omissivo, retardar ou tentar frustrar a liquidação regular de precatórios incorrerá em crime de responsabilidade e responderá, também, perante o Conselho Nacional de Justiça (art. 100, § 7º, da CF).

A sistemática prevista no art. 100, *caput*, da Carta Magna é a regra para os pagamentos de débitos judiciais efetuados pela Fazenda Pública. Contudo, o referido artigo abre uma exceção no seu § 3º, permitindo o pagamento independente de precatório nas obrigações definidas em lei como de pequeno valor. Assim, o adimplemento de débitos judiciais se dá de duas formas: 1ª) mediante precatório (regra); 2ª) mediante requisição de pequeno valor (exceção que deve estar expressamente prevista expressamente em lei).

---

[511] A definição contida no § 1-A do art. 100 da CF, de crédito de natureza alimentícia, não é exaustiva. (...) Conforme o disposto nos arts. 22 e 23 da Lei 8.906/1994, os honorários advocatícios incluídos na condenação pertencem ao advogado, consubstanciando prestação alimentícia cuja satisfação pela Fazenda ocorre via precatório, observada ordem especial restrita aos créditos de natureza alimentícia, ficando afastado o parcelamento previsto no art. 78 do ADCT, presente a EC 30, de 2000. [RE 470.407, rel. min. Marco Aurélio, j. 9-5-2006, 1ª T, DJ de 13-10-2006.]

[512] ASSIS, Araken de. *Manual da Execução*. Op. cit., 2007. p. 967.

[513] Idem, p. 967/968.

O critério para a utilização de cada uma das duas formas é o valor do débito judicial. Se superior ao limite legal, segue a regra geral (precatório); se inferior, será adotada a requisição de pequeno valor.

A distinção entre as duas modalidades se encontra no procedimento. O sistema de precatórios vem regulado pelo art. 100 da Carta Política e pressupõe, para fins de pagamento, prévia inclusão no orçamento da entidade de direito público. Mais precisamente, estipula o art. 100, § 5º, que "é obrigatória a inclusão, no orçamento das entidades de direito público, de verba necessária ao pagamento de seus débitos, oriundos de sentenças transitadas em julgado, constantes de precatórios judiciários apresentados até 1º de julho, fazendo-se o pagamento até o final do exercício seguinte, quando terão seus valores atualizados monetariamente". Com isso, o os precatórios apresentados até 1º de julho serão pagos até o final do outro ano.

A requisição de pequeno valor não segue esta sistemática, devendo o pagamento ser realizado independentemente de precatório, ou seja, o adimplemento dar-se-á no prazo fixado em lei. O pagamento independente de precatório pressupõe obediência ao limite legal, facultando-se a renúncia ao excedente. Observe-se que a renúncia ao valor excedente àquele previsto no artigo 87 do ADCT, ensejando a expedição de requisição de pequeno valor, não autoriza a condenação em honorários advocatícios, pois o Poder Público não deu causa ao ajuizamento da execução.[514]

Frise-se que não é permitido o fracionamento do valor executado, de modo que o pagamento ocorra em parte por RPV e em parte por precatório. A opção pelo pagamento independente de precatório acarreta extinção do débito, ou seja, não é possível posterior pleito de saldo remanescente. Com efeito, o art. 100, § 8º, da CF adverte que "é vedada a expedição de precatórios complementares ou suplementares de valor pago, bem como o fracionamento, repartição ou quebra do valor da execução para fins de enquadramento de parcela do total ao que dispõe o § 3º deste artigo".

O procedimento da requisição de pequeno valor consiste na expedição de um ofício (RPV) ao presidente do tribunal competente, requisitando que utilize parte da verba consignada ao Poder Judiciário para o pagamento do débito. No que diz respeito aos Estados e Muni-

---

[514] STJ, EDcl no AgRg no REsp 1378836/RS, Rel. Ministro SÉRGIO KUKINA, PRIMEIRA TURMA, julgado em 27/03/2014, DJe 08/04/2014. V., também, o Recurso Especial Repetitivo nº 1.406.296/RS, Relator o Ministro HERMAN BENJAMIN, DJe de 19/3/2014.

cípios, o art. 87 da ADCT estipulou quarenta e trinta salários mínimos para Fazenda Estadual, Distrital e Municipal.[515]

Nos termos da Súmula Vinculante 17, "durante o período previsto no § 1º do artigo 100 da Constituição, não incidem juros de mora sobre os precatórios que nele sejam pagos". Mais recentemente, decidiu, entretanto, o STF que "incidem os juros da mora no período compreendido entre a data da realização dos cálculos e a da requisição ou do precatório".[516] Outrossim, decidiu também o STF, a respeito da controvérsia sobre os índices de atualização monetários nos débitos contra a Fazenda Pública, que: "a atualização monetária dos débitos fazendários inscritos em precatórios segundo o índice oficial de remuneração da caderneta de poupança viola o direito fundamental de propriedade (CF, art. 5º, XXII), na medida em que é manifestamente incapaz de preservar o valor real do crédito de que é titular o cidadão".[517]

2.1.2.2.4. Fase final do procedimento

A execução é extinta com fundamento no artigo 924, inciso II, do Código de Processo Civil de 2015. Depois, os autos são baixados e arquivados. Dessa decisão, cabe o recurso de apelação. Por exemplo, pode ocorrer de o juiz ter extinto o processo na pendência de algum recurso do julgamento da impugnação, devendo-se, nessa hipótese, interpor o recurso de apelação.

Com a publicação da Lei 13.463/2017, tornou-se possível o cancelamento de precatórios e requisições de pequeno valor que não tenham sido levantados pelo credor e que estejam depositados há mais de dois anos. Do cancelamento, será notificado o credor, que, a qualquer tempo, poderá postular nova expedição, a qual manterá a ordem cronológica e a remuneração correspondente a todo o período anterior (art. 3º).

As razões que levaram a edição da lei em questão dizem respeito, em síntese, ao poder de conformação conferido ao legislador sobre a sistemática de pagamento prevista nas normas constitucionais. Nesse passo, a exposição de motivos do Projeto de Lei 7.626/2017 (posteriormente convertido na Lei 13.463/2017), de autoria do Poder Executivo, estatui que "inércia dos credores de precatórios e requisições judiciais em levantar o numerário depositado estabiliza a situação jurídica da

---

[515] ASSIS, Araken de. *Manual da Execução*. Op. cit., 2007. p. 973.

[516] RE 579.431, rel. min. Marco Aurélio, j. 19-4-2017, P, Informativo 861, Tema 96.

[517] ADI 4.425, rel. p/ o ac. min. Luiz Fux, j. 14-3-2013, P, DJE de 19-12-2013.].= RE 798.541 AgR, rel. min. Cármen Lúcia, j. 22-4-2014, 2ª T, DJE de 6-5-2014;Vide ADI 4.425 QO, rel. min. Luiz Fux, j. 25-3-2015, P, DJE de 4-8-2015. O processo ainda está pendente de julgamento.

União como proprietária das quantias, e permite a restituição aos cofres públicos". Trata-se de medida que – no entender do legislador, viria a racionalizar a gestão dos recursos públicos, sem violar a autonomia do Poder Judiciário – que é, por excelência, o gestor dos pagamentos judiciais.

Cite-se que, contra a Lei 13.463/2017, pende – até o momento – de apreciação no Supremo Tribunal Federal a Ação Direta de Constitucionalidade 5.755, na qual arguiu-se, em suma, sua inconstitucionalidade formal – por violação de reserva de matéria constitucional e por vício de iniciativa na proposição – e material – por violação da separação de Poderes, segurança jurídica, igualdade, inafastabilidade da jurisdição e o respeito à coisa julgada.

2.1.2.3. Do cumprimento provisório da sentença que reconhece a exigibilidade de obrigação de pagar quantia certa

Gisele Mazzoni Welsch

O presente tópico tem por escopo a análise do instituto do cumprimento provisório da sentença, previsto nos artigos 520 a 522 do CPC/15, no sentido de evidenciar suas previsões e questões controversas já refletidas na prática processual e na jurisprudência desde a entrada em vigor do CPC/15.

A previsão do cumprimento provisório da sentença tem por finalidade a viabilização e concreção do direito fundamental do jurisdicionado previsto no inciso LXXVIII do art. 5º da Constituição Federal/1988 o qual dispõe: "a todos, no âmbito judicial e administrativo, são assegurados a razoável duração do processo e os meios que garantem a celeridade de sua tramitação".

A novel legislação processual consagra o movimento da constitucionalização do processo, pois em seus dispositivos inaugurais (art. 1º ao 12) estão dispostas as normas fundamentais, nas quais se percebe claramente a preocupação com a sintonia do processo com as regras e princípios constitucionais.[518]

Assim, o desenvolvimento do presente estudo baseou-se na análise do procedimento do cumprimento provisório da sentença e o seu processamento mediante as inovações do CPC/15, com o objetivo de

---

[518] WELSCH, Gisele Mazzoni. *Legitimação Democrática do Poder Judiciário no Novo CPC* (Coleção Liebman). São Paulo: Revista dos Tribunais, 2016, p. 95.

evidenciar as evoluções e a sistematização do instituto na prática forense.

A execução provisória, em regra, só pode ocorrer em casos de títulos executivos judiciais e tem caráter excepcional, ocorrendo nas hipóteses previstas em lei, quando a situação do credor é ainda passível de modificação, uma vez que a sentença que reconheceu seu crédito não se tornou ainda definitiva pela coisa julgada. Dessa forma, provisória é a execução da sentença impugnada por meio de recurso pendente desprovido de efeito suspensivo (art. 520 CPC/15[519]).[520]

A jurisprudência pacificou a interpretação, no STF e no STJ, no sentido de assentar o caráter definitivo da execução de título extrajudicial, ainda que pendente de julgamento a apelação interposta contra sentença que repeliu os embargos do executado. Porém, a orientação legal alterou-se com a Lei nº 11.382/2006, que passou a considerar provisória a execução de título extrajudicial enquanto pendente apelação da sentença de improcedência dos embargos do executado, quando recebidos com efeito suspensivo (art. 739 CPC/73).[521]

A possibilidade de optar pelo cumprimento provisório deriva tanto de lei (*ope legis*), quando não confere efeito suspensivo a alguns recursos, como por decisão judicial (*ope iudicis*).

A diferenciação entre as duas espécies de execução encontra-se, basicamente, nos títulos judiciais, pois com relação aos títulos extrajudiciais a execução forçada é sempre definitiva, exceto se for atribuído

---

[519] Art. 520. O cumprimento provisório da sentença impugnada por recurso desprovido de efeito suspensivo será realizado da mesma forma que o cumprimento definitivo, sujeitando-se ao seguinte regime: I – corre por iniciativa e responsabilidade do exequente, que se obriga, se a sentença for reformada, a reparar os danos que o executado haja sofrido; II – fica sem efeito, sobrevindo decisão que modifique ou anule a sentença objeto da execução, restituindo-se as partes ao estado anterior e liquidando-se eventuais prejuízos nos mesmos autos; III – se a sentença objeto de cumprimento provisório for modificada ou anulada apenas em parte, somente nesta ficará sem efeito a execução; IV – o levantamento de depósito em dinheiro e a prática de atos que importem transferência de posse ou alienação de propriedade ou de outro direito real, ou dos quais possa resultar grave dano ao executado, dependem de caução suficiente e idônea, arbitrada de plano pelo juiz e prestada nos próprios autos. § 1º No cumprimento provisório da sentença, o executado poderá apresentar impugnação, se quiser, nos termos do art. 525. § 2º A multa e os honorários a que se refere o § 1º do art. 523 são devidos no cumprimento provisório de sentença condenatória ao pagamento de quantia certa. § 3º Se o executado comparecer tempestivamente e depositar o valor, com a finalidade de isentar-se da multa, o ato não será havido como incompatível com o recurso por ele interposto. § 4º A restituição ao estado anterior a que se refere o inciso II não implica o desfazimento da transferência de posse ou da alienação de propriedade ou de outro direito real eventualmente já realizada, ressalvado, sempre, o direito à reparação dos prejuízos causados ao executado. § 5º Ao cumprimento provisório de sentença que reconheça obrigação de fazer, de não fazer ou de dar coisa aplica-se, no que couber, o disposto neste Capítulo.

[520] THEODORO JUNIOR, Humberto. *Curso de Direito Processual Civil* – Execução forçada, processo nos tribunais, recursos e direito intertemporal. vol. III. 49. ed. Rio de Janeiro: Editora Forense, 2016, p. 115.

[521] STJ, 3ª Turma, AgRg no Ag 1.243.624/SP, Rel. Min. Vasco Della Giustina, DJE 20.09.2010.

eventual efeito suspensivo aos embargos à execução (art. 919, § 1º)[522] e pelas consequências da apelação interposta contra a sentença que os desacolhe (art. 1012, § 2º).[523]

A regra é de que o recurso de apelação seja recebido no efeito suspensivo, de acordo com artigo 1.012, *caput*, do Código de Processo Civil – CPC/15.

Ocorre que para a regra citada acima existem exceções, quais sejam as dispostas no § 1º do artigo 1.012 do CPC, que prevê, além de outras previstas em lei, hipóteses do Recurso de Apelação não ser recebida no efeito suspensivo.[524]

Assim como, os Recursos Especial e Extraordinário, que tramitam nos Tribunais Superiores, também serão recebidos apenas com o efeito devolutivo, assim, sem o efeito suspensivo. Conforme José Tadeu Neves Xavier, no CPC revogado o pedido de atribuição de efeito suspensivo aos recursos deveria ser solicitado mediante medida cautelar, atualmente a solicitação da atribuição do efeito suspensivo deverá ser via simples requerimento com a devida fundamentação para a atribuição de tal efeito, conforme prevê o § 5º do artigo 1.029 do CPC.[525]

Portanto, percebe-se a distinção entre eficácia e imutabilidade da sentença. Em situações especiais, a lei confere eficácia a determinadas decisões, mesmo antes de se tornarem imutáveis.[526] É o que ocorre quando o recurso interposto é recebido apenas no efeito devolutivo, pois, em algumas ocasiões, seria mais prejudicial o retardamento da execução do que o risco de se alterar o conteúdo da sentença com o reflexo sobre a situação de fato decorrente dos atos executivos.[527]

---

[522] Art. 919. Os embargos à execução não terão efeito suspensivo. § 1º O juiz poderá, a requerimento do embargante, atribuir efeito suspensivo aos embargos quando verificados os requisitos para a concessão da tutela provisória e desde que a execução já esteja garantida por penhora, depósito ou caução suficientes.

[523] Art. 1.012. A apelação terá efeito suspensivo. (...) § 2º Nos casos do § 1º, o apelado poderá promover o pedido de cumprimento provisório depois de publicada a sentença.

[524] As principais hipóteses de incidência da execução provisória da sentença estão previstas no § 1º do artigo 1.012 do CPC, que determina que começa a produzir efeitos imediatamente após a publicação a sentença que: I – homologa divisão ou demarcação de terras; II – condena a pagar alimentos; III – extingue sem resolução do mérito ou julga improcedentes os embargos do executado; IV – julga procedente o pedido de instituição de arbitragem; V – confirma, concede ou revoga tutela provisória; VI – decreta a interdição.

[525] XAVIER, José Tadeu Neves. *Novo Código de Processo Civil Anotado / OAB*. – Porto Alegre: OAB RS, 2015, p. 812.

[526] MEDINA, José Miguel Garcia. *Guia prático do novo processo civil brasileiro*. São Paulo: Editora Revista dos Tribunais, 2016, p. 163.

[527] THEODORO JUNIOR, Humberto. *Curso de Direito Processual Civil*. vol. III, op. cit., 2016, p. 116.

Destarte, é claro que a execução provisória do título executivo judicial tem o intuito de preservar o direito fundamental da celeridade processual e da razoável duração do processo (artigo 5°, inciso LXXVIII, da Constituição Federal), considerando que a parte adversa pode manejar recursos para procrastinar a execução, desse modo, gerando ônus à parte que possui razão e direito já reconhecidos por sentença.

Analisando essa questão, e preocupando-se com a isonomia no processo civil, Luiz Guilherme Marinoni diz que "quando é proferida a sentença e declarada a existência do direito, não há razão para o autor ser obrigado a suportar o tempo do recurso".[528]

Nesse sentido, são as palavras de Luiz Guilherme Marinoni: Não há motivo para alguém se assustar ao constatar que o processo, retoricamente proclamado como um instrumento jurisdicional que não pode prejudicar o autor que tem razão, acaba sempre lhe causando prejuízo. Lamentavelmente, o processo tornou-se, com o passar do tempo, um lugar propício para o réu beneficiar-se economicamente às custas do autor, o que fez surgir os fenômenos do abuso do direito de defesa e do abuso do direito de recorrer.[529]

Dessa forma, verifica-se a importância da execução provisória para a preservação da celeridade processual e da segurança jurídica, uma vez que, no seu procedimento, a caução prevista no artigo 520, inciso IV, do CPC, consiste em necessária garantia para que não haja prejuízo à parte executada provisoriamente, preservando a segurança jurídica. Além do inciso I do mesmo artigo, prever que a execução provisória corre por iniciativa e responsabilidade do exequente, que se obriga, se a sentença for reformada, a reparar os danos que o executado haja sofrido, ou seja, preserva a possibilidade de se voltar ao *status quo ante*.

O cumprimento provisório de sentença caracteriza-se pela exigência, para a prática de determinados atos, a prestação de caução (art. 520, IV, CPC/15), que, no entanto, pode ser dispensada em alguns casos (art. 521, CPC/15).[530]

A execução provisória correrá por iniciativa e responsabilidade do exequente, assim se a sentença for reformada, fica obrigado a reparar os danos que o executado haja sofrido. Dessa maneira, em razão do risco que pode vir a causar ao executado, caso a sentença exequen-

---

[528] MARINONI, Luiz Guilherme; ARENHART, Sérgio Cruz. *Curso de processo civil*, v. 3, São Paulo: Editora Revista dos Tribunais, 2014, p. 355.

[529] Idem. 354 e 355.

[530] MEDINA, José Miguel Garcia. *Guia prático do novo processo civil brasileiro*. Op. cit., p. 163.

da venha a ser modificada, a execução provisória não poderá ser instaurada de ofício pelo juiz, dependerá sempre da iniciativa da parte.

Caso sobrevenha decisão que modifique ou anule a sentença objeto da execução, a execução provisória da sentença fica sem efeito, restituindo-se as partes ao estado anterior e liquidando-se eventuais prejuízos nos mesmos autos. Da mesma forma ocorrerá caso a sentença objeto de cumprimento provisório for modificada ou anulada apenas em parte, ficando sem efeito a execução somente nesta parte.

Humberto Theodoro Junior aduz que a restituição ao estado anterior não deve atingir terceiros, ao considerar que:

A provisoriedade, em suma, se passa entre as partes do processo e não atinge terceiros que legitimamente tenham adquirido a propriedade dos bens excutidos. Dessa forma, qualquer alienação judicial ocorrida durante o cumprimento provisório deverá ser preservada, sem prejuízo da apuração das perdas e danos, de responsabilidade do exequente.[531]

Aliado ao entendimento de Humberto Theodoro Junior, no sentido de que a volta ao estado anterior não atinge terceiros que tenham adquirido o bem pelos meios expropriatórios de execução de sentença, Luiz Rodrigues Wambier, Teresa Arruda Alvim e José Miguel Garcia Medina, assim entendem: "uma vez realizada a arrematação do bem penhorado, o eventual provimento do recurso não repercutirá na esfera jurídica do terceiro que tenha participado da hasta púbica".[532]

Se, contudo, o credor foi quem se assenhoreou dos bens do devedor, por força da execução provisória, é claro que, caindo esta, terá ele de restituí-los *in natura*, sem excluir a indenização dos demais prejuízos decorrentes do processo executivo frustrado.[533]

Destarte, conforme determina o § 4º do artigo 520, a restituição ao estado anterior não implica o desfazimento da transferência de posse ou da alienação de propriedade ou de outro direito real eventualmente já realizada, devendo ser ressalvado o direito à reparação dos prejuízos causados ao executado. Neste sentido, temos como exemplo o caso de cumprimento de condenação provisória de obrigação de fornecer medicamentos.

Visando a viabilizar a volta ao estado anterior, a legislação processual determina que dependerá de caução suficiente e idônea,

---

[531] THEODORO JUNIOR, Humberto. *Curso de Direito Processual Civil*. vol. III., op. cit., 2016, p. 120.
[532] WAMBIER, Luiz Rodrigues; WAMBIER, Teresa Arruda Alvim; MEDINA, José Miguel Garcia. *Breves comentários à nova sistemática processual civil*. v. II: São Paulo: Revista dos Tribunais, 2006, p. 181.
[533] THEODORO JUNIOR, Humberto. *Curso de Direito Processual Civil*. v. III., op. cit., 2016, p. 120.

arbitrada pelo juiz e prestada nos próprios autos, para que seja possível a prática dos atos que possam resultar grave dano ao executado, assim como o levantamento de depósito em dinheiro e a prática de atos que importem transferência de posse ou alienação de propriedade ou de outro direito real.[534] Assim, deve ser o valor da caução a mais adequada possível, suficiente e idônea, para garantir a reparação de eventuais prejuízos.

Por outro lado, a caução poderá ser dispensada em casos específicos, conforme prevê o artigo. 521 do CPC, que são: No caso de o crédito for de natureza alimentar, independentemente de sua origem; o credor demonstrar situação de necessidade; pender o agravo do art. 1.042 do CPC (Agravo em Resp. ou Rext.); e a sentença a ser provisoriamente cumprida estiver em consonância com súmula da jurisprudência do Supremo Tribunal Federal ou do Superior Tribunal de Justiça ou em conformidade com acórdão proferido no julgamento de casos repetitivos. Trata-se de verdadeira espécie de tutela da evidência. Determina ainda o código processual que, em podendo haver risco de grave dano de difícil ou incerta reparação, a exigência de caução será mantida.[535]

A execução será requerida por petição, instruída com os documentos previstos no art. 522 do CPC/15. Dispensa-se a juntada de documentos referidos no dispositivo se os autos forem eletrônicos (art. 522, parágrafo único, CPC/15).

Assim, conforme dispõe o artigo 522 do CPC, o cumprimento da execução provisória da sentença será requerido por petição dirigida ao juiz competente, devendo a petição ser acompanhada das seguintes peças do processo: decisão exequenda; certidão de interposição do recurso não dotado de efeito suspensivo; procurações outorgadas pelas partes; decisão de habilitação, se for o caso; e facultativamente, outras peças processuais consideradas necessárias para demonstrar a existência do crédito, sendo responsabilidade do advogado a autenticidade das cópias dos autos, caso certificada pelo causídico.

De acordo com o § 2º do art. 520 do CPC/15, incide a multa prevista no art. 523 do mesmo diploma legal no caso de cumprimento de sentença provisório. O mesmo se deve dizer dos honorários advocatícios (também art. 85, § 1º, do CPC/15).[536]

---

[534] MEDINA, José Miguel Garcia. *Guia prático do novo processo civil brasileiro*. Op. cit., 2016. p. 163.
[535] THEODORO JUNIOR, Humberto. *Curso de Direito Processual Civil*. v. III, Op. cit, 2016, p. 123/124.
[536] MEDINA, José Miguel Garcia. *Guia prático do novo processo civil brasileiro*. Op. cit., 2016, p. 163.

A execução provisória correrá em autos apartados, tendo em vista que a execução tramita no juízo de origem e os autos principais estarão em outra instância para julgamento do recurso, em razão do qual não é possível a execução definitiva.

Da mesma forma como previa o CPC/73, o CPC/15 dispõe que a possibilidade de cumprimento provisório da sentença não obsta a concretização da hipoteca judiciária (art. 495, § 1º, II, CPC/15).

O CPC/15 inovou no ponto relativo à dispensa de caução como requisito para a execução provisória, uma vez que o código de 1973 previa que no cumprimento provisório de sentença de natureza alimentar ou decorrente de ato ilícito poderia haver a dispensa da caução, porém, para isso, a execução deveria ser sobre valor não superior a 60 salários-mínimos, e o exequente deveria encontrar-se em estado de necessidade, sendo que essas exigências eram cumulativas.[537]

A grande inovação no cumprimento provisório da sentença diz respeito à multa e os honorários advocatícios, prevista no § 2º do mesmo artigo 520, ao qual determina que a multa e os honorários que são devidos no cumprimento definitivo da sentença, serão também devidos no cumprimento provisório de sentença condenatória ao pagamento de quantia certa.

Porém, o entendimento consolidado do Superior Tribunal de Justiça – STJ era de negar cabimento de condenação ao pagamento de honorários advocatícios na execução provisória, pendente recurso ao qual não tenha sido atribuído efeito suspensivo. Além de entender que na execução provisória, não incidiria a multa prevista no art. 475-J do CPC/1973, atual 523 do CPC.[538]

Dessa maneira, verificamos que o Novo Código de Processo Civil neste ponto veio em sentido contrário à jurisprudência e doutrina, não deixando dúvidas a cerca da aplicação de multa em caso de descumprimento pelo executado do prazo para pagamento, e em relação aos honorários de execução. Podendo, assim, o executado depositar o crédito tempestivamente, com a finalidade de isentar-se da multa, não sendo o ato incompatível com o recurso por ele interposto, conforme previsão do § 3º do artigo 520 do CPC.

---

[537] THEODORO JUNIOR, Humberto. *Curso de Direito Processual Civil.* v. III., op. cit., 2016, p. 117/118.
[538] SUPERIOR TRIBUNAL DE JUSTIÇA. Informativo de Jurisprudência. REsp 1.323.199-PR e REsp 1.116.925-PR. Disponível em: <https://ww2.stj.jus.br/jurisprudencia/externo/informativo/?acao=pesquisar&livre=multa+na+execu%E7%E3o+provis%F3ria&operador=e&b=INFJ&thesaurus=JURIDICO>. Acessado em: 15.11.17.

Assim, a imposição efetiva da multa somente poderá ocorrer depois do julgamento do recurso, e desde que este seja improvido e o levantamento pelo exequente seja obstaculizado, no todo ou em parte, por manobras processuais do executado.[539]

Considerando que a execução provisória corre por iniciativa, conta e responsabilidade do exequente (art. 520, I, do CPC/15), sendo provido o recurso manejado contra a sentença exequenda, ficarão prejudicados a multa e os honorários impostos ao executado.

O CPC/15, no § 1º do art. 520, prevê expressamente a possibilidade de o executado apresentar impugnação ao cumprimento provisório da sentença, nos termos do art. 525, em decorrência da garantia do contraditório.[540]

Ainda destaca-se que nas hipóteses do § 1º do artigo 1.012, já citado no presente estudo, a eficácia da sentença poderá ser suspensa pelo relator se o recorrente demonstrar a probabilidade de provimento do recurso ou se houver risco de grave dano ou de difícil reparação, em consonância com o sistema de precedentes de eficácia vinculantes, previsto nos artigos 926 e 927 do CPC/15. Desse modo, o pedido de concessão de efeito suspensivo poderá ser formulado por requerimento dirigido ao tribunal, no período compreendido entre a interposição da apelação e sua distribuição, ou ao relator, se já distribuída a apelação.

Conforme foi exposto, o instituto do cumprimento provisório da sentença consiste em um instrumento vocacionado a viabilizar e efetivar os direitos fundamentais da duração razoável do processo e da celeridade processual, previstos no artigo 5º da Constituição Federal/1988, especialmente no contexto de um código processual civil comprometido com a concretização das regras e princípios constitucionais.

Dessa maneira, existe a possibilidade de o credor executar provisoriamente o julgado, nas hipóteses em que tiver sido interposto recurso sem efeito suspensivo, contudo, deverá ser por sua conta e risco, devendo prestar uma caução como garantia para que não haja prejuízo à parte executada provisoriamente, desse modo também preservando o princípio fundamental da segurança jurídica. O procedimento do cumprimento provisório da sentença valoriza as sentenças prolatadas pelo julgador de primeira instância, além de beneficiar o autor que tem razão.

---

[539] THEODORO JUNIOR, Humberto. *Curso de Direito Processual Civil*. v. III, op. cit., 2016, p. 125.
[540] Idem, p. 124.

Destarte, percebe-se que o CPC/15 procurou lapidar e enaltecer o instituto do cumprimento provisório da sentença, com a sedimentação de previsões legais e inovações no sentido de lhe imprimir maior eficácia e cogência, visando às mais rápidas e amplas efetividade e celeridade do processo.

2.2. BASEADOS EM TÍTULO EXTRAJUDICIAL

2.2.1. Procedimentos comuns

2.2.1.1. Execução das obrigações de fazer e não fazer

João Paulo Kulczynski Forster

O Código de Processo Civil de 2015 reservou para os títulos executivos judiciais (art. 515) o procedimento do cumprimento de sentença, prosseguimento natural da fase de conhecimento para algumas demandas, nas suas diferentes modalidades (pagar quantia certa, prestar alimentos etc.). Para os títulos executivos extrajudiciais (art. 784) destinou o processo de execução, regulado a partir do art. 771. O tema da execução das obrigações de fazer e de não fazer regulamenta-se pelos arts. 814 e seguintes do diploma processual civil.

Portanto, grande parte das considerações realizadas no tópico correspondente (cumprimento de sentença das obrigações de fazer e de não fazer) também são aplicáveis a este exame, com destacada atenção à primazia da tutela específica.[541]

2.2.1.1.1. Requerimento

O processo de execução principia com a inicial executiva, atenta aos requisitos do art. 798 do CPC/15, aplicando-se, no que couber, as disposições da Parte Especial do Livro (arts. 318 e seguintes, e à inicial, particularmente o art. 319). A petição será endereçada (art. 319, I) ao juízo competente, determinado pelo art. 781. A competência na execução da obrigação de fazer ou de não fazer segue as mesmas regras gerais previstas no mencionado artigo. Não se localiza, aqui, a mesma disposição do art. 516, parágrafo único, que prevê a competência do juízo do local onde deva ser executada a obrigação. Há disposição próxima (mas não idêntica) no art. 781, V: "a execução poderá ser proposta no foro do lugar em que se praticou o ato ou em que ocorreu o fato que deu origem ao título, mesmo que nele não mais resida o executado".

As partes devem estar identificadas (art. 798, II, *b*, c/c art. 319, II) Quanto à legitimidade ativa, não difere das demais espécies de execução, sendo legitimados o credor a quem a lei confere título executivo

---

[541] DIDIER JR., Fredie; CUNHA, Leonardo Carneiro da; BRAGA, Paula Sarno; OLIVEIRA, Rafael Alexandria. *Curso de Direito Processual Civil. Execução.* Vol. 5. 7. ed. Salvador: Juspodivm, 2017, p. 1041.

e, ainda aqueles previstos no § 1º do art. 778: "I – o Ministério Público, nos casos previstos em lei; II – o espólio, os herdeiros ou os sucessores do credor, sempre que, por morte deste, lhes for transmitido o direito resultante do título executivo; III – o cessionário, quando o direito resultante do título executivo lhe for transferido por ato entre vivos; IV – o sub-rogado, nos casos de sub-rogação legal ou convencional".

A lei prevê as seguintes hipóteses de composição do polo passivo da demanda, no art. 779: "I – o devedor, reconhecido como tal no título executivo; II – o espólio, os herdeiros ou os sucessores do devedor; III – o novo devedor que assumiu, com o consentimento do credor, a obrigação resultante do título executivo; IV – o fiador do débito constante em título extrajudicial; V – o responsável titular do bem vinculado por garantia real ao pagamento do débito; VI – o responsável tributário, assim definido em lei".

No tocante à *causa de pedir*, adotamos, na íntegra, a excelente conclusão de Augusto Tanger Jardim: "Nas execuções de títulos extrajudiciais, em face da relativa incerteza que paira sobre os títulos executivos extrajudiciais, se comparados com os títulos executivos judiciais, a causa de pedir deverá se aproximar do conteúdo da causa de pedir (remota) da ação cognitiva condenatória, de modo que não bastará apenas a demonstração pura e simples do inadimplemento da obrigação constante no título, mas deve ser apresentada a concausa do título de modo a superar a relativa incerteza jurídica que paira sobre o conteúdo do documento. Por outro lado, a causa de pedir próxima se afigura idêntica à da execução de título judicial, tendo em vista que pautada pela necessidade de o sistema jurídico evitar o locupletamento injusto do devedor inadimplente".[542]

No que tange ao *pedido*, este deve atender os requisitos dos artigos 322 e seguintes, destacando-se, no particular, a sua interpretação em conformidade com o princípio da boa-fé, considerando o conjunto da postulação e o próprio título executivo apresentado. O pedido deve ser certo e determinando, indicando a obrigação de fazer ou de não fazer objeto de inadimplemento do título extrajudicial (art. 798, II).

Aplica-se, aqui, o art. 536, que permite que o julgador de ofício determine as medidas que possam auxiliar na efetivação da tutela específica ou do resultado prático equivalente.[543] Não se pode imaginar

---

[542] JARDIM, Augusto Tanger. *A Causa de Pedir no Direito Processual Civil.* Porto Alegre: Livraria do Advogado, 2008, p. 190.

[543] "Seria uma incongruência a tutela executiva de uma liminar (título judicial provisório) ser mais intensa do que aquela conferida a documento com eficácia executiva (título extrajudicial definitivo)". ALVIM, Angélica Arruda, ASSIS, Araken de, ALVIM, Eduardo Arruda, LEITE, George Salomão (coord.). *Comentários ao Código de Processo Civil.* São Paulo: Saraiva, 2016, p. 930.

que o processo em si possa ser instaurado de ofício (art. 2º, CPC/15), mas sim que o magistrado pode (e deve) determinar as medidas coercitivas que julgar necessárias, mesmo que o exequente não as tenha formulado ou ainda que ele tenha formulado pedido de medida diversa.

2.2.1.1.2. Meio de defesa

Apresentada a petição inicial, o juiz a recebe e fixa honorários de dez por cento sobre o proveito econômico (art. 827), ordenando, em seguida, a citação do executado. Nesse momento, fixa-se o prazo para o cumprimento da obrigação, a partir daquele constante do título ou fixado pelo juiz, caso não haja previsão no próprio título (art. 815). No caso da obrigação de não fazer, o juiz assinará prazo para o desfazimento de ato a cuja abstenção estava obrigado por lei ou por contrato (art. 822). Em ambos os casos, ocorrerá fixação de multa pelo atraso no não cumprimento das obrigações estipuladas, podendo reduzir a multa prevista no título, se considerada excessiva (art. 814 e seu respectivo parágrafo único).

Dificilmente haverá prazo previsto no título, uma vez que o inadimplemento (ou seja, o não cumprimento da obrigação no prazo previsto) é necessário para o ajuizamento da ação executiva.[544] O que há de ocorrer é a fixação do prazo pelo juiz, que deve observar as peculiaridades da obrigação a ser satisfeita. No caso de expedição do mandado de citação sem o prazo, aplica-se analogicamente o art. 523, que estipula o prazo de quinze dias (úteis – art. 219, CPC/15).

Recebido o mandado citatório, o executado pode adotar três posturas diversas. Ele pode: a) cumprir espontaneamente a obrigação, comprovando-a nos autos; b) apresentar embargos à execução; c) ficar inerte. Na hipótese 'a', ocorrerá a extinção do processo, por sentença do juiz, reduzindo pela metade os honorários inicialmente fixados (art. 827, § 1º). Os embargos à execução são o meio de defesa[545] escrita

---

[544] DIDIER JR., Fredie; CUNHA, Leonardo Carneiro da; BRAGA, Paula Sarno; OLIVEIRA, Rafael Alexandria. *Curso de Direito Processual Civil. Execução.* Vol. 5. 7. ed. Salvador: Juspodivm, 2017, p. 1043.

[545] Alguns Tribunais fixaram entendimento no sentido de que caracteriza erro grosseiro a apresentação de impugnação no lugar dos embargos à execução, por se tratarem de peças processuais aptas a tratarem de matérias diversas. Nesse sentido: "AGRAVO DE INSTRUMENTO. AÇÃO DE EXECUÇÃO DE TÍTULO EXTRAJUDICIAL. IMPUGNAÇÃO. INADEQUAÇÃO DA DEFESA APRESENTADA. INAPLICABILIDADE DO PRÍNCIPIO DA FUNGIBILIDADE. PROCEDIMENTOS DIFERENTES. NÃO PREENCHIDOS OS REQUISITOS DE EMBARGOS À EXECUÇÃO. ERRO GROSSEIRO. NEGADO PROVIMENTO AO RECURSO. UNÂNIME." (Agravo de Instrumento nº 70075670968, Décima Quinta Câmara Cível, Tribunal de Justiça do RS, Relator: Otávio Augusto de Freitas Barcellos, Julgado em 06/12/2017).

a serem apresentados pelo devedor no prazo de quinze dias, contados na forma do art. 231 (cf. art. 915). Ou seja, importante distinguir que, no cumprimento de sentença da obrigação de fazer ou de não fazer, o prazo para a impugnação se inicia após esgotado o prazo para o cumprimento espontâneo, enquanto que no processo executivo não se aguarda o final desse prazo.

Os embargos serão autuados em apartado, distribuídos por dependência ao juízo no qual tramita a execução, instruídos com cópias das peças processuais que o embargante/executado julgar relevantes. O *conteúdo* dos embargos à execução da obrigação de fazer ou de não fazer encontra previsão no art. 917 do CPC, qual seja: "I – inexequibilidade do título ou inexigibilidade da obrigação; II – penhora incorreta ou avaliação errônea; III – excesso de execução ou cumulação indevida de execuções; IV – retenção por benfeitorias necessárias ou úteis, nos casos de execução para entrega de coisa certa; V – incompetência absoluta ou relativa do juízo da execução; VI – qualquer matéria que lhe seria lícito deduzir como defesa em processo de conhecimento".

Algumas das hipóteses legais não se aplicam no caso da execução de obrigação de fazer ou de não fazer (II, IV), enquanto outras dependerão do conteúdo da execução (III). Não resta dúvida de que a defesa, em se tratando de embargos à execução, é muito mais abrangente do que aquela permitida em sede de impugnação ao cumprimento de sentença, mormente porque esta foi precedida de processo de conhecimento, não sendo lícito rediscutir toda a matéria anteriormente ventilada (ou que deveria tê-lo sido).

Tal qual a impugnação, os embargos não possuem efeito suspensivo, a menos que haja requerimento expresso nesse sentido, pelo embargante, e a) a execução esteja garantida por penhora, depósito ou caução e b) achem-se presentes os requisitos para concessão da tutela provisória (art. 919, § 1º). A decisão que conceder ou negar pedido de efeito suspensivo deverá, portanto, ser motivada e indicar a presença de probabilidade do direito suscitado pelo embargante/executado e perigo de dano ou risco ao resultado útil do processo (art. 300). Dessa decisão caberá agravo de instrumento ao tribunal competente (art. 1.015, parágrafo único).

2.2.1.1.3. Fase expropriatória/Procedimento de realização da obrigação

O procedimento das obrigações de fazer e de não fazer regula-se especialmente pelos artigos 814 e seguintes do CPC/15. Importante ressaltar que a obrigação de não fazer que se revela na abstenção de uma conduta que só pode atrair a imposição de multa fixa. Diversa é a situação da obrigação de não fazer descumprida e que acarrete a necessidade do desfazimento de algo, fazendo com que o comando judicial não seja o cumprimento de um "não fazer", mas sim de um (des)fazer. Apenas nesse último caso poderá haver a fixação de multa periódica, tal qual nas obrigações de fazer propriamente ditas, podendo ser fixada em quaisquer unidades de tempo – hora, dia, semana, mês – conforme o caso concreto.[546]

Remete-se, aqui, também, às considerações acerca das obrigações fungíveis e infungíveis trabalhadas no cumprimento de sentença das obrigações de fazer e não fazer. Em qualquer dessas espécies, caberá a fixação de multa para constranger o executado ao cumprimento da obrigação. A multa pode ser fixada de ofício pelo julgador, que também não se vincula ao valor pleiteado (caso o tenha sido) pelo exequente, podendo aumentá-lo ou reduzi-lo, sem que isso importe violação à norma processual.[547]

Caso o executado não satisfaça a obrigação no prazo designado, o exequente, nos próprios autos do processo, poderá requerer, para as obrigações *fungíveis*: a) que ele próprio a execute (arts. 816 e 820); b) que terceiro a execute, sob sua direção e vigilância (arts. 817/819). Em qualquer das hipóteses, não se remove do credor o direito a perdas e danos pelo descumprimento da obrigação.[548] Sendo fungível a obrigação, o próprio credor pode cumpri-la, em igualdade de condições com terceiro (art. 820), justamente para que o exequente não aproveite a situação para se locupletar às custas do executado. Ou pode-se simplesmente contratar o serviço de um terceiro para satisfazer a obrigação às custas do executado, cuja proposta deve ser aprovada pelo juiz (art. 817, parágrafo único).

---

[546] MARINONI, Luiz Guilherme, ARENHART, Sérgio Cruz, MITIDIERO, Daniel. *Novo Código de Processo Civil Comentado*. São Paulo: RT, 2015, p. 773.

[547] Nesse sentido: AGRAVO DE INSTRUMENTO. DIREITO PÚBLICO NÃO ESPECIFICADO. CUMPRIMENTO DE TAC. MULTA FIXADA MANTIDA. 1. Afastada a preliminar de não conhecido do recurso pelo descumprimento do disposto no art. 1.018 do CPC, pois a parte agravada não se desincumbiu do ônus de provar tal alegação, como lhe incumbia (§ 3º, art. 1.018, CPC). 2. Na forma do art. 814 do CPC, compete ao julgador a fixação da multa em execução de obrigação de fazer, motivo pelo qual não há vício ultra petita na decisão. 3. Não há nulidade por ausência de fundamentação do valor fixado a multa, em especial pela sua adequação ao caso concreto. AGRAVO DE INSTRUMENTO IMPROVIDO. (Agravo de Instrumento nº 70075108340, Quarta Câmara Cível, Tribunal de Justiça do RS, Relator: Francesco Conti, Julgado em 25/10/2017).

[548] Vide art. 249, CC: Art. 249. Se o fato puder ser executado por terceiro, será livre ao credor mandá-lo executar à custa do devedor, havendo recusa ou mora deste, sem prejuízo da indenização cabível. Parágrafo único. Em caso de urgência, pode o credor, independentemente de autorização judicial, executar ou mandar executar o fato, sendo depois ressarcido.

Para as obrigações *infungíveis* não satisfeitas restará apenas a conversão em perdas e danos, hipótese na qual adotar-se-á o procedimento de execução por quantia certa (art. 821, *caput*, e parágrafo único).

2.2.1.1.4. Fase final do procedimento (encerramento)

Como referido, no caso de cumprimento espontâneo da obrigação no prazo assinado, o processo encerra com sentença proferida pelo magistrado (art. 203, § 1º). Com a apresentação dos embargos, dilata-se o procedimento, com o exequente/embargado sendo ouvido no prazo de quinze dias úteis (art. 920, I), seguindo-se julgamento imediato do pedido ou designação de audiência (art. 920, II). Nesse último caso, encerrada a instrução, o juiz proferirá sentença (art. 920, III). Relevante apontar que, sendo sentença o ato terminativo dos embargos, o recurso cabível será a apelação (art. 1.009).[549]

2.2.1.2. Execução das obrigações de entregar coisa certa e incerta

Guilherme Botelho

2.2.1.2.1. Requerimento

Tratando-se de título executivo extrajudicial a obrigação deverá ser pleiteada mediante petição inicial que deve preencher todos os requisitos do art. 319, bem como, do art. 798, do CPC, aportando-se, portanto, necessariamente, o título executivo.

Competência: A execução será proposta no local do imóvel a ser entregue ou no domicílio do devedor em caso de obrigação de entrega de bem móvel (art. 781, I, do CPC). Sendo incerto ou desconhecido o domicílio do Executado, a execução poderá ser proposta no local onde ele for encontrado ou até mesmo no domicílio do Exequente (art. 781, III, do CPC). Por fim, havendo mais de um devedor, a execução poderá ser proposta no domicílio de qualquer deles (art. 781, IV, do CPC).

Legitimidade: Incumbe exclusivamente ao beneficiário do título executivo o direito de promoção da demanda executiva. No caso

---

[549] "AGRAVO DE INSTRUMENTO. LOCAÇÃO. EMBARGOS À EXECUÇÃO. IMPROCEDÊNCIA DOS EMBARGOS. DECISÃO TERMINATIVA. ERRO GROSSEIRO. PRELIMINAR DE NÃO CONHECIMENTO DO RECURSO. A sentença que julga improcedentes os embargos à execução desafia interposição de recurso de apelação. Decisão terminativa. A interposição de agravo de instrumento contra sentença configura erro grosseiro, que desautoriza a aplicação do princípio da fungibilidade recursal. Precedentes do TJRGS. PRELIMINAR ACOLHIDA. AGRAVO DE INSTRUMENTO NÃO CONHECIDO." (Agravo de Instrumento nº 70074953860, Décima Quinta Câmara Cível, Tribunal de Justiça do RS, Relator: Ana Beatriz Iser, Julgado em 06/12/2017).

de falecimento, o direito ao bem, por se tratar de direito patrimonial, transmite-se à sucessão. Havendo alienação dos direitos sobre a coisa, a legitimidade transmite-se ao cessionário.

Por sua vez, será do devedor constante do título, a legitimidade para figurar no polo passivo. Os herdeiros, o espólio e os sucessores ficam sujeitos à execução na medida das forças da herança (art. 1.982, CC), bem como aquele que assumiu a dívida com o consentimento do credor (art. 779, III, do CPC) e o fiador que conste do título executivo extrajudicial.[550] Em se tratando o Executado de pessoa jurídica, não será adequado ao Exequente incluir os sócios na demanda já na petição inicial na forma do art. 134, § 2º, do Código de Processo Civil, dado que o ambiente do processo de execução não é adequado para apuração da responsabilidade pessoal deste, sendo imprescindível a abertura do incidente de desconsideração da personalidade jurídica.

Causa de pedir: A causa de pedir executivo é sempre formada pela afirmação de obrigação liquida, certa e exigível, no caso, obrigação de entrega de coisa certa ou incerta, mas distinta de dinheiro. Tanto faz se a obrigação é baseada em direito pessoal (obrigação reipersecutória) ou real. Some-se a isso, a necessária afirmação de inadimplência do Executado frente ao cumprimento da obrigação.

Pedido: Na petição, o Exequente postulará a citação do Executado para que faça a entrega do bem em até quinze dias, podendo ser arbitrada multa na decisão que receber a inicial.[551]

Em se tratando de obrigação incerta, a individualização da coisa cabe, em regra, ao devedor, desde que não haja disposição em contrário no próprio título executivo. O Executado será citado para realizar a escolha que lhe cabe, não o fazendo, a escolha passará automaticamente ao Exequente. Todavia, caso a escolha caiba excepcionalmente ao Exequente e este não a realizando na peça inaugural presume-se sua renúncia a tal faculdade, não devendo ser determinada emenda à inicial para que a exerça, dado que não se trata de vício formal.[552]

---

[550] MARINONI, Luiz Guilherme; ARENHART, Sérgio Cruz; MITIDIERO, Daniel. *Novo código de processo civil comentado*. Op. cit., p. 742.

[551] Já salientamos nossa opinião quando dos comentários ao cumprimento de sentença da obrigação de entrega de coisa, que a multa pecuniária deve ser utilizada de forma residual ou subsidiária, no caso de frustração no desapossamento, com o que se entende desaconselhável seu arbitramento no momento inicial.

[552] Nossa posição decorre do fato de que o dever de prevenção como corolário do direito à colaboração, quando ligado a situações de mérito da pretensão tende a prejudicar a imparcialidade do juiz. Em sentido contrário, entendendo pela necessidade de advertência das consequências da não individualização da coisa: DIDIER JR., Fredie; CUNHA, Leonardo Carneiro da; BRAGA, Paula Sarno; OLIVEIRA, Rafael Alexandria de. *Curso de direito processual civil*: execução. Op. cit., p. 670-671.

2.2.1.2.2. Meio de defesa

Caso o Executado discorde da pretensão executiva exercida, poderá defender-se mediante oposição de embargos à execução. Por se tratar os embargos à execução verdadeira ação de conhecimento, o Executado, agora Embargante, deve observar todos os requisitos ditados no art. 319, do Código de Processo Civil.[553]

Momento: Os Embargos à execução devem ser propostos, de regra, em até quinze dias úteis a contar da juntada do mandado de citação aos autos. No caso de litisconsórcio passivo na execução, o prazo para os embargos contam-se a partir da juntada de cada respectivo mandado, salvo no caso de executados serem cônjuges ou companheiros, caso em que o prazo apenas fluirá da juntada do último mandado aos autos. Outrossim, não será aplicável ao processo executivo o prazo em dobro para os litisconsortes com procuradores diferentes de distintos escritórios (art. 915, § 1º, do CPC).

Desejando o Executado alegar supostos defeitos ou vícios de penhora ou de avaliação realizada após transcorrido o prazo para os embargos, deverá apresentar impugnação ao ato em até quinze dias a contar da ciência do ato, que deverá ser processada independentemente do pagamento de custas processuais (art. 917, § 1º, do CPC).

Forma: Os embargos devem ser distribuídos por dependência, autuados em apartado e devendo ser acompanhado das cópias essenciais à compreensão da controvérsia, que podem, por sua vez, serem declaradas autênticas pelo próprio advogado do Embargante. A necessidade decorre, em especial, por conta da possibilidade de serem julgados os embargos e, na pendência de apelo contra eventual sentença de improcedência, os autos dos embargos serão desapensados para seguirem ao tribunal desacompanhados da execução que, de regra, prosseguirá na origem, em vista do disposto no art. 1.012, § 1º, III, do CPC (ausência de efeito suspensivo).

Saliente-se que a penhora não é requisito ao processamento dos embargos, mas é pressuposto para a concessão de efeito suspensivo. Assim, mesmo que desnecessária a garantia para o exercício do direito de defesa no processo executivo, a fim de que seja suspensa a atividade executiva será imprescindível não apenas o depósito do bem,

---

[553] Com isso, caso não atenda algum dos requisitos próprio deverá o magistrado oportunizar prazo para correção do vício em até quinze dias sempre que se mostrar possível a adequação da peça. Também possível o indeferimento da inicial, na forma do art. 331, do CPC quando não atendida a determinação de emenda ou quando esta se demonstrar impossível, como no caso da patente ilegitimidade, bem como, seu julgamento de improcedência liminar, quando presente alguma das hipóteses do art. 332, do CPC. Nesse sentido: MARINONI, Luiz Guilherme; ARENHART, Sérgio Cruz; MITIDIERO, Daniel. *Novo código de processo civil comentado*. Op. cit., p. 857.

como também a presença da probabilidade do direito alegado, além do perigo de dano irreparável ou de difícil reparação.

Abrangência: Os embargos eventualmente propostos pelo Executado podem versar sobre qualquer das matérias expostas no art. 917 do CPC, o que inclui "qualquer matéria que lhe seria lícito deduzir como defesa em processo de conhecimento" (inciso VI), dando ao Embargante ampla cognição frente à pretensão executiva (plena e exauriente),[554] além de amplo espaço probatório adequado ao processo de conhecimento.

Dentre as matérias passíveis de alegação está o direito de retenção em decorrência de benfeitorias úteis e necessárias realizadas na coisa (art. 917, IV, do CPC).[555] Não alegado e postulado o direito de retenção, restará preclusa a questão. Postulado e acolhido, os embargos serão procedentes para declarar o direito de retenção, tornando líquido o valor das benfeitorias e criando condição para entrega da coisa, que apenas deverá ser restituída após o depósito da quantia.

---

[554] Adota-se assim a conhecida classificação de Kazuo Watanabe ao distinguir a cognição a partir de dois níveis distintos: Horizontal (extensão): Diz respeito ao âmbito do exame feito pelo juiz no que se refere ao conteúdo da lide e das matérias abrangidas, isto é, pressupostos processuais, condições da ação e mérito do pedido. Pode ser integral se analisa todas as questões preliminares e de mérito postas a julgamento ou parcial se é eliminada de uma área toda de questões. *V.g.*, quando o autor busca a tutela jurisdicional para ver o réu condenado ao pagamento de indenização por danos extrapatrimoniais; o litígio tergiversará sobre uma série de questões preliminares e de mérito, sendo que sob o manto do procedimento ordinário poderá o julgador decidir todas as questões sem qualquer limitação. Estaremos diante, portanto de uma hipótese em que a cognição é integral. Em outros casos, no entanto, por conta de disposição específica, apenas poderá ser âmbito de exame do Juiz uma parcela destas questões; é o caso do art. 3º, §2º, do Dec.-lei nº 911/69, ao estabelecer que "na contestação só se poderá alegar o pagamento do débito vencido ou cumprimento das obrigações contratuais". Estaremos, nesta hipótese, diante de um nível horizontal limitado de cognição, ou na expressão do autor, de uma cognição horizontal parcial. Vertical (profundidade): o plano vertical da cognição diz respeito à profundidade do exame da controvérsia realizado pelo magistrado. Pode ser exauriente ou sumária. Quando o juiz examina a controvérsia mediante ampla produção de provas, amplo contraditório, esgotamento dos recursos e impugnações, diz-se que houve cognição exauriente; quando o juiz análise uma questão superficialmente, através de um juízo de probabilidade e aparência, diz-se que houve cognição sumária, ou seja, uma cognição menos aprofundada. Poderá, ainda, haver "a cognição em sua forma tênue e rarefeita, sendo mesmo eventual, que é a cumprida no processo de execução." (WATANABE, Kazuo. *Da cognição no processo civil*. 2. ed. Campinas: Bookseller, 2000, p 111-124)

[555] Como bem observam Fredie Didier, Leonardo Cunha, Paula Braga e Rafael Oliveira, o direito de retenção pelas benfeitorias não se confunde com o direito à indenização por elas, que pode incluir inclusive as voluptuárias que não puderem ser levantadas: "O possuidor de boa-fé tem direito à indenização não só pelas benfeitorias necessárias e úteis, como também pelas benfeitorias voluptuárias que realizar, desde que elas não possam ser levantadas. A diferença é que, quanto a essas últimas (voluptuárias), não lhe assiste direito de retenção para garantir o seu ressarcimento (art. 1.219, Código Civil). O possuidor de má-fé apenas faz jus a uma indenização pelas benfeitorias necessárias por ele introduzidas na coisa, mas não lhe assiste o direito de retenção, tampouco o direito de levantar as benfeitorias voluptuárias (art. 1.220, Código Civil)." (DIDIER JR., Fredie; CUNHA, Leonardo Carneiro da; BRAGA, Paula Sarno; OLIVEIRA, Rafael Alexandria de. *Curso de direito processual civil*: execução. Op. cit., p. 666)

2.2.1.2.3. Fase expropriatória – procedimento de realização da obrigação

Não entregue ou depositado o bem no prazo de quinze dias a contar da citação, do mesmo mandado constará ordem de imissão na posse ou de busca e apreensão do bem, que deverá ser cumprida pelo Oficial de Justiça, após o transcurso do prazo (art. 806, § 2º, do CPC).

Caso alienado o bem após a citação do devedor, expedir-se-á mandado de imissão na posse ou de busca e apreensão em face do terceiro adquirente que não será ouvido nos autos antes de depositar a coisa em juízo.

Depositado o bem, "o juiz deverá intimar o terceiro adquirente, que, se quiser, poderá opor embargos de terceiros, no prazo de 15 (quinze) dias" (art. 792, § 4º, do CPC). Não apresentados os embargos no referido prazo, será declarada a fraude à execução, dado o momento da alienação e ausência de reclamação por parte do terceiro.

Depositado o bem e apresentados embargos de terceiro nos quinze dias a contar da intimação do terceiro, estes deverão ser recebidos com a suspensão das atividades constritivas sobre o bem ou mesmo a determinação de reintegração provisória da posse do bem ao terceiro, caso entenda o juízo esteja suficientemente provado o domínio ou a posse do bem (art. 678 do CPC) e houver pedido do Embargante neste sentido.

Visualizando, no entanto, o credor que o terceiro se apresenta de boa-fé é de sua avaliação de risco a opção por não continuar a perseguir a coisa alienada e, ao revés, postular a conversão da obrigação em perdas e danos e continuar a perseguir o valor correspondente a coisa, acrescido de eventuais perdas e danos na esfera jurídica do Executado.[556]

2.2.1.2.4. Fase final do procedimento

Entregue o bem será lavrado termo de entrega e considerada satisfeita a obrigação. Em havendo frutos ou prejuízos ocasionados pelo não cumprimento voluntário da obrigação, estes serão apurados nos próprios autos, mediante pedido apresentado por petição simples

---

[556] A esse respeito: "Não tendo obtido a tutela específica da obrigação, o exequente tem direito à tutela ressarcitória do valor da coisa e à tutela reparatória por perdas e danos, caso a coisa não lhe tenha sido entregue ou tenha se deteriorado por culpa do executado (arts. 809, CPC 234 e 236, CC). Assiste-lhe idêntico direito se optar por não reclamar a coisa de terceiro adquirente da coisa litigiosa (art. 809, CPC) (MARINONI, Luiz Guilherme; ARENHART, Sérgio Cruz; MITIDIERO, Daniel. *Novo código de processo civil comentado*. Op. cit., p. 770-771)

pelo Exequente, com direito à contraditório por parte do Executado. Reconhecido o dever de entrega dos frutos ou do prejuízo decorrente da não restituição, mediante decisão interlocutória que declarará o valor devido, a execução de obrigação de entrega de coisa será convertida em cumprimento de sentença de obrigação de pagar e prosseguirá sem formação de novos autos.

2.2.1.3. Execução das obrigações de pagar quantia certa contra devedor solvente

2.2.1.3.1. Do requerimento do exequente

Dárcio Franco Lima Júnior

Prosseguindo na análise dos procedimentos executivos comuns, baseados em títulos executivos extrajudiciais, cumpre apreciar, agora, a execução das obrigações de pagar quantia certa, relativamente ao devedor solvente.

Importante observar que já foram apreciadas diversas das questões pertinentes ao tópico por ocasião do exame do requerimento de cumprimento das obrigações de pagar quantia certa contra devedor solvente, baseadas em títulos judiciais, o que permite a objetivação na análise, como se verá.

Requerimento: Cuidando-se de título extrajudicial, não precedido, portanto, em sua formação, de anterior fase processual cognitiva (arbitragem, jurisdição penal ou processo judicial estrangeiro), a instauração do respectivo cumprimento dá-se por meio de demanda. Ou seja, a execução fundada em título extrajudicial, no dizer de Humberto Theodoro Júnior, é processada "... em autuação própria, como ação originária".[557]

Relevante, no ponto, o art. 798 do CPC/2015: Art. 798. Ao propor a execução, incumbe ao exequente: "I – instruir a petição inicial com: a) o título executivo extrajudicial; b) o demonstrativo do débito atualizado até a data de propositura da ação, quando se tratar de execução por quantia certa; c) a prova de que se verificou a condição ou ocorreu o termo, se for o caso; d) a prova, se for o caso, de que adimpliu a contraprestação que lhe corresponde ou que lhe assegura o cumprimento, se o executado não for obrigado a satisfazer a sua prestação senão mediante a contraprestação do exequente; II – indicar :a) a espécie de

---

[557] *Curso de direito processual civil*, ob. cit., parte 2, capítulo 6, § 19, item "164".

execução de sua preferência, quando por mais de um modo puder ser realizada; b) os nomes completos do exequente e do executado e seus números de inscrição no Cadastro de Pessoas Físicas ou no Cadastro Nacional da Pessoa Jurídica; c) os bens suscetíveis de penhora, sempre que possível. Parágrafo único. O demonstrativo do débito deverá conter: I – o índice de correção monetária adotado; II – a taxa de juros aplicada; III – os termos inicial e final de incidência do índice de correção monetária e da taxa de juros utilizados; IV – a periodicidade da capitalização dos juros, se for o caso; V – a especificação de desconto obrigatório realizado".

Como se vê, exige-se, essencialmente, a apresentação do título executivo extrajudicial, indispensável na espécie, porque não houve, como já observado, anterior fase cognitiva.

Da mesma forma, indispensável a adequada qualificação das partes.

Os demais requisitos indicados no art. 798 do CPC/2015, a exemplo da exigência de apresentação de cálculo atualizado, são análogos aos previstos na fase de cumprimento de sentença, no art. 524 do CPC/2015, e, nesta perspectiva, já restaram examinados nesta obra no contexto daquele procedimento.

O art. 799 do CPC/2015, em seu turno, acrescenta outras exigências a serem atendidas pela parte exequente, vinculadas a situações específicas.

Tal como ocorre na fase de cumprimento, também o pleito de execução fundado em título extrajudicial se sujeita ao exame de admissibilidade pelo órgão julgador, o qual, no caso de constatação de deficiências ou de irregularidades, sempre que possível, deverá viabilizar o saneamento, mediante emenda, nos termos do art. 801 do CPC/2015.[558]

Recebida a petição inicial, o juízo fixará a incidência de verba honorária de 10% sobre o montante do débito, nos termos do art. 827 do CPC/2015.

Em sequência, a parte executada será citada para, no prazo de três dias, quitar o débito, nos termos do art. 829 do CPC/2015,[559] e,

---

[558] Consoante observa Carlos Augusto de Assis (Breves comentários ao novo Código de Processo Civil, ob. cit., p. 1.997), "É claro que o juiz deverá fazer um prévio exame das condições para o prosseguimento da execução. Se não reunir condições de admissibilidade, o juiz, desde logo, indeferirá a inicial, a não ser que seja passível de correção ou complemento, segundo o art. 801".

[559] Relevante a lição de Carlos Augusto de Assis (*Breves Comentários ao Novo Código de Processo Civil*, ob. cit., p. 2.003): "no caso do processo de execução, a citação tem o objetivo específico de comunicar o executado para que este pague a dívida, conforme indica o dispositivo em apreço. Embora o objetivo específico seja a realização do pagamento, é oportuno lembrar que da citação

havendo pagamento integral no aludido lapso temporal, a verba honorária será reduzida à metade, nos termos do § 1º do art. 827 do CPC/2015.[560]

A citação, sem prejuízo das regras específicas da tutela executiva, observará as regras gerais dos artigos 238 e seguintes do CPC/2015.

De resto, não ocorrendo o pagamento voluntário do débito no prazo legal, serão promovidos os atos de expropriação. Ainda quanto ao ponto, cumpre salientar que, nos termos do § 3º do art. 782 do CPC/2015, "a requerimento da parte, o juiz pode determinar a inclusão do nome do executado em cadastros de inadimplentes".

O pleito de execução de título extrajudicial exige o exame, outrossim, das questões pertinentes à competência, à legitimidade das partes, à causa de pedir e ao pedido, do que se cuidará a seguir.

Competência: Com relação à competência, a execução baseada em título executivo extrajudicial deve ser proposta no juízo cível competente, nos termos do art. 781 do CPC/2015.

Impõe-se, assim, a observância das regras gerais de competência, previstas, essencialmente, nos artigos 42 e seguintes do CPC/2015, sem prejuízo de outras constantes de legislação extravagante.[561]

Não obstante, o art. 781 do aludido diploma legal, em simetria com as referidas regras gerais de competência, dispõe, em seu inciso I, que "a execução poderá ser proposta no foro de domicílio do executado, de eleição constante do título ou, ainda, de situação dos bens a ela sujeitos", ou seja, a execução de título extrajudicial pode ser proposta no foro de domicílio do devedor, no foro de eleição do contrato ou, ainda, no foro do lugar dos bens, à semelhança da regra prevista no art. 516, parágrafo único, do CPC/2015.

Da mesma forma, ainda em simetria com as regras gerais, dispõem os incisos II e III que "tendo mais de um domicílio, o executado poderá ser demandado no foro de qualquer deles" e que "sendo incerto ou desconhecido o domicílio do executado, a execução poderá

---

também surge a oportunidade para embargar a execução (art. 914 c/c art. 915) ou requerer o parcelamento do valor devido (art. 916)".

[560] Nos termos do art. 916 do CPC/2015, existe a possibilidade de parcelamento do débito, nas execuções baseadas em título extrajudicial. Transcrevo o *caput* do aludido dispositivo legal: "No prazo para embargos, reconhecendo o crédito do exequente e comprovando o depósito de trinta por cento do valor em execução, acrescido de custas e de honorários de advogado, o executado poderá requerer que lhe seja permitido pagar o restante em até 6 (seis) parcelas mensais, acrescidas de correção monetária e de juros de um por cento ao mês".

[561] Teori Albino Zavascki examina a questão em profundidade, referindo diversas situações com específicas regras de competência. Ver: Comentários ao código de processo civil, ob. cit., título I, arts. 771 a 778, comentários ao art. 781.

ser proposta no lugar onde for encontrado ou no foro de domicílio do exequente".

O mesmo sucede quanto ao inciso IV, dispondo que "havendo mais de um devedor, com diferentes domicílios, a execução será proposta no foro de qualquer deles, à escolha do exequente".

De resto, nos termos do inciso V, "a execução poderá ser proposta no foro do lugar em que se praticou o ato ou em que ocorreu o fato que deu origem ao título, mesmo que nele não mais resida o executado".

Cuidando-se de regras de competência territorial, as mesmas são de natureza relativa, cumprindo, portanto, ao executado, se for o caso, arguir a sua violação, oportunamente.

Legitimidade: A questão da legitimidade já foi apreciada por ocasião da apreciação do cumprimento de obrigação baseada em título judicial, oportunidade em que se cuidou das principais situações relativas à legitimação *ad causam* ativa e passiva na execução, nos termos dos artigos 778 e 779 do CPC/2015, aplicáveis aos procedimentos executivos baseados em títulos judiciais e extrajudiciais.

Causa de pedir: Consoante já apreciado por ocasião do exame do cumprimento de sentença, a causa de pedir na tutela executiva, essencialmente, é a afirmação do exequente de descumprimento da obrigação prevista no título executivo pela parte executada.[562]

Indispensável a apresentação do título e a devida especificação da obrigação exequenda, como já destacado, com a demonstração da sua natureza e, no caso das obrigações por quantia, a devida explicitação do cálculo dos valores atualizados.

Remete-se o leitor, no ponto, às considerações expressas por ocasião da análise do requerimento de cumprimento de sentença.

Pedido: O pedido, como já observado na fase de cumprimento, é de citação do executado para o pagamento do débito, modo de satisfação de obrigação de pagar constante do título executivo extrajudicial, sem prejuízo de que o exequente requeira, evidentemente, a adoção de específicas medidas de expropriação para a hipótese de ausência de pagamento voluntário.

---

[562] Assim a lição de Araken de Assis (*Manual da Execução*, ob. cit., título II, cap. 6, item "133"): "Em princípio, não basta a simples alusão ao título, impondo-se a indicação dos seus elementos (natureza, valor do crédito, atualidade). Resta acrescentar que, juntado o título (art. 798, I, a), se necessário, e a procuração, o exequente deverá alegar positivamente o inadimplemento, para expressar seu legítimo interesse na instauração do processo (art. 17), e juntar a memória de cálculo da dívida, em se cuidando de prestação pecuniária (arts. 524, I a VI, e 798, I, *b*, e parágrafo único)".

E o pedido, como já referido por ocasião do exame da fase de cumprimento de sentença, determina, também, os limites da tutela executiva a ser prestada no caso concreto.

Cuida-se, a seguir, da defesa do executado na execução de título extrajudicial.

2.2.1.3.2. Das defesas do executado

Fernando Rubin

Certamente é difícil ser adotado exatamente o mesmo rito pelos juízes, sendo encaminhado aquele que, em geral, na doutrina e na jurisprudência, melhor atende a interpretação dos dispositivos expostos, de acordo ainda, quando possível, com a orientação contida no sistema anterior.[563]

O sistema confere prazo para pagamento pelo executado de 3 dias da citação efetiva realizada por oficial de justiça, de acordo com dicção do art. 829 (não poderia ser por carta AR pelo CPC/1973; *já pelo Novo CPC há uma padronização para que as citações sejam sempre por carta AR, no conhecimento e na execução*).

Abre-se a partir da citação também prazo para o executado oferecer embargos à execução – no prazo legal de 15 dias (art. 914). O devedor é citado para, em três dias, pagar (art. 827, § 1°). Esse prazo corre da efetiva citação, e não da juntada aos autos do mandado, o qual, distintamente, abre prazo para defesa.

Passado *in albis* o prazo, o oficial de justiça trata de penhorar os bens, tudo de acordo com a redação atual do art. 829, § 1°: "do mandado de citação constarão, também, a ordem de penhora e avaliação a ser cumprida pelo oficial de justiça tão logo verificado o não pagamento no prazo assinalado, de tudo lavrando-se auto, com intimação do executado". Nesse sentido, já encontrávamos paradigmática posição no STJ, 6ª Turma, RESP 417.861/DF.[564]

Em não sendo oferecido pagamento, portanto, o oficial de justiça continua com suas diligências, realizando a penhora e avaliação dos bens. São, nessa fase inicial de execução de título extrajudicial, dois mandados a cumprir (citação e penhora). No entanto, o prazo para

---

[563] RODRIGUES, Cassiano Garcia. Execução de título extrajudicial da Lei n° 13.105/2015 – art. 824 até o art. 909. In: Alexandre Ávalo Santana e José de Andrade Neto (Org.). *Novo CPC*: Análise doutrinária sobre o novo direito processual brasileiro. Campo Grande: Contemplar, 2015, v. 3, p. 143/192.

[564] GONÇALVES, Marcus Vinícius Rios. *Novo curso de direito processual civil*. Vol. 3 – Execução e processo cautelar, 4. ed., São Paulo: Saraiva, 2011, p. 148/149.

defesa é de 15 dias da juntada do mandado de citação (por carta AR ou subsidiariamente pelo oficial de justiça), conforme estipula o art. 915 c/c 231, ambos da Lei n° 13.105/2015.

Em sendo oferecido pagamento, o executado paga honorários advocatícios pela metade (5% pelo Novo CPC, art. 827, § 1°) – seria essa a grande vantagem de medida pró-ativa pelo devedor. O sistema processual também prevê, para esse momento do processo, a possibilidade de ser oferecido pagamento parcelado ("moratória"): trata-se de previsão legal a exigir depósito de 30% do valor em execução, inclusive custas e honorários advocatícios, e parcelamento do restante da dívida em até 6 vezes (espécie então de "transação" autorizada por lei, art. 916 do Novo CPC).

Interessante que o *caput* do art. 916 confirma a vinculação da moratória ao prazo de defesa executiva típica, ao estabelecer expressamente que no prazo para embargos, reconhecendo o crédito do exequente e comprovando o depósito de trinta por cento do valor em execução, acrescido de custas e de honorários de advogado, o executado poderá requerer que lhe seja permitido pagar o restante em até 6 (seis) parcelas mensais, acrescidas de correção monetária e de juros de um por cento ao mês. Por fim, o mesmo dispositivo infraconstitucional dispõe que não se aplica o aludido parcelamento da dívida no título judicial – medida que, em tese, poderia beneficiar o exequente, a fim de receber integralmente e de plano o seu crédito executivo, de acordo com o art. 916, § 7°.[565]

Caso o oficial de justiça não consiga citar o executado para pagar, fará arresto dos bens ("pré-penhora"). Após nova tentativa de citação, será processada pelo oficial de justiça e pelo exequente (citação por edital). Sendo mantido o ocultamento do devedor (não apresentação), converte-se o arresto em penhora.[566] Nos termos do Novo CPC, art. 830, nos 10 dias seguintes à efetivação do arresto, o oficial de justiça procurará o executado em 2 oportunidades e, havendo suspeita de ocultação, realizará a citação com hora certa.[567]

---

[565] RUBIN, Fernando. *O Novo Código de Processo Civil* – Da construção de um novo modelo processual às principais linhas estruturantes da Lei n° 13.105/2015. Atualizado de acordo com as alterações da Lei n° 13.256/2016. 2. ed. São Paulo: LTr, 2017, em especial capítulo 15.

[566] É automática a conversão do arresto em penhora, mas da penhora deve ser intimado o devedor, ainda que haja sido citado por edital (NERY JR., Nelson; ANDRADE NERY, Rosa Maria de. *Código de processo civil comentado*. 9. ed. São Paulo: RT, 2006, p. 874).

[567] No sistema anterior, com maior formalidade, o oficial de justiça precisava procurar o executado em três oportunidades, mantendo-se as demais cominações legais – O oficial de justiça e o Novo CPC. Grupo de Estudos do Novo CPC, Comarca de Doutorados. <https://grupoestudonovocpcdourados.wordpress.com/2016/02/23/o-oficial-de-justica-e-o-novo-codigo-de-processo-civil/>. Acesso em 30/09/2017.

Na hipótese de não pagamento, com penhora de bens, o executado deve ser devidamente intimado da constrição dos bens para que tenha a oportunidade de (a) sugerir *alteração dos bens penhorados* ou mesmo (b) *remir a execução*,[568] com o pagamento da totalidade dos ônus sucumbenciais (art. 826 c/c art. 794, II).

Especificamente com relação ao meio de defesa tradicional para o título executivo extrajudicial, necessário explicitar, quando da comparação com o incidente de impugnação ao cumprimento de sentença, que (a) os embargos são processados sempre em autos apartados, desafiando apelação, conforme art. 920 do Novo CPC; (b) os embargos podem ser liminarmente rejeitados com mais fundamentos, dada a maior complexidade: intempestividade, não juntada planilha de cálculos, inépcia da inicial, manifestos fins protelatórios, por aplicação do art. 332 do Novo CPC; (c) de qualquer sorte, a grande diferença dos embargos para a impugnação são os fundamentos maiores para defesa do executado, conforme previsão do art. 917 do Novo CPC: nulidade da execução, por não ser executivo o título apresentado e por nulidade da citação; penhora incorreta ou avaliação errônea; excesso de execução ou cumulação indevida de execução; outros fundamentos lícitos como defesa em processo de conhecimento (preliminares e prejudiciais de mérito).

Como não houve prévia etapa de cognição, evidente que as oportunidades de defesa do executado, em sede de embargos à execução, seriam muito maiores, aproximando esse meio de defesa executivo da própria contestação. Também por aí se justificaria a opção do Codex de determinar que o recurso da decisão que resolve os embargos à execução é sempre apelação – não existindo aqui a dúvida a respeito da interposição de agravo de instrumento, como se sucede no âmbito da impugnação ao cumprimento de sentença.

Os embargos à execução de título extrajudicial se aproximam, por sua vez, da impugnação ao cumprimento de sentença em alguns itens importantes: (a) efeito suspensivo excepcional em relação ao incidente (só concedido, nos termos do art. 919 do Novo CPC, quando verificados os requisitos para a concessão de tutela provisória e desde

---

[568] Eis a hipótese de "remição", no sentido de satisfação da obrigação pelo executado, em razão do pagamento. Também no sistema processual foi inserida a *remição de bens*, prevista no artigo 685-A, § 2°, do CPC/1973 (com redação dada pela Lei 11.382/2006 – e muito próxima da encontrada no art. 876, § 5°, da Lei n° 13.105/2015), ao prever a possibilidade do cônjuge, ascendente ou descendente do executado, requerer a adjudicação do bem penhorado oferecendo preço não inferior à avaliação – TAKOI, Sérgio Massaru. *O Instituto da remição e a Lei 11.386/2006.* Sítio Migalhas <http://www.migalhas.com.br/dePeso/16,MI37105,81042-O+instituto+da+remicao+e+a+Lei+1138206>. Acesso em 30/09/2017. No Novo CPC, a matéria é regulada, em redação próxima, no art. 876 da Lei n° 13.105/2015.

que a execução já esteja garantida por penhora ou depósito); (b) julgamento do incidente desafiando apelação em caso de extinção da execução nos embargos e na impugnação (art. 925); e (c) substituição do meio de defesa típico pela exceção de pré-executividade – instrumento mais simplificado, não sujeito aos rigores formais de qualquer petição inicial, nem a prazo ou preparo, que não obstante não ter previsão legal (nem no Novo CPC nem no anterior Código Buzaid), continua sendo admitido na prática forense.[569]

Em termos de argumento defensivo, seguro que a alegação de *excesso de execução* continua sendo item fundamental, independentemente do meio de defesa típico a ser utilizado. Daí por que necessário deixar ao menos consignado as hipóteses de cabimento, conforme dispõe o art. 917, § 2°: "Há excesso de execução quando: I – o exequente pleiteia quantia superior à do título; II – ela recai sobre coisa diversa daquela declarada no título; III – ela se processa de modo diferente do que foi determinado no título IV – o exequente, sem cumprir a prestação que lhe corresponde, exige o adimplemento da prestação do executado; V – o exequente não prova que a condição se realizou".

Das hipóteses levantadas de excesso de execução a mais notória é a de ser pleiteada pelo exeqüente quantia superior (inciso I), quando então o executado deverá apresentar planilha de cálculo do valor devido ao tempo de embargar à execução, nos termos do § 3°: "Quando alegar que o exequente, em excesso de execução, pleiteia quantia superior à do título, o embargante declarará na petição inicial o valor que entende correto, apresentando demonstrativo discriminado e atualizado de seu cálculo".

Assim não procedendo, o executado corre o risco de ter liminarmente rejeitada a sua peça defensiva, por simplesmente ter alegado o excesso de execução sem a cabal demonstração técnica a respeito dessa condição, de acordo com a dicção do § 4°: "Não apontado o valor

---

[569] AGRAVO DE INSTRUMENTO. AÇÃO DE EXECUÇÃO EXTRAJUDICIAL. AUSÊNCIA DE TÍTULO EXECUTIVO. EXCEÇÃO DE PRÉ-EXECUTIVIDADE NÃO CONHECIDA, NA ORIGEM. MATÉRIA DE ORDEM PÚBLICA. PRESCRIÇÃO INTERCORRENTE PREJUDICADA. A decisão recorrida que não conheceu do pedido de declaração de nulidade da execução por ausência de título executivo, merece ser desconstituída. O tema, malgrado os executados já tenham oferecido embargos à execução, é de ordem pública; logo, não preclui e, como tal, pode ser arguido em qualquer momento, via exceção de pré-executividade. Deve ser analisada a alegação, a fim de que a origem decida, fundamentadamente, acerca do específico pedido da parte executada que configura matéria de ordem pública. Por fim, mesmo que o tema prescrição intercorrente tenha sido analisado na origem, reconhece-se como prejudicial sua análise neste momento, à medida que o enfrentamento da questão "ausência de título executivo" poderá dar outro encaminhamento ao caso. DERAM PROVIMENTO AO AGRAVO DE INSTRUMENTO. (Agravo de Instrumento nº 70074383845, Décima Nona Câmara Cível, Tribunal de Justiça do RS, Relator: Eduardo João Lima Costa, Julgado em 05/10/2017).

correto ou não apresentado o demonstrativo, os embargos à execução serão liminarmente rejeitados, sem resolução de mérito, se o excesso de execução for o seu único fundamento".

Já a respeito da concessão de efeito suspensivo no âmbito dos embargos à execução, parece-nos que outros aprofundamentos também devem ser desenvolvidos.

Ocorre que um dos principais problemas com que se ocupam os estudiosos dos embargos do devedor, dada a importância do tema, é a atribuição do seu efeito suspensivo. Isto porque historicamente os embargos eram sempre recebidos com efeito suspensivo.[570] Entretanto, nos termos do art. 919, § 1º, do Codex, os embargos à execução não terão efeito suspensivo, mas o juiz poderá, a requerimento do embargante, atribuir efeito suspensivo aos embargos quando verificados os requisitos para a concessão da tutela provisória e desde que a execução já esteja garantida por penhora, depósito ou caução suficientes.

Da simples leitura do dispositivo é possível extrair a existência de, ao menos, quatro requisitos que se *devem* fazer presentes para a concessão do efeito suspensivo aos embargos do devedor: (a) requerimento da parte, (b) relevância dos fundamentos, (c) manifesto risco de grave dano de difícil ou incerta reparação pelo prosseguimento da execução e (d) garantia da execução.

A primeira consideração que o dispositivo legal traz à baila se manifesta na necessidade de requerimento da concessão do efeito suspensivo pelo embargante. Ao estabelecer de forma clara este preceito, o legislador indicou que ao juiz não é dado o direito de conhecer ou conceder, sem a provocação da parte, efeito suspensivo aos embargos do devedor. Tanto a jurisprudência do STJ,[571] quanto a uníssona jurisprudência do Tribunal de Justiça do Rio Grande do Sul[572] e do

---

[570] A respeito, consultar: RUBIN, Fernando; JARDIM, Augusto Tanger. *Embargos à execução e impugnação ao cumprimento de sentença*: paralelo entre os tipificados meios de defesa do executado. Revista Dialética de Direito Processual, v. 117, p. 9-22, 2013.

[571] No julgamento da Terceira Turma do STJ, de Relatoria do Ministro Sidnei Beneti, ficou estabelecido que: "Os embargos à execução, opostos após a vigência da Lei 11.382/2006, não tem efeito suspensivo automático, mas somente mediante requerimento do devedor e atendidos os pressupostos do § 1º, do art. 739-A do CPC" (AgRg no AREsp 5.609/GO, Rel. Ministro Sidnei Beneti, Terceira Turma, julgado em 28/06/2011, DJe 01/07/2011).

[572] Exemplificativamente, os seguintes julgados foram proferidos neste sentido: Agravo de Instrumento Nº 70047851506, Décima Segunda Câmara Cível, Tribunal de Justiça do RS, Relator: Umberto Guaspari Sudbrack, Julgado em 13/03/2012; Agravo de Instrumento Nº 70045454972, Décima Primeira Câmara Cível, Tribunal de Justiça do RS, Relator: Katia Elenise Oliveira da Silva, Julgado em 06/10/2011; Agravo de Instrumento Nº 70034947366, Décima Sexta Câmara Cível, Tribunal de Justiça do RS, Relator: Marco Aurélio dos Santos Caminha, Julgado em 05/03/2010.

Tribunal Regional Federal da Quarta Região⁵⁷³ vão no mesmo sentido já há um bom tempo.

No que respeita à demonstração de relevante fundamento e do risco de grave dano de difícil ou incerta reparação, do ponto de vista principiológico, tem-se reputado a ausência de atribuição de efeito suspensivo automático aos embargos do devedor aos princípios da boa-fé e da lealdade processual (arts. 5° e 6° do Codex), na medida em que se exige do executado a demonstração efetiva da vontade de colaborar para a rápida e justa solução do litígio e a comprovação de que o seu direito é bom.⁵⁷⁴

Em um primeiro momento, chama a atenção o fato de que, quando da apreciação dos mencionados requisitos, os magistrados realizam exame conjunto dos dois elementos.⁵⁷⁵ Isso porque deve haver uma relação (inversamente proporcional) entre o grau de plausibilidade do direito e o risco de dano. Nas palavras de Talamini: "Havendo grande risco de dano, exigir-se-á grau menor de plausibilidade; sendo extremamente plausível o direito, o mais tênue perigo de dano já autorizará a concessão da medida de urgência".⁵⁷⁶

Mesmo estabelecida a relação existente entre os requisitos da concessão do efeito suspensivo, ainda falta a aproximação do real significado das noções de "relevante fundamento" e risco de grave dano de difícil ou incerta reparação.

A doutrina tem buscado uma definição genérica dos conceitos anteriormente mencionados. Theodoro Jr.⁵⁷⁷ equipara os requisitos da concessão de efeito suspensivo nos embargos à execução aos exigíveis para as medidas cautelares. Tratando dos procedimentos cautelares, Barbosa Moreira aponta que o juiz, quando da apreciação da liminar, "tem de contentar-se com uma averiguação superficial e provisória, e deve conceder a medida pleiteada desde que os resultados dessa pes-

---

⁵⁷³ *V.g.*: TRF4, AG 5005747-08.2011.404.0000, Segunda Turma, Relatora Carla Evelise Justino Hendges, D.E. 10/05/2011.

⁵⁷⁴ TRF4, AG 0025849-73.2010.404.0000, Segunda Turma, Relatora Vânia Hack de Almeida, D.E. 18/10/2010.

⁵⁷⁵ Exemplo dessa afirmação se vê no julgado do Agravo de Instrumento n° 70045305497 cuja ementa vai transcrita: Contudo, na hipótese, em que pese garantido o juízo, consoante se denota da penhora on line efetivada à fl. 108, não há grave dano que extrapole os já previstos em um processo de execução, bem como não restou demonstrado relevante fundamento capaz de basear a concessão do efeito excepcional pretendido. (Agravo de Instrumento n° 70045305497, Primeira Câmara Cível, Tribunal de Justiça do RS, Relator: Luiz Felipe Silveira Difini, Julgado em 04/10/2011).

⁵⁷⁶ TALAMINI, Eduardo. Tutela urgente na execução. In: ARMELIN, Donaldo (coord.). *Tutelas de urgência e cautelares*. São Paulo: Saraiva, 2010, p. 402.

⁵⁷⁷ THEODORO JÚNIOR, Humberto *Curso de direito processual civil*, v. II, 45. ed., rev. e atual., Rio de Janeiro: Forense, 2010, p.414.

quisa lhe permitam formular um juízo de probabilidade acerca da existência do direito alegado, a par da convicção de que, na falta do pronto socorro, ele sofreria lesão irremediável ou de difícil reparação".[578]

Especificamente no que respeita ao relevante fundamento, Alvaro de Oliveira indica que "o juiz, em cognição sumária, deverá contentar-se, na medida do razoável, com a probabilidade dos fatos alegados e a plausibilidade do direito invocado pelo embargante".[579] Talamini, por sua vez, assinala que: "A relevância da fundamentação deve ser tal que aponte para uma significativa probabilidade de os embargos serem julgados procedentes".[580]

Outro requisito a ser atendido para a concessão do efeito suspensivo se faz presente quando o prosseguimento da execução manifestamente possa causar ao executado grave dano de difícil ou incerta reparação. Além da evidente similitude com a concessão de tutela de urgência, o tema tem suscitado, em sede de concessão de efeito suspensivo aos embargos do devedor, algumas considerações importantes. Inicialmente, a doutrina e a jurisprudência são unissonas ao reconhecer que o risco de dano de que se trata não é aquele inerente à tutela executiva, que contém intrinsecamente o *dano* ao patrimônio do executado como resultado pretendido, mas deve representar gravidade que transcenda a normalidade.[581]

Sobre o tema, Araken de Assis sempre foi categórico ao afirmar que: "Não se inventou, ainda, execução que não produza dano para o

---

[578] MOREIRA, José Carlos Barbosa. *O novo processo civil brasileiro*. 27. ed. rev. e atual. Rio de Janeiro: Forense, 2008, p. 309.

[579] OLIVEIRA, Carlos Alberto Alvaro de (coord.). *A nova execução de títulos extrajudiciais*: comentários à Lei nº 11.382, de 6 de dezembro de 2006. Rio de Janeiro: Forense, 2007, p. 205.

[580] TALAMINI, Eduardo. Tutela urgente na execução. In: ARMELIN, Donaldo (coord.). *Tutelas de urgência e cautelares.* São Paulo: Saraiva, 2010, p. 402.

[581] Na jurisprudência, por exemplo, serve de paradigma o julgamento cuja relatoria coube à Desembargadora Cláudia Maria Dadico, Tribunal Regional Federal da 4ª Região assim ementado: AGRAVO LEGAL. PROCESSUAL CIVIL. EMBARGOS À EXECUÇÃO FISCAL. PENHORA SOBRE FATURAMENTO. EFEITO SUSPENSIVO. NECESSIDADE DE VEROSSIMILHANÇA E POSSIBILIDADE DE GRAVE DANO DE DIFÍCIL OU INCERTA REPARAÇÃO. 1. Em relação à penhora sobre o faturamento, a jurisprudência majoritária afirma a sua legalidade, especialmente diante da ausência de outros bens e desde que fixada em percentual razoável, como foi no caso dos autos. 2. É dever da embargante demonstrar a possibilidade de grave dano ou de difícil ou incerta reparação para o fim de justificar o deferimento da liminar. 3. Ainda, o simples prosseguimento da execução não preenche o suporte fático atinente ao dano contido no art. 739-A do CPC, sendo necessária, para tanto, a demonstração de risco concreto, ausente na hipótese em tela. (TRF4 5017417-43.2011.404.0000, Segunda Turma, Relator p/Acórdão Cláudia Maria Dadico, D.E. 15/02/2012). Importante salientar que o Superior Tribunal de Justiça não tem se pronunciado acerca do tema exatamente por que a análise do mesmo esbarraria na apreciação das circunstâncias fáticas da causa, afrontando, portanto o teor de sua Súmula 07 (A pretensão de simples reexame de prova não enseja recurso especial). Este entendimento, p. ex., é ventilado no julgamento do AgRg no Ag 1217737/MS, Rel. Ministro Sidnei Beneti, Terceira Turma, julgado em 05/08/2010, DJe 16/08/2010.

executado. Todavia, trata-se de atividade lícita e o dano (diminuição patrimonial) não se revela injusto, mas conforme o direito. (...) Logo, o receio de dano se caracteriza em duas hipóteses: (a) o exequente não apresenta idoneidade financeira evidente para suportar a indenização que lhe resultaria do acolhimento (...) dos embargos; (b) a alegação do executado envolve um direito fundamental, a exemplo do direito à moradia (art. 6º da CF/1988), alegada a condição de residência familiar do bem penhorado".[582]

No entanto, a grande novidade trazida pela reforma do processo de execução de título extrajudicial reside na exigência de apresentação de *garantia suficiente do juízo* para a concessão do efeito suspensivo aos embargos do devedor. A reforma reposicionou a garantia do juízo na dinâmica processual, na medida em que deixou de ser pressuposto para o ajuizamento dos embargos, passando a requisito para a concessão do seu efeito suspensivo, conforme expressamente disciplina o inaugural art. 914: "O executado, independentemente de penhora, depósito ou caução, poderá se opor à execução por meio de embargos". Com essa medida, pretendeu, a toda evidência, o legislador oportunizar que o executado tenha meio de apresentar defesa ainda que não possua patrimônio para a garantia do juízo, superando-se a distorção no exercício da defesa do executado percebida por Pontes de Miranda quando da concepção do instituto da exceção de pré-executividade.[583]

Acerca da suficiência da penhora, Galeno Lacerda classicamente ensina que será aquela que, "atender ao quantum da pretensão a garantir, com certa margem de segurança (estimável caso a caso), pela natural desvalorização que haverá quando da excussão da garantia".[584] Acrescenta Araken de Assis que "a exigência de penhora, de depósito ou de caução 'suficientes' (...) merece interpretação consentânea com as forças patrimoniais do executado. Em algumas situações, o executado não dispõe de bens ou de meios para garantir suficientemente a dívida, e, nada obstante, realizada a penhora de todos os bens disponíveis, por exemplo, parece natural que se cogite da suspensão, preenchidos os demais pressupostos".[585] Cogitando da insuficiência da garantia prestada (e uma vez atendidos aos demais requisitos) e homenageando o direito ao contraditório e à ampla defesa, agora ainda

---

[582] ASSIS, Araken de. *Manual da execução.* 11. ed., rev. ampl. e atual. São Paulo: Revista dos Tribunais, 2007, p.455.

[583] MIRANDA, Pontes de. *Dez anos de pareceres.* Rio de Janeiro: F. Alves, 1974.

[584] LACERDA, Galeno; OLIVEIRA, Carlos Alberto Alvaro. *Comentários ao Código de Processo Civil.* v.8, t. 2, 7. ed. Rio de Janeiro: Forense, 2005, p.157.

[585] ASSIS, Araken de. *Manual da execução.* 11. ed., rev. ampl. e atual. São Paulo: Revista dos Tribunais, 2007, p. 456.

mais reforçada no Novo CPC com os arts. 10, 139, IX, e 932, parágrafo único, Alvaro de Oliveira sempre entendeu que "o juiz, antes de mais nada, deverá mandar intimar o executado para efetuar o reforço da penhora sob pena de o prosseguimento imediato da execução importar injusto favorecimento ao exequente, a dano irreparável do direito à consideração das razões deduzidas em juízo, em tempo útil".[586]

Sendo evidente a necessidade de aplicação dos comandos constitucionais relacionados ao *due process of Law*, também em sede executiva, faz-se relevante o regramento dos legítimos meios de defesa do executado, que poderá se dar por meio da impugnação ao cumprimento de sentença (título judicial), dos embargos à execução (título extrajudicial), e mesmo da exceção de pré-executividade (tanto diante de título judicial como diante de título extrajudicial)[587] – cenários em que se pode cogitar de formação de coisa julgada material, em razão de atividade cognitiva do Estado-Juiz em plena sede executiva.

E como se tais movimentos defensivos não fossem suficientes, não é de se olvidar que o Novo CPC prevê comando geral (art. 525, § 11) de que o executado pode defender-se de eventuais *questões posteriores*, ocorridas após o prazo para o oferecimento do meio típico de defesa, por simples petição; devendo essa defesa ser apresentada no prazo de quinze dias a contar da ciência do fato ou da intimação do ato tido como prejudicial.[588]

A respeito especificamente da imponente figura dos *embargos à execução* – sem dúvidas o meio de defesa mais importante/robusto que possui o executado em sede executiva – é de se enaltecer, em linhas finais, que diversamente da impugnação ao cumprimento de sentença, são processados sempre em autos apartados e em face de título executivo de natureza extrajudicial, desafiando apelação. De fato, em nenhuma hipótese pode se recorrer de agravo de instrumento de

---

[586] OLIVEIRA, Carlos Alberto Alvaro de (coord.). A *nova execução de títulos extrajudiciais*: comentários à Lei nº 11.382, de 6 de dezembro de 2006. Rio de Janeiro: Forense, 2007, p. 206/207.

[587] RUBIN, Fernando. *A preclusão na dinâmica do processo civil – de acordo com o Novo CPC.* 2. ed. São Paulo: Atlas, 2014, em especial capítulo 3.6.7.

[588] A doutrina vem chamando atenção também para "a impugnação de questões posteriores ao momento de oposição dos embargos à execução", lembrando que na vigência do CPC/73, além dos embargos à execução, podia o executado apresentar outra ação semelhante, até o limite de cinco dias após a adjudicação, a alienação ou a arrematação. A estes embargos dava-se o nome de embargos à adjudicação, à alienação ou à arrematação, conforme o caso. Esses novos embargos serviam para que se pudesse apontar qualquer vício da execução posterior à penhora – que correspondia, basicamente, ao momento em que os embargos à execução eram deduzidos. No regime atual, essa figura foi suprimida, disseminando-se ao longo do processo executivo oportunidades esparsas para impugnar eventuais vícios decorrentes de atos posteriores à penhora (MARINONI, Luiz Guilherme; ARENHART, Sérgio Cruz; MITIDIERO, Daniel. *Novo curso de processo civil.* Vol. 3 – Tutela dos direitos mediante procedimentos diferenciados. 3. ed. São Paulo: RT, 2017, p. 121).

uma decisão nos embargos, sob pena de negativa de seguimento ao recurso por erro grosseiro – lembrando que na impugnação ao cumprimento de sentença, por regra, a decisão que resolve o incidente desafia agravo de instrumento.

Mais. Os embargos podem ser liminarmente rejeitados com mais fundamentos, dada a sua maior complexidade (os fundamentos maiores para defesa do executado) e a inexistência de prévia defesa do executado a respeito dessas matérias (em razão de inexistência de anterior etapa de conhecimento). Realmente os embargos têm natureza de legítima contestação, razão pela qual todas as matérias defensivas da fase de conhecimento, mesmo as preliminares típicas podem ser invocadas, o que aumenta consequentemente a chance de rejeição imediata do incidente executivo.

2.2.1.3.3. Da penhora, avaliação, expropriação e fase final do procedimento: considerações levando em conta as peculiaridades do rito

Luis Alberto Reichelt

Considerando o quanto já visto em relação ao cumprimento da sentença que estabelece obrigação de pagar quantia certa contra devedor solvente no que se refere à regulação da penhora, da avaliação, da expropriação e da fase final do procedimento, tem-se que as normas lá examinadas são aplicáveis da mesma forma em relação à execução fundada em título extrajudicial voltada ao adimplemento de obrigação da mesma espécie.

As peculiaridades que merecem atenção decorrem, em primeiro lugar, do fato de não haver ocorrido prévia atividade processual de conhecimento nos casos em que a execução é fundada em título executivo extrajudicial. Dentre os exemplos mais eloquentes que merecem atenção especial estão as regras que dispõem sobre comunicação processual ao executado, que ganham cores especiais no cumprimento da sentença justamente pelo fato de as partes, no mais das vezes, já haverem constituído advogado nos autos em algum momento anterior do processo, e que exigem atenção redobrada na execução fundada em título executivo extrajudicial. Essa preocupação pode ser inferida, *verbi gratia*, do previsto no art. 876, § 1º, do CPC.

O mesmo pode ser dito, de outro lado, em relação a regras que passam a ser aplicáveis por força de especialidade. Não é por acaso que o art. 921, II, fala na possibilidade de suspensão do processo de execução nos casos em que recebidos com efeito suspensivo, no todo ou em parte, os embargos à execução, em sistemática que dialoga com o constante do art. 919 do CPC. Da mesma forma se vê, por exemplo, na circunstância de que a contagem dos prazos relativos ao transcurso da prescrição intercorrente, na forma dos parágrafos dos arts. 921 e 924 do CPC, pode-se dar até mesmo em casos nos quais o executado sequer foi citado, a teor do que se infere do § 2º do art. 921 ("... sem que seja localizado o executado ..."). Assim, também, em relação à suspensão da execução por força do parcelamento previsto no art. 916 do CPC, reforçada pelo legislador no art. 921, V, da mesma codificação, vista como fenômeno que só tem lugar sob o signo da execução fundada em título extrajudicial, até mesmo por força de determinação expressa do parágrafo sétimo do citado art. 916.

A mesma lógica guia a leitura do inciso I do art. 924, que ganha sentido próprio nesse contexto na medida em que se rememora o fato de que a execução fundada em título extrajudicial pressupõe a apresentação de verdadeira petição inicial dotada de considerável sofisticação. Necessário registrar, contudo, que o indeferimento da petição inicial deve ser visto como medida excepcional a ser decretada pelo juiz apenas naqueles casos em que efetivamente inviável o prosseguimento do feito executivo.[589] Defende-se, aqui, que não se há de olhar com rigor o prazo do art. 801 do CPC se a medida for atendida pelo exequente fora do prazo legal, até mesmo porque esse rigor só levaria à extinção de um processo que seria sucedido, no mais das vezes, segundo as regras de experiência, pela propositura de nova ação idêntica, o que geraria retrabalho por parte de todos os envolvidos, com eventual desgaste, ainda, decorrente da (desnecessária) dobra de custos para o exequente.

---

[589] Segue-se trilha análoga àquela percorrida por AMARAL, Guilherme Rizzo. *Comentários às alterações do novo CPC*. São Paulo: Revista dos Tribunais, 2015. p. 944.

2.2.2. Procedimentos especiais

2.2.2.1. Execução de alimentos

Juliana Leite Ribeiro do Vale[590]

No direito anterior, não havia previsão legal expressa de execução de obrigação alimentar prevista em título executivo extrajudicial, isso porque a redação dos arts. 732 e 733 do CPC/73 não ensejava o entendimento de tal admissibilidade, o que gerou grande celeuma doutrinária e jurisprudencial.

Tal conflito de posicionamento não é merecedor de nota, eis que o atual diploma processual inovou, trazendo em seus arts. 911 a 913, expressamente, a modalidade de execução de verba alimentar estipulada em título executivo extrajudicial.

2.2.2.1.1. Via da coerção pessoal

2.2.2.1.1.1. Requerimento

O procedimento equivale ao rito comum da execução de título extrajudicial, todavia os mecanismos de coerção direta e indireta, específicos da persecução alimentar, são os mesmos já mencionados do cumprimento de sentença alimentícia, inclusive com a observação das parcelas vencidas e vincendas; possibilidade de prisão em mesmo regime e prazo; desconto em folha de pagamento; observância da atualidade das parcelas, etc. (arts. 911 a 913 do CPC).

Competência: A regra que estabelece a competência da execução de alimentos fundada em título executivo extrajudicial segue a mesma outrora deslindada, excetuando-se – por lógica jurídica – o que diz respeito ao juízo que decidiu a causa ao primeiro grau de jurisdição. Salienta-se, ainda, que o regramento genérico acerca da competência desta modalidade executiva vem prevista no art. 781 do CPC.

Legitimidade: A legitimidade ativa para a propositura da demanda executiva alimentar é conferida ao credor de título executivo extrajudicial. Considerando a hipótese de o beneficiado ser incapaz, deverá estar amparado pelo representante legal.

Salienta-se ainda, em consonância com a Súmula 594 do STJ, que o Ministério Público é detentor de legitimidade ativa em proveito da criança ou adolescente, independentemente do exercício do poder

---

[590] Com a colaboração de Marcelo Junior Saraiva Dorneles, aluno da graduação da UNIRITTER

familiar; do estado de vulnerabilidade social; ou então de eventual deficiência da Defensoria Pública.

Causa de pedir: A alegação do inadimplemento, parcial ou total, configura causa de pedir das demandas que visam a satisfazer o débito alimentício. Já o título executivo configura prova pré-constituída de tal causa.[591]

Pedido: O petitório deve ser a exposição da causa de pedir. Demonstrando-se a qualidade de credor, e evidenciando-se as parcelas impagas ou parcialmente adimplidas. O pedido, então, deve ser a intimação do devedor para o pagamento das parcelas atrasadas, em três (03) dias, sob pena de prisão.

Para que a verba alimentar cobrada esteja apta a ensejar a prisão civil do devedor, esta deve ser considerada atual. Tal questão ainda provoca grande polêmica, uma vez que há voz de autoridade afirmando que a atualidade é intrínseca à verba alimentar,[592] no entanto este tópico será fugidio à controvérsia, buscando demonstrar somente a forma procedimental exposta no diploma processual.

Nesse sentido, o Código de Processo Civil adotou a redação modificada da Súmula 309 do STJ (art. 528, § 7º, do CPC), disciplinando que a dívida alimentar que possibilita a prisão civil, é aquela que compreende até três prestações anteriores ao ajuizamento da demanda, bem como aquelas cujo vencimento operar-se no trâmite.

2.2.2.1.1.2. Meio de defesa

Ainda que a execução esteja fundada em atributo extrajudicial, por expressa determinação legal (art. 911, parágrafo único, do CPC), o mecanismo de defesa idôneo ao rito é a justificativa, nos mesmos moldes do cumprimento de sentença. Trata-se da justificativa, que é o meio de defesa exclusivo da demanda executiva tramitando pelo rito da coerção pessoal.

Esta justificativa não pode ser confundida com a impugnação à fase de cumprimento de sentença,[593] uma vez que tal modalidade é prevista somente para o caso de cumprimento de sentença por quantia certa, atrelada ao instituto da constrição patrimonial.

Momento: Após o credor proceder no início da fase de cumprimento de sentença, verificada pelo juízo a admissibilidade do prosse-

---

[591] ASSIS, de Araken. *Manual da Execução*. Op. cit., p. 137.
[592] Idem, p. 967.
[593] DIDIER JUNIOR, Fredie; CUNHA, Eduardo Carneiro da; BRAGA, Paula Sarno; OLIVEIRA, Rafael Alexandria de. *Curso de Direito Processual Civil*, vol. 5. Op. cit, 2017. p. 720.

guimento, a justificativa deve ser apresentada em até três dias a contar da intimação, conforme *caput* do art. 528 do CPC.

Forma: Considerando a drasticidade da medida que está submetido o executado, bem como a pretensão perecível do credor, a lei processual não estabelece requisitos formais específicos da justificação. Deve, no entanto, o devedor comparecer ao juízo devidamente representado por quem detenha capacidade postulatória.

Abrangência: Imperiosa é a necessidade de ser ressaltado que o devedor, quando da apresentação de sua justificação, deve ser cauteloso para com o conteúdo desta, eis que sua admissibilidade é adstrita à incapacidade absoluta e momentânea de arcar para com a dívida alimentar, caso contrário sua defesa poderá não ser conhecida pelo juízo, podendo vir a ser tratada como objeto de ação revisional ou exoneratória, não havendo que se abordar em sede de justificativa no estreito rito da execução. Melhor elucidando a questão:

A justificativa apenas pode dizer respeito à *impossibilidade absoluta e temporária* de pagar a prestação alimentar (art. 528, § 2°). Tratando-se de impossibilidade *definitiva,* cabe ao devedor propor a competente ação para ver reduzido ou mesmo extinto o seu dever alimentar.[594]

Certo é que o acolhimento da justificativa não enseja a extinção da execução, não tem ela este condão, caso em que somente haverá a elisão da possibilidade do decreto prisional, devendo a demanda prosseguir normalmente para com os atos expropriatórios.[595]

2.2.2.1.1.3. Fase final do procedimento

Caso, o executado apresente prova do adimplemento, verificada a veracidade da documentação, a execução deverá ser extinta, no entanto o Código Processual estabelece em seu art. 788 que: "O credor

---

[594] MARINONI, Luiz Guilherme; ARENHART, Sérgio Cruz; MITIDIERO, Daniel. *Curso de Processo Civil,* vol. 2: tutela dos direitos mediante procedimento comum. Op. cit., p. 1035. Nesse sentido, ao ser verificado que a justificação extrapolou os limites do processo executivo, o Tribunal de Justiça gaúcho assim entende: APELAÇÃO CÍVEL. EXECUÇÃO DE ALIMENTOS. EMBARGOS À EXECUÇÃO. DIFICULDADES FINANCEIRAS DO EXECUTADO. PERDÃO DE DÉBITO ALIMENTAR. DESCABIMENTO. DISCUSSÃO DO BINÔMIO NECESSIDADE/POSSIBILIDADE. DESCABIMENTO. 1. A mera dificuldade para o pagamento do encargo alimentar não configura justificativa bastante à extinção da dívida executada. 2. Os argumentos atinentes ao binômio alimentar (impossibilidade de pagamento da verba alimentar) extravasam o objeto dos embargos à execução, não abalando a certeza, a liquidez e a exigibilidade do título executado, devendo ser enfrentados na competente seara revisional de alimentos. APELAÇÃO DESPROVIDA. RIO GRANDE DO SUL. Tribunal de Justiça. Apelação Cível nº 70072140965, Oitava Câmara Cível, Tribunal de Justiça do RS, Relator: Ricardo Moreira Lins Pastl, Julgado em 09/03/2017.

[595] MARINONI, Luiz Guilherme; ARENHART, Sérgio Cruz; MITIDIERO, Daniel. *Curso de Processo Civil,* vol. 2: tutela dos direitos mediante procedimento comum. Op. cit., p. 1036.

não poderá iniciar a execução ou nela prosseguir se o devedor cumprir a obrigação, mas poderá recusar o recebimento da prestação se ela não corresponder ao direito ou à obrigação estabelecidos no título executivo, caso em que poderá requerer a execução forçada, ressalvado ao devedor o direito de embargá-la",[596] assim, aferido o pagamento parcial do débito, o credor poderá prosseguir normalmente com os mecanismos executórios em relação à pendência.[597]

Ainda que a segregação deva, via de regra, ser cumprida no regime fechado, por mais drástica que seja a medida, ela não detém o condão de adimplemento, isto é, mesmo que o devedor tenha visto sua liberdade ser restringida por completo, a verba alimentar que ensejou tal medida continuará constando como inadimplida e o executado permanecerá obrigado a ela, conquanto preso tenha sido, devendo, esta dívida, no entanto, somente ser postulada novamente pela via expropriatória (art. 530 do CPC).

No entanto, efetuado o pagamento do débito alimentar, deverá o magistrado, se antes da efetivação da ordem prisional, ordenar a devolução do mandado ou carta precatória; em sendo durante o cumprimento da medida, esta deverá ser findada (art. 528, §§ 5º e 6º, do CPC).

2.2.2.1.2. Via da constrição patrimonial

2.2.2.1.2.1. Requerimento

Optando o credor, na execução de alimentos fulcrada em título executivo extrajudicial, pela via da constrição patrimonial, a marcha executória seguirá pelo rito da *execução por quantia certa*, seriada a partir do art. 824 do CPC.

Em consonância com o procedimento do cumprimento de sentença, não persiste limitação de parcelas pretéritas, no entanto o prosseguimento da execução estará adstrita ao débito inicial, inadmitindo-se o cômputo das parcelas que se vencerem após o ajuizamento da demanda.

---

[596] Ao encontro é o entendimento do Tribunal de Justiça do Rio Grande do Sul, que manteve a ordem prisional do devedor de alimentos que adimpliu a parcialidade do débito: AGRAVO DE INSTRUMENTO. EXECUÇÃO DE ALIMENTOS. PRISÃO CIVIL. Em se tratando de dívida de alimentos, não havendo o pagamento do débito (que engloba as três prestações devidas antes do ajuizamento da ação e aquelas que se vencerem durante o seu curso), correta a ordem de prisão do devedor. Pagamento parcial do débito que não elide a possibilidade de decretação da prisão. Agravo de instrumento desprovido. RIO GRANDE DO SUL. Tribunal de Justiça. Agravo de Instrumento 70071621676. Agravante: M.A.N. Agravado: K.G.N. Relator: Des. Jorge Luís Dall'Agnol.

[597] ASSIS, de Araken. *Manual da Execução*. Op. cit., p. 974.

Competência: É competente para processar o cumprimento de sentença o juízo que decidiu a causa no primeiro grau de jurisdição, o exequente ainda poderá optar pelo juízo do atual domicílio do executado, e do local onde se encontrem os bens sujeitos à execução (art. 516, II, e parágrafo único, do CPC).

Há regramento específico para execução alimentar, possibilitando o credor promover a demanda em seu domicílio (art. 528, § 9º, do CPC), instaurando-se uma considerável maleabilidade acerca da competência territorial.

Legitimidade: A legitimidade ativa para a propositura da demanda executiva alimentar é conferida ao credor de título executivo extrajudicial. Considerando a hipótese de o beneficiado ser incapaz, deverá estar amparado pelo representante legal.

Salienta-se ainda, em consonância com a Súmula 594 do STJ, que o Ministério Público é detentor de legitimidade ativa em proveito da criança ou adolescente, independentemente do exercício do poder familiar; do estado de vulnerabilidade social; ou então de eventual deficiência da Defensoria Pública.

Causa de pedir: A alegação do inadimplemento, parcial ou total, configura causa de pedir das demandas que visam a satisfazer o débito alimentício. Já o título executivo configura prova pré-constituída de tal causa.[598]

Pedido: Ao dar início ao cumprimento de sentença sob estudo, deve o credor aparelhar seu petitório com todas as informações necessárias para eventual proceder de diligências expropriatórias – obedecendo aos requisitos desenhados no art. 524 do CPC. O pedido será, então, para que o devedor pague a dívida, em 15 dias, sob pena de constrição patrimonial.

2.2.2.1.2.2. Meio de defesa

Aqui a tutela defensiva que ampara o executado difere das demais. Neste caso, independentemente de segurança do juízo, poderá o devedor apresentar Embargos à Execução (art. 914 do CPC).

Momento: Os Embargos deverão ser apresentados no mesmo juízo que processa a demanda executiva principal, obedecendo ao prazo de 15 dias, contados da citação, conforme dispõe o art. 915 do CPC.

Forma: O meio de defesa em estudo possuí natureza de ação autônoma, razão pela qual deverá ser apresentado instruído de cópias

---

[598] ASSIS, de Araken. *Manual da Execução*. Op. cit., p. 137.

essenciais do processo executivo; distribuídos por dependência e autuados de forma apartada.

Abrangência: É extenso o conteúdo defensivo dos Embargos à Execução, o art. 917 do CPC, elenca-os de forma exemplificativa, sendo admissível inclusive que o devedor possa alegar qualquer matéria que deduziria como defesa em processo de conhecimento.

Por fim, salienta-se que por expressa previsão legal (art. 913 do CPC), ainda que concedido o efeito suspensivo aos Embargos do Devedor, recaindo a penhora em dinheiro, é lícito ao alimentando que levante mensalmente a importância da prestação.

2.2.2.1.2.3. Fase final do procedimento

Encontra termo final a execução por quantia certa com a devida satisfação do débito. Percurso longo em semelhança com o cumprimento de sentença desta modalidade.

2.2.2.2. Execução contra a Fazenda Pública

Felipe Camilo Dall'Alba
Guilherme Beux Nassif Azem

Embora a jurisprudência do STJ (Súmula 279) já admitisse, ao tempo do CPC de 1973, a execução de título extrajudicial, o CPC vigente consolidou o tema.[599] A grande diferença entre a execução em que está envolvida a Fazenda, daquela que não a tem como executada, está nos procedimentos relativos ao pagamento. Isso porque, no caso da Fazenda, o pagamento só pode ser feito mediante precatório ou por requisição de pequeno valor.

Além disso, evidentemente, o rito da execução de título extrajudicial contra a Fazenda é distinto do rito previsto pelo CPC para o cumprimento da sentença. Tratando-se de execução de título extrajudicial, a Fazenda Pública, nos termos do art. 910, *caput*, será citada para, querendo, opor embargos em 30 (trinta) dias. Não há citação para pagamento, como ocorre quando o executado é particular.[600]

---

[599] Como anota Alexandre Freitas Câmara, "[...] muitas vezes acontecerá de a Fazenda Pública não cumprir suas obrigações pecuniárias e o credor ter à sua disposição um título extrajudicial, como seria, por exemplo, uma nota de empenho, documento público produzido pelo próprio devedor que representa obrigação certa, líquida e exigível". (CÂMARA, Alexandre Freitas. *O novo processo civil brasileiro*. São Paulo: Atlas, 2015, p. 403).

[600] BUENO, Cassio Scarpinella. *Manual de direito processual civil*. Op. cit, p. 578.

Ressalte-se que, no caso de documento escrito sem eficácia de título executivo, nada obsta seja proposta ação monitória em face da Fazenda Pública (art. 700, § 6º, do CPC). Tal orientação está consagrada na Súmula 339 do STJ.[601]

2.2.2.2.1. Requerimento

O processo de execução fundado em título executivo extrajudicial será iniciado pelo ajuizamento de petição inicial, que deverá preencher todos os requisitos exigidos para qualquer petição inicial do processo de execução por quantia certa, consoante o que prevê o art. 910, § 3º, combinado com o art. 534 do CPC.[602]

Competência: No caso na Fazenda Pública Estadual, a Justiça competente será a Comum Estadual. Sendo executada a Fazenda Pública Federal, a competência será da Justiça Comum Federal. Quanto ao foro competente, na execução contra fazenda pública estadual, deve-se aplicar o art. 52, parágrafo único, do CPC, no sentido de que se Estado ou o Distrito Federal for o demandado, a ação poderá ser proposta no foro de domicílio do autor, no de ocorrência do ato ou fato que originou a demanda, no de situação da coisa ou na capital do respectivo ente federado. Na execução contra a Fazenda Pública Federal, tem aplicação o art. 51, parágrafo único, ou seja, se a União for a demandada, a ação poderá ser proposta no foro de domicílio do autor, no de ocorrência do ato ou fato que originou a demanda, no de situação da coisa ou no Distrito Federal.

Em se tratando de Fazenda Pública Municipal, a Justiça competente será a Comum Estadual; e o foro competente, para entrar com a execução, como não há previsão de regra especial, será o foro de domicílio do executado, de eleição constante do título ou, ainda, de situação dos bens a ela sujeitos (art. 781, I, do CPC).[603]

Legitimidade: Segundo o art. 778 do CPC, pode promover a execução forçada o credor a quem a lei confere título executivo. Contudo, o art. 778, § 1º, explicita melhor a matéria, dizendo que podem promo-

---

[601] Nesse sentido, NOLASCO, Rita Dias. In: WAMBIER, Teresa Arruda Alvim et. al. (Coord.). *Breves comentários ao novo código de processo civil*. São Paulo: Revista dos Tribunais, 2015, p. 2024.

[602] CÂMARA, Alexandre Freitas. *O novo processo civil brasileiro*. São Paulo: Atlas, 2015, p. 403.

[603] "AGRAVO INTERNO. AGRAVO EM RECURSO ESPECIAL. COMPETENCIA. AÇÃO DE EXECUÇÃO DE TÍTULO EXECUTIVO EXTRAJUDICIAL. OPÇÃO. LOCAL DO PAGAMENTO, DOMICÍLIO DO DEVEDOR. 1. Em conformidade com o art. 100, IV, "d", do CPC, o juízo competente para processar e julgar ação de execução de título extrajudicial é o do lugar do pagamento do título. O exequente pode, todavia, optar pelo foro de eleição ou pelo foro de domicílio do réu, como ocorreu na hipótese em exame. Precedentes. 2. Agravo interno não provido". (AgInt no AREsp 1022462/SP, Rel. Ministro Luis Felipe Salomão, 4ª T., julg. 13/06/2017, DJe 20/06/2017).

ver a execução forçada ou nela prosseguir, em sucessão ao exequente originário: I – o Ministério Público, nos casos previstos em lei; II – o espólio, os herdeiros ou os sucessores do credor, sempre que, por morte deste, lhes for transmitido o direito resultante do título executivo; III – o cessionário, quando o direito resultante do título executivo lhe for transferido por ato entre vivos; IV – o sub-rogado, nos casos de sub-rogação legal ou convencional.

Já o art. 779 do CPC estipula que a execução pode ser promovida contra o devedor, reconhecido como tal no título executivo. Na hipótese, tratando-se de execução contra a Fazenda Pública, a legitimidade passiva será, à luz do título, da União, Estado, Distrito Federal e Municípios, bem como suas autarquias e fundações.

Causa de pedir: A causa de pedir, no caso, será o título executivo extrajudicial. Por exemplo, o STJ já julgou que a nota de empenho emitida por agente público se constitui em título executivo extrajudicial.[604] Também considerou ser possível executar um cheque.[605]

Pedido: A parte exequente, em sua inicial, fará os pedidos de praxe, notadamente o pagamento do valor do débito apontado (por meio de precatório ou requisição de pequeno valor), bem como o de citação da Fazenda Pública no respectivo órgão da advocacia pública, para opor embargos.

2.2.2.2.2. Meio de defesa

O meio clássico de formular a defesa na execução são os embargos. Segundo José Miguel Garcia Medina, os embargos à execução podem veicular defesa incidental ou ação de conhecimento.[606] Conforme o art. 910 do CPC, na execução fundada em título extrajudicial, a Fazenda Pública será citada para opor embargos em 30 (trinta) dias. Conforme o art. 914, § 1°, os embargos à execução serão distribuídos por dependência, autuados em apartado e instruídos com cópias das peças processuais relevantes, que poderão ser declaradas autênticas pelo próprio advogado, sob sua responsabilidade pessoal.

É permitida também, como não poderia ser diferente, a arguição de impedimento e suspeição, observando-se disposto nos arts. 146 e 148 (art. 917, § 7°).

---

[604] REsp 793.969-RJ, Rel. originário Min. Teori Albino Zavascki, Rel. para acórdão Min. José Delgado, julgado em 21/2/2006.
[605] AgRg no REsp 1148413/PI, Rel. Ministro CASTRO MEIRA, SEGUNDA TURMA, julgado em 08/05/2012, DJe 21/05/2012.
[606] MEDINA, José Miguel Garcia. *Direito Processual Civil Moderno*. Op. cit., p. 1075.

Além disso, no art. 803, tem-se a previsão da exceção/objeção de pré-executividade. Prevê a lei: É nula a execução se: "I – o título executivo extrajudicial não corresponder a obrigação certa, líquida e exigível; II – o executado não for regularmente citado; III – for instaurada antes de se verificar a condição ou de ocorrer o termo. Parágrafo único. A nulidade de que cuida este artigo será pronunciada pelo juiz, de ofício ou a requerimento da parte, independentemente de embargos à execução".

De acordo com o art. 918, os embargos serão rejeitados liminarmente quando intempestivos; nos casos de indeferimento da petição inicial e de improcedência liminar do pedido; quando manifestamente protelatórios. Ademais, estipula o art. 918, parágrafo único, que: "considera-se conduta atentatória à dignidade da justiça o oferecimento de embargos manifestamente protelatórios".

O art. 920 estabelece o rito dos embargos, que se aplica às causas envolvendo a Fazenda Pública: o exequente será ouvido no prazo de 15 (quinze) dias; a seguir, o juiz julgará imediatamente o pedido ou designará audiência; encerrada a instrução, o juiz proferirá sentença.

Momento: O prazo de 30 dias é contado em dias úteis. Não se aplica, na espécie, o prazo em dobro, pois o art. 184, § 2º, ressalva que não se aplica o benefício da contagem em dobro quando a lei estabelecer, de forma expressa, prazo próprio para o ente público, que é exatamente o caso. A citação far-se-á por carga, remessa ou meio eletrônico, e ainda, por mandado.

Forma: Os embargos têm natureza de ação. Por isso, devem respeitar os requisitos da petição inicial (CPC, art. 319 e 320).

Abrangência: Conforme o art. 910, § 2º, nos embargos, a Fazenda Pública poderá alegar qualquer matéria que lhe seria lícito deduzir como defesa no processo de conhecimento, bem como, na esteira do art. 917: "I – inexequibilidade do título ou inexigibilidade da obrigação; III – excesso de execução ou cumulação indevida de execuções; V – incompetência absoluta ou relativa do juízo da execução; VI – qualquer matéria que lhe seria lícito deduzir como defesa em processo de conhecimento".

Tem-se excesso de execução quando: "I – o exequente pleiteia quantia superior à do título; II – ela recai sobre coisa diversa daquela declarada no título; III – ela se processa de modo diferente do que foi determinado no título; IV – o exequente, sem cumprir a prestação que lhe corresponde, exige o adimplemento da prestação do executado; V – o exequente não prova que a condição se realizou (art. 917, § 2º). Quando alegar que o exequente, em excesso de execução, pleiteia quantia superior à do título, o embargante declarará na petição inicial o valor que entende correto, apresentando demonstrativo discriminado e atualizado de seu cálculo (art. 917, § 3º). Não apontado o valor correto ou não apresentado o demonstrativo, os embargos à execução: I – serão liminarmente rejeitados, sem resolução de mérito, se o excesso de execução for o seu único fundamento; II – serão processados, se houver outro fundamento, mas o juiz não examinará a alegação de excesso de execução (art. 917, § 4º). Nos embargos de retenção por benfeitorias, o exequente poderá requerer a compensação de seu valor com o dos frutos ou dos danos considerados devidos pelo executado, cumprindo ao juiz, para a apuração dos respectivos valores, nomear perito, observando-se, então, o art. 464 (art. 917, § 5º). O exequente poderá a qualquer tempo ser imitido na posse da coisa, prestando caução ou depositando o valor devido pelas benfeitorias ou resultante da compensação (art. 917, § 6º)".

2.2.2.2.3. Fase expropriatória – procedimento de realização da obrigação

De acordo com o art. 910, § 1º, não opostos embargos ou transitada em julgado a decisão que os rejeitar, expedir-se-á precatório ou requisição de pequeno valor em favor do exequente, observando-se o disposto no art. 100 da Constituição Federal. Assim, como já foi referido inúmeras vezes, na execução contra a Fazenda, incorre a figura da penhora, pois impenhoráveis os bens públicos.

Observe-se que o CPC não permitiu a execução provisória, pois exige, para o pagamento, o trânsito em julgado da decisão dos embargos do devedor. Tal consta da parte inicial do art. 910, § 1º, acima referido.

2.2.2.2.4. Fase final do procedimento

Conforme art. 920, III, o procedimento se encerra por sentença. O recurso cabível será a apelação.

2.2.2.3. *Execução fiscal*

Ernesto José Toniolo
Wesley Rocha

O procedimento regido pela Lei de Execuções Fiscais enquadra-se como subespécie de processo de execução de título extrajudicial para a cobrança de quantia certa – eis a aplicabilidade subsidiária do Código de Processo Civil.[607]

Segundo o item nº 24 da Exposição de Motivos da LEF, as inovações introduzidas pela Lei nº 6.830/80 "como normas peculiares à cobrança da Dívida Pública têm por objetivo os privilégios inerentes ao crédito fiscal e a preferência por normas processuais preexistentes, ajustadas ao escopo de abreviar a satisfação do direito da Fazenda Pública".[608]

Como os valores arrecadados pelos entes públicos destinam-se a custear as atividades estatais, voltadas à persecução do bem comum, o ordenamento jurídico buscou dotar-lhes de um instrumento célere e eficaz para a cobrança de seus créditos inadimplidos,[609] diferenciando-se da execução por quantia certa, regida pelo CPC, pela existência de algumas prerrogativas especiais, tais como: a autoconstituição do título executivo (art. 2º, LEF), a presunção de liquidez e certeza do título (art. 3º, LEF), a possibilidade de emenda ou substituição da CDA no curso do processo (art. 2º, § 8º, LEF), a preferência do crédito em relação aos demais (art. 186, CTN), a intimação pessoal dos procuradores dos órgãos públicos (art. 25, LEF) e outras.[610]

---

[607] Segundo Milton Flaks, "pode-se definir execução fiscal como o procedimento executório especial destinado à cobrança de créditos públicos inscritos, na forma da lei em dívida ativa". Ver: FLAKS, Milton. *Comentários à Lei de Execução Fiscal*. Rio de Janeiro: Forense, 1981, p. 22.

[608] Embora a execução fiscal seja vista por alguns como privilégio dos entes públicos, Milton Flaks, em seu estudo histórico acerca da execução fiscal, afirma que o procedimento especial para a cobrança da dívida ativa seria antes uma conquista dos contribuintes do que do Estado – já que em momentos históricos anteriores era empregada a *manus militari* na cobrança dos tributos "Compensando a sua subordinação, como qualquer credor, à Justiça comum, é uma constante no Direito Positivo, o fisco conceder a si mesmo uma série de prerrogativas, justificadas pelo próprio Seabra Fagundes como a ponderação de que "dos meio pecuniários depende, prática e primariamente, a realização dos fins do Estado, que sem eles não poderia subsistir": Essas prerrogativas, como atesta a evolução legislativa do instituto, consistem basicamente: a) na autoconstituição de seu título de crédito; b) no procedimento executório; c) na presunção de veracidade, cabendo ao executado elidi-las; d) na preferência dos seus créditos, em maior ou menor grau, segundo a época". Ver: FLAKS, 1981, *op. cit.*, p. 2.

[609] Ao explicar a introdução da Lei nº 6.830/80 em nosso ordenamento jurídico, após um hiato de sete anos nos quais a cobrança da dívida ativa sujeitou-se ao rito previsto no Código de Processo Civil, da mesma forma que os créditos dotados de força executiva das entidades privadas, assim discorre Milton Flaks: "Sustentando que ao Estado deve ser garantido um processo expedito para realização da dívida pública, o Poder Executivo propôs ao Congresso que a cobrança da Dívida Ativa voltasse a ter um procedimento próprio, proposta da qual resultou a Lei nº 6.830, de 22.9.80, publicada no D.O., de 24.9.80 e com vigência a partir de noventa dias após sua publicação. Fundamentou-se a mensagem do Executivo (Mensagem 87/80) em que a reforma processual de 1973 "não só deu ao crédito público o mesmo tratamento da nota promissória e da letra de câmbio, títulos comerciais, como permitiu que outras espécies de obrigações, v.g., as obrigações para com entidades financeiras, tivessem um rito de execução – com fase extrajudicial – muito mais eficaz, rápido e com privilégios que jamais forma concedidos ao crédito público". Ver FLAKS, 1981, op. cit., p. 19-20.

[610] Milton Flaks, em seu estudo histórico acerca da execução fiscal, após explicar que o procedimento especial para cobrança da dívida ativa seria antes um conquista dos contribuintes do que do Estado – já que em momentos históricos anteriores era empregada a *manu militari* na cobrança dos tributos –, assim explana: "Compensando a sua subordinação, como qualquer credor, à

Teoricamente, uma execução fiscal célere e eficiente atuaria não apenas como meio arrecadatório, mas, principalmente, como forma de indução dos contribuintes a pagarem os seus tributos pela via administrativa, coibindo a sonegação e a inadimplência.

Exatamente por essas razões, a situação de privilégio só se justifica por se destinarem os recursos arrecadados através da execução fiscal às atividades estatais típicas, voltadas à persecução do bem comum. Daí a razão pela qual a jurisprudência consolidou entendimento segundo o qual as autarquias, embora previstas no art. 1º da Lei de Execuções Fiscais como legitimadas ativas, não podem fazer uso do procedimento se exploraram atividade tipicamente privada, a exemplo das extintas Caixas Econômicas Estaduais ou do próprio BRDE.[611]

2.2.2.3.1. Requerimento

A execução fiscal tem como título executivo a certidão de dívida ativa regularmente inscrita na repartição competente, que deve conter os elementos do respectivo termo de inscrição.

A petição inicial de uma execução fiscal possui grande simplicidade. A lei considera o próprio título executivo, a certidão de dívida ativa (CDA), como parte integrante da petição inicial. A CDA deverá necessariamente acompanhar a petição inicial, porém todos dados e informações que nela constem são considerados como se estivessem escritos na própria petição inicial (art. 6º, § 1º, LEF).

A ideia de simplificação prevista na Lei de Execuções Fiscais já se fazia presente em 1980, estabelecendo que "a petição inicial e a Certidão de Dívida Ativa poderão constituir um único documento, preparado inclusive por processo eletrônico" (art. 6º, § 2º, LEF).

O legislador estabeleceu que a petição inicial devesse indicar, apenas, (*i*) o juiz a quem é dirigida, (*ii*) o pedido e (*iii*) o requerimento para a citação (art. 6º da LEF).

Justiça comum, é uma constante no Direito Positivo, o fisco conceder a si mesmo uma série de prerrogativas". E continua: "... essas prerrogativas, como atesta a evolução legislativa do instituto, consistem basicamente: a) na autoconstituição de seu título de crédito; b) no procedimento executório; c) na presunção de veracidade, cabendo ao executado elidi-las; d) na preferência dos seus créditos, em maior ou menor grau, segundo a época". Ver: FLAKS, 1981, op. cit., p. 2.

[611] Nesse sentido, vem a longo tempo decidindo a jurisprudência do Superior Tribunal de Justiça, de que é exemplo o REsp. 26.798-9/RS, 4ª Turma, Rel. Min. Athos Gusmão Carneiro, julgado em 22.9.1992, assim ementado: "EXECUÇÃO FISCAL. LEI Nº 6.830/80. CONTRATO DE MÚTUO. CONVERSÃO DE RITO. BANCO REGIONAL DE DESENVOLVIMENTO DO EXTREMO – BRDE. Autarquia que atua como banco não dispõe de execução fiscal para haver crédito decorrente de contrato de mútuo. Pela instrumentalidade do processo, admite-se a fungibilidade de rito, com o aproveitamento dos atos praticados sob a regência da Lei nº 6.830/80, prosseguindo a execução de acordo com as normas do CPC. Recurso especial conhecido e em parte provido."

Todavia, nada impede que a Fazenda insira no pedido requerimentos de penhora de bens específicos para a hipótese de ausência de pagamento ou postule que a citação seja realizada por oficial de justiça.

O valor da causa será o da dívida constante da certidão, acrescido dos encargos legais (juros e correção monetária), calculados conforme os critérios estabelecidos na CDA (art. 6º, § 4º, da LEF). O valor costuma estar expresso na petição inicial, porém isso não é necessário, já que o título integra a própria petição inicial.

Competência: A lei de execução fiscal não define o juízo competente para a propositura da demanda, embora estabeleça que "a competência para processar e julgar a execução da Dívida Ativa da Fazenda Pública exclui a de qualquer outro Juízo, inclusive o da falência, da concordata, da liquidação, da insolvência ou do inventário" (art. 5º, LEF).

A competência para o ajuizamento da execução fiscal era disciplina no art. 578 do CPC/73 e agora encontra-se prevista no § 5º do art. 46 do NCPC. A modificação foi substancial, pois o diploma anterior também permitia que a Fazenda optasse por ajuizar a execução fiscal "no foro do lugar em que se praticou o ato ou ocorreu o fato que deu origem à dívida, embora nele não mais resida o réu, ou, ainda, no foro da situação dos bens, quando a dívida deles se originar" (art. 578, parágrafo único, CPC/73). Portanto, havia a possibilidade de o exequente optar pelo ajuizamento da demanda em local diverso do domicílio do devedor, inclusive naquele de origem da dívida ou no local onde existissem bens penhoráveis. A flexibilidade da regra possibilitava maior efetividade e celeridade na realização do crédito, diante das peculiaridades do caso concreto. Isso não dispensava a necessidade de citar o devedor no local onde fosse encontrado, daí a razão pela qual não havia prejuízo à sua defesa.

O novo CPC acaba com essa possibilidade, estabelecendo que "a execução fiscal será proposta no foro de domicílio do réu, no de sua residência ou no do lugar onde for encontrado" (art. 46, § 5º, NCPC).

Assim, o ajuizamento da execução fiscal deverá ocorrer (a) no domicílio do executado; ou (b) no de sua residência; ou (c) no lugar onde o devedor for encontrado.

Por se tratar de previsão específica da competência para processar a execução fiscal, a previsão contida no § 5º do art. 46 do NCPC prevalece sobre as regras do dos artigos 51 e 52 do NCPC, que definem o foro de domicílio do réu nas demandas ajuizadas pela União, os Estados ou o Distrito Federal.

Saliente-se que se a execução fiscal for ajuizada pela União e ou por suas autarquias será competente a Justiça Federal (art. 109, I, CF).

Também cumpre destacar que a alteração de domicílio do executado não desloca a competência já fixada (Súmula 58, STJ).

Por fim, cabe mencionar que a execução fiscal não observa a regra do juízo universal, ou seja, a demanda executiva da Fazenda Pública não é atraída por juízos de falência, concordata, de liquidação, de inventário, e, inclusive, trabalhista (arts. 5º e 29, LEF). Já o deferimento da recuperação judicial não suspende o processamento autônomo do executivo fiscal (art. 6, § 7º, da Lei 11.101/2005).

Legitimidade ativa: A lei de execuções fiscais pretendeu dotar os entes públicos de um procedimento diferenciado para cobrança de seus créditos inscritos em dívida ativa, com características próprias, voltadas à celeridade e à obtenção de maior efetividade, sem estabelecer privilégios abusivos incompatíveis com o ordenamento jurídico. Contudo, as reformas da execução do título extrajudicial no CPC/73 e o novo diploma processual tornam questionável que execução fiscal continue a ser compreendida como um privilégio da Fazenda Pública.

Todavia, concebida como uma forma privilegiada de execução, a legitimação à propositura da execução fiscal só se justifica diante do destino dos recursos ao custeio das atividades públicas.

É com esse sentido que deve ser interpretado o rol dos legitimados estabelecido expressamente pelo art. 1º da LEF ("a execução judicial para cobrança da Dívida Ativa da União, dos Estados, do Distrito Federal, dos Municípios e respectivas..."), tanto para ampliar como para restringir a legitimação.

Assim, por exemplo, embora as autarquias figurem expressamente como legitimadas a ajuizar a execução fiscal, não poderão fazê-lo caso explorarem atividade econômica, pena de ferir-se o princípio da igualdade de concorrência justa. Portanto, veda-se a atualização da execução fiscal pelas autarquias que não exerçam atividade tipicamente pública, a exemplo do BRDE – Banco Regional de Desenvolvimento do Extremo Sul (RE nº 115.062-RS, 2ª Turma, Rel. Min. Célio Borja, DJ 31/03/89, p. 4.333).

Em decorrência dessa limitação que encontra seus fundamentos últimos no princípio da igualdade e na necessidade de proteção à concorrência justa, as empresas públicas e as sociedades de economia mista não foram incluídas como legitimadas no art. 1º da LEF. A própria Constituição Federal de 1988 determina que "as empresas públicas e as sociedades de economia mista não poderão gozar de privilégios fiscais não extensivos às do setor privado" (art. 173, § 2º, CF).

Porém, segundo o STF, a Empresa Brasileira de Correios e Telégrafos – ECT – pode-se valer da execução fiscal para cobrar seus créditos, uma vez que presta serviço público de competência exclusiva da União Federal (art. 21, inciso X, da CF), e, portanto, não se sujeita à concorrência (norma do Decreto-Lei nº 509/69 recepcionada pela CF-STF-RE 220.906, Rel. Min. Maurício Correia, e RE 407.099, Rel. Min. Carlos Velloso).

Embora as fundações públicas não estejam expressamente elencadas como legitimadas ao ajuizamento da execução fiscal, o desenvolvimento da atividade pública justifica a sua inclusão, até mesmo porque se equiparam às autarquias (RE 183.188/MS, Plenário, unânime, Rel. Min. Celso de Mello, DJ 14.02.97).

Outro aspecto relevante no que diz respeito à legitimidade ativa é a Lei Complementar nº 123/2006 (Simples Nacional), que instituiu o Regime Especial Unificado de Arrecadação de Tributos e Contribuições. Esta lei complementar, cumprindo determinação Constitucional (art. 146, inciso III, alínea *d*, parágrafo único, CF), regulamentou a forma de cobrança destes débitos, e conforme o art. 41, §§ 2º e 3º, especificou que os créditos do Simples Nacional serão objeto de inscrição em dívida ativa da União e de cobrança realizada pela Procuradoria da Fazenda Nacional – PGFN. Neste caso, os créditos de oito tributos abrangidos pelo Simples Nacional devem ser cobrados pela União e repassados aos Municípios ou aos Estados, sendo que estes não possuem legitimidade ativa para ingressar na demanda executiva para cobrar seus créditos quando abrangidos pelo Simples Nacional. Entretanto, por interesse dos entes federados que realizarem convênio com a PGFN (vide Resolução CGSN nº 94, de 29 de novembro de 2011, que revogou a Resolução CGSN nº 34/2008), a cobrança dos respectivos débitos pode ser realizada por eles (somente dos seus créditos ICMS ou ISS).

Legitimidade passiva: O art. 4º da LEF dispõe que a execução fiscal poderá ser promovida contra o devedor, o fiador, o espólio, a massa falida, os sucessores a qualquer título ou os responsáveis tributários nos termos da lei.

Embora a execução fiscal seja promovida inicialmente contra aquele apontado na Certidão da Dívida Ativa como devedor principal e seu fiador, é pacífica a jurisprudência quanto à possibilidade de a execução fiscal prosseguir contra o espólio, a massa ou contra os sucessores, independentemente de emenda ou de substituição da CDA.

Nesse caso, o efeito interruptivo da prescrição em relação ao sucedido perpetua-se quanto ao sucessor.

Ademais, uma das peculiaridades que caracterizam a execução fiscal é o disposto no art. 4°, inciso V, da Lei n° 6.830/80, que permite incluírem-se no polo passivo da demanda os responsáveis tributários, pessoas cujos nomes não constam do título executivo.

Embora seja da pessoa jurídica a obrigação de recolher os tributos devidos, excepcionalmente, respondem pelo débito o diretor, o administrador ou sócio-gerente, em decorrência da prática de atos dolosos ou culposos em infração à lei ou a excesso de mandato, que impliquem diretamente o não pagamento do tributo, nos termos do disposto no art. 134, III, do CTN.

Essa inclusão do responsável tributário no polo passivo da demanda, sem que os seus nomes constem do título executivo, recebe o nome de "redirecionamento da execução fiscal".[612]

As hipóteses a ensejar o redirecionamento da execução fiscal são múltiplas, destacando-se dentre elas a sonegação fiscal, a prática de crimes falimentares, as irregularidades na administração da empresa, bem como a dissolução irregular e outras práticas fraudulentas.

Foi visando, evitar atitudes fraudulentas e nocivas ao interesse público que o legislador imprimiu, no art. 135 do CTN, a regra segundo a qual os administradores são pessoalmente responsáveis pelos créditos correspondentes às obrigações tributárias das empresas executadas, sempre que resultantes de atos praticados com excesso de poderes ou em infração à lei, contrato social ou estatutos.[613]

Note-se que o espírito do art. 4°, V, da LEF, tanto quanto do art. 135 do CTN, é impedir manobras fraudulentas praticadas pelos responsáveis pela administração das empresas, preservando-se o interesse público no recolhimento do tributo, bem como o direito fundamental do Estado-Credor à efetividade da execução, além de proteger aqueles que recolhem normalmente os seus tributos da concorrência desleal.[614]

Causa de pedir: Os legitimados a ajuizar execução fiscal poderão demandar a satisfação de créditos de natureza tributária ou não tributária, desde que inscritos em dívida ativa.

---

[612] O "redirecionamento da execução fiscal" distingue-se do caso em que o nome do responsável tributário é incluído desde o início da execução no título executivo. Nesse sentido, ver: STJ, REsp 909948/RS, 1ª Turma, Min. Rel. Teori Albino Zavascki, DJ 04.10.2007.

[613] TONIOLO, Ernesto José. *A prescrição intercorrente na execução fiscal*. 2. ed. Rio de Janeiro: Lumen Juris, 2010, p. 196.

[614] Idem, ibidem.

A expressão *inscrição em dívida ativa*, no sentido empregado pela Lei de Execuções Fiscais, possuiria dois significados: (a) um em sentido amplo, como o crédito do Poder Público cuja prestação foi vencida e não adimplida; (b) outro, em sentido estrito, como o crédito da Fazenda Pública apto à cobrança executiva em decorrência da inscrição em registro próprio.[615]

A intenção do legislador, de permitir aos entes públicos a utilização do instrumento da execução fiscal para a cobrança dos mais diversos créditos, não se restringindo àqueles de natureza tributária, transparece do § 1º do art. 2º da Lei nº 6.830/80.[616]

Deste modo, quase todas as fontes de receita dos entes públicos, desde que passíveis de inscrição em dívida ativa, poderão ser objeto de cobrança através da execução fiscal. Isso significa que quaisquer créditos inscritos em dívida ativa podem servir de *causa petendi* à execução fiscal, não se limitando aos créditos de natureza tributária.[617]

Ainda que os créditos tributários correspondam à esmagadora maioria das execuções fiscais, também podem ser inscritos em dívida ativa e executados créditos não tributários, decorrentes de outros débitos para com o Poder Público.[618] Como exemplos desses créditos não tributários, poderíamos citar as multas de trânsito, as multas aplicadas pelos Tribunais de Contas dos Estados e da União, entre outros.[619]

Portanto, a causa de pedir da execução fiscal consiste no crédito (tributário ou não tributário) regularmente inscrito na dívida ativa, representado na certidão de dívida ativa. A dívida ativa da Fazenda Pública também abrange a atualização monetária, os juros e a multa de mora e demais encargos previstos em lei ou contrato (art. 2º, § 2º, LEF).

---

[615] Nesse sentido, ver SOUZA, Maria Helena Rau de et alii. *Execução fiscal* – doutrina e jurisprudência. São Paulo: Saraiva, 1998, p. 18.

[616] "§ 1º Qualquer valor, cuja cobrança seja atribuída por lei às entidades de que trata o artigo 1o, será considerado Dívida Ativa da Fazenda Pública".

[617] TONIOLO, Ernesto José. *A prescrição intercorrente na execução fiscal*. 2. ed. Rio de Janeiro: Lumen Juris, 2010, p. 21.

[618] Nesse sentido, preleciona FLAKS, 1981, *op. cit.*, p. 38.

[619] Segundo Humberto Theodoro Júnior, "até mesmo as obrigações contratuais, desde que submetidas ao controle da inscrição, podem ser exigidas por via da execução fiscal", bastando "apurar-se sua liquidez e realizar-se a devida inscrição em dívida ativa, para que a Fazenda Pública esteja autorizada a promover a execução fiscal". Ver: THEODORO JÚNIOR. *Lei de Execução Fiscal*. 7. ed. São Paulo: Saraiva, 2000, p. 59. Não obstante, conforme salienta Teori Albino Zavascki, "só há inscrição em dívida ativa quando a obrigação consistir em pagamento de quantia certa. As demais obrigações, – de entrega de coisa, de fazer ou não-fazer – para com as pessoas de Direito Público, submetem-se ao regime comum dos títulos executivos". Ver: ZAVASCKI, Teori Albino. *Comentários ao Código de Processo Civil*, vol. 8. 2. ed. São Paulo: Revista dos Tribunais, 2003, p. 222.

Pedido: Diante da posição jurisprudencial consolidada no Superior Tribunal de Justiça após o julgamento pela sistemática dos recursos repetitivos do REsp nº 1112943 (Corte Especial, DJe 23.11.2010), é possível, desde já, na peça inicial, após o pedido de citação, requerer o deferimento da penhora eletrônica, caso o devedor não pague ou garanta a dívida no prazo de cinco dias (art. 8º, da LEF). O STJ decidiu que é possível postular a penhora eletrônica sem a necessidade de esgotamento das vias extrajudiciais para a busca de bens passíveis de penhora. A decisão se baseou nas inovações introduzidas pela Lei nº. 11.383/06, justificando que não haveria necessidade de o credor comprovar que esgotou todas as diligências para a localização de bens penhoráveis para que seja realizada a penhora por meio eletrônico.

Do mesmo modo, cabe mencionar que se tornou faculdade do credor nas execuções em geral, após as modificações da Lei nº 11.382/06, semelhante ao previsto na Lei nº 8.212/91, aplicável aos processos executivos da União, bem como com o advento do novo Código de Processo Civil (art. 798, II, c, NCPC), a indicação de bens à penhora já na peça exordial.

2.2.2.3.2. Meio de defesa

Costuma-se classificar a defesa do executado nos executivos fiscais basicamente em três grupos: (*i*) defesa incidental (ex. embargos à execução); (*ii*) defesa endoprocessual (dentro do processo de execução, na própria execução por meio de exceção de pré-executividade, por exemplo); (*iii*) defesa eterotópica (por meio de ações prejudiciais e/ou conexas com a execução, a exemplo do mandado de segurança e ação anulatória).

Os embargos à execução fiscal constituem o único meio de defesa expressamente previsto na lei de execuções ficais. Todavia, a exceção de pré-executividade é largamente empregada, especialmente em razão da exigência de garantia do juízo para o processamento dos embargos, que ainda persiste na execução fiscal.

2.2.2.3.2.1. Embargos à execução fiscal

Os embargos à execução fiscal são disciplinados nos artigos 16 e 17 da LEF, e permitem ampla cognição a respeito do crédito, do título bem como dos atos executórios em geral. Como o regramento dos embargos na lei de execução fiscal é sucinto, existe grande necessidade de recorrermos, de forma subsidiária, ao Código de Processo Civil.

Momento: A garantia do juízo continua sendo requisito para o processamento dos embargos à execução fiscal. Enquanto não garantido o juízo, os embargos oferecidos não serão processados.

Quanto ao início da contagem do prazo de 30 dias para oposição dos embargos, cabe ressaltar que a execução fiscal possui regramento específico. O prazo para oferecimento dos embargos deve ser contado a partir: (a) da intimação da formalização do depósito;[620] (b) da juntada da prova da formalização da fiança bancária; (c) da intimação da penhora. Vale destacar que, no caso da garantia por penhora, o prazo inicia no momento da intimação, e não da juntada aos autos do mando devidamente cumprido, como outrora previsto no diploma processual reformado.

Recebidos os embargos, a Fazenda terá o prazo de 30 dias para impugná-los (art. 17, LEF).

Forma: Os embargos à execução fiscal devem ser opostos no mesmo juízo que processou a demanda executória. Todavia, se a execução ocorrer mediante a utilização de carta precatória, os embargos serão apresentados no juízo deprecado, que remeterá a ação ao juízo deprecante para instrução e julgamento, salvo se a defesa versar sobre vícios ou irregularidades dos atos praticados pelo próprio juízo deprecado. Nessa situação, caberá ao juízo deprecado apreciar exclusivamente a matéria que diga respeito aos atos ali praticados (art. 20, LEF).[621]

A inicial dos embargos à execução fiscal deve observar os requisitos previstos nos artigos 319 e 320 do NCPC. Quanto ao valor da causa, deve refletir o conteúdo econômico da pretensão, aplicando-se o disposto no art. 291 do NCPC. Portanto, o valor atribuído aos embargos nem sempre corresponderá ao total da dívida executadas, pois seu objeto pode abranger apenas parcialmente o crédito executado, a exemplo do que ocorre com a mera alegação do caráter confiscatório da multa tributária aplicada.

Abrangência: O objeto dos embargos à execução fiscal possui a mesma abrangência dos embargos à execução do título extrajudicial previsto no Código de Processo Civil (art. 16, § 2º, LEF; art. 917, NCPC). O embargante poderá discutir qualquer aspecto do crédito

---

[620] O STJ tem entendimento sedimentado de que, o prazo neste caso inicia após a formalização do depósito, reduzindo-se a termo, e exarando intimação neste: "(....) II – *O Superior Tribunal de Justiça tem entendimento consolidado segundo o qual, em execução fiscal, o depósito realizado em garantia pelo devedor deve ser formalizado, reduzindo-se a termo, iniciando-se o prazo para a oposição de embargos a partir da intimação do depósito*" (Agravo Interno no Recurso Especial n.º1634365/PR, Ministra Rel. Regina Helena Costa, 1ª Turma, julgado em 21/03/2017).

[621] Ver redação do art. 915, § 2º, do NCPC.

tributário, defeitos na certidão de dívida ativa ou, ainda, alegar nulidade de atos praticados no processo de execução, além da incompetência absoluta ou relativa do juízo. Em suma, o embargante pode alegar "qualquer matéria que lhe seria lícito deduzir como defesa em processo de conhecimento". Trata-se de processo com cognição exauriente, permitindo, inclusive, a produção das provas testemunhal e pericial.

No entanto, a lei de execução fiscal veda expressamente a reconvenção nos embargos, bem como a alegação de compensação ou exceções, ressalvando-se as exceções de suspeição e impedimento, que são permitidas (art. 16, § 3º, LEF).

Embora os embargos à execução sejam o único meio de defesa previsto na lei execução fiscal, existem outras defesas que a doutrina convencionou chamar de "defesas heterotópicas". Essas defesas são veiculadas por meio de ações prejudiciais e/ou conexas à execução fiscal, a exemplo do mandado de segurança, da ação anulatória, da ação declaratória, da ação de consignação em pagamento e da ação de repetição de indébito, dentre outras.

Efeitos: No que diz respeito aos efeitos do recebimento dos embargos à execução fiscal, em relação à suspensão do processo executivo, cabe mencionar que já foi objeto de muito debate na doutrina e nos tribunais.

Após a entrada em vigor da Lei nº 11.232/06, para que exista a sustação da execução fiscal é necessário demonstrar o preenchimento dos requisitos hoje previstos no art. 919 do NCPC/2015, antigo 739-A, § 1º, do CPC/1973. Assim "o juiz poderá, a requerimento do embargante, atribuir efeito suspensivo aos embargos quando verificados os requisitos para a concessão da tutela provisória e desde que a execução já esteja garantida por penhora, depósito ou caução suficientes". Trata-se de entendimento consolidado pelo Superior Tribunal de Justiça em julgamento, pelo rito dos recursos repetitivos, do Recurso Especial nº 1.272.827/PE (1ª Seção, Rel Min. Benedito Gonçalves, julgado 22.05.2013).

Nesse sentido, a análise do pedido de suspensão execução fiscal deve ser feita considerando o preenchimento dos requisitos previstos no art. 919, § 1º, do NCPC/2015.

Vale ressaltar que a demanda executiva poderá prosseguir em parte, caso o efeito de suspensão seja parcial, conforme prescreve o art. 919, § 3º, do NCPC.

2.2.2.3.3. Fase expropriatória – procedimento de realização da obrigação

O Processo de Execução não deve ser compreendido como o emprego de meras técnicas voltadas à satisfação do crédito inadimplido, mas, sim, como instrumento de realização de valores constitucionais –, enquadrando-se, acima de tudo, como direito constitucional aplicado.[622]

Como subespécie de execução por quantia certa, a execução fiscal também é pautada pelo direito fundamental do credor à tutela jurisdicional efetiva, realizada com o emprego dos meios expropriatórios estabelecidos na lei.[623]

Por esse prisma, em atenção ao direito fundamental do credor à efetividade da tutela jurisdicional, as normas que versam sobre os meios executórios devem ser interpretadas e integradas de forma a possibilitar-se a plena satisfação do crédito executado.[624]

Assim, as normas referentes ao processo de Execução devem ser interpretadas não apenas em atenção ao direito fundamental do credor à execução efetiva, mas também aos demais direitos fundamen-

---

[622] ALVARO DE OLIVEIRA, Carlos Alberto. O Processo Civil na perspectiva dos Direitos Fundamentais. *Revista da Ajuris*, 2000.

[623] Marcelo Lima Guerra, em sua obra que inovou, ao modificar profundamente o enfoque da tutela executória no Brasil, chama a atenção para os limites e para as insuficiências dos meios típicos executivos tipificados pelo CPC, assevera: "É certo que a opção por um sistema típico de tutela executiva inspira-se, claramente, no princípio da legalidade – princípio basilar do Estado de Direito –, segundo o qual se procura fixar em lei, o máximo possível, as sanções a serem aplicadas pelos juízes, assim como os procedimentos a serem adotados para essa finalidade, com vistas à eliminação (ou pelo menos à diminuição) do arbítrio judicial e à preservação da certeza e segurança jurídicas". Demonstrando os limites da tipificação dos meios executivos, prossegue: "No entanto, não se pode ignorar mais a insuficiência dessa técnica legislativa, também no terreno da execução forçada, diante da impressionante rapidez com que surgem e se transformam as relações (sociais) a serem disciplinadas pelo direito. Na realidade, é tarefa impossível para o legislador, a de prever todas as peculiaridades dos direitos merecedores de tutela executiva (o que significa dizer, aqueles direitos consagrados em títulos executivos) e preordenar meios executivos diferenciados, levando-se em consideração essa peculiaridade". Ver: GUERRA, Marcelo Lima. *Direitos Fundamentais e a Proteção do Credor na Execução Civil*. São Paulo: Editora Revista dos Tribunais, 2003, p.66.

[624] Nessa corrente de pensamento, Marcelo Lima Guerra discorre acerca do conteúdo da expressão *direito fundamental do credor à tutela executiva*: o que se denomina *direito fundamental à tutela executiva* corresponde à peculiar manifestação do postulado da máxima coincidência possível no âmbito da tutela executiva. No que diz com a prestação de tutela executiva, a máxima coincidência traduz-se na exigência de que existam meios executivos capazes de proporcionar a satisfação integral de qualquer direito consagrado em título executivo. É essa exigência, portanto, que se pretende "individualizar", no âmbito daqueles valores constitucionais englobados no "due process" denominando-o *direito fundamental à tutela executiva* e que consiste, repita-se, na exigência de um sistema completo de tutela executiva, no qual existam meios executivos capazes de proporcionar pronta e integral satisfação a qualquer direito merecedor de tutela executiva. Ver GUERRA, 2003, op. cit., p.102.

tais envolvidos (processuais ou materiais), especialmente ao direito fundamental a um processo justo, compreendido tanto no resultado quanto nos meios executórios empregados.[625]

Portanto as técnicas previstas no procedimento especial da execução fiscal devem ser interpretadas de modo a permitir uma adequada composição entre os direitos fundamentais envolvidos, sem perder de vista a justificativa para existência de um procedimento diferenciado para a cobrança dos créditos públicos.

Nomeação de bens à penhora: Na inicial, o credor poderá indicar os bens a serem penhorados. Por outro lado, o devedor também poderá nomear de plano os bens para penhora em observação ao disposto do art. 9º da LEF. Assim, o devedor pode indicar diretamente ao oficial de justiça, quando da diligência de citação e penhora, ou poderá indicar por petição nos autos.

A indicação de bens de terceiro na execução fiscal condiciona-se ao preenchimento de dois requisitos: anuência do terceiro envolvido e a comprovação de propriedade, pena de ser anulável a penhora realizada.

Nesse caso, quem indica é o executado, e deve ser aceito pela Fazenda Pública para que possa surtir efeito o ato processual. Lembrando que há de ser convenientemente motivada a possível rejeição[626] de bens indicados à penhora.

Cabe mencionar, ainda, que não ocorrendo o pagamento do débito fiscal ou a garantia da execução, a penhora poderá recair sobre qualquer bem do executado (art. 10 da LEF), que observará a rol previsto no art. 11 da LEF, que se diferencia da ordem estabelecida no art. 835 do NCPC.

Da penhora: O art. 10 da LEF determina que em não havendo pagamento do débito fiscal ou garantia da execução pelo devedor, a penhora poderá ser realizada livremente, independente do rol exposto no art. 11. De forma subsidiária, pode ser observada a ordem prevista no art. 835 do NCPC.

Da substituição dos bens nomeados à penhora

É importante ressaltar que a Fazenda Pública, assim como o credor em geral, pode não aceitar o bem nomeado à penhora pelo

---

[625] Conforme Carlos Alberto Alvaro de Oliveira, "não se trata mais, bem entendido, de apenas conformar o processo às normas constitucionais, mas de empregá-las no próprio exercício da função jurisdicional, com reflexo direto no seu conteúdo, naquilo que é decido pelo órgão judicial e na maneira como o processo é por ele conduzido". Ver: O Processo Civil na perspectiva dos Direitos Fundamentais. *Revista da Ajuris*, 2000.

[626] ASSIS, Araken de. *Manual da Execução*. 11 ed. São Paulo: Revista dos Tribunais, 2007, p. 1034.

executado, segundo o regramento previsto no art. 15 da LEF, desde que obedecidos o rol de preferência do art. 11 da LEF ou justificada a excepcionalidade da situação suficiente a mitigar a obediência a essa ordem. A previsão específica da LEF segundo a qual "em qualquer fase do processo, será deferida pelo Juiz", a pedido da Fazenda Pública, "a substituição dos bens penhorados por outros, independentemente da ordem enumerada no artigo 11" não deve ser interpretada de modo permitir o arbítrio. O pedido de substituição da penhora deve ser minimamente justificado, especialmente quando se pretenda não observar a ordem de preferência dos bens penhoráveis.

Do depósito: Nos termos do disposto no art. 9º da LEF, o executado deverá depositar a quantia executada em dinheiro em banco oficial da unidade federativa, ou na falta deste na Caixa Econômica Federal, (art. 32, II, LEF), que será atualizada monetariamente, segundos os índices estabelecidos para os débitos tributários federais (art. 32, II, § 1º).

Conforme o parágrafo segundo do citado artigo, verifica-se que somente após o trânsito em julgado da decisão da decisão é que será possível realizar o levantamento dos valores depositados.

Diferencia-se das demais garantias, pois somente o depósito em dinheiro, na forma do artigo 32, faz cessar a responsabilidade pela atualização monetária e juros de mora (art. 9º, § 2º, LEF)

Intimação da penhora: O art. 12 da LEF estabelece que a intimação da penhora ocorrerá mediante publicação, no órgão oficial, do ato de juntada aos autos do termo ou do auto de penhora Ocorre que, muitas vezes, o oficial de justiça dá ciência ao executado no próprio auto de penhora, quando este figure como depositário dos bens, sendo desnecessário a edição de publicação em órgão oficial.

De qualquer sorte, o prazo para oferecimento de embargos conta-se da juntada aos autos da publicação da penhora perfectibilizada.

A Súmula 12 do extinto TFR – Tribunal Federal de Recursos – estabelece que na "execução fiscal, quando a ciência for pessoal, o prazo para oposição dos embargos do devedor inicia no dia seguinte ao da intimação deste". Já a Súmula 190 do mesmo Tribunal expressa o entendimento segundo o qual é desnecessária a intimação da penhora mediante publicação no órgão oficial, se o executado já foi intimado pessoalmente do ato (REsp nº 200.351-RS e REsp 167.411-SP).

Outra relevante questão diz respeito à intimação de executado não localizado. A lei de execuções fiscais determina a intimação pessoal de executado quando a citação é feita pelo correio, e o aviso de recebimento não contiver a assinatura do próprio executado, ou de seu representante legal (art. 12, § 3º, LEF).[627]

Avaliação dos bens penhorados: A lei de execuções fiscais estabelece que a avaliação dos bens penhorados deva ocorrer já quando realizada da penhora (art. 13, *caput*, LEF).

A avaliação normalmente é feita pelo Oficial de Justiça no momento da penhora, ou por atribuição de valores no termo de penhora que é lavrado pelo escrivão (ou outro serventuário da justiça), consignando a avaliação dos bens.

Esse ato processual ganha suma importância na execução fiscal, tendo em vista que é partir deste que irá se verificar se há a necessidade de reforço ou levantamento, norteará a remição dos bens, pelo terceiro penhorado (LEF. Art. 19, I), ou poderá determinar a necessidade de um segundo leilão, mesmo que o primeiro tenha ocorrido resultado parcialmente satisfatório, pois a Súmula 128 do STJ dispõe: "Na execução fiscal haverá segundo leilão, se no primeiro não houver lanço superior à avaliação".

Justamente por este motivo que é razoável indicar um leiloeiro para que este acompanhe a diligência, a ser realizada em conjunto com o Oficial de Justiça, podendo, assim, evitar transtornos e demora nos demais atos processuais praticados.

Em relação à impugnação, podemos dizer que não há maiores debates, tendo em vista que esta poderá ocorrer sempre que existirem dúvidas sobre os valores atribuídos aos bens, tanto pelo executado quanto pelo exequente.

O que é importante mencionar são os honorários do avaliador. Normalmente quem dá causa ao pedido é o responsável pelo recolhimento dos valores a ser feito de forma antecipada ao ato. Ocorre que em se tratando de Fazenda Pública, as custas processuais serão recolhidas quando da satisfação do débito, não estando esta sujeita a recolhimento prévio de quantia predeterminada (art. 39 da LEF). En-

---

[627] Na questão levantada, Mauro Luís Rocha Lopes concluí o seguinte: "(a) quando o executado tiver sido citado por edital e não comparecer a juízo, será nomeado ao mesmo curador especial, com legitimidade para propositura de embargos (Súmula nº 196, devendo o aludido curador ser intimado pessoalmente da penhora, ainda que se tenha por razoável a providência cumulativa de intimação editalícia do executado; (b) quando o executado houver sido citado por via postal, sem que tenha assinado (ou o representante legal) o aviso de recebimento, deverá ser intimado pessoalmente da penhora (LEF, art. 12, §3º); (c) na hipótese supra (letra b), não sendo possível a intimação pessoal da penhora, por estar o executado em local incerto e não sabido, converte-se a penhora em arresto, citando-se o executado por edital e procedendo-se na forma já aventada (letra a). LOPES, Mauro Luís Rocha. *Execução fiscal e ações tributárias*. 2. ed. rev., ampl. e atual. Rio de Janeiro: Lumen Juris, 2002, p. 95.

tretanto, é de praxe que avaliadores solicitem valores iniciais, a título de honorários, para desenvolver o trabalho.

Assim, é razoável sempre realizar a intimação do perito avaliador para que este aceite o encargo, dando ciência que os honorários serão devidos somente após a satisfação ou sucesso de leilão ou hasta pública.

2.2.2.3.4. Fase final do procedimento (encerramento)

O desfecho que o ordenamento jurídico pressupõe para a execução forçada é a satisfação do crédito executado. Espera-se que a fase final do processo de execução fiscal ocorra com a satisfação integral do crédito. Todavia, conhecidas limitações de ordem material, especialmente a ausência de solvência do devedor, fazem com que a maior parte das execuções fiscais mostrem-se frustradas.

As recentes transformações empreendidas pelo legislador, invertendo a regra milenar que atribuía ao devedor o ônus de suscitar a exceção da prescrição, tornando-a matéria a ser conhecida de ofício pelo juiz, resultam da necessidade de garantir maior proteção à segurança jurídica da coletividade como um todo. Ademais, possibilitam a extinção de milhares de execuções fiscais frustradas, que abarrotam o sistema judiciário, comprometendo o exercício da prestação jurisdicional nos casos onde realmente apresenta-se útil e necessária.

Dessa realidade a lei de execuções fiscais sempre tratou, como demonstra a sistemática prevista no seu art. 40, que serviu de modelo para o novo Código de Processo Civil.

Segundo o disposto no art. 40 da LEF, o juiz suspenderá o curso da execução, enquanto não for localizado o devedor ou encontrados bens sobre os quais possa recair a penhora. O mesmo dispositivo menciona de forma expressa que, nesses casos, não correrá o prazo de prescrição. Decorrido o prazo máximo de 1 (um) ano, sem que seja localizado o devedor ou encontrados bens penhoráveis, o juiz ordenará o arquivamento dos autos (art. 40, § 2º). Encontrados a qualquer tempo o devedor ou os bens, os autos serão desarquivados para prosseguimento da execução (art. 40, § 3º). Ainda: Se da decisão que ordenar o arquivamento tiver decorrido o prazo prescricional, o juiz, depois de ouvida a Fazenda Pública, poderá, de ofício, reconhecer a prescrição intercorrente e decretá-la de imediato (art. 40, § 4º).

A suspensão da execução fiscal frustrada sem que ocorresse baixa na distribuição poderia criar situação de imprescritibilidade, incompatível com o ordenamento jurídico. Daí a razão pela qual o Superior

Tribunal de Justiça fixou entendimento segundo o qual a suspensão prevista no art. 40 da LEF não pode ser entendida de forma a gerar prazo perpétuo para a cobrança, interpretando-se o dispositivo de forma harmônica com o art. 174 do CTN.[628]

O dispositivo, muito aplicado na prática, em razão do grande número de execuções fiscais frustradas, gerou enorme polêmica na doutrina e na jurisprudência, culminando com a Súmula nº 314 do STJ, que consolidou a figura da prescrição intercorrente.[629]

A matéria, muito controvertida, foi objeto recente da Súmula nº 314 do STJ, que restou assim redigida: "Em execução fiscal, não localizados bens penhoráveis, suspende-se o processo por um ano, findo o qual se inicia o prazo de prescrição quinquenal intercorrente".

Entretanto, ao que tudo indica, a mencionada súmula parece haver agregado nova causa eficiente à prescrição intercorrente, diferentemente da inércia do credor: a inatividade processual, decorrente da impossibilidade de satisfação do crédito executado (execução frustrada).

Antes de sumulada a matéria pelo STJ, já prevaleciam entendimentos nos quais, após a suspensão do processo por um ano, reiniciava-se a contagem do prazo prescricional, independentemente do arquivamento previsto no art. 40, § 3º, da LEF, se a parte não demonstrasse que estava diligenciando no intuito de tornar efetiva a execução. Desta maneira, o prazo suspenso por um ano voltaria a contar após o seu transcurso, até que se verificasse a prescrição, dentro de 5 anos.[630]

---

[628] Nesse sentido, REsp nº 758549/MG, Rel. Min. Francisco Peçanha Martins, 2ª Turma, DJ 14.11.2005: "TRIBUTÁRIO. EXECUÇÃO FISCAL. PRESCRIÇÃO INTERCORRENTE. DECRETAÇÃO. VIOLAÇÃO AOS ARTIGOS 2º, § 3º, 8º, § 2º, E 40 DA LEF NÃO-CONFIGURADA. VERBA HONORÁRIA. CONDENAÇÃO DA FAZENDA PÚBLICA EM FAVOR DA DEFENSORIA PÚBLICA. IMPOSSIBILIDADE. PRECEDENTES. – A mera prolação do despacho que ordena a citação do executado não produz, por si só, o efeito de interromper a prescrição, impondo-se a interpretação sistemática desse dispositivo com o art. 174, e § único, do CTN. – O artigo 40 da Lei 6.830/80 sofre os limites impostos pelo artigo 174 do CTN e, após o transcurso de determinado tempo sem a manifestação da Fazenda estadual, deve ser decretada a prescrição intercorrente, desde que requerida pelo executado, impedindo que seja eternizada a demanda por ausência dos devedores ou de bens capazes de garantir a execução. – Não cabe o recolhimento de honorários sucumbenciais decorrentes da condenação da Fazenda Pública quando a causa for patrocinada pela Defensoria Pública, por se tratar de órgão do Estado. – Recurso especial conhecido e parcialmente provido". No mesmo sentido: STJ, AREsp 038979, Min. Rel. Benedito Gonçalves, DJ 04/10/2011.

[629] A respeito da prescrição intercorrente, ver: TONIOLO, Ernesto José. *A prescrição intercorrente na execução fiscal*. 2. ed. Rio de Janeiro: Lumen Juris, 2010.

[630] Contudo, existem decisões em sentido diverso, segundo as quais a contagem do prazo prescricional teria início já a partir da suspensão da execução. Nessa esteira: REsp. 625.193 / RO, 1ª Turma, Rel. Min. Luiz Fux, DJ 21/03/2005, que dispôs em seu voto: "Deveras, a suspensão decretada com suporte no art. 40 da Lei de Execuções Fiscais não pode perdurar por mais de 05 (cinco) anos porque a ação para cobrança do crédito tributário prescreve em cinco anos, contados da data da sua constituição definitiva (art. 174, *caput*, do CTN)".

Ou melhor, para essa corrente, a prescrição – se já não houvesse ocorrido em decorrência do abandono do processo pelo exequente por 5 anos ou mais – consumar-se-ia 6 (seis) anos após a suspensão do processo (1 ano de suspensão + 5 anos de arquivamento, contados do término do prazo anual = 6 anos).[631] O posicionamento acabou predominando no STJ, culminando com a edição da Súmula nº 314.

A suspensão pelo prazo de um ano, prevista no art. 40 da LEF, deve ser entendida como suspensão do processo, e não da prescrição, que não correrá como decorrência indireta da suspensão daquele por tempo razoável, enquanto se aguarda a modificação da situação fática ou processual.[632] Trata-se de suspensão do processo por tempo razoável e em decorrência de fatos alheios à vontade do exequente, que, supostamente, vinha exercendo todos os ônus processuais, sem que se possa falar em inércia (a causa eficiente típica da prescrição intercorrente), nem, tampouco, em inviabilidade de entrega da prestação jurisdicional (execução frustrada), já que o prazo de um ano apresenta-se razoável para a pesquisa de bens penhoráveis.[633]

A inércia do credor em praticar seus deveres processuais e a potencialização dos males causados pela situação de eterna litispendência e litigiosidade fazem ressurgir na execução fiscal as razões pacificadoras e estabilizadoras da prescrição. Assim como a inércia no exercício da pretensão servia como causa eficiente da prescrição, o mesmo ocorrerá com a inércia do exequente em exercer seus ônus processuais.[634]

---

[631] Nesse sentido: "Decorrido o período de suspensão e não havendo manifestação do exequente demonstrando que está atuando com vista ao prosseguimento do feito, reinicia-se, forte na inércia do credor, o prazo prescricional que havia sido interrompido com a citação". Ver: PAUSEN; Ávila, 2003, *op. cit.*, p. 355. No mesmo sentido, dentre outros, ver: DENARI, 1984, *op. cit.*, p. 87; FLAKS, 1981, *op. cit.*, p. 349; LOPES, 2002, *op. cit.*, p. 203. Também na jurisprudência do TJRS, por exemplo, AC nº 70006661733, TJRS, 2ª Câmara Cível, rel. Des. Antônio Janyr Dall'Agnol, j. 29.11.2003, assim ementada: "APELAÇÃO CÍVEL. EXECUÇÃO FISCAL. REDIRECIONAMENTO. PRESCRIÇÃO INTERCORRENTE SUPERVENIENTE À CAUSA SUSPENSIVA DO ART. 40 DA LEF. OCORRÊNCIA. Decorridos mais de cinco anos do dia imediato ao termo final da suspensão prevista pelo art. 40 da LEF ao da citação do sócio-gerente, prescrita está a pretensão creditícia do Estado. Honorários sucumbenciais que se ajustam. Apelação parcialmente provida". No mesmo sentido a 2ª Turma do STJ, por exemplo, REsp. nº 432.586, rel. Min. Eliana Calmon, 19.5.2003, assim ementado: "... 2. Interrompida a prescrição, com a citação pessoal, não havendo bens a penhorar, pode o exequente valer-se do art. 40 da LEF, restando suspenso o processo e, consequentemente, o prazo prescricional por um ano, ao término do qual recomeça a fluir a contagem até que se complete cinco anos". No mesmo sentido: Ag 1254818, STJ, Min. Rel. Sidnei Beneti, DJ 08.03.2010. abe registrar que, recentemente o STF reconheceu a repercussão geral em recurso extraordinário onde se discute o marco inicial da prescrição intercorrente. Contudo, o RE 636562 RG/SC, Rel. Min. Joaquim Barbosa, autuado em 10.03.2011, ainda não foi apreciado em seu objeto.

[632] Como nos casos em que se localize bens cuja existência o executado vinha sonegando ao juízo ou cesse o seu estado de insolvência, viabilizando o prosseguimento dos atos executórios.

[633] TONIOLO, Ernesto José. *A prescrição intercorrente na execução fiscal*. 2. ed. Rio de Janeiro: Lumen Juris, 2010, p. 215.

[634] Idem, p. 215.

Abandonado o processo por 5 anos ou mais (quanto aos créditos tributários), a prescrição intercorrente deve ser reconhecida de ofício pelo juiz, sempre oportunizando ao exequente a possibilidade de exercer a garantia constitucional do contraditório, alegando as causas excludentes da prescrição.

Diversa, contudo, é a situação na qual o credor realizou todos os ônus processuais no intuito de levar a execução a termo, mas que, pela inexistência ou não localização de bens penhoráveis, o processo foi arquivado nos termos do previsto no art. 40 da LEF.

Nesse caso, embora não se possa falar de inércia do exequente, e sim em inatividade judicial, pela impossibilidade de dar andamento ao processo (execução frustrada), as mesmas razões e fundamentos para existência e aplicação da prescrição intercorrente se fazem presentes. Contudo, urge apontar-se nova causa eficiente ao desencadeamento do mecanismo da prescrição intercorrente, já que o credor não se encontra inerte, mas manietado pela impossibilidade material de satisfazer seu crédito.

Trata-se de reconstruir parte do conteúdo do instituto da prescrição, para atender a valores constitucionais. A prescrição deve fluir nos casos de suspensão do processo por ausência de bens penhoráveis, como forma a realizar a garantia constitucional da segurança jurídica, que não deve ser sacrificada de forma a assegurar a imprescritibilidade de um direito que dificilmente será satisfeito pela execução forçada.[635]

A solução dada pelo STJ ao tema, com a edição da Súmula nº 314, embora não admita de forma expressa a construção de uma nova causa eficiente para a prescrição intercorrente, foi feliz ao harmonizar o direito do credor à tutela executória, com a garantia constitucional da segurança jurídica, superando, ademais, a polêmica gerada em torno do art. 40 da LEF.

A suspensão do processo pelo prazo de um ano, quando não encontrados bens penhoráveis, sem que corra a prescrição nesse período, apresenta-se como período razoável de espera pela viabilização dos atos executórios.

O final do prazo de um ano de arquivamento dos autos, sem que haja alteração na situação fática ou processual, presta-se muito bem para marcar o momento em que, inviabilizada a satisfação do crédito executado, o ordenamento jurídico volta-se à eliminação dos

---

[635] TONIOLO, Ernesto José. *A prescrição intercorrente na execução fiscal.* 2. ed. Rio de Janeiro: Lumen Juris, 2010, p. 215.

malefícios criados pela litigiosidade, de forma a preservar a segurança jurídica, disparando o mecanismo da prescrição.

Trata-se de solução que equilibra de forma ponderada os direitos do credor com a garantia da segurança jurídica e dignidade da pessoa humana (nos casos em que o executado seja pessoa física), interpretando as normas da prescrição em conjunto como a realidade da marcha processual na qual estão inseridas.[636]

O novo Código de Processo Civil foi inspirado por essa necessidade de harmonizar o direito fundamental do credor à efetividade da execução com os demais valores constitucionais que conduzem à figura da prescrição intercorrente como necessária e essencial à segurança jurídica.

Disso resultou a redação do art. 921 do novo Código de Processo Civil, que incorporou a benéfica sistemática prevista no art. 40 da Lei de Execuções Fiscais, consolidando a prescrição intercorrente no processo de execução brasileiro.

---

[636] TONIOLO, Ernesto José. *A prescrição intercorrente na execução fiscal.* 2. ed. Rio de Janeiro: Lumen Juris, 2010, p. 216.

Bibliografia

ABREU, Laura Sirangelo Belmonte de. Multa coercitiva (arts. 461 e 461-A, CPC): uma abordagem à luz do direito fundamental à tutela jurisdicional efetiva. In: MITIDIERO, Daniel (coord.). *O Processo Civil no Estado Constitucional*. Salvador: Juspodivm, 2012.

ALLORIO, Enrico. *Problemi di Diritto*. Vol. II. Milano: Giuffrè, 1957.

ALVARO DE OLIVEIRA, Carlos Alberto (1942-2013). *A nova execução*: comentários à Lei n. 11.232, de 22 de dezembro de 2005. Rio de Janeiro: Forense, 2006.

——. *A nova execução de títulos extrajudiciais*: comentários à Lei nº 11.382, de 6 de dezembro de 2006. Rio de Janeiro: Forense, 2007.

——. *Do formalismo no processo civil* (1997). 4. ed., São Paulo: Revista dos Tribunais, 2010.

——. O Processo Civil na perspectiva dos Direitos Fundamentais. *Revista da Ajuris*, 2000.

——. *Teoria e prática da tutela jurisdicional*. Rio de Janeiro: Forense, 2008.

——; MITIDIERO, Daniel. *Curso de processo civil*. Vol. 1. São Paulo: Atlas, 2010.

ALVIM, Angélica Arruda; ASSIS, Araken de; ALVIM, Eduardo Arruda; LEITE, George Salomão (coords.). *Comentários ao Código de Processo Civil*. 2. ed., São Paulo: Saraiva, 2017.

AMARAL, Guilherme Rizzo. *As astreintes e o processo civil brasileiro*. Porto Alegre: Livraria do advogado, 2010.

——. *Comentários às Alterações do Novo CPC*. São Paulo: RT, 2015.

——. *Cumprimento e execução da sentença sob a ótica do forma-lismo-valorativo*. Porto Alegre: Livraria do Advogado, 2008.

ANDRADE, Valentino Aparecido de. *Litigância de má-fé*. São Paulo: Dialética, 2004.

ARAGÃO, Egas D. Moniz. *Sentença e coisa julgada*. Rio de Janeiro: AIDE, 1992.

ARENHART, Sérgio Cruz. *Perfis da tutela inibitória coletiva*. São Paulo: RT, 2003.

ASSIS, Araken de. *Cumprimento de sentença*. Rio de Janeiro: Forense, 2007.

——. *Da execução de alimentos e prisão do devedor*. 4. ed. São Paulo: Revista dos Tribunais, 1998.

——. *Manual da Execução*. 19. ed. São Paulo: Revista dos Tribunais, 2017.

——. *Processo Civil Brasileiro*. Vol. II, Tomo I. São Paulo: Revista dos Tribunais, 2015.

ÁVILA, Humberto. Subsunção e concreção na aplicação do direito. In MEDEIROS, Antônio Paulo Cachapuz de (Org.). *Faculdade de Direito da PUC-RS*: o ensino jurídico no limiar do novo milênio. Porto Alegre: Edipuc-RS, 1997.

——. *Teoria dos princípios*: da definição à aplicação dos princípios jurídicos (2003). 16. ed., São Paulo: Malheiros, 2015.

AZEVEDO, Álvaro Villaça. *Prisão civil por dívida*. 2. ed. rev. atual. e ampl. São Paulo: Revista dos Tribunais, 2000.

BARBOSA MOREIRA, José Carlos. A eficácia preclusiva da coisa julgada material no sistema do processo civil brasileiro. In: *Temas de direito processual*. São Paulo: Saraiva, 1997.

——. *O novo processo civil brasileiro*. 27. ed. rev. e atual. Rio de Janeiro: Forense, 2008.

BEDADQUE, José Roberto dos Santos. *Efetividade do processo e técnica processual*. São Paulo: Malheiros, 2006.

BITENCOURT, Cezar Roberto. *Tratado de Direito Penal*. São Paulo: Saraiva, 2004.

BOBBIO, Norberto. *Teoria General Del Derecho*. 2. ed., Bogotá: Temis, 2002.

BUENO, Cassio Scarpinella. *Manual de direito processual civil*. São Paulo: Saraiva, 2016.

BUZAID, Alfredo. *Do agravo de petição no sistema do código de processo civil*. 2. ed. São Paulo: Saraiva, 1956.

CABRAL, Antonio do Passo; CRAMER, Ronaldo. *Comentários ao Novo Código de Processo Civil*. Rio de Janeiro: Forense, 2015.

CALMON DE PASSOS, José Joaquim. *Comentários ao código de processo civil*. v. 3, 3. ed., Rio de Janeiro: Forense, 1977.

CÂMARA, Alexandre Freitas. Do incidente de desconsideração da personalidade jurídica. In: NERY JR., Nelson; NERY, Rosa Maria de Andrade. *Comentários ao Código de Processo Civil*. São Paulo: Revista dos Tribunais, 2015.

——. *O novo processo civil brasileiro*. 3. ed., São Paulo: Atlas, 2017.

CAPPONI, Bruno. *Manuale di diritto dell'esecuzione civile*. Quarta edizione, Torino: G.Giappichelli Editore, s/d.

CARNEIRO, Athos Gusmão. *Cumprimento da sentença civil*. Rio de Janeiro: Forense, 2007.

CARNELUTTI, Francesco. *Como se faz um processo*. Trad. por Hiltomar Martins Oliveira. 2. ed. Belo Horizonte: Líder Cultura Jurídica, 2005.

——. *Diritto e Processo*. Napoli: Morano, 1958

——. *Processo di esecuzione*. Vol. 1. CEDAM: Padova, 1932.

——. *Studi di Diritto Processuale*. Vol. 4. CEDAM: Padova, 1939.

——. Titolo executivo e scienza del processo. *Rivista di Diritto Processuale Civile*, v. 11, n. 1, p. 154-159, 1934.

CASTRO FILHO, José Olympio de. *Comentários ao código de processo civil*. Vol. X, Rio de Janeiro: Forense, 2004.

CHIASSONI, Pierluigi. Las clausulas generales entre teoría analítica y dogmática jurídica. In: *Revista de derecho privado*: Bogotá, n. 21, p. 89-106, jul./dez. 2011.

CIMARDI, Cláudia Aparecida. In: WAMBIER, Teresa Arruda Alvim et al. (Coord.). *Breves comentários ao novo código de processo civil*. São Paulo: Revista dos Tribunais, 2015.

COMOGLIO, Luigi Paolo. *Lezione sul processo civile*. 2. ed. Bologna: Il Mulino, 1998.

CONTREIRAS DE ALMEIDA, Roberto Sampaio. Comentários ao art. 139. In: ARRUDA ALVIM, Teresa; DIDIER JR., Fredie; TALAMINI, Eduardo; DANTAS, Bruno (coord.). *Breves Comentários ao Novo Código de Processo Civil*. São Paulo: RT, 2015.

COSTA E SILVA, Antônio Carlos. *Tratado do processo de execução*. Vol. 1. Porto Alegre: AIDE, 1986.

CUNHA, José Sebastião Fagundes; BOCHENEK, Antônio César; CAMBI, Eduardo (Coords.). *Código de processo civil*. São Paulo: Revista dos Tribunais, 2016.

DIAS, Ronaldo Brêtras de Carvalho. *Fraude no processo civil*. 3. ed. Belo Horizonte: Del Rey, 2001.

DIDIER JR., Fredie. Multa coercitiva, boa-fé processual e supressio: aplicação do duty to mitigate the loss no processo civil. In: *RePro*, v. 34, n. 171, maio 2009.

——; CUNHA, Leonardo Carneiro da; BRAGA, Paula Sarno; OLIVEIRA, Rafael Alexandria de. *Curso de direito processual civil*: execução. V. 5., 7. ed. rev., ampl. e atual., Salvador: JusPodivm, 2017.

DINAMARCO, Cândido Rangel. *A instrumentalidade do processo*. 10. ed., São Paulo: Malheiros, 2002.

——. *Instituições de direito processual civil*. v. I, 8. ed., São Paulo: Malheiros, 2016.

——. *Nova era do processo civil*. São Paulo: Malheiros, 2003.

ENDICOTT, Timothy. Law is necessarily vague. *Legal theory*, Cambridge Press, 2001.

ERPEN, Décio. A Atividade Notarial e Registral: Uma Organização Social Pré-Jurídica. *Revista de Direito Imobiliário*, São Paulo, RT, n. 35/36, p. 37-39, jan./dez. 1995.

FIGUEIRA JÚNIOR, Joel Dias. *Comentários à novíssima reforma do CPC-Lei 10.444, de 7 de maio de 2.002*. Rio de Janeiro: Forense, 2002.

FIORAVANTI, Maurizio. Constitutionalism. In: RILEY, Patrick. *A treatise of legal philosophy and general jurisprudence*. New York: Springer, 2009.

FLAKS, Milton. *Comentários à Lei de Execução Fiscal*. Rio de Janeiro: Forense, 1981.

FRANCHI, Giuseppe. *Giurisdizione Italiana e Cosa Giudicata*. Pádova: CEDAM, 1967.

GAJARDONI, Fernando; TOMITA, Ivo Shigueru; DELLORE, Luiz; DUARTE, Zulmar (orgs.). *Novo CPC*: Anotado e comparado. São Paulo: Foco Jurídico, 2015.

GARBAGNATI, Edoardo. Preclusione 'pro iudicato' e titolo ingiuntivo. in *Studi in onore di Enrico Redenti*. Milão: Giuffrè, 1951.

GONÇALVES, Marcus Vinícius Rios. *Novo curso de direito processual civil*. Vol. 3 – Execução e processo cautelar, 4. ed., São Paulo: Saraiva, 2011.

GRECO, Leonardo. *O Processo de Execução*. Vol. 2. Rio de Janeiro: Renovar, 2001.

GRECO FILHO, Vicente. *Direito processual civil brasileiro*. vol. III. 11. ed. São Paulo: Saraiva, 1997.

GUERRA, Marcelo Lima. *Direitos Fundamentais e a Proteção do Credor na Execução Civil*. São Paulo: Revista dos Tribunais, 2003.

——. *Execução indireta*. São Paulo: Revista dos Tribunais, 1999.

HARTMANN, Rodolfo Kronemberg. *A Execução Civil*. 2. ed. Niterói: Impetus, 2011.

HESPANHA, António. *Justiça e litigiosidade*: história e prospectiva. Lisboa: Fundação Calouste Gulbenkian, 1993.

HOBSBAWM, Eric. *Globalização, democracia e terrorismo*. São Paulo: Companhia das Letras, 2007.

JARDIM, Augusto Tanger. *A Causa de Pedir no Direito Processual Civil*. Porto Alegre: Livraria do Advogado, 2008.

LACERDA, Galeno; OLIVEIRA, Carlos Alberto Alvaro de. *Comentários ao Código de Processo Civil*. v.8, t. 2, 7. ed. Rio de Janeiro: Forense, 2005.

LARENZ, Karl. *Metodología de la ciencia del derecho*. Barcelona: Ariel, 2010.

LEMOS, Vinícius Silva. *Recursos e processos nos tribunais no Novo CPC*. São Paulo: Lexia, 2015.

LIEBMAN, Enrico Tullio. *Embargos de Executado*. Campinas: ME, 2000.

——. *Processo de execução*. 5. ed., São Paulo: Saraiva, 1986.

LIMA, Alcides de Mendonça. *Comentários ao Código de Processo Civil*. Vol. VI, tomo II. Rio de Janeiro: Forense, 1974.

LIMA, Alvino. *A fraude no direito civil*. São Paulo: Saraiva, 1965.

LOPES, Mauro Luís Rocha. *Execução fiscal e ações tributárias*. 2. ed. rev., ampl. e atual. Rio de Janeiro: Lumen Juris, 2002.

LUCON, Paulo Henrique dos Santos. Títulos executivos e multa de 10%. In: SANTOS, Ernane Fidélis dos; WAMBIER, Luiz Rodrigues; NERY JR, Nelson; WAMBIER, Teresa Arruda Alvim. *Execução Civil*. São Paulo: Revista dos Tribunais, 2007.

MACEDO, Lucas Buril de. As eficácias das decisões judiciais e o cumprimento de sentença no CPC/2015. In: MACEDO, Lucas Buril de [et al.]. *Execução*. v. 5. Salvador: Juspodivm, 2015.

MACHADO, Fábio Cardoso; AMARAL, Guilherme Rizzo. *Polêmica sobre a ação*. Porto Alegre: Livraria do Advogado, 2006.

MANDRIOLI, Crisanto. *Corso di Diritto Processuale Civile*. Vol. III. 12. ed. Torino: Giappichelli, 1993.

MANZIN, Mauricio. *Argomentazione giuridica e retorica forense* – dieci riletture sul raggionamento processuale. Torino: Giappichelli, 2014.

MARINONI, Luiz Guilherme. *Técnica processual e tutela dos direitos*. 4. ed. São Paulo: Revista dos Tribunais, 2013.

——. *Tutela específica*: arts. 461, CPC e 84, CDC. 2 ed. São Paulo: Revista dos Tribunais, 2001.

——; ARENHART, Sérgio Cruz. *Curso de processo civil*, v. 3. São Paulo: Editora Revista dos Tribunais, 2014.

——; ——; MITIDIERO, Daniel. *Novo curso de processo civil*. v. 1. 3. ed. São Paulo: Revista dos Tribunais, 2017.

MARTINS-COSTA, Judith. *A boa-fé no direito privado* – critérios para a sua aplicação. São Paulo: Marcial Pons, 2015.

MAZZARELLA, Ferdinando. *Contributo allo studio del titolo esecutivo*. Milano: Giuffrè, 1965.

MEDINA, José Miguel Garcia. *Direito Processual Civil Moderno*. São Paulo: Revista dos Tribunais, 2016.

——. *Execução*: teoria geral, princípios fundamentais e procedimento no processo civil brasileiro. 5. ed., São Paulo, Revista dos Tribunais, 2017.

——. *Guia prático do novo processo civil brasileiro*. São Paulo: Revista dos Tribunais, 2016.

——. *Novo Código de Processo Civil Comentado*. São Paulo: RT, 2015.

MIRANDA, Francisco C. Pontes de. *Comentários ao Código de Processo Civil*. tomo IX. 2. ed. Rio de Janeiro: Forense, 2001.

——. *Dez anos de pareceres*. Rio de Janeiro: F. Alves, 1974.

MITIDIERO, Daniel. *Elementos para uma teoria contemporânea do processo civil brasileiro*. Porto Alegre: Livraria do Advogado, 2005.

——. O processualismo e a formação do Código Buzaid. *Revista de Processo*. Vol. 183, p. 165-194, Maio/2010.

MONTEIRO, Washington de Barros. *Curso de direito civil: direito das obrigações*. 1ª parte. São Paulo: Saraiva, 2003.

MORIN, Edgar. *Introdução ao pensamento complexo*. Porto Alegre: Sulina. 2007.

MOTA, Antonio. Art. 825. In: STRECK, Lenio Luiz; NUNES, Dierle; CUNHA, Leonardo (orgs.). *Comentários ao Código de Processo de Civil*. São Paulo: Saraiva, 2016.

NASCIMENTO, Tupinambá Miguel Castro do. *Hipoteca*. Rio de Janeiro: AIDE, 1996.

NERY JUNIOR, Nelson; NERY, Rosa Maria de Andrade. *Código de Processo Civil Comentado e legislação extravagante*. 16. ed. São Paulo: Revista dos Tribunais, 2016.

NETO, João Luiz Lessa. Art. 815. In: STRECK, Lenio Luiz; NUNES, Dierle; CUNHA, Leonardo (orgs.). *Comentários ao Código de Processo de Civil*. São Paulo: Saraiva, 2016.

NETTO, Nelson Rodrigues. A fraude à execução e o novo art. 615-A do CPC. In: BRUSHI, Gilberto Gomes; SHIMURA, Sérgio. (Coord.) *Execução Civil e cumprimento da sentença*. vol. 2. São Paulo: Método, 2007.

NEVES, Daniel Amorim Assumpção. *Manual de direito processual civil*. 5. ed., Rio de Janeiro: Forense, Método, 2013.

——. *Preclusões para o juiz*: preclusão pro iudicato e preclusão judicial no processo civil. São Paulo: Método, 2004.

——. Responsabilidade patrimonial secundária. In. *Reforma do CPC 2*: Lei 11.382/2006 e 11.341/2006. Revista dos Tribunais: São Paulo, 2007.

NOLASCO, Rita Dias. In: WAMBIER, Teresa Arruda Alvim *et al*. (Coord.). *Breves comentários ao novo código de processo civil*. São Paulo: Revista dos Tribunais, 2015.

OAB/RS. *Novo código de processo civil anotado*. Porto Alegre: OAB/RS, 2015.

OLIVEIRA, Guilherme Botelho de. Técnicas da tutela coletiva. *Revista Brasileira de Direito Processual – RBDPro*, Belo Horizonte, ano 118, n. 69, p. 119, jan./mar. 2010.

PANZA, Luiz Osório. *Código de Processo Civil Comentado*. Coordenação geral: CUNHA, José Sebastião Fagundes; Coordenação: BOCHENEK, Antonio Cesar; CAMBI, Eduardo. São Paulo: Revista dos Tribunais, 2016.

PEREIRA, Caio Maio da Silva. *Instituições de direito civil*. v. II. 20. ed. Forense: Rio de Janeiro, 2002.

PEREIRA, Rafael Caselli. *A multa judicial (astreinte) no CPC 2015*. Salvador: Juspodivm, 2015.

PONTES, Helenilson Cunha. *O princípio da Proporcionalidade e o Direito Tributário*. São Paulo: Dialética, 2000.

PUGLIATTI, Salvatore. *Esecuzione forzata e diritto sostanziale*. Milano: Giuffrè, 1935.

REDENTI, Enrico. *Diritto Processuale Civile*. Vol. 2, Tomo 1. Milão: Giuffrè, 1949.

REIS, José Alberto dos. *Processo de Execução*. Coimbra: Editora Coimbra, 1985.

RIZZARDO, Arnaldo. *Contratos*. 7. ed. Rio de Janeiro: Forense, 2008.

RUBIN, Fernando. *O Novo Código de Processo Civil*: Da construção de um novo modelo processual às principais linhas estruturantes da Lei nº 13.105/2015. 2. ed. São Paulo: LTr, 2017.

——. O princípio dispositivo no procedimento de cognição e de execução. *Revista Dialética de Direito Processual*, v. 136, p. 22-31, 2014.

——; JARDIM, Augusto Tanger. Embargos à execução e impugnação ao cumprimento de sentença: paralelo entre os tipificados meios de defesa do executado. *Revista Dialética de Direito Processual*, v. 117, p. 9-22, 2013.

SANTANA, Alexandre Ávalo; NETO, José de Andrade (Orgs.). Novo CPC: *Análise doutrinária sobre o novo direito processual brasileiro*. v. 3, Campo Grande: Contemplar, 2015.

SANTOS, Moacyr Amaral. *Primeiras Linhas de Direito Processual Civil*. Vol 3. 14. ed. São Paulo: Saraiva, 1994.

SANTOS, Welder Queiroz dos. Art. 515. In: STRECK, Lenio Luiz; NUNES, Dierle; CUNHA, Leonardo Carneiro da. *Comentários ao Código de Processo Civil*. São Paulo: Saraiva, 2016.

SATTA, Salvatore. *L'esecuzione forzata*. 4. ed. Torino: UTET, 1962.

SHIMURA, Sérgio. *Título executivo*. São Paulo: Saraiva, 1997.

SICA, Heitor. *Cognição do juiz na execução civil*. São Paulo: Revista dos Tribunais, 2017.

——. Comentários ao art. 513. In: CABRAL, Antonio do Passo; CRAMER, Ronaldo. *Comentários ao Novo Código de Processo Civil*. Rio de Janeiro: Forense, 2015.

SILVA, João Calvão da. *Cumprimento e Sanção pecuniária compulsória*. Coimbra: Coimbra Ed., 1987.

SILVA, Ovídio Baptista da (1929-2009). *Curso de processo civil*. v.1. 5. ed. São Paulo: Revista dos Tribunais, 2000.

——. *Curso de processo civil*: execução obrigacional, execução real e ações mandamentais. v. 2. 5. ed. São Paulo: Revista dos Tribunais, 2002.

——. *Curso de Processo Civil*. v. 2. 4. ed. São Paulo: Revista dos Tribunais, 2000.

——. *Da Sentença Liminar à Nulidade da Sentença*. Rio de Janeiro: Forense, 2001.

——. *Processo e ideologia – o paradigma racionalista*. Rio de Janeiro: Forense, 2004.

SILVA, Ricardo Alexandre da. Atipicidade dos meios executivos na efetivação das decisões que reconheçam o dever de pagar quantia no novo CPC. In: MACÊDO, Lucas Buril; PEIXOTO, Ravi; FREIRE, Alexandre (org.). *Execução* – Coleção novo CPC Doutrina Selecionada. v. 5. Salvador: Juspodivm.

SOUZA, Bernardo Pimentel. *Execuções, cautelares e embargos no processo civil*. São Paulo: Saraiva, 2013.

SOUZA, Maria Helena Rau de. et alii. *Execução fiscal* – doutrina e jurisprudência. São Paulo: Saraiva, 1998.

TALAMINI, Eduardo. Prisão civil e penal e 'execução indireta' (a garantia do art. 5º, LXVII, da Constituição Federal). In: *RePro*, nº 92, out-dez 1998, São Paulo: RT, 1998.

——. *Tutela monitória*. 2ª ed. São Paulo: Revista dos Tribunais, 2001.

——. Tutela urgente na execução. in ARMELIN, Donaldo (coord). *Tutelas de urgência e cautelares*. São Paulo: Saraiva, 2010.

TARTUCE, Flávio. *Direito Civil*: Direito das Obrigações e Responsabilidade Civil. 6. ed. São Paulo: Método, 2011.

——. *O novo CPC e o Direito Civil*. Impactos, diálogos e interações. Rio de Janeiro: Forense; São Paulo: Método, 2015.

TARUFFO, Michele. A atuação executiva dos direitos: perfis comparados. Trad. Daniel Mitidiero. In: TARUFFO, Michele. *Processo civil comparado*: ensaios. São Paulo: Marcial Pons, 2013

——. Legalità e giustificazione della creazione giudiziaria del diritto. *Rivista trimestrale di diritto e procedura civile*. Milano, 2001.

——. Racionalidad y crisis de la ley procesal. *Doxa*, n. 22, p. 311-320, 1999.

TARZIA, Giuseppe. O contraditório no processo executivo. Trad. por Tereza Arruda Alvim Wambier. In: *Revista de Processo* nº 28 (1982): 55/95.

TAVARES, André Ramos. *Curso de Direito Constitucional*. 6. ed. São Paulo: Saraiva, 2008.

THEODORO JÚNIOR, Humberto. *A reforma da execução do título executivo extrajudicial*: Lei nº 11.382, de 06 de dezembro de 2006. Rio de Janeiro: Forense, 2007.

——. *Curso de direito processual civil*. vol. II. 45. ed., Rio de Janeiro: Forense, 2010.

——. Da inexistência de coisa julgada ou preclusão pro iudicato no processo de execução. In: *Revista da Faculdade de Direito Milton Campos*, nº 1 (1994): 95/108.

——. *Lei de Execução Fiscal*. 7. ed. São Paulo: Saraiva, 2000.

TONIOLO, Ernesto José. *A prescrição intercorrente na execução fiscal*. 2. ed. Rio de Janeiro: Lumen Juris, 2010.

TROLLER, Alois (1906-1987). *Dos fundamentos do formalismo processual civil* (1945) (trad. Carlos Alberto Alvaro de Oliveira). Porto Alegre: Sergio Antonio Fabris Editor, 2009.

TUCCI, José Rogério Cruz e. *Comentários ao código de processo civil*. v. VIII. São Paulo: Revista dos Tribunais, 2016.

VALLONE. Giuseppe. *Esecuzione forzata e responsabilità patrimoniale del debitore*. Tesi di dottorato. Dottorato di ricerca in Diritto Comparato. Università degli studi di Palermo. 2014.

VELLUZZI, Vito. *Le clausole generali* – semantica e politica del diritto. Milano: Giuffrè, 2010.

VERAS, Ney Alves. Teoria geral da execução no novo código de processo civil: proposta metodológica, princípios, partes, competência, título executivo e responsabilidade patrimonial in SANTANA, Alexandre Ávalo; NETO, José de Andrade (Orgs.). *Novo CPC: Análise doutrinária sobre o novo direito processual brasileiro*. v. 3, Campo Grande: Contemplar, 2015.

VIVANTE, Cesare. *Trattato di diritto commerciale*, v. 3. 5. ed. Milão: Franceso Vallardi, 1935.

WATANABE, Kazuo. *Da cognição no processo civil*. 3. ed. São Paulo: Perfil, 2005.

WAMBIER, Teresa Arruda Alvim *et al.* (Coord.). *Breves comentários ao novo código de processo civil*. 2. ed. São Paulo: Revista dos Tribunais, 2016.

WAMBIER, Luiz Rodrigues; WAMBIER, Teresa Arruda Alvim; MEDINA, José Miguel Garcia. *Breves comentários à nova sistemática processual civil*. v. II: São Paulo: Revista dos Tribunais, 2006

WELSCH, Gisele Mazzoni. *Legitimação Democrática do Poder Judiciário no Novo CPC* (Coleção Liebman). São Paulo: Revista dos Tribunais, 2016.

XAVIER, José Tadeu Neves. *Novo Código de Processo Civil Anotado / OAB*. – Porto Alegre: OAB RS, 2015.

YARSHELL, Luiz Flávio. *Tutela jurisdicional*. 2. ed. São Paulo: DPJ, 2006.

ZAGREBELSKY, Gustavo. *El derecho dúctil – ley, derechos, justicia*. Torino: Trotta, 2011.

ZANZUCCHI, Marco Tullio. *Diritto processuale civile*. v. 3. 4. ed. Milão, Giuffrè, 1946.

ZAVASCKI, Teori Albino. *Comentários ao Código de Processo Civil*. v. 8. 2. ed. São Paulo: Revista dos Tribunais, 2003.

——. *Processo de execução*: parte geral. 3. ed. São Paulo: Revista dos Tribunais, 2004.